© TARZAN9280 - ISTOCKPHOTO.COM

© ALEH VARANISHCHA - ISTOCKPHOTO.COM

© HAVESEEN - SHUTTERSTOCK.COM

MAHE
GLACIS
Hodoul
Océan Indien
ÎLE SAINTE-ANNE
BEAU VALLON
VICTORIA
Anse Major
PARC NATIONAL DU MORNE SEYCHELLOIS
L'oiseau
ÎLE AU CERF
PORT GLAUD
Grand Anse
ÎLE CONCEPTION
GRAND' ANSE
Caïman
Grand Bassin
ANSE AUX PINS
ANSE BOILEAU
AU CAP
Du Cap
ANSE À LA MOUCHE
Océan Indien
ANSE AUX POULES BLEUES
ANSE SOLEIL
ANSE ROYALE
BAIE LAZARE
Baie Lazare
Bougain Ville
ANSE INTENDANCE
ANSE TAKAMAKA
Police Bay
5 KM
ÎLES ALDABRA
ALDABRA GROUP
FARQUHAR GROUP
Altitude (en mètres)
600
400
200
100
Zone aéroportuaire
Aéroport
Zone urbaine de la capitale
Ville
Réseau Routier principal

# Seychelles

## UN PARADIS TROPICAL

Expérience unique, voyage inoubliable… À l'heure de raconter les Seychelles, les compliments pleuvent. Et pour cause ! Dès le hublot de l'avion, le spectacle est extraordinaire. Une végétation luxuriante d'un vert impénétrable, du sable d'un blanc immaculé, une eau turquoise bordée par des palmiers géants et des amas de rochers aux formes arrondies… Dès l'atterrissage, on sait que cet archipel de 115 îles va tenir ses promesses. Mahé et Victoria, sa capitale de poche, sont parfois boudées par les visiteurs. À tort ! Dominée par le Morne seychellois et ses 905 m d'altitude, la grande île d'à peine 27 km de long a beaucoup à offrir. De ses hauteurs, le spectacle sur ses petites sœurs est féerique. Sa route qui glisse le long de la côte accueille près de 70 criques à grand spectacle. Puis, on met le cap sur Praslin, unique sanctuaire mondial du cocotier de mer et de son fruit, l'illustre cocofesse. Une curiosité que l'on découvrira sur les chemins de la mythique Vallée de Mai. Évidemment, l'île possède son lot de paradis aquatiques. Sur les éblouissantes Anse Lazio et Côte d'Or, on trouvera toujours un coin tranquille pour plonger dans cette mer-aquarium. Reste alors à accoster à la Digue, dernière étape de ce tiercé gagnant. Après avoir passé le bonjour à quelques tortues géantes, on découvre la mythique Anse Source d'Argent. Îles de tous les délices… Cette créolie jolie méritait bien que nous y jetions l'encre, sur plus de deux cents pages !

PEFC
10-31-1510
Certifié PEFC
Ce produit est issu de forêts gérées durablement et de sources contrôlées.
pefc-france.org



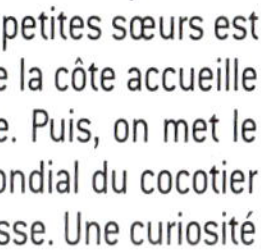


Retrouvez cette offre en page 86

# SOMMAIRE

Fleurs de frangipanier. © EMRPIZE - STOCK.ADOBE.COM

Plage tropicale des Seychelles. © VITALY RADUNTSEV - SHUTTERSTOCK.COM

## 6 INSPIRER

Pour retrouver toutes les informations pratiques (météo, festivités, idées de séjour, etc.), afin de planifier au mieux son séjour aux Seychelles.



## 33 DÉCOUVRIR

Culture, histoire, faune, flore, religion, mais aussi des dossiers spéciaux (plongée sous-marine, cocofesse, langue créole), pour tout savoir sur l'archipel.



## 89 MAHÉ

La grande île, sa capitale de poche, son marché pittoresque et ses criques à la beauté époustouflante attendent les visiteurs dès la sortie de l'aéroport international.



## 147 PRASLIN

Le sanctuaire du célèbre cocofesse (que l'on trouve dans l'incontournable vallée de Mai) abrite aussi quelques plages à la blancheur virginale.

Vallée de Mai. © STEPHANE POTHIN - STOCK.ADOBE.COM

ANSE SÉVÈRE
ANSE PATATES
ANSE GAULETTES
Vers ÎLE GRANDE SOEUR,
ÎLE COCOS,
ÎLE FÉLICITÉ
LA DIGUE
Laporte
La Passe
NID D'AIGLE
RÉSERVE DE LA VEUVE
ANSE FOURMIS
Mare Soupape
Maurice
L'UNION
NSE SOURCE D'ARGENT
L'union
ANSE COCOS
Camille
PETITE ANSE
GRAND ANSE
Sce Marron
2 KM
ANSE MARRON
BIRD ISLAND
ÎLE GRANDE SŒUR
ÎLE COCOS
NORTH ISLAND
PRASLIN
LA DIGUE
MAHÉ
INNER ISLAND
ÎLE DESROCHES
AMIRANTES GROUP
200 KM
ALPHONSE GROUP
PRASLIN
ÎLE CURIEUSE
ANSE LAZIO
Anse Georgette
Curieuse Marine Parc
ÎLE SAINT-PIERRE
Anse Kerlan
Daviole
Anse Boudin
Catholic Mission
Fond du Riz
Pasquière
ANSE VOLBERT
ANSE GOUVERNEMENT
ANSE KERLAN
CÔTE D'OR
Côte d'Or
Salazie
PARC NATIONAL DE PRASLIN
Fond B'Ofay
AMITIÉ
GRAND'ANSE
BAIE SAINTE-ANNE
Vers ÎLE COUSIN,
ÎLE COUSINE
Vallée De Mai
Nlle Découverte
Pélissier
ÎLE RONDE
La Prude
GROSSE ROCHE
ANSE BOIS DE ROSE
2 KM
Anse Consolation

# QUAND
## Y ALLER

### JANVIER

25° / 29°

$

### FÉVRIER

25° / 29°

**SEYCHELLES ECO-FRIENDLY MARATHON**
N'oubliez pas votre paire de baskets pour pouvoir courir le marathon de Mahé, l'une des plus importantes manifestations du pays.

$$$

### MARS

25° / 30°

**FÊTE DE LA FRANCOPHONIE**
Le français, l'une des trois langues officielles, est à l'honneur pour l'occasion. Rendez-vous notamment à l'Alliance française.

$

### JUILLET

24° / 28°

$$$

### AOÛT

24° / 28°

$$$

### SEPTEMBRE

24° / 28°

$$

**A**vec des températures agréables toute l'année (entre 24°C et 32°C), les Seychelles sont visitables quelles que soient les saisons. D'octobre à mars, le temps est chaud (30-32°C) et humide avec une mer généralement calme. De mai à septembre, le temps est plus frais (24-29°C) et plus sec et la mer plus agitée. Les mois d'octobre et d'avril sont les meilleurs. La haute saison correspond généralement aux périodes de vacances européennes, c'est-à-dire juillet-août, Noël, février et Pâques.

## AVRIL

25° / 31°

**CARNAVAL INTERNATIONAL DE VICTORIA**
*(VICTORIA)*

© 18042011 - SHUTTERSTOCK.COM

Carnaval et mardi gras sont fêtés comme il se doit aux Seychelles ! Avec défilés, musique et stands gastronomiques au programme.

$ $ $

## MAI

25° / 30°

**FET AFRIK**
*(VICTORIA)*
Un festival haut en couleur avec des artistes venus du continent, de quoi faire la fête et se régaler.

$

## JUIN

25° / 28°

$

## OCTOBRE

24° / 29°

**FESTIVAL KREOL**
Incontournable ! Le festival Kreol est la plus grande manifestation des Seychelles, aussi culturelle que festive.

$ $

## NOVEMBRE

24° / 29°

**SEYCHELLES OCEAN FESTIVAL (EX-SUBIOS)**

© DJMATTAAR - ISTOCKPHOTO.COM

Un événement qui célèbre l'image sous-marine et met en valeur l'activité numéro une des Seychelles.

$

## DÉCEMBRE

24° / 29°

$ $ $

# LES BONNES RAISONS D'Y ALLER

**DES PLAGES PARADISIAQUES**
Innombrables, des plages de carte postale rien que pour vous, pures comme au premier jour.

**LA PLONGÉE SOUS-MARINE**
Les Seychelles profondes sont captivantes, en snorkeling ou en plongée bouteille.

**LA CRÉOLITÉ**
Les Seychellois assument fièrement leur identité créole et parlent *lalang kreol*.

© JENNY STURM - SHUTTERSTOCK.COM

### UNE FAUNE D'EXCEPTION

Tortues géantes, raies, espadons et oiseaux par millions, voilà un bestiaire unique.

© OLEG ZNAMENSKIY - SHUTTERSTOCK.COM

### LA SÉCURITÉ

Pas la moindre bébête mal intentionnée… et aucune agressivité dans l'air.

© HAVESEEN - ISTOCKPHOTO.COM

### DES ADRESSES DE RÊVE

Amis romantiques, les Seychelles abritent des adresses luxueuses et exclusives.

© FOKKE BAARSSEN - SHUTTERSTOCK.COM

### UNE NATURE ÉPOUSTOUFLANTE

Avec la vallée de Mai ou le parc du Morne seychellois, les randonneurs se font plaisir.

# LES BONNES RAISONS D'Y ALLER

## DES POSSIBILITÉS INFINIES

Avec 115 îles, on peut varier les plaisirs après la visite de Mahé, Praslin et La Digue.

© AMRIPHOTO - ISTOCKPHOTO.COM

© ESHEREZ - SHUTTERSTOCK.COM

## L'HOSPITALITÉ SEYCHELLOISE

Tout le temps avec le sourire, les Seychellois sont bienveillants et très hospitaliers.

© FTIARE - SHUTTERSTOCK.COM

## LA FRANCOPHONIE

Le français est la troisième langue officielle de l'archipel. Toujours pratique !

# LES 12 MOTS-CLÉS

## #ARCHITECTURE

De la superbe et vaste demeure de patrimoine en bois à la petite et modeste *kaz kreol* en tôle ondulée, ces maisons de caractère sont encore un peu présentes. Élément majeur de l'identité créole, elles mériteraient de faire l'objet d'une campagne nationale de restauration. Avant que l'irréparable outrage des ans…

## #COCOFESSE

Le coco de mer est surnommé cocofesse pour son apparence très suggestive. L'unique sanctuaire de cette noix de coco est la célèbre vallée de Mai à Praslin. Sur une vingtaine d'hectares, la seule cocoteraie de mer de la planète rassemble des arbres mâles au curieux appendice phallique, et des femelles qui donnent donc naissance à ce sacré coco.

© VISUAL7 - ISTOCKPHOTO.COM

## #COUPLES

La très grande majorité des vacanciers séjournant aux Seychelles sont des couples. Dès l'avion, rempli de binômes amoureux, vous sentirez la spécificité de la destination. Quelques familles s'égarent aussi parfois sur ces îles paradisiaques. Bien rares sont les voyageurs à s'aventurer en solo jusqu'aux Seychelles.

© KBARZYCKI - STOCK.ADOBE.COM

## #GASTRONOMIE

Le poisson et le riz sont les deux aliments de base. Bourgeois, jobs, perroquets, thons et autres sont de tous les repas, notamment à travers les caris, ce plat national mêlant des morceaux de viande, de poisson (ou de crustacés) à une sauce à base d'épices. Les fruits tropicaux sont utilisés pour des desserts souvent caloriques et savoureux.

© FANFO - STOCK.ADOBE.COM

## #PATRONYMIE

Dans ce merveilleux melting-pot d'origines, les Français, premiers colonisateurs, ont laissé leur empreinte dans la patronymie. De Simone Bibi à Florence Dodo et de Janet Vénus à Joséphine Cupidon, en passant par Maurice Brioche, Méricide Moustache, Marie Jupiter, Léon Désir, Marie Jolicœur et Wilson Rapide, quel charmant bouquet patronymique.

## #PÊCHE

Pour régaler tout le monde, les eaux seychelloises sont donc très poissonneuses. Les amateurs de pêche au gros ont ici rendez-vous avec thons, bonites, marlins et autres espadons. La pêche à la mouche et à la palangrotte est aussi pratiquée. Ces activités sont organisées par les hôtels ou par les excursionnistes.

## #PRIX

Le seul point négatif ! Les Seychelles restent compliquées d'accès aux petits budgets, même si le développement important des guesthouses rend les nuitées plus accessibles. Mais cette cherté contribue aussi à limiter le nombre d'entrées dans le pays, donc à sa préservation.

## #SÉGA

La « musique moderne » s'est certes imposée aux Seychelles aussi, mais le séga reste la danse seychelloise par excellence. Cette danse au rythme vif entraîne les couples dans un face-à-face lascif, très sensuel et d'autant plus suggestif que les partenaires ne se touchent pas.

## #TRÉSORS

Des îles aux trésors ! Les chercheurs d'or s'activent encore dans ces îles de légende où certains trésors de pirates resteraient à découvrir. Réels ou rêvés, ces butins continuent en tout cas de nourrir l'imaginaire du Seychellois. Est-ce d'ailleurs un hasard si Polanski est venu tourner là diverses scènes de son film *Pirates* ?

## #SEYBREW

Une institution ! La SeyBrew, c'est la bière nationale. Lancée en 1972, cette plaisante blonde de 4,9 degrés fait partie des produits « de première nécessité », y compris dans les familles les plus modestes. L'entreprise Seychelles Breweries se révèle l'une des plus florissantes du pays. Une affaire qui mousse !

## #VOILE

Les Seychelles par la mer ! L'idée est d'autant plus séduisante que l'hôtellerie coûte cher et que les îles du groupe de Mahé se prêtent à merveille à une découverte toutes voiles déployées, avec de superbes mouillages, peu de distances entre les îles et une mer délicieuse d'octobre à mai.

© IGOR TICHONOW - SHUTTERSTOCK.COM

## #TOPONYMIE

Quel bouquet de noms délicieux ! Héritée des colons français, la toponymie renseigne sur la spécificité d'un lieu, comme à l'anse Cachée, à la pointe Crocos ou à la mare aux Cochons. Les noms des îles sont aussi un régal : de Cousin à Petite Sœur, de l'île Cachée à l'île Ronde ou à l'île Plate, en passant par l'île Souris.

## VOUS ÊTES D'ICI, SI…

- **Vous passez votre dimanche en famille** sur la plage. Ballon de foot, pique-nique, enceintes et SeyBrew fraîches dans une glacière sont de rigueur !
- **Vous roulez à gauche.** Héritage britannique oblige !
- **Vous savez prendre le temps.** Ici, la nonchalance rend la vie plus douce.
- **Vous vivez au rythme du soleil.** Aux Seychelles, on se lève et on se couche tôt.
- **Vous mangez du poisson frais** plusieurs fois par semaine. Il faut dire qu'aux Seychelles, l'océan est bien généreux.
- **Vous grimpez dans un vieux bus Tata** pour traverser Mahé ou Praslin. Et évidemment vous avez l'appoint pour régler votre ticket à 12 SR.
- **Vous passez vos journées** à dire *bonzour, bonzwar* à tout le monde. On est dans l'un des pays les moins peuplés de la planète et, dans l'archipel, tout le monde se connaît ou presque.

# INTERVIEW

## MES SEYCHELLES

### AVEC BAPTISTE THARREAU, AUTEUR

**Depuis quand connaissez-vous les Seychelles ?**

J'y suis allé pour la première fois en 2011. Depuis, j'y retourne chaque année pour y dénicher des bons plans et suivre avec intérêt l'évolution touristique de l'archipel.

**Quelle est-elle ?**

Les Seychelles mettent toujours en avant l'écologie, le gouvernement ayant bien conscience qu'il a besoin de préserver la biodiversité exceptionnelle du pays pour continuer à faire rêver les touristes du monde entier. Une vraie économie bleue se met donc en place avec de nombreuses initiatives. Et puis, sur les plages de l'archipel, pas de souci de distanciation sociale, on est loin du tourisme de masse ! Ce qui contribue grandement aussi à protéger ce véritable trésor de l'océan Indien.

**Pourquoi les Seychelles plutôt qu'une autre destination farniente ?**

Les Seychelles ont vraiment tout pour séduire les visiteurs, francophones notamment… Contrairement à de nombreuses autres îles paradisiaques, ici il y a peu de décalage horaire, énormément de locaux parlent le français et il n'y a pas que la plage, mais aussi de superbes balades à faire. Et puis quel accueil ! L'hospitalité seychelloise n'est pas un mythe… Sourires et bonne humeur sont toujours au rendez-vous !

**Et vous, qu'appréciez-vous de faire aux Seychelles ?**

Avant de me régaler de poissons frais lors d'un buffet créole à la nuit tombée, j'aime découvrir les fonds sous-marins de l'archipel, même avec simplement une petite session de snorkeling à Anse Soleil ou Anse Sévère. Mais aussi profiter de la belle randonnée entre Anse Lazio et Anse Georgette sur Praslin ou m'émerveiller à chaque fois que le soleil plonge dans l'océan en fin de journée… Ce sont vraiment des moments uniques !

© BAPTISTE THARREAU

© DIMAN_DIVER - SHUTTERSTOCK.COM

© SIMON DANNHAUER - SHUTTERSTOCK.COM

# IDÉES DE SÉJOUR

Étant donné le prix d'un billet d'avion (de 800 € à 1 300 € en classe économique) et le temps de vol, il est préférable de rester deux semaines aux Seychelles et d'ajouter ainsi une île corallienne aux trois îles granitiques (Mahé, Praslin, La Digue), traditionnellement visitées dans le cadre d'un programme classique de 10 à 12 jours. Nous vous proposons ici plusieurs itinéraires en fonction du temps dont vous disposez et de vos goûts. A noter aussi, il est possible de découvrir le pays lors de croisières sur de beaux voiliers. Une formule plus originale qui permet aussi de prévoir son séjour à la carte et d'économiser sur le logement et la location de voiture. Couchers de soleil en prime ! Enfin, quelques séjours thématiques peuvent être programmés : plages, plongée ou nature ? Une chose est sûre : on en prend plein les yeux avec les sublimes paysages seychellois.

## A LA DÉCOUVERTE DES SEYCHELLES

De Mahé à La Digue en passant par Praslin, tour d'horizon pour découvrir le plus beau des Seychelles. Avec des plages splendides à la clé.

### › Jour 1 - Arrivée à Mahé

Journée d'acclimatation, paisible et essentiellement urbaine. Après avoir investi votre chambre et votre hôtel, découvrez cette capitale de poche qu'est **Victoria** ★★ (p.93), accessible en bus pour 12 petites roupies. En 4 ou 5h, vous pourrez connaître l'essentiel de cette ville tranquille, la première visite, en fin de matinée, devant être consacrée au bazar. Si vous avez une faim plus solide, grimpez en une quinzaine de minutes sur les hauteurs de Revolution Avenue (route de **Beau Vallon** ★★★ (p.112)) pour déjeuner dans l'une des plus belles maisons créoles de l'archipel, au Marie-Antoinette, autour d'une carte « tipik » qui vous mettra directement toutes les Seychelles à la bouche. L'après-midi, place à la culture, en plein centre-ville, un musée dont on fait vite le tour, mais intéressant : celui d'histoire nationale. On doit aussi flâner le long des kiosques de souvenirs voisins du palais de justice et dans les galeries commerciales de cette même avenue. La maison mérite un coup d'œil pour son architecture coloniale. On peut conclure cette découverte de Victoria par une apaisante balade dans les 6 ha de sérénité du Jardin botanique, à vingt minutes de marche du centre-ville et par un moment de recueillement dans le temple hindou de Bénezet Street. Pour une première journée, ce programme peut suffire, sauf si vous avez une voiture et que vous optez pour un apéritif-coucher de soleil à Beau Vallon.

*Police Bay, Mahé.*

### › Jour 2 - Mahé

Deux jours pour s'approprier Mahé, une voiture s'imposant pour en découvrir l'essentiel, carte en main. Côté plages, deux sont à ne pas manquer : **Anse Intendance** ★★★ (p.126) et **Petite Anse** ★★★ (p.200) et trois autres sont aussi remarquables : **Anse Soleil** ★★★ (p.131), Port Launay et Anse Royale. Également, **Beau Vallon** ★★★ (p.112) bien sûr, emblématique et point de ralliement des Seychellois et des touristes.

### › Jour 3 - Mahé

Côté visites, sont à privilégier : sur la côte est, le **Jardin du Roi** (p.122) et le **Domaine de Val des Prés** (p.121) ; sur la côte ouest, le studio de **Michael Adams** (p.135) ; sur la route de Sans-Souci, dans les hauteurs, les ruines de la Mission. Six transversales permettent de relier les deux côtes, nos préférées étant celle de Sans-Souci et celle, peu connue, de Mont-Plaisir. Et, si on en a le temps, on peut aussi rejoindre la très résidentielle péninsule nord. Pour les restaurants, nous vous recommandons : sur la côte est, les restaurants d'**Anse Royale** ★★★★ (p.122) (le restaurant du Jardin du Roi, le Kafe Kreol...) ; sur la côte ouest, Chez Plume ; à **Beau Vallon** ★★★ (p.112), le Beach Shak et Wooden House.

### › Jour 4 - Départ pour Praslin

Et rien de mieux qu'une randonnée pour faire connaissance avec cette île, celle de Côte d'Or à **Grand'Anse** ★★★★ (p.200) par la montagne (ou vice-versa) ou celle de **Anse Lazio** ★★★★ (p.171) à Anse Georgette étant parfaites. Les plages sont splendides également (**Côte d'Or** ★★★ (p.159), **Anse Georgette** (p.174), **Anse Lazio** ★★★★ (p.171)...).

### › Jour 5 - Praslin

Deux jours pour se régaler de cette île ni trop petite ni trop grande. Voiture de rigueur pour se laisser glisser dans des paysages à grand spectacle. Le premier jour, découvrez d'abord la mythique Vallée de Mai, puis le village de **Grand'Anse** ★★★★ (p.200), avant de vous extasier l'après-midi sur les mille et un tableaux grandeur nature de l'enchanteresse route de Consolation, qui relie Grand'Anse à Baie **Sainte-Anne** ★★ (p.142) par le littoral.

### › Jour 6 - Praslin

Le deuxième jour, flânez d'abord dans le village de Baie **Sainte-Anne** ★★ (p.142) avant de vous enfoncer dans la péninsule menant à la sauvage Anse La Blague. Puis cap sur la zone touristique de Côte d'Or, dont l'éblouissante plage mérite une mention « très bain ». L'après-midi, en route pour la sublime plage de l'**Anse Lazio** ★★★★ (p.171). Avant de reprendre la route de Côte d'Or, hissez votre 4x4 jusque sur les hauteurs de Zimbabwe pour vous offrir un panorama spectaculaire sur une large partie de l'île. Côté tables, nous vous recommandons : côté Grand'Anse, le Legend ou le Nest (Lémuria), la table de l'hôtel Coco de Mer et Les Rochers ; côté Côte d'or, le buffet du Laurier, l'Archipel et Mabuya, la nouvelle table de Anse Lazio.

### › Jour 7 - Départ pour La Digue

... Et bicyclette, sitôt arrivé ! Au programme de la journée, flânerie à **La Passe** ★ (p.190) et balade jusqu'à l'**Anse Fourmis** ★★ (p.203), avec bain à **Anse Patates** ★★ (p.202) et/ou snorkeling à **Anse Sévère** ★★★ (p.201). Découvrez ensuite **La Digue** (p.187) de l'intérieur en suivant le chemin qui, de La Passe, mène au Château Saint-Cloud, avant de rejoindre le littoral à Anse La Réunion. Les plus courageux monteront jusqu'au Nid d'Aigle, le toit de l'île, où le bien nommé restaurant Belle Vue vous attend (le soir, sur réservation).

### › Jour 8 - La Digue

Cap sur « la » plage des Seychelles, **Anse Source d'Argent** ★★★★ (p.199), dès 8h du matin, avant l'arrivée des hordes du jour. Baladez-vous ensuite dans le domaine de L'Union, autour de son parc à tortues et de ses entrepôts de coco, de son chantier naval et de son moulin à coprah, et de sa célèbre maison du film *Emmanuelle*. De retour à Anse La Réunion, prenez la route pour Grand'Anse et arrêtez-vous dans la réserve de la veuve. À **Grand'Anse** ★★★★ (p.200), abandonnez votre vélo sous le filao et, après avoir goûté à l'écume de l'une des plus belles plages du monde, suivez le chemin pour **Petite Anse** ★★★ (p.200) et **Anse Cocos** ★★★ (p.200), ces deux sites justifiant bien un aller-retour de deux heures. Côté tables, nous vous recommandons : un cocktail au Domaine de l'Orangeraie pour le coucher du soleil ; à Anse la Réunion, la très bonne table italienne Le Repaire ; à Anse Sévère le Karim's Fruit Bar ou le Bikini Bottom.

### › Jour 9 - Retour sur Praslin, puis Mahé

Journée libre, avec voiture, taxi, Tata... ou un dernier « laisser-hâler » au bord de la piscine. Dernière citronnelle avant un lever de bon matin.

### › Jour 10 - Vol pour Paris-CDG

Embarquement immédiat...

## LES SEYCHELLES, UN PARADIS DE LA NATURE

Question nature, les atouts ne manquent pas ! La destination est un véritable paradis pour les botanistes avertis. Du **parc national du Morne Seychellois** ★ (p.140) à l'incontournable Vallée de Mai, de la réserve de la Veuve Noire aux îles voisines, bienvenu chez Dame nature !

# IDÉES DE SÉJOUR

## › Jour 1 - Sur Mahé

Le **parc national du Morne Seychellois** ★ (p.140), route de Sans-Souci, pour ses sentiers cernés par une très riche flore tropicale, une partie de la végétation d'avant la colonisation ayant subsisté. Un véritable paradis pour marcheurs au jarret solide et botanistes avertis, avec des points de vue dignes d'un sommet ; en l'occurrence, 905 m, le point plus élevé à 1 600 km à la ronde. À voir aussi, le **Jardin botanique** (p.96) à Mont Fleuri, pour sa grande collection de palmiers, dont les six endémiques des Seychelles : palmiste, latanier hauban, latanier latte, latanier fey, latanier mille-pattes et l'illustre cocotier de mer, dont le plus gros est chargé d'une demi-tonne de noix. De nombreuses autres espèces d'arbres et de plantes exotiques, et maints animaux qui se sentent chez eux, du pigeon bleu au gecko jusqu'aux incontournables tortues de terre géantes. Enfin, le **Jardin du Roi** (p.122), **Anse Royale** ★★★★ (p.122), pour ses plantations d'arbres et d'arbustes tropicaux aux noms magiques pour certains : patchouli, cardamome, muscade… D'avocatier en cacaoyer et de poivrier en cotonnier, un didactique pêle-mêle végétal et un remarquable point de vue sur la plaine d'Anse Royale.

## › Jour 2 - Sur Praslin

La Vallée de Mai, pour son atmosphère de forêt primitive, de fougères et de palmes, sa protectrice voûte de feuillages et son enchevêtrement de racines. Pour ses six espèces de palmiers endémiques des Seychelles, représentant la plus forte concentration au monde de palmes diversifiées dans un milieu originel. Quelque sept mille cocotiers de mer y prospèrent, les arbres femelles produisant la plus grosse noix de coco du monde : un coco de mer entré dans la légende, justifiant le classement de cette sylve d'exception au Patrimoine mondial de l'Unesco. Le Fond Ferdinand pour slalomer entre les cocotiers de mer, encore, et atteindre le toit de Praslin pour s'offrir une vue époustouflante sur les îles des alentours. Les chemins de traverse, pour découvrir la flore des intérieurs de l'île, notamment par le Salazie Track qui relie **Grand Anse** ★★★★ (p.200) à Côte d'Or, en passant par la Plaine Hollandaise, le Pasquiere Track, qui relie Grand Anse à **Anse Possession** (p.170) et évidemment la randonnée qui relie les sublimes **Anse Lazio** ★★★★ (p.171) et **Anse Georgette** (p.174). Des chemins faciles qui offrent de belles vues sur la côte.

## › Jour 3 - L'île Cousin

**Cousin** ★★ (p.183) est à visiter pour sa réserve ornithologique de l'avifaune marine, avec une vingtaine d'espèces totalisant quelque cinq cents couples permanents, de sterne fée en tourterelle coco et de pie chanteuse en frégate, toc-toc, cordonnier noir, paille-en-queue… Couvert d'un petit bois, un attachant royaume de plumes où se plaisent aussi lézards, crabes, tortues…

## › Jour 4 - L'île Curieuse

**Curieuse** ★★ (p.184) est à voir pour sa centaine de tortues de terre en semi-liberté, sa mangrove riche de six variétés de palétuviers et ses superbes formations granitiques, à l'embouchure de la très photogénique baie Laraie. L'île **Aride** ★★★ (p.182), pour ses 73 hectares de nature préservée, où pondent plus d'oiseaux marins que sur les trente et une autres îles granitiques réunies : autour d'un million d'individus au moment de la ponte, onze espèces d'oiseaux marins et huit de terre jouissant de ce paradis de la gent ailée, d'une grande richesse botanique aussi.

## › Jour 5 - Sur La Digue

La **réserve de la Veuve Noire** ★★ (p.197), pour son gobe-mouches noir du paradis, appelé localement veuve noire (la *vev* en créole) et dont **La Digue** (p.187) est l'une des quatre dernières terres d'élection. Le **Nid d'Aigle** ★★ (p.194), pour randonner dans l'inoffensive jungle seychelloise et atteindre la plus haute montagne diguoise, qui culmine à 333 m et offre une vue royale sur une bonne partie de l'île.

## › Jour 6 - Bird

Pour ses trois millions et demi de voisins ailés sur un kilomètre carré : sternes, hirondelles de mer, noddis, paille-en-queue… Au nord de l'archipel et de type corallien, **Bird** ★★★ (p.211) la bien nommée, sanctuaire ornithologique majeur, surtout de mai à septembre, quand deux millions et demi de sternes la colonisent pour y nicher. Captivant spectacle en fin d'après-midi que celui de la plaine aux oiseaux. Un paradis aussi pour Esméralda, l'une des tortues les plus âgées du monde (avec plus de 170 printemps au compteur). Et une plage d'une beauté virginale avec son très fin sable blanc et ses éclatantes eaux turquoise.

## › Jour 7 - Silhouette

Pour son côté impénétrable. Une grosse émeraude que cette montagne posée sur l'océan et ancrée au large de Beau Vallon, une forêt immergée aux allures de jungle africaine, mais le danger en moins. Palmistes, lataniers, albizzias, gayacs, vacoas et autres arbres parfois énormes forment ici la plus belle forêt équatoriale de tout l'océan Indien, où vivent d'innombrables espèces endémiques, tant pour la faune que pour la flore : de vanille en cannelle et de fougères en herbes médicinales rarissimes. Et le plein d'odeurs… **Silhouette** ★★ (p.207) est une île encore sauvage que plusieurs sentiers pour randonneurs avertis permettent de découvrir.

*Plage d'Anse Cocos.*

## VIVE LA PLAGE !

Existe-t-il lieu plus paradisiaque que les Seychelles pour un séjour consacré au farniente sur des plages idylliques ? Préparez tongs, serviettes et crème solaire et embarquez pour un voyage sur ces plages ourlées de cocotiers en plein cœur de l'océan Indien…

### › Jour 1 - À Mahé, Beau Vallon et son coucher de soleil

La plage la plus connue de la grande île doit cette notoriété en partie à son coucher de soleil, certainement l'un des plus beaux de la planète. A noter, c'est également la seule plage de l'archipel qui autorise les sports nautiques motorisés (jet-ski, ski nautique, wake-board…).

### › Jour 2 - Mahé, Port Launay

Face à l'île de **Conception** ★★★ (p.146), on est là dans la zone protégée du Parc national marin de Port Launay (mieux conservé que celui de **Sainte-Anne** ★★ (p.142)). La grande plage de Port Launay est parfaite, ce que les Seychellois savent très bien, puisqu'ils s'y rendent en nombre le week-end.

### › Jour 3 - Mahé, Anse Intendance

Voilà la plage de cocotiers par excellence, appréciée aussi en septembre et en octobre des tortues marines qui viennent y pondre, et d'où l'on aperçoit parfois des dauphins, en novembre et en décembre. Parfaitement courbée sur quelque 800 m et frangée par de nombreux cocotiers, la plus belle plage de Mahé est aussi l'une des plus sublimes des Seychelles et, dès lors, de la planète.

### › Jour 4 - Mahé, autres plages sauvages

Sauvages et préservées, les plages de **Petite Anse** ★★★ (p.200), d'**Anse Soleil** ★★★ (p.131), d'**Anse Louis** (p.137) (sur la côte ouest de Mahé) et d'**Anse Royale** ★★★★ (p.122) (sur la côte est) sont tout aussi enchanteresses. Alors, faites un choix et à vos serviettes !

### › Jour 5 - Praslin, Côte d'Or

Des centaines de chambres sur moins d'1 km... Aux Seychelles, on peut appeler ça une concentration touristique. Voilà donc une plage à se partager, mais soyez rassuré : on ne se bouscule pas pour autant sur l'éblouissante **Côte d'Or** ★★★ (p.159). Elle est tellement grande que l'on peut facilement lézarder en solitaire sur cette baie d'exception (surtout en prenant la direction d'Anse Gouvernement sur la droite) dont les couleurs sont parmi les plus éclatantes de **Praslin** (p.147).

### › Jour 6 - Praslin, les magiques Anse Lazio et Anse Georgette

Des sommets du chemin pentu qui y mène, c'est d'abord le regard qui plonge en version panoramique dans cette baie de carte postale... grandeur nature. L'arrêt s'impose ! Photographes de mode, de charme et de tourisme ont fait d'**Anse Lazio** ★★★★ (p.171) une valeur sûre. Une plage de cinéma que Polanski a d'ailleurs mise en scène dans *Pirates*. Depuis Anse Lazio, on peut rejoindre la sublime **Anse Georgette** (p.174) en 2 heures de randonnée. Pour y aller directement, il faut appeler le Lémuria, l'hôtel dans lequel la plage est cachée, pour réserver. Deux plages incontournables.

### › Jour 7 - La Digue et la mythique Anse Source d'Argent

Éclatant, fascinant, captivant, saisissant, éblouissant… Prévoyez votre stock d'adjectifs si vous avez prévu de vous extasier sur ce site… exceptionnel ! Comment peut-on venir aux Seychelles sans passer par Source d'Argent, là où le plus vieux granit du monde semble dégringoler des douces collines jusque dans l'océan ? Puis il faudra prendre la direction des sauvages Grand'Anse, Petite Anse et Anse Cocos.

## SOUS L'EAU, QUEL SPECTACLE !

Aux Seychelles, l'eau parfois si limpide qu'il n'y a pas besoin de masque pour observer les poissons. Avec une eau oscillant entre 25 et 30 °C, la plongée est possible toute l'année, avec une visibilité optimale en avril-mai et en octobre-novembre. De juin à septembre, le vent de suet complique la découverte des fonds marins dans certaines zones. Petit tour des meilleurs spots de plongée.

### › Jour 1 - Baie Ternay ou le sud-ouest

Sur Mahé et alentour, les spots de plongée sont légion. Le parc national marin de Baie Ternay permet de découvrir la faune et la flore marines, quel que soit votre niveau. On peut aussi se faire plaisir à **Anse Royale** ★★★★ (p.122) sur la côte est et dans le sud-ouest à Petite Anse et Anse Soleil notamment.

### › Jour 2 - Rencontre avec les requins

Au nord de l'île, vous pourrez aussi opter pour les îlots de Dragon's Teeth ou de Brissare Rocks, ou encore pour Shark Bank, un site où, comme le nom l'indique, vous pourrez nager avec des requins.

### › Jour 3 - Plongée dans les épaves

Pour les plongeurs ayant une âme de pirate ou d'explorateur, les fonds marins de Mahé contiennent aussi des merveilles : l'épave d'Ennerdale, les Twin Barges et le Dredger.

### › Jour 4 - Praslin, l'îlot Saint-Pierre

Impossible de repartir de **Praslin** (p.147) sans avoir effectué au moins une plongée ! Le site le plus commun (mais pas le plus spectaculaire, même s'il reste impressionnant) est l'îlot Saint-Pierre, à 9 minutes en bateau de la plage de Côte d'Or. Sinon, direction Anse Lazio ou Anse Grosse Roche.

### › Jour 5 - Vers Cousin et Cousine

Un peu plus loin vous pourrez opter pour les sites de Booby Islet (requins, tortues, coraux mous), de Whale Rock (raies, poulpes), voire les alentours de **Cousin** ★★ (p.183) et **Cousine** ★★ (p.184).

### › Jour 6 - La cathédrale de La Digue

Sur **La Digue** (p.187), Marianne est le spot de plongée le plus impressionnant de l'île. Une véritable cathédrale de roches habitée d'un nombre incalculable de petits poissons…

### › Jour 7 - L'îlot Cocos

Quant à l'îlot Cocos, beaucoup qualifient ses rivages d'aquarium à l'état naturel. Alors chaussez vos palmes, enfilez votre masque et respectez-les !

*Plongée sous-marine aux Seychelles.*

# CONNECT SEYCHELLES

## UN SITE OÙ L'ON PEUT TOUT RÉSERVER !

Connect Seychelles est une agence en ligne qui offre la possibilité d'organiser intégralement votre séjour seychellois ! Créée en 1986 par l'expérimentée Praslinoise Daniella Payet Alis, qui compte plus de quarante ans d'expérience dans la promotion et la vente de services aux Seychelles, l'agence est composée uniquement de Seychellois bilingues (anglais et français) qui connaissent la destination sur le bout des doigts.

Ils pourront donc organiser au mieux vos transferts interîles, vous aider dans le choix de votre hébergement (de la simple *guesthouse* aux plus grands hôtels 5 étoiles), trouver votre billet d'avion et votre voiture de location… Bref, on oublie les problèmes logistiques ! Étant sur place, Connect Seychelles est seul intermédiaire et offre la garantie d'un séjour clé en main, à la carte, avec un service 100 % personnalisé. La liste des possibilités offertes semble interminable : on peut vous trouver une villa, vous faire embarquer pour une croisière de plongée, vous dorloter en mettant en place un séjour de bien-être, jouer à fond la carte romantique en organisant une cérémonie de mariage les pieds dans le sable, etc. À vous désormais de faire parler vos envies et votre imagination !

Des séjours encore plus complexes (en dehors de Mahé, Praslin et La Digue) peuvent être aussi envisagés avec l'agence. Des croisières privées peuvent d'ailleurs être organisées pour les îles les plus difficiles d'accès. Vous aurez la possibilité de découvrir des petits bijoux seychellois, comme les îles de Bird ou Aride, paradis ornithologiques s'il en est, ou les paradisiaques Félicité et Frégate ou Alphonse, très couru par les amoureux de la pêche.

Enfin, pas de problème d'horaires de bureau car Seychelles Connect est joignable 7 jours/7 et 24 heures/24 par e-mail ou *via* Whatsapp. Pas de mauvaises surprises puisque les paiements sont sécurisés et sans frais bancaires.

**CONNECT SEYCHELLES**
*Oliaji S Trade Center*
*✆ +248 4 22 50 58*
*www.seychelles-resa.com*

© CONNECT SEYCHELLES

© CONNECT SEYCHELLES

© CONNECT SEYCHELLES

# PRATIQUE

## SE REPÉRER / SE DÉPLACER

### DE L'AÉROPORT AU CENTRE-VILLE

Pour quitter l'aéroport, si vous n'avez pas de voiture de location, un arrêt de bus se situe juste en face (compter 12 SR le ticket) et des taxis vous attendent. Compter 400 SR pour Eden Island, 600 SR pour la jetée, 800 SR pour Beau Vallon et 900 ou 1 000 SR pour les hôtels de la côte ouest. *Idem* depuis le petit aéroport de Praslin : voiture de location, bus (12 SR) ou taxi (150 SR) pour rallier Grand'Anse.

### ARRIVÉE EN BATEAU

Le bateau est idéal pour le transport inter-îles, grâce au *Cat Cocos*, qui permet de rejoindre Praslin et La Digue depuis Mahé et au *Cat Rose* qui relie Praslin et La Digue. Les croisières (dont certaines offrent tout le matériel de plongée) peuvent être également une bonne option pour combiner logement et moyen de se déplacer. Sinon, quelques bateaux de croisière s'arrêtent aussi dans l'archipel.

### TRANSPORTS EN COMMUN

Les bus de la Seychelles Public Transport Corporation (SPTC) rejoignent tous les hôtels et guesthouses. La fréquence de passage varie selon les lignes : un quart d'heure pour les principales, mais 30 minutes ou 1 heure pour d'autres. Le tarif du billet est toujours de 12 SR quelle que soit la destination.

### VÉLO, TROTTINETTE & CO

La Digue est le paradis du cycliste et vous pourrez louer un vélo pour 150 SR la journée. Cependant, à Mahé et à Praslin, les routes ne s'y prêtent pas vraiment.

### AVEC UN CHAUFFEUR

De la station de Victoria, il en coûte environ 300 SR pour Beau Vallon (5 km), 400 SR pour l'aéroport (8 km). Une station de taxis fonctionne jour et nuit dans Albert Street, derrière la poste. Depuis quelques années, des chauffeurs non déclarés proposent aussi leurs services, notamment au départ de la place située près du marché, au carrefour de Market Street et de Benezet Street. Leurs courses, qui se marchandent, sont en principe moins coûteuses, mais illicites. Nombre de taxis se proposent en outre de faire découvrir Mahé aux touristes qu'ils transportent, moyennant une bonne poignée de roupies.

### EN VOITURE

La voiture reste le moyen le plus pratique de se déplacer à Mahé et à Praslin. Beaucoup d'agences ont pignon sur aéroport en sor-

*Arrivée de ferries à la Digue.*

tant du terminal des arrivées (sur la gauche). Sinon, toutes peuvent vous livrer les voitures dans tous les hôtels ou guesthouses de Mahé ou Praslin. Compter environ 50 € par jour (prix dégressifs selon la durée).

### ACCESSIBILITÉ

Les bus ne sont pas en mesure d'accueillir les personnes en situation de handicap, contrairement à quelques taxis et aux bateaux inter-îles qui peuvent accueillir tout le monde.

### LES ATTRAPE-TOURISTES

Attention aux prix des taxis ! Une liste officielle des tarifs existe et vous pouvez la demander. Avant évidemment de tenter une négociation ! Louer une voiture sur Mahé et Praslin reste idéal et beaucoup plus abordable.

**2577 $kgCO_2e$ / personne**

Aller-retour Paris-Mahé

→ Le calcul de cette consommation $CO_2$ est fait à partir de Paris. L'idée est ici de montrer concrètement l'empreinte carbone de ce trajet, même s'il n'existe pas d'autre alternative que l'avion pour se rendre dans cette destination de manière directe.

## LES PHRASES CLÉS

Bonjour, comment puis-je me rendre à…
*Hello, how can I get to…*

Est-ce loin à pied ? Y a-t-il le métro ou un bus... pour y aller ?
*Is it far on foot? Is there a tube or a bus I can take to get there?*

Pouvez-vous me montrer cet endroit sur la carte s'il vous plait ?
*Can you show me this place on the map please?*

Où puis-je acheter les tickets de transport ? Est-ce que je peux payer en carte de crédit ?
*Where can I buy transport tickets? Can I pay by credit card?*

Où est la sortie ? A gauche, à droite ou tout droit ?
*Where is the exit? Left, right or straight on?*

Je suis perdu et je suis en retard, s'il vous plait, aidez-moi ! Merci beaucoup !
*I'm lost and I'm running late, please help me! Thank you very much!*

# PRATIQUE

## A VOIR / A FAIRE

### HORAIRES

Les musées et galeries de Mahé sont ouverts en général de 9h à 17h du lundi au vendredi, jusqu'à 13h le samedi et fermés le dimanche. Le jardin botanique de Victoria, la vallée de Mai sont ouverts tous les jours à la visite.

### A RÉSERVER

D'une manière générale, toutes les excursions peuvent être réservées auprès des prestataires locaux. Mais il vaut mieux peut-être attendre d'être sur place, afin de composer avec la météo.

### BUDGET / BONS PLANS

À Victoria, la Kaz Zanana est un magnifique exemple de l'architecture créole qui peut se visiter gratuitement. À Praslin, il existe un billet groupé (600 SR) pour visiter la vallée de Mai et le Fond Ferdinand, deux visites incontournables. Sur La Digue, acheter un billet pour le domaine de l'Union (150 SR) après 16h30, qui donne accès à l'immanquable plage d'Anse Source d'Argent, pour y finir l'après-midi est également valable toute la journée du lendemain.

### LES ÉVÉNEMENTS

Le festival Kreol fin octobre est le plus grand événement du pays. Autre événement très couru, le Seychelles Ocean Festival à Mahé, également en novembre.

### VISITES GUIDÉES

À la vallée de Mai, des guides indépendants proposent leurs services. À négocier… Mais toutes les visites peuvent s'effectuer seul. Les excursionnistes (guides/skippers) de Praslin sont incontournables pour s'offrir une journée en bateau sur les îles aux alentours. Un immanquable.

### FUMEURS

Comme en France, il est interdit de fumer dans les lieux publics et les restaurants. En dehors, faites attention à l'environnement et ne laissez pas traîner vos mégots.

### LES ATTRAPE-TOURISTES

À la vallée de Mai, une bonne partie du plaisir réside en effet dans le fait de se retrouver seul au milieu de la nature. Avant de prendre un guide à l'entrée, vérifiez bien qu'il ne s'agit pas d'un groupe de 15, voire 20 personnes. Sinon, à Beau Vallon (Mahé) et à Côte d'Or (Praslin), faites attention aux rabatteurs qui proposent des excursions et vérifiez toujours qu'il s'agit d'un excursionniste ayant pignon sur plage.

## LES PHRASES CLÉS

Bonjour, puis-je avoir deux entrées adultes et un enfant s'il vous plait ?
*Hello, can I have two adults and two children tickets please?*

Le tarif enfant est jusqu'à quel âge ? Et pour les seniors, est-ce qu'il y a une réduction ?
*What age counts as a child? Is there an OAP discount?*

Est-ce qu'il y a des visites guidées en français ou un audioguide ?
*Is a guided tour in French or an audioguide available?*

Combien de temps faut-il pour faire la visite ?
*How long does the visit take?*

J'ai du mal à monter les escaliers, avez-vous un ascenseur ?
*I struggle with stairs, do you have a lift please?*

Excusez-moi, pouvez-vous me dire où sont les toilettes ? Merci beaucoup.
*Excuse me, can you tell me where the toilets are please? Thank you very much.*

# PRATIQUE

## SE RÉGALER

### HORAIRES

Attention, en général aux Seychelles on vit avec le soleil. Le petit déjeuner se prend entre 7h et 9h30. Pour les repas, les restaurants sont ouverts tous les jours, en général de 12h30 à 14h pour la dernière commande et de 18h30 à 21h30 pour la dernière commande également. Les take-away sont ouverts du déjeuner au dîner sans interruption mais ferment sur les coups de 19h ou 20h.

### BUDGET / BONS PLANS

Pour déjeuner sur le pouce, les take-away proposent des barquettes à emporter. Si vous trouverez quelques hamburgers, ce sera surtout du riz et du poisson fraîchement préparé qui seront au menu. De quoi manger bien et en quantité à petit prix. Compter entre 60 SR et 90 SR (entre 4 € et 6 €) pour une barquette. Un très bon plan pour déjeuner sur la plage à moindre coût et se laisser les coudées plus franches pour le dîner.

### EN SUPPLÉMENT

Si l'addition peut vite monter, pas de mauvaise surprise au moment de régler le repas. Les prix sont exprimés toutes taxes comprises chez pratiquement tous les commerçants et les restaurants (sauf rares exceptions).

### C'EST TRÈS LOCAL

Aller au marché de Victoria acheter quelques excellents fruits ou au retour de pêche à Anse Royale, notamment pour trouver quelques bons poissons à se préparer en self-catering. À Beau Vallon, la petite route piétonne qui longe la plage entre le Savoy et le Boat House accueille des *food-trucks* et des petits stands de spécialités locales (surtout le week-end). Et, tout le temps, on prend sa barquette de *take-away* ou on cuisine dans les nombreux self-caterings du pays.

### ENFANTS

Les enfants sont toujours les bienvenus ! Chaises bébé et menus enfant sont de rigueur dans tous les restaurants. Même les buffets créoles proposent des prix pour les marmots. Souvent, des coloriages sont prévus pour occuper les bambins au moment de déguster un cari ou une langouste.

### FUMEURS

Comme en France, les restaurants sont non fumeurs, excepté en terrasse, bien sûr.

## LES PHRASES CLÉS

Bonjour, je voudrais réserver une table pour deux personnes pour ce midi ou ce soir.
*Hello, I'd like to book a table for two for today at lunchtime or in the evening.*

Avez-vous un menu en français ou en anglais ?
*Do you have a menu in French or English?*

Je suis végétarien, y a t-il des plats sans viande ?
*I'm vegetarian, are there any dishes that don't contain meat?*

Je n'ai vraiment plus faim mais avez-vous une carte des desserts ?
*I'm full now but can I see the dessert menu just in case?*

Puis-je avoir l'addition s'il vous plait ? Je peux payer par carte ou en espèces ?
*Can I have the bill please? Can I pay by card, or do you need cash?*

C'était très bon, nous reviendrons. Merci et à bientôt.
*It was delicious, we will be back. Thank you, see you soon.*

# FAIRE UNE PAUSE

### HORAIRES

Attention, vous n'êtes pas à Ibiza ! Les soirées finissent vers minuit dans la plupart des bars d'hôtel. Quelques bars de nuit prolongent la soirée jusqu'à 1h ou 2h du matin le week-end.

### BUDGET / BONS PLANS

Si les Seychellois prennent souvent une glacière pour se poser sur la plage, c'est que globalement boire un verre reste assez cher, à l'image de la destination.

### A PARTIR DE QUEL ÂGE

Comme en France, il faut être majeur pour entrer dans un bar et la majorité est fixée à 18 ans.

### C'EST TRÈS LOCAL

Profiter du coucher du soleil avec quelques Sey-Brew, la bière locale, sur la plage de Beau Vallon ou au Beach Shak voisin. Rebelote au centre de la grande plage de Côte d'Or.

## LES PHRASES CLÉS

Bonjour, quelle est la spécialité de la maison ? Nous voulons découvrir.
*Hello, what's the speciality here? We want to try it.*

Avez-vous de la place en terrasse ?
*Do you have any room on the terrace?*

Quel est votre nom ? Je m'appelle… Ravi de vous rencontrer !
*What's your name? I'm... So pleased to meet you!*

A votre santé ! Zut, j'ai renversé mon verre… pouvez-vous m'aider ?
*Cheers! Oh no, I've knocked over my drink...can you help me?*

C'était très bon. Nous allons reprendre la même chose s'il vous plait.
*It was delicious. We'll have the same again please.*

# PRATIQUE

## (SE) FAIRE PLAISIR

### HORAIRES

En général, les magasins sont ouverts de 9h à 16h30 ou 17h (les supermarchés jusqu'à 19h ou 20h) du lundi au vendredi et le samedi matin jusqu'à 13h. Les seuls commerces ouverts le dimanche sont les petites épiceries.

### C'EST TRÈS LOCAL

Aller au marché de Victoria ou dans les supérettes le samedi matin pour préparer le pique-nique familial du dimanche sur la plage.

### LES ATTRAPE-TOURISTES

De nombreuses échoppes de souvenirs, notamment à Beau Vallon, sont de piètre qualité. N'hésitez pas à pousser la porte de magasins plus onéreux pour rapporter un objet de qualité. Nous, on adore nos amis de chez Kokosye sur La Digue !

© 22IMAGESSTUDIO - STOCK.ADOBE.COM

## LES PHRASES CLÉS

Bonjour, c'est superbe, mais combien ça coûte ?
*Hello, that's stunning, but how much is it?*

Vous auriez ma taille ? Où se trouvent les cabines d'essayage ?
*Do you have it in my size? Where are the changing rooms?*

Est ce que je pourrai vous le rapporter et l'échanger si ça ne va pas ?
*Can I exchange it if it doesn't fit?*

J'ai trop dépensé aujourd'hui, pouvez-vous me faire une réduction sympa ?
*I've spent too much today already, any chance of a discount?*

Je prendrai celui-ci. Pouvez-vous me faire un paquet cadeau ?
*I'll take this one. Can you gift-wrap it for me?*

Vous prenez la carte de crédit ? Où puis-je trouver un distributeur de billets ?
*Do you take credit cards? Where can I find a cash point?*

# BOUGER & BULLER

## BUDGET / BONS PLANS

Aux Seychelles, le grand spectacle se passe surtout sous l'eau. Si les centres de plongée sont nombreux (compter une cinquantaine d'euros le baptême de plongée), on peut aussi se faire plaisir en snorkeling, avec simplement un masque, un tuba et une paire de palmes pour même pas une roupie. Les « croisières plongée » sont d'ailleurs un très bon plan. Avec des prix d'appel intéressants, on économise en plus sur le transport et l'hébergement. Une belle affaire ! Des bateaux à fond de verre embarquent également des touristes qui ne veulent pas se mouiller à Mahé pour une découverte des fonds du parc marin de Sainte-Anne. À La Digue, des kayaks à fond de verre sont aussi proposés à Anse Source d'Argent.

Si l'archipel est bleu, il est aussi très vert dès que l'on pénètre à l'intérieur des îles. De nombreuses randonnées sont possibles sur toutes les îles. À Praslin, c'est la célèbre vallée de Mai, classée au patrimoine mondial de l'Unesco, qui attire les touristes curieux de découvrir les fameux cocofesses. Gratuites, les randonnées qui conduisent de Bel Ombre à Anse Major sur Mahé et d'Anse Lazio à Anse Georgette sur Praslin sont immanquables.

Comme après l'effort vient le réconfort, les spas pullulent dans les établissements haut de gamme de l'archipel. Avec des cadres plus féeriques les uns que les autres, en mode pavillon de bois exotique au toit de palme et à la vue époustouflante. Si vous êtes en self-catering et que les prix des grands hôtels vous rebutent, quelques adresses proposent des soins à Beau Vallon (Mahé).

## C'EST TRÈS LOCAL

Un footing sur les plages de Beau Vallon à Mahé et de Côte d'Or à Praslin est un incontournable, une partie de football ou quelques passes de beach-volley lors des traditionnels pique-niques du dimanche en famille sur toutes les plages de l'archipel, quelques exercices de musculation sur les machines en libre service devant la plage de Beau Vallon et évidemment des sessions de snorkeling et des parties de pêche entre amis sont des incontournables de la (douce) vie seychelloise.

## VOS PAPIERS SVP

Si la vie est plutôt douce aux *Sesel*, les prestataires de tourisme vous demanderont quand même de justifier votre identité : n'oubliez pas votre passeport, tout comme votre permis de conduire lors du retrait de votre voiture de location. Plongeurs, pensez aussi à emporter votre carte de plongée.

## A RÉSERVER

En haute saison et surtout pendant les vacances scolaires européennes, il vaut mieux réserver vos excursions en amont. On n'est jamais trop prudent ! Surtout si vous voulez flamber et vous offrir un vol en hélicoptère ou une autre

© HAVESEEN - ISTOCKPHOTO.COM

*Exploration des fonds-marins seychellois.*

activité quelque peu exclusive. Mais même si vous êtes un novice de la plongée sous-marine, les clubs ne proposent en général que quelques sessions « baptême » par semaine. Donc, il vaut mieux booker sa place deux ou trois semaines avant votre arrivée. Ce serait vraiment dommage de rater ça !

## LES ÉVÉNEMENTS

Les amateurs de plongée ne louperont pas le Seychelles Ocean Festival à Mahé, ode à la vie sous-marine locale. Toujours à Mahé, les fondus de running ne peuvent pas louper le Seychelles Eco-Friendly Marathon (de plus petites distances sont aussi au programme), en plein cœur du cadre idyllique de la péninsule nord de Mahé.

## LES ATTRAPE-TOURISTES

Dans un petit pays comme les Seychelles, qui vit en grande partie des activités touristiques, la très grande majorité des prestataires sont sérieux. Faites simplement attention aux rabatteurs qui proposent des excursions et qui ne font pas forcément partie d'un excursionniste officiel (principalement sur les plages de Beau Vallon à Mahé et de Côte d'Or à Praslin).

# LES PHRASES CLÉS

Bonjour, comment puis-je me rendre à… ? Est-ce loin ?
*Hello, how can I get to...? -Is it far?*

J'aimerais aller courir. Il y a un coin sympa pour cela dans la ville ?
*I'd like to go for a run. Is there somewhere good to run around the town?*

J'adore cuisiner. Savez-vous où je peux trouver des cours de cuisine ?
*I love cooking. Do you know where I can take a cooking class?*

Vous pourriez m'indiquer une salle de sport pas très loin ?
*Can you tell me where the nearest public gym is?*

Quel est le sport national ?
*What is the national sport?*

Pensez-vous que nous pourrions voir cela ou même participer ?
*Do you think we could watch it somewhere, or maybe try it?*

### HORAIRES

Ce n'est pas aux Seychelles que vous vous déhancherez jusqu'au petit matin. Cependant, quelques bars de nuit prolongent parfois la soirée jusqu'à 2h du matin le week-end.

### BUDGET / BONS PLANS

À Mahé, on peut poursuivre sa soirée sur Eden Island, au Barrel de Victoria ou au Trader Vic's du H Resort ; à Praslin, direction le Chill Out à Côte d'Or et, à La Digue, c'est sur la jetée que ça se passe. Partout compter environ 80 SR la bière (5 €) et entre 130 SR et 150 SR le cocktail (8 € à 10 €).

### TRANSPORTS NOCTURNES

Tous les établissements pourront vous commander un taxi. La seule possibilité si vous ne voulez pas prendre le volant passé 19h.

### A PARTIR DE QUEL ÂGE

Comme en France, il faut avoir 18 ans pour faire la fête.

### FUMEURS

*Idem* que chez nous, vous devrez sortir sur les terrasses (il y en a toujours) pour pouvoir fumer une cigarette.

## LES PHRASES CLÉS

Bonsoir, comment puis-je me rendre à…
*Good evening, how can I get to…*

Est ce que cet endroit est tranquille ? Il n'y a pas de problème de sécurité ?
*Is it a calm place? Are there any safety issues?*

J'aimerais voir un spectacle typique ! Qu'est-ce qu'il y a en ce moment ?
*I'd love to see a traditional show! What's on at the moment?*

Je ne comprends pas… pouvez-vous répéter s'il vous plait ? Merci.
*I don't understand, can you repeat please? Thank you.*

Est-ce que je peux vous offrir un verre ? Quel est le meilleur cocktail de la maison ?
*Can I buy you a drink? What's the best house cocktail?*

J'ai la gueule de bois, auriez-vous quelque chose pour que j'aille mieux ?
*I'm hungover, do you have anything that might help?*

## BUDGET / BONS PLANS

**Les croisières** sont un très bon plan aux Seychelles. Avec des prix d'appel plutôt bas et la possibilité d'économiser sur l'hébergement, la location de voiture, le transport interîles ou les restaurants, la formule a vraiment tout du bon plan. Yacht Charter Adventure par exemple permet de louer des catamarans de différentes tailles. Il existe aussi des compagnies qui proposent des croisières où l'on peut s'offrir des sorties plongée. La compagnie Galatea permet de privatiser une goélette turque de 30 m. Silhouette Cruises propose des croisières dans l'une des cabines doubles climatisées de ses trois voiliers. Ces options sont donc idéales pour les plongeurs, mais aussi pour ceux qui voudraient juste s'offrir de délicieux breaks-baignades dans des spots incroyables et un logement qui sort des sentiers battus.

**La location de villas**, plus ou moins grandes, peut également être une très bonne option pour les couples ou les groupes d'amis. À Mahé, la villa Sea Monkey permet à 8 personnes de s'offrir un écrin de grand luxe dans le nord de l'île (à partir de 2 200 € la nuit). Le Domaine Desaubin, dans le sud-ouest, propose des bungalows de rêve de 80 m², posés sur une plage déserte (à partir de 140 € la nuit). À Praslin, la villa Mille Étoiles, perchée sur les hauteurs d'Anse Gouvernement, est une option de rêve qui débute à partir de 310 € pour la villa entière et 6 personnes. Non loin, sur Côte d'Or, les bien nommées Villas d'Or (329 € la villa pour 2 personnes et 645 € pour 4) sont une belle option pour vivre les pieds dans le sable. Dans un standing plus élevé (de 1 000 € à 3 500 € la nuit pour 3 ou 4 chambres), les villas proposées par Le Duc de Praslin offrent des prestations exceptionnelles. À la Digue, Lakaz An Bwa est une superbe demeure face à la mer qui peut accueillir 4 adultes et 4 enfants (480 € la nuit) et Secret Garden Villa propose trois chambres avec une vue unique (privatisable, sinon de 275 € à 390 € la chambre double). Sur Cerf, la Surf Tropical Villa Seascape est un point de chute de rêve pour les 10 chanceux qui occuperont ses 5 chambres (à partir de 800 € la nuit).

**Attention, depuis le 1er août 2023, une taxe** appelée « Tourism Environmental Sustainability » existe pour engager des projets gouvernementaux en faveur de la protection de l'environnement. Au même titre que la taxe de séjour en France, elle sera perçue par les établissements hôteliers. Elle s'appliquera à tous les touristes de plus de 12 ans et s'élèvera à 25 SR (1,70 € environ) par jour et par personne pour les hôtels de 24 chambres ou moins, à 75 SR (5 €) pour les hôtels de 25 à 50 chambres et à 100 SR (6,80 €) pour les établissements de plus de 50 chambres, les yachts et les îles-hôtels.

© NIKOLAI SOROKIN - STOCK.ADOBE.COM

## A RÉSERVER

Les grands hôtels sont vite pris d'assaut en haute saison, notamment lors des vacances de Pâques [idéales au niveau météo].
N'hésitez pas à réserver plusieurs mois à l'avance.

## POUR LES GOURMANDS

Les nombreux buffets créoles des hôtels et des restaurants sont un très bon plan pour s'offrir un bon panorama des spécialités locales. Si vous avez un bon coup de fourchette, n'hésitez pas à arriver tôt… et à vous servir plusieurs fois !

# LES PHRASES CLÉS

Bonjour, avez-vous de la disponibilité pour une chambre double pour ce soir ou demain soir ?
*Hello, do you have a double room available tonight or tomorrow?*

Avez-vous un code wifi… les enfants ne tiendront pas sans !
*Do you have a Wi-FI code... otherwise my kids will go nuts!*

C'est bruyant, est ce que je peux changer de chambre ?
*It's noisy, can I move to a different room?*

Jusqu'à quelle heure est-ce que nous pouvons aller à la salle de sport et à la piscine ?
*What time do the swimming pool and gym close?*

Est-ce que je peux laisser mon bagage et revenir plus tard le récupérer ?
*Can I leave my luggage and come back later to pick it up?*

Est-ce que vous pouvez nous appeler un taxi ? Merci beaucoup.
*Can you call us a taxi? Thank you very much.*

## ALLO ?

**Pour appeler de France vers les Seychelles,** composez le 00 248 suivi du numéro de votre correspondant.

**Pour appeler des Seychelles vers la France,** composez le 00 33 suivi du numéro de votre correspondant, sans le 0 initial.

**Indicatifs** pour la Réunion : 262 ; Mayotte : 269 ; la Belgique : 32 ; la Suisse : 41 ; le Canada : 1.

## ACCESSIBILITÉ

Quelques hôtels sont accessibles aux handicapés, certains bénéficient de belles notes sur Internet. Mais il faut admettre que le pays est malheureusement peu adapté d'une manière générale.

## SANTÉ

Pas de danger particulier. Les moustiques sont particulièrement actifs après 17h et il vaut mieux donc s'en protéger. Sinon, il vaut mieux boire de l'eau minérale en bouteille.

## URGENCES SUR PLACE

Pour toute urgence, en cas d'incendie ou pour appeler les services de police ou une ambulance, il faut composer le 999.

## SÉCURITÉ

Stress zéro, ou presque. Rares sont sur la planète les pays aussi sûrs que les Seychelles, tant côté nature (aucun animal terrestre dangereux) que sur le plan humain. La délinquance se limite à quelques vols sur les plages. Il vaut mieux dès lors laisser ses objets de valeur dans le coffre-fort de sa chambre et avoir l'œil sur son sac lorsqu'on se baigne.

## LGBTQ

Pas de problème pour cette communauté, bien accueillie, les Seychellois n'étant pas moralistes, loin de là. La liberté des mœurs est admise dans ce fief du matriarcat. Cependant, aucun établissement ne s'adresse spécifiquement à la communauté gay.

## AMBASSADE ET CONSULATS

L'ambassade de France (www.ambafrance-sc.org) est située à Victoria, au premier étage de l'immeuble La Ciotat à Mont-Fleuri (+248 4 225 513). Elle est ouverte du lundi au jeudi de 8h à 12h et de 13h à 17h et le vendredi de 8h à 12h et de 13h à 15h30. Attention, le service consulaire a été transféré à l'ambassade de France à l'île Maurice.

## POSTE

La poste est ouverte le samedi matin. La levée du courrier a lieu à 15h en semaine et à midi le samedi.

Les lettres et cartes postales mettent en général autour d'une semaine pour arriver en France, mais il n'est pas rare qu'il en faille le double, voire le triple…

© AMRIPHOTO - ISTOCKPHOTO.COM

## MÉDIAS LOCAUX

**Journaux.** Le quotidien *Seychelles Nation* affiche près de son titre une devise qu'on a déjà lue quelque part : Liberté-Égalité-Fraternité. Ce journal en format tabloïd et en trois langues (créole, français et, surtout, anglais), prétend incarner la voix de la nation, ou plutôt du gouvernement, d'autant plus que l'État contribue largement à son financement. Il n'en est pas moins vrai qu'avec le multipartisme les plumes sont moins complaisantes que sous la révolution. Avec *Today* (quotidien) et *The People* (hebdomadaire à la couverture en papier glacé), il fait partie des publications considérées comme progouvernementales, les journaux de l'opposition étant *Le Seychellois* et *Seychelles Weekly*, hebdomadaires.

**Radio.** SBC Radio émet de 6h à 13h30 et de 16h à 22h et le week-end de 6h à 22h. Les bulletins d'information en langue française sont donnés à 7h30, à 12h30 et à 17h. Paradise FM, une radio musicale locale, à la gloire de la musique anglo-saxonne, émet en permanence sur 93.6 FM, quatre DJ se partageant l'antenne. On peut aussi capter Radio France Internationale aux Seychelles, en FM sur 103.8, et la BBC sur 106.2.

**Télévision.** La Seychelles Broadcasting Corporation (SBC) diffuse chaque jour et en différé les journaux de CNN, de la BBC et de France 24. Quotidiennement, le 13-heures de France 2 est programmé en direct à 15h (durant l'heure d'été française) ou à 16h (durant l'heure d'hiver), les programmes se continuant jusqu'à environ 23h30. Les émissions cessent autour de minuit, mais on peut se reporter sur la chaîne francophone TV5, une véritable seconde chaîne, que nombre de Seychellois regardent désormais davantage que leur chaîne nationale, sauf à l'heure du sacro-saint *zournal* de 20h.

## LES PHRASES CLÉS

Bonjour, mon téléphone ne fonctionne pas, pouvez-vous m'aider s'il vous plait ?
*Hello, my phone isn't working, can you help me please?*

Je ne me sens pas bien, pouvez-vous m'amener à l'hôpital le plus proche ?
*I don't feel well, can you take me to the nearest hospital?*

Est-ce que vous avez un médecin qui parle français ?
*Do you have a doctor who speaks French?*

Je viens de me faire voler mes papiers, où est le poste de Police le plus proche ?
*My passport has just been stolen, where is the nearest police station?*

Est-ce un quartier dangereux ou je peux y aller sans crainte ?
*Is this area dangerous or can I walk around without worrying?*

Avez-vous des timbres pour une carte postale à envoyer en France ? C'est combien ?
*Do you have any stamps for a postcard to France? How much is that?*

DÉCOUVRIR

Ces petites îles de rêve, bien souvent fantasme des jeunes mariés qui feuillettent les catalogues de lunes de miel, ne se résument pas simplement à leurs plages de sable blanc. Paradis de la plongée sous-marine, chantre de la créolité, unique sanctuaire mondial du cocofesse (l'étonnant fruit du coco de mer), l'archipel a également eu une histoire très riche. Notamment avec les deux périodes de colonisation (française puis anglaise) qu'a connu le pays. Partons donc à la découverte d'une population jeune et métissée, d'une nature luxuriante aux enjeux écologiques de plus en plus importants où la faune et la flore s'avèrent exceptionnelles. Avec en plus un climat clément toute l'année ou presque, comment ne pas tomber sous le charme de ces 115 bouts de terre éparpillés au cœur de l'océan Indien ?

# LE PARADIS DE LA PLONGÉE

Aux Seychelles, les plages sont en majorité protégées par des barrières de corail. Un masque, un tuba et des palmes suffisent déjà à se faire plaisir. Les îles intérieures présentant l'avantage d'être sur un plateau granitique, elles offrent de véritables massifs de granit sous-marin où l'on peut observer de nombreuses espèces. Pour la plupart comprises entre 8 et 20 m de profondeur, les plongées sont organisées par une majorité de centres reconnus par la PADI pour tous les niveaux. Si les fonds ont, hélas, été sérieusement touchés en 1997 par le réchauffement des eaux dû à El Niño, de nombreuses associations locales s'emploient heureusement à la réimplantation de coraux. Cette remarquable initiative permet de continuer à profiter de ces fonds d'exception. Ce n'est pas un hasard si le commandant Cousteau avait choisi les Seychelles pour tourner son film *Le Monde du silence* dans les années 1950 ! Zoom sur une destination plongée de premier choix.



## Quand ?

Bien qu'on puisse toute l'année découvrir les Seychelles profondes, on préférera les mois de février à mai, où la mer est alors sereine, et d'octobre à mi-décembre, où le courant favorise l'apparition de nombreuses espèces. La visibilité des fonds peut être supérieure à 30 m en haute mer et la température de l'eau atteint les 30 °C. Pour les plus frileux, une combinaison de 3 mm longue suffit amplement. Évidemment, tout le matériel pourra être fourni sur place. Majoritairement, les centres utilisent l'équipement et les bouteilles SCUBA d'homologation internationale. Enfin, il est bon de le préciser, il n'y a pas de danger sous l'eau seychelloise. Les quelques poissons à ne pas toucher cependant sont les espèces de poisson-scorpion et les poissons-pierres.

© RAINERVONBRANDIS - ISTOCKPHOTO.COM

*Exploration des fonds marins seychellois.*

## Mahé, du parc marin aux épaves

L'île de Mahé compte à elle seule une cinquantaine de sites, dont une bonne moitié entre Cap Ternay et la pointe nord de l'île. Au nord, le parc marin de Baie Ternay offre des conditions optimales, notamment au Phare, un spot à la faune particulièrement riche. On plonge jusqu'à 25 m de profondeur où d'imposantes carangues vous font de l'œil, pendant que les raies-aigles cherchent de quoi se nourrir. Non loin, Coral Garden, situé entre 5 et 18 m, accueille mérous, poissons-clowns, poissons de verre et étoiles de mer qui se baladent entre de superbes colonies de coraux sur fond de sable en pente douce. Un peu plus haut, sur la pointe nord de Mahé, l'Îlot accueille aussi tout ce beau petit monde, mais également quelques requins pointes blanches. C'est surtout entre octobre et décembre que le site est très couru, alors que le requin-baleine y passe à moins de 20 m de profondeur.

À une quarantaine de minutes de la grande île, vous pourrez aussi opter pour les îlots de Dragon's Teeth ou de Brissare Rocks. Au milieu de nulle part et par 20 m de fond, des rochers abritent napoléons, requins pointes blanches de récif, nourrices, fusiliers et parfois quelques groupes de raies-aigles, alors qu'en fin d'année, on peut apercevoir quelques requins-baleines.

Pour les plongeurs ayant une âme de pirate ou d'explorateur, les fonds marins de Mahé sont les seuls qui abritent de merveilleuses épaves. Les *Twin Barges* sont deux barges d'environ 25 m posées sur un fond de 12 et 22 m. Aujourd'hui, gorgones blanches et gorgones fouets accueillent poissons-anges, carangues pompano et tortues, alors que l'on croise quelques

© CHANWIT POLPAKDEE - SHUTTERSTOCK.COM

*A la rencontre des requins-baleines.*

barracudas qui rôdent. Dans le prolongement du spot, une carotteuse de 15 m de long, *Dredger Wreck*, accueille à peu près la même faune dans un décor différent. L'épave la plus impressionnante du coin reste l'*Ennerdale*, un ancien tanker britannique de 216 m et près de 30 000 t qui repose à 30 m de fond. À environ 7 miles de la capitale Victoria (où l'on trouve d'ailleurs une chambre de décompression), les mérous, vivaneaux jaunes et mérous qui y ont élu domicile croisent régulièrement requins et raies de passage. Malheureusement, l'épave, très branlante, est dangereuse. Renseignez-vous bien.

## Silhouette, à la rencontre des requins

À mi-chemin entre Mahé et Silhouette, Shark Bank permet de plonger entre 18 et 30 m au milieu des blocs de granit et des coraux, en compagnie de jack fish, barracudas, raies et requins de récif. Il est aussi fréquenté par les requins-baleines entre octobre et décembre.

Au nord, Anse Monton est idéale pour les débutants et le snorkeling. En redescendant vers le sud, Black Rock accueille tortues, poissons-perroquets ou poissons napoléons, alors que vers North Island, les plongeurs confirmés tenteront d'apercevoir, par temps calme, des raies manta. De retour vers Silhouette, on pourra aussi aller découvrir les grottes de Flat Rock. À noter : Silhouette possède une chambre de décompression.

## Praslin, un vaste aquarium naturel

Les eaux autour de Praslin sont riches en trésors sous-marins, tous situés à une trentaine de minutes au maximum en bateau. Autour d'Aride, sur un fond de sable d'une profondeur de 16 m, les plongeurs plutôt expérimentés se baladent avec bonheur (et souvent seuls) dans un dortoir de requins nourrices.

Isolé au nord de l'île, Booby Rock abrite une faune très abondante, de la surface jusqu'à 20 m de profondeur. Ici, les perroquets à bosse géants croisent napoléons et carangues, alors que les requins pointes blanches et les murènes ont, semble-t-il, donné rendez-vous aux raies-aigles, aux raies pastenagues et aux tortues. Il paraît même que des dauphins y passent régulièrement… Un peu plus au sud, face à Anse Georgette, on trouve Whale Rock, où le corail a élu domicile sur de nombreux amas rocheux. On y retrouve à peu près les mêmes espèces qu'à Booby Rock, dans un cadre très différent. En témoigne l'impressionnant tunnel de 10 m de long (et ses nombreuses ouvertures).

En faisant route vers le sud de l'île, il ne faudra pas manquer d'aller balader ses palmes sur les sites de Trompeuse Rock, de Shark Rock et de Caïman Rock. Ici, le corail est plutôt en bonne santé et les espèces sont nombreuses jusqu'à 22 m de profondeur.

En remontant vers Praslin, on découvrira les immenses rochers granitiques de Channel Rock qui accueillent parfois à l'automne des requins-baleines. Le reste de l'année, on peut y observer des murènes géantes, des napoléons, des poissons-clowns, des requins de récif, des raies-aigles et des tortues. Puis, en arrivant face à la sublime plage de Côte d'Or, l'îlot Saint-Pierre est tout indiqué pour les débutants (les baptêmes des différents centres de plongée se font autour de ce rocher). En continuant de remonter vers le nord, aux abords de Curieuse, Red Point abrite une immense diversité de coraux qui en ont fait le royaume des requins, des raies-aigles et des carangues courant. Enfin, tout au nord de Praslin, un peu excentré, gît Sister Bank, où les courants invitent raies, requins et thons jaunes à se retrouver.

## La Digue, des spots d'exception

L'île sœur de Praslin (les deux îles sont séparées d'un bras de mer d'à peine 6 km) située sur le même banc granitique abrite une quinzaine de sites. Au sud-est, Chemineу Rock est considéré comme l'un des meilleurs sites du pays grâce à ses eaux calmes, son excellente visibilité et ses requins de récif. Place ensuite à Marianne et ses falaises granitiques, une véritable cathédrale de roches granitiques, qui forment des labyrinthes, des pinacles, des canyons, et qui accueille raies-aigles, requins, tortues, bancs de poissons de récif, mais aussi d'incroyables bouquets d'alcyonnaires et de très belles gorgones. En revenant vers La Digue, on trouve Félicité, ses larges canyons et ses requins-nourrices. Juste au sud de l'île, les rivages de l'îlot Cocos sont parfaits pour le snorkeling, alors que les roches de l'Albatros offrent un joli ballet de requins de récifs et de tortues vertes, à seulement… trois petits mètres de la surface ! On reviendra ensuite vers La Digue pour jeter l'ancre au niveau de l'étrange îlot Ave Maria, où se baladent requins pointes blanches, tortues et raies-aigles. En continuant vers le sud, on arrive sur le spot impressionnant de White Bank qui accueille des lutjans, des fusiliers, des poissons-chauves-souris et des carangues. Enfin, juste au nord de La Digue, il faut signaler le superbe spot de snorkeling d'Anse Sévère.

## Les autres îles, une foule de possibilités

**Alphonse.** Dans les Amirantes, à près de 500 km de Mahé, les sites autour d'Alphonse et des îles environnantes sont réputées pour leurs infinis lagons aux eaux cristallines, leur forte couverture corallienne et leur excellente visibilité. Requins de récif, raies pastenagues, tortues, murènes, barracudas, thons, mérous, vivaneaux et carangues font de ces plongées un souvenir inoubliable. Les sites de plongée sont facilement accessibles (les voyages en bateau prenant entre 10 et 30 minutes) et tous les niveaux sont bienvenus.

**Bird.** À 100 km de Mahé, on peut facilement pratiquer le snorkeling depuis la plage. La meilleure période s'étend principalement d'octobre à avril, lorsque la mer est la plus calme et où tortues hawksbill, tortues vertes et raies vous attendent.

**Cerf.** À 4 km de Mahé, au sein du parc national marin de Sainte-Anne, l'île est parfaite pour la plongée avec palmes, masque et tuba : ici, on est au cœur d'un véritable aquarium !

**Cousine.** À 5 km de Praslin, l'île est entourée de récif de corail et la vie marine est spectaculaire. Un spot de choix, avec notamment des tortues hawksbill qui viennent pondre sur la plage de sable blanc.

**Denis.** À 30 minutes de vol de Mahé, le monde du silence est ici inoubliable. Les récifs se sont développés ici au cours des 5 à 10 000 dernières années et de nombreuses plongées se font à la limite du plateau des Seychelles, dont Denis n'est qu'une émergence. Les fonds plongent en effet de 40 m à près de 2 000 m ! Plus de quinze spots attendent donc les plongeurs de tous niveaux : House Reef, Aquarium Reef, White Bank, Boulders, Coral Garden ou Bat Fish, pour ne citer qu'eux, sont la promesse de grands souvenirs avec raies manta, tortues, requins gris et requins-tigres.

**Desroches.** L'île principale du groupe corallien des Amirantes, à 230 km au sud-ouest de Mahé, offre, elle aussi, un spectacle à couper le souffle. Le bien nommé spot de l'Aquarium ravit les amateurs de snorkeling. Mais pour plus de variétés, cap sur quatorze sites de plongée bouteille où, entre 12 m et 32 m, de cirques en canyons et de caves en tunnels, vous croiserez raies manta, raies-aigles, tortues, poisson-globes, napoléons, barracudas et toutes sortes de requins… Des spots mondialement connus, que ce soit l'obscure Big Cave, réservée aux plongeurs avertis avec une descente immédiate à 18 m, Airport Reef, le paradis des photographes à la recherche de macrovie, ou le tunnel de Secret Passage.

**Félicité.** À 3 km au nord de La Digue, sous la surface de cette île granitique, on aperçoit de larges canyons accueillant notamment des requins-nourrices.

**Frégate.** Enserré dans un anneau de corail à 56 km de Mahé, ce gros rocher granitique abrite une quinzaine de sites. Ils accueillent murènes géantes, rascasses, poissons-lions, fusiliers, carangues, barracudas, requins, poissons-papillons, pieuvres, langoustes. Vous pourrez aussi observer des raies manta, des tortues vertes et des dauphins…

**North Island.** Ici, les plongeurs apprécieront les huit sites situés à moins de 10 minutes de bateau ou la possibilité de se rendre sur ceux de Silhouette en moins d'une demi-heure. Sprat City, The Spot, Fisherman's Plateau, Maria Reef, Teddy Bank, Twin Anchors, The Rock, Cathedral ou le célèbre Shark Bank sont neuf plongées d'exception pour aller à la rencontre des requins pointes blanches, des requins-nourrices, des dauphins, des tortues, des raies-aigles, de napoléons ou de perroquets à bosse qui se baladent dans le coin.

**Sainte-Anne.** À une dizaine de minutes de Mahé, on profite du parc national marin de Sainte-Anne pour sortir palmes, masque et tuba entre coraux et poissons tropicaux.

# LE COCOFESSE

Exclusivité praslinoise, le coco de mer, dit cocofesse pour son apparence des plus suggestives, est assurément LA curiosité seychelloise, une noix de coco aussi mythique que coûteuse et dont l'unique sanctuaire est la célèbre vallée de Mai, prétendu vestige du paradis terrestre. Sur une vingtaine d'hectares, la seule cocoteraie de mer de la planète rassemble des arbres mâles au curieux appendice phallique, et des femelles qui donnent donc naissance à ce sacré coco, à l'origine de l'expression « cucul-la-prasline ». Cette véritable plaisanterie de la nature règne ici et nulle part ailleurs ! Dès lors, ce trésor national méritait bien tous les honneurs. Un cocofesse trône à Praslin sur le monument de l'Indépendance, un autre s'affichera sur votre passeport après le passage à la douane et le cocotier de mer a aussi trouvé sa place sur les armoiries nationales.

## Un drôle de coco !

Appartenant à la tribu des borassés, au sein de la grande famille des palmiers, Sa Majesté le cocotier de mer est l'une des six espèces de palmiers autochtones des Seychelles. D'un port majestueux – son tronc droit et net atteint une trentaine de mètres –, il est doté de feuilles rigides en forme d'éventail. Staminé (c'est-à-dire mâle) ou pistillé (femelle), il pousse en colonie, les arbres mâles, supérieurs de 5 m environ, semblant veiller sur leurs protégés, le phallus bien pendu. En effet, l'inflorescence mâle du cocotier de mer ressemble à un membre viril, de la taille et de l'épaisseur d'un bras ! Mais aucun cinéaste n'a encore réussi à filmer les curieuses amours des cocotiers de mer, les nuits de grande tempête ou de pleine lune selon les légendes, desquelles naissent chaque année une ou deux grappes de fruits, chacune contenant deux ou trois noix bilobées, plus rarement quatre. Au XIXe siècle, l'aventurier Henry de Monfreid, qui en avait pourtant vu d'autres, ne cacha pas son étonnement : « Cette noix est de la grosseur d'un gros potiron ; elle est double et ses deux hémisphères rappellent, à s'y méprendre, une paire de fesses entre lesquelles la nature s'est plu à reproduire minutieusement certains détails anatomiques particulièrement suggestifs. »

Bien que pesant de 10 à 15 kg et mesurant une trentaine de centimètres, chaque noix n'en a pas moins sa spécificité : plate ou rebondie… à chacune sa nature ! Tout comme aucune paire de fesses ne ressemble à une autre, aucun cocofesse n'est semblable. On trouve des noix miniatures de 15 cm de long, d'autres atteignent les 60 cm.

Il faut trois ans à un coco de mer pour germer et sept ans pour arriver à maturité, l'arbre devant attendre le quart de siècle pour commencer à fructifier et pas loin d'un millénaire pour atteindre sa taille maximale, un âge que n'ont pas encore atteint les vénérables cocotiers de mer de la vallée de Mai (p.157), vieux de huit cents ans seulement…

© MBRAND85 - SHUTTERSTOCK.COM

*Cocotiers de mer.*

DÉCOUVRIR

© KERTU - SHUTTERSTOCK.COM

*Cocofesse.*

## La vallée de Mai, le sanctuaire

La vallée de Mai (p.157) et le Fond Ferdinand (p.151) voisin à Praslin sont les derniers sanctuaires de ce roi des cocotiers qui, à l'origine, partait aussi à l'assaut du ciel sur l'île voisine de Curieuse ainsi que sur trois îlots satellites : Saint-Pierre, Ronde et Juliette (aujourd'hui Chauve-Souris). Il est difficile d'expliquer pourquoi ce palmier n'a élu domicile que sur une poignée d'îles. Selon une hypothèse, il serait l'un des rares végétaux à avoir survécu à la fracture avec le continent africain de terres devenues depuis lors un archipel. À cet isolement insulaire, il faut ajouter un autre facteur de non-dissémination de la noix : sa pesanteur, qui contrarie *a priori* sa dispersion naturelle par les courants marins. Elle est trop lourde pour flotter ! Enfin, le fait qu'il faille au moins un arbre mâle et un arbre femelle pour la reproduction et que ce type de cocotier ne fructifie bien qu'en communauté n'a évidemment pas favorisé l'acclimatation sous d'autres cieux de cet étonnant palmier. Confiné à quelques îles, longtemps inhabitées, de l'océan Indien, le cocotier de mer resta un végétal inconnu jusqu'à la seconde moitié du XVIII$^{e}$ siècle.

## Une prodigieuse découverte

Ce fut en effet un ingénieur, Brayer du Barré, qui, en 1768, lors d'une expédition de la marine royale aux Seychelles sur le *Marion-Dufresne*, eut l'honneur de constater que le mythique cocotier de mer poussait sur une terre, française depuis 1756.

La prodigieuse découverte allait susciter d'autres vocations. Dès 1769, le capitaine Duchemin, qui l'année précédente a conduit la féconde expédition au cours de laquelle Barré découvrit le si vénéré cocotier, s'empresse de retourner à Praslin, l'île au trésor. Il y charge de cocos de mer la flûte *L'Heureuse Marie* et s'en va les mettre en vente sur le marché indien, oubliant que la bonne vieille loi de l'offre et de la demande va vite faire perdre à la noix sa fabuleuse valeur.

Bien que dévalué, le singulier coco n'en continuera pas moins à fasciner. Le naturaliste et voyageur français, Philibert Commerson, qui participa à la célèbre expédition de Bougainville autour du monde, ne manqua pas de s'intéresser à ce hautain cocotier dont les insolites noix callipyges firent longtemps la fortune des rois et sultans maldiviens. Commerson serait même le premier scientifique à avoir minutieusement décrit, quinze planches à l'appui, le cocotier de mer, auquel il aurait donné le nom générique de *Lodoicea*, dérivé du latin *Lodoicus* (Louis), en l'honneur du roi Louis XV.

## Un coco protégé et travaillé

Aujourd'hui, il est défendu de quitter le territoire seychellois avec un coco de mer non agréé par les autorités. Le cocofesse a été nationalisé et la République des Seychelles contrôle de très près le commerce de cette œuvre d'art que la nature ne reproduit qu'à 3 000 exemplaires environ chaque année. Aussi les artisans travaillant le coco de mer doivent acheter la matière première à l'État et chaque noix commercialisée doit être assortie d'une autorisation spéciale de sortie de territoire.

C'est à Praslin que les artisans apprêtent les noix pour rendre plus lisible encore leur forme, déjà fort suggestive. Bien que superbes à l'état brut, dans leur vénusté originelle, elles sont travaillées pour la plupart. Une fois sciées et vidées, les deux demi-coques sont généralement polies puis vernies, avant d'être recollées. La demi-coque peut aussi être sculptée et vendue comme boîte à bijoux. Les pêcheurs l'utilisent à l'état brut pour écoper leurs pirogues, tandis que les petits commerçants s'en servent encore parfois comme cocossier, c'est-à-dire comme récipient, pour transvaser le sucre, le riz, la farine ou les graines vendues au détail.

Quant à la pulpe extraite, elle doit d'abord sécher au soleil pour pouvoir être utilisée en marqueterie, puisqu'elle permet d'obtenir un effet d'incrustation d'ivoire. Les feuilles, enfin, sont utilisées non seulement en vannerie (paniers, nattes, chapeaux...), mais aussi en architecture, où ces larges palmes deviennent des cloisons légères d'un beau jaune doré.

Bref, si la seule cocoteraie de mer (avec le fond Ferdinand, également sur Praslin) ne se déploie que sur 20 ha à peine dans cette fascinante niche de verdure primitive qu'est la vallée de Mai (p.157), elle constitue assurément une richesse majeure. Il était donc logique que l'Unesco l'élève au rang de patrimoine de l'humanité.

# LA LANGUE CRÉOLE

Cette langue des îles de l'océan Indien apparaît à la Réunion (nommée alors Bourbon) au début du XVIIIe siècle, lors de la colonisation. De même que Maurice (alors île de France), la Réunion sera terre d'accueil et d'espérance pour beaucoup de cadets des familles nobles auxquels le fameux droit d'aînesse ne laisse que trois possibilités : l'armée, la religion ou l'aventure dans les colonies. Ces îles sont des terres d'accueil, mais aussi de misère pour de nombreux esclaves. Issus de diverses tribus ayant chacune leur dialecte, les travailleurs forcés adoptent le parler du colon, en le simplifiant et en le déformant à cause d'évidentes difficultés de prononciation. La langue créole naît surtout de la nécessité de dialogue entre les esclaves provenant des côtes africaines et malgaches et le maître européen. De base lexicale française, et s'écrivant phonétiquement, le *kreol seselwa* est vraiment facile à comprendre.

## La naissance d'une langue

Toutes ethnies mêlées, les esclaves, coupés de leurs racines et unis malgré eux par l'isolement et la pauvreté, abandonnent progressivement la langue de leurs ancêtres pour adopter l'héritage linguistique provincial de leurs maîtres, le français en l'occurrence, métissé de quelques mots africains et indo-portugais. Le terme créole a d'ailleurs deux étymologies, l'une portugaise, de *crioulo*, l'autre espagnole, de *criollo*, toutes deux issues du latin *criare* qui signifie « celui qui est élevé sur place », c'est-à-dire l'enfant des premiers immigrants européens. Plus tard, ce mot désignera la population noire et son sens s'étendra à toute personne native du Nouveau Monde, avant que les linguistes ne l'emploient pour désigner la langue née de la colonisation. Ce terme porte donc en lui les blessures du déracinement, les morsures du fouet, mais aussi les promesses d'un peuple nouveau. Coutumes et cultures, rythmes et intonations diverses composent un pot-pourri pittoresque et mélodieux, première étape d'un parler local. Ensuite, le créole s'éparpille dans les autres îles de l'océan Indien, suivant les pérégrinations des hommes.
Bien que les événements historiques et politiques leur fassent subir des évolutions séparées et des caractéristiques linguistiques différentes, les différents créoles gardent un air de famille. À la Réunion, qui est toujours restée sous le giron français, le cousinage est flagrant. À l'île Maurice, le créole s'est enrichi d'indianismes. Aux Seychelles, la langue est vraisemblablement la plus proche de son état originel, mais il est difficile de l'affirmer devant l'absence de documents écrits, car le créole était avant tout une langue parlée.

## Le ciment du peuple seselwa

Aux Seychelles, la société coloniale, qui voit dans ce parler bâtard une pacotille exotique permettant aux maîtres de transmettre les ordres aux esclaves, le bannit des écoles, de l'église et, bien sûr, de toutes les institutions. Néanmoins, fortement enraciné dans la culture populaire, ce parler que les colons appellent sans aucune considération du petit nègre, continue à se développer spontanément, parallèlement au français et à l'anglais, jusqu'à devenir une langue à part entière. En 1944, une réforme de l'institution publique donne, bien malgré elle, un sérieux coup de pouce à l'avancement du créole. Pour promouvoir l'anglais dans le système scolaire, le français est supprimé. Par conséquent, la langue la plus populaire, au sens strict du terme, en profite pour mieux s'implanter. En 1967, avec le suffrage universel, la politique fait son entrée dans la vie publique. Pour séduire leur électorat, les politiciens doivent parler en créole, qui conquiert du même coup la radio et les journaux, et obtient virtuellement le statut de langue officielle. Au moment de l'indépendance du pays, en 1976, le créole sert de langue de travail au même titre que les deux autres langues officielles, l'anglais et le français. En 1977, le peuple entonne un hymne national en créole. Le gouvernement étend l'usage de la langue à tous les domaines de la vie.
En 1978 paraît une proposition pour une orthographe rationnelle et donc phonétique de cette langue avant tout orale, qui, en 1981, se voit élevée pour la première fois au rang de langue officielle. Deux ans plus tard, Danielle de Saint-Jorre et Guy Lionnet publient un dictionnaire regroupant quelque six mille termes seychellois, tandis que sont édités les premiers livres en créole. L'Institut créole sera créé en 1986.
« Nous avons longtemps vécu à tort avec l'idée que le créole était une langue bâtarde alors qu'il est un idiome à part entière, d'une incontestable richesse puisqu'on traduit aussi bien *Le Petit Prince* qu'*Antigone*. Ceux qui s'obstinent à le considérer comme un français corrompu devraient admettre, s'ils suivaient leur principe, que le français lui-même fut, au départ, une corruption du latin.

DÉCOUVRIR

# LA LANGUE CRÉOLE

*Drapeau des Seychelles.*

Le contexte sociologique dans lequel français et créole se sont développés est d'ailleurs sensiblement le même », soulignait Danielle de Saint-Jorre. Première langue nationale de la République des Seychelles, le kreol seselwa est donc un français revu et corrigé ayant trouvé sa propre identité et constituant le principal ciment de tout un peuple.

## Une langue zoli zoli

Quel délice pour un Français d'entendre la mélodie du créole ! Quel plaisir aussi d'y retrouver des mots de vieux français comme *doutance* pour soupçon, *espere* (espérer) pour attendre, *marmay* (marmaille) pour enfant, *rode* (rôder) pour chercher, *veye* (veiller) pour regarder, *gagne* (gagner) pour avoir, *reste* (rester) pour habiter, *gete* (guetter) pour regarder, *kose* (causer) pour parler, *taye* (tailler) pour courir. On reconnaîtra sans difficulté les termes des marins qui débarquèrent ici, tels *akoste* (accoster) pour appuyer contre, *amare* (amarrer) pour attacher, *pare* (parer) pour être prêt, *bor* (bord) pour direction. On sera surpris par quelques anglicismes comme *benzine* pour essence, *diary* pour agenda, *driver* pour conducteur, *sennglas* (*sunglasses*) pour lunettes de soleil, *dobliyousi* (water-closet). Vous constaterez également des mots d'origine swahilie (*kafoul*, coque de la noix de coco), d'origine indienne (*kalou*, vin de palme), d'origine malgache (*far-far*, claie pour fumer le poisson). Sans article, sans genre, sans pluriel et avec seulement trois temps – le passé, le présent, le futur – et sans véritable conjugaison, la grammaire créole s'apprend relativement facilement. Quant au vocabulaire, il semble apparemment évident avec un système de négations : un *kos pas* (cause pas) est un muet ; d'associations : une abeille est une *mous dimyel* (mouche du miel), une *bebet prive* (bébête privée) est un animal domestique ; d'images : une *fanm gro vant* (femme gros ventre) est une femme enceinte, une *ponm zenou* est la rotule, un *kolodan* (colle aux dents) est un nougat ; d'onomatopées : *gnongnon* pour violon, *kotkot* pour poule ; de déclinaisons à partir d'un même mot : *bato a vwal* (voilier), *bato diri* (cargo amenant le riz), *bato lager* (bateau de guerre), *bato peser* (bateau de pêcheur), *bato plezans* (bateau de plaisance), *bato sovtaz* (canot de sauvetage). C'est un *langaz zoli zoli* ayant tous les atouts pour susciter des vocations linguistiques avec son *vokabiler* imagé foisonnant d'odeurs et de couleurs. En tout cas, c'est le meilleur des passeports pour entrer en Créolie !

# GÉOGRAPHIE

Les Seychelles : un pluriel justifié, tant ces îles sont différentes par leur forme, leur superficie, leur relief et même leur origine. 41 granitiques (s'élevant jusqu'à près de 1 000 m) et 74 coralliennes (s'élevant de 6 m à 13 m) : au total 115 îles et îlots disséminés sur un territoire de 1 300 000 km². Adeptes de randonnées corsées et amateurs de « laisser-hâler » sous les cocotiers ont de quoi être ravis… sur la même île ! Mordus du hameçon et passionnés de plongée sont aussi conviés à jouir de cet archipel d'une captivante richesse. Un archipel composé des îles du groupe des Seychelles (quasiment toutes granitiques), celles que l'on visite lors de son premier séjour (à commencer par Mahé, Praslin et La Digue), mais aussi des îles éloignées, toutes coralliennes. Si l'on excepte les solitaires Coëtivy et île Plate, perdues au sud de Mahé, elles se répartissent en trois groupes : Amirantes, Farquhar et Aldabra.

## 115 îles et beaucoup d'eau

L'archipel des Seychelles est situé entre les 4e et 11e degrés de latitude sud, et entre les 46e et 57e degrés de longitude est. L'île principale, Mahé, est située à 2 800 km au sud-ouest de Bombay (Inde), à 1 580 km à l'est de Mombasa (Kenya) et à 950 km au nord de Madagascar. Si le territoire marin se déploie sur une surface d'environ 1 300 000 km², les terres ne représentent que 455 km², et même 277 km² si l'on élimine la superficie des lagons. Les pourcentages sont significatifs : la superficie du territoire national (quasiment trois fois la France) se compose de 99,997 % d'eau et de 0,003 % de terres émergées (*grosso modo*, la superficie de la ville de Paris).

En tout, simplement une trentaine de ces 115 îles et îlots sont habités. Dans certains d'entre eux, la population se compte sur les doigts d'une main ! Formées il y a quelque 650 millions d'années, les îles granitiques, c'est-à-dire montagneuses, se situent dans le nord de l'archipel. Le Morne seychellois (907 m), à Mahé, constitue le point culminant du territoire. Dispersées au sud et au sud-ouest, les îles coralliennes ne dépassent que de quelques mètres le niveau de la mer.

## Des îles intérieures aux îles éloignées

Les îles intérieures, le groupe des Seychelles, comprend 43 îles ou îlots (tous granitiques excepté les deux coralliennes Bird et Denis), les bouts de terre sur lesquelles ou va promener ses tongs et ses palmes lors d'un premier voyage en général. D'abord sur Mahé et ses voisines (Anonyme, Sainte-Anne, île au Cerf, Longue, Moyenne, Ronde, Thérèse, Conception) puis autour de Praslin (Aride, Cousin, Cousine, Curieuse, Ronde, Saint-Pierre) et de La Digue (île Cocos, Félicité, Grande Sœur), deux îles cousines, puisque séparées simplement d'un bras de mer d'à peine 6 km et située sur le même banc granitique. C'est sur ces îles intérieures que l'on retrouvera près de 95 % de la population seychelloise.

DÉCOUVRIR

© KARLOSXII - SHUTTERSTOCK.COM

*Parc national du Morne Seychellois.*

© IVAN HLOBEJ - SHUTTERSTOCK.COM

*Vue sur l'île Longue depuis l'île Ronde.*



Plus loin, les îles extérieures, au nombre de 72, sont toutes coralliennes et on les appelle les *zil elwannyen*. Largement éloignées en effet du groupe central de Mahé, les plus lointaines de ces îles sont plus proches des côtes africaines et malgaches que de Victoria. On les divise en trois groupes : Amirantes, Farquhar et Aldabra. Longtemps isolées, car d'un accès nécessitant plusieurs jours de bateau, elles sont aujourd'hui bien plus accessibles, l'État ayant construit de nombreuses pistes d'atterrissage, sur Desroches, D'Arros, Marie-Louise, Farquhar, Astove et Assomption.

▶ **Groupe des Seychelles.** Mahé, Praslin, La Digue, Sainte-Anne, île au Cerf, île Longue, île Moyenne, île Ronde, île Sèche, île Cachée, Grand Rocher, Anonyme, île Hodoul, île aux Rats, île Souris, Thérèse, Conception, L'Islette, Chauve-Souris (Mahé), L'Îlot, Cousin, Cousine, île Ronde, Chauve-Souris (Praslin), île aux Fous, Aride, Zavé, Félicité, Marianne, Grande Sœur, Petite Sœur, île aux Cocos, La Fourche, Silhouette, North, Mamelles, île aux Récifs, Frégate, îlot Frégate, Bird, île Denis, île Plate et Coëtivy.

▶ **Groupe des Amirantes.** Remire : Étoile, D'Arros, Boudeuse, Desnœufs, Desroches, Marie-Louise. Bancs africains : banc Africain, île du Sud. Atoll de Saint-Joseph : Saint-Joseph, Fouquet, Ressource, Petit Carcassaye, Grand Carcassaye, Benjamin, banc Ferrari, Chien, Pélican, Vars, île Paul, banc de Sable, banc Cocos. Atoll de Poivre : Poivre, Florentin, île du Sud. Atolls d'Alphonse et de Saint-François : Alphonse, Bijoutier, Saint-François.

▶ **Groupe de Farquhar.** Saint-Pierre. Atoll de Providence : Providence, bancs Providence, Saint-Pierre, Cerf. Atoll de Farquhar : île du Nord, île du Sud, Manaha Nord, Manaha Milieu, Manaha Sud, Goélette, Lapin, île du Milieu, Déposé, banc de Sable.

▶ **Groupe d'Aldabra.** Astove, Assomption. Atoll d'Aldabra : Grand Terre, Picard, Polymnie, Malabar, île aux Cèdres, île Michel, île Esprit, île Moustique, îlot Parc, îlot Émile, îlot Yangue, îlot Dubois, îlot Magnan, île Lanier. Atoll de Cosmoledo : Menai, île du Nord, île du Nord-Est, île du Trou, Goélette, Grand Polyte, Petit Polyte, Grand Île, Pagode, île du Sud-Ouest, île Moustique, île Baleine, île Chauve-Souris.

## Un peu d'histoire…

Jusqu'en 1881, les Seychelles ne comprenaient que des îles granitiques et trois petites îles coralliennes (Denis, Bird et île Plate).

À cette date, les îles du groupe Amirantes, Alphonse, Providence et Aldabra, furent détachées de l'administration de l'île Maurice et rattachées à celle des Seychelles. Coëtivy, île madréporique (corallienne) isolée, et les îles du groupe Farquhar, jusque-là dans l'orbite de l'île Maurice, rejoignirent l'archipel respectivement en 1908 et en 1932. D'autre part, l'île Desroches (groupe des Amirantes), les îles du groupe Farquhar et Aldabra (groupe d'Aldabra), détachées des Seychelles en 1965 (pour constituer, avec les îles du groupe des Chagos, le Territoire britannique de l'océan Indien), furent restituées en 1976 au tout nouvel État des Seychelles, devenu indépendant le 29 juin de la même année.

## De splendides parcs nationaux

Sur les îles principales, on trouve plusieurs parcs nationaux : trois terrestres et cinq marins.

▶ **Parc national du Morne seychellois** ★ **(p.140).** Il s'étend sur 3 045 ha sur l'île de Mahé. Parc national depuis 1979, il propose de superbes randonnées à travers une jungle luxuriante. Le sommet, à 905 m d'altitude et qui constitue le point le plus haut à 1 600 km à la ronde, offre une vue des plus époustouflantes.

▶ **Parc national de Praslin** ★★★★ **(p.155) (vallée de Mai).** Devenue parc national en 1979 et depuis 1983 sur la liste du patrimoine mondial de l'Unesco, la vallée de Mai offre une ambiance digne de *Jurassic Park* sur 675 hectares et ravira les amateurs de botanique.

▶ **L'île de Silhouette** ★★ **(p.207).** C'est le 7 août 2010 que le président Michel a officiellement désigné 93 % de l'île comme parc national. Cette île montagneuse possède une végétation abondante et offre de superbes balades en pleine forêt équatoriale.

▶ **Les parcs nationaux marins** sont eux au nombre de cinq à travers l'archipel. Il s'agit de Baie Ternay et de Port Launay, sur Mahé à Beau Vallon. Mais aussi Sainte-Anne, île voisine de Mahé, devenue parc national marin en 1973. L'île compterait 150 variétés de poissons. Également Curieuse, connue pour ses tortues de mer, et Silhouette, pour plonger entre coraux et poissons tropicaux multicolores.

# NATURE

Qu'on se le dise, l'archipel ne compte pas que ses six espèces de palmiers. Au-delà du cocotier de mer, du palmiste, du latanier latte, du latanier feuille, du latanier mille-pattes et du latanier hauban, environ 2 000 espèces de plantes tropicales et équatoriales parent les paysages des Seychelles. 250 sont indigènes et 80 sont endémiques, tel l'illustre cocotier de mer et sa noix, le fameux cocofesse. Question faune, la topographie seychelloise elle-même tient parfois du bestiaire : pointe Cabris, montagne Pigeon, Anse Fourmis, Anse Baleine… En effet, nombre d'îles et d'îlots ont une connotation animalière : de l'île aux Vaches à Chauve-Souris et de l'île au Cerf à l'île Souris, de Chien à Pélican et de Lapin à Moustique pour les îles éloignées. Fait étonnant, la tortue n'a droit qu'à une minuscule roche, ancrée près de l'aéroport de Mahé. C'est pourtant bien elle, la star de la faune seychelloise !

## Un paradis botanique, de la mangrove à la forêt d'altitude

Si deux siècles de présence humaine ont évidemment condamné nombre d'espèces de la forêt primitive à se raréfier, voire à disparaître, le couvert végétal des Seychelles n'en demeure pas moins d'un intérêt majeur, qu'il s'agisse de la mangrove, de la forêt littorale, de la forêt de basse altitude ou encore de la forêt hygrophile des sommets. Quatre niveaux qui recèlent chacun un précieux patrimoine.

Si les grandes mangroves seychelloises se trouvent aujourd'hui à **Aldabra** ★★★★ (p.217), d'autres, moins étendues, subsistent çà et là, notamment sur **Silhouette** ★★ (p.207) (à Grand Barbe) et Mahé (entre Port Glaud et Port Launay, ainsi qu'à Anse Boileau). Peu d'espèces apprécient ce milieu, hormis des arbres portant le nom générique de mangliers.

Situées au-delà des mangroves ou donnant directement sur les plages, les forêts littorales ont évidemment évolué depuis la colonisation des îles. Seule la réserve de la Veuve, à La Digue, a conservé l'aspect des forêts d'antan. À la fin du XIXe siècle, la peintre voyageuse Marianne North s'étonnait qu'on en ait planté jusque sur les hauteurs des pentes, à plus de 200 m. Ces hauteurs n'effraient pas le majestueux et trapu takamaka, dont le tronc peut dépasser un mètre de diamètre. Longtemps utilisé en charpenterie de marine ainsi que pour la construction des maisons, il a fait le bonheur des ébénistes jusqu'à ce qu'une maladie en fasse depuis quelques années un arbre menacé de disparition. Aussi tout transport de bois de takamaka est rigoureusement interdit.

Parmi les autres espèces d'arbres, on trouve le gayac, le badamier et le bonnet carré. Outre le flamboyant, qui fleurit en novembre, on doit encore citer le bois de rose, dont les grandes fleurs jaunes rappellent celles des hibiscus, et le bois de table, aux feuilles argentées. Le plus commun des arbustes, le veloutier, contribue à fixer le sable des anses, plusieurs lianes égayant ces bords de mer, tel le patatran, dont les fleurs rose mauve s'ouvrent le matin, alors que celles du patatran blanc s'épanouissent la nuit. Parmi elles, deux sont endémiques aux Seychelles : le vacoa de bord de mer, qui se plaît sur les rochers, et le bois cafoul trois feuilles, assez rare.

Quant aux espèces dites de basse altitude, elles sont disséminées par les oiseaux, voire par le vent, les endémiques, dont les graines et les fruits sont plus gros, étant incapables de voyager. Le latanier mille-pattes et le latanier feuille appartiennent à cette dernière gamme.

Sur ces mêmes hauteurs s'est fixé le très rare bois méduse, une petite espèce endémique, qui atteint 8 m de hauteur. Le bois santal, quant à lui, n'existe plus que sur Silhouette. L'île **Aride** ★★★ (p.182), elle, a recueilli le bois citron, le plus joli arbuste à fleurs de l'archipel. Bois de natte, bois de ronde, bois chandelle, bois calou et bois cuillère sont en revanche plus communs.

Les glacis sont aussi le fief du vacoa marron, dont les racines échasses peuvent atteindre 10 m, et du vacoa de rivière.

Parmi les arbres abondamment naturalisés, il convient de citer le calice du pape aux fleurs rose pâle et le filao, utilisé pour la construction des maisons créoles et des maquettes de bateau. Le mahogany, ou acajou, connaît, lui aussi, une réussite certaine en sylviculture. Il pousse à une altitude déjà plus élevée, vers 300 à 400 m. Le plus commun est le mahogany à bois rouge.

Sous les forêts mixtes de feuillus-palmiers, on trouvera des espèces herbacées plutôt désagréables, tel le coco marron, au pétiole armé d'épines, ou le petit coco marron qui dégage une odeur nauséabonde. Il vaut mieux retenir le sourire vertical des cocos de mer qui ont fait de la **vallée de Mai** (p.157) l'une des plus précieuses réserves naturelles de la planète. Cinq espèces de palmiers, trois de vacoas et bien d'autres merveilles poussent librement dans cette fascinante cathédrale végétale.

© BLUEORANGE STUDIO - SHUTTERSTOCK.COM

*Tortue de mer.*



Un autre type de végétation couvre les crêtes de 600 à 900 m, là où s'élève si fièrement l'albizzia, spectaculaire avec ses immenses branches étalées, son feuillage dentelé, son tronc argenté et ses fleurs très parfumées fleurant bon le miel. Cet arbre remarquable ne croît qu'à flanc de montagne, dans un milieu humide, la formation hygrophile la plus typique étant celle de la forêt à capucins du Morne seychellois, où les fougères abondent. Au rang des curiosités, il faut aussi mentionner le latanier hauban, un palmier miniature qui n'a souvent que 5 cm de diamètre et guère plus de 2 m de hauteur.

## Des fleurs éclatantes

Pour s'extasier sur des fleurs, il faut flâner dans les jardins publics et dans les cours de maison. On y voit des frangipaniers, des bougainvillées et des hibiscus. Les plus célèbres plantes du monde tropical déploient leurs couleurs en de multiples nuances, les orchidées exotiques étant aussi cultivées avec succès. L'orchidée coco et l'orchidée pigeon se sont même si bien adaptées ici qu'elles poussent maintenant à l'état sauvage. Nombre d'arbres ornementaux suscitent aussi l'émerveillement, telles les fleurs blanc crème du réséda (nom seychellois du henné) qui dégagent un parfum de framboise. Le plus imposant est sans conteste le sandragon, qui peut atteindre 25 m de hauteur et dont le tronc dépasse parfois 1,50 m de diamètre. Le long des routes, on peut encore s'extasier sur les banyans et leurs racines aériennes.

Le patrimoine des arbres fruitiers est aussi particulièrement varié. Pour le seul bananier, on compte environ quinze variétés. Même richesse pour le manguier. Les papayers sont aussi beaucoup cultivés. Plantés près des maisons, les arbres à pain et les jacquiers se montrent généreux, mais leurs fruits ne sont utilisés qu'en cuisine. Quant aux jamalacs et aux fruits de Cythère, ils font d'exquises confitures. Certaines espèces n'existent plus qu'à l'état naturalisé. Il en est ainsi du goyavier, dont le fruit acidulé est délicieux, et du cajou. Mais exotisme est aussi synonyme d'épices. Acclimatée dès 1772 au **jardin du Roy** (p.122) à Mahé, la cannelle fut disséminée par les oiseaux fructivores. D'abord exploité pour son essence, le cannelier l'est aujourd'hui pour son écorce, dont on fait la cannelle en poudre ou en bâton. Outre le giroflier et le poivrier, on doit mentionner le cacaoyer, le caféier et le théier. Quant à la célèbre vanille, elle existe encore dans plusieurs forêts à l'état subspontané. Ces gousses échouent dans les cuisines et deviennent d'odorants souvenirs d'un séjour exotique dans ces îles paradisiaques.

## Côté faune, l'archipel des tortues

Les explorateurs et colons français qui baptisèrent ces lieux avaient tant chassé la tortue terrestre, pour sa chair et son écaille, qu'elle aurait pu disparaître si cette extermination massive n'avait heureusement été stoppée à temps par les autorités.

Aujourd'hui toutefois, il faut avoir l'immense privilège de mettre le pied sur Aldabra, à 1 100 km de Mahé, pour les croiser à l'état sauvage, comme aux Galápagos. Mais partout, environ cent cinquante mille tortues se côtoient. En fin de croissance, *Testuda gigantea* peut peser jusqu'à 500 kg, mesurer 1,50 m de long et avoir une longévité exceptionnelle, certaines ayant dépassé les cent cinquante ans. Dans la plupart des îles, on peut voir évoluer quelques tortues, le plus souvent dans des enclos, au mieux en liberté surveillée, comme à Frégate. Les tortues de mer, jadis elles aussi pourchassées, sont peu nombreuses. Les deux variétés les plus courantes, la tortue à écailles et la tortue-caret, apprécient les rivages d'Aldabra pour y creuser dans le sable des trous de 50 cm afin d'y pondre en une nuit plusieurs centaines d'œufs et de regagner la mer. Quelques semaines plus tard, quand les bébés tortues quittent les trous, beaucoup servent de repas aux crabes et aux oiseaux… Seuls quelques rescapés atteignent l'océan, où d'autres prédateurs jouent à leur tour un rôle régulateur. On estime que sur 500 œufs, une vingtaine seulement donneront une tortue d'âge adulte, c'est-à-dire longue, selon l'espèce, de 1 à 1,30 m, pour un poids de 300 kg environ.

## Le paradis de l'ornithologue

Terrestre ou marine, la tortue bénéficie de la protection de l'État. Elle a même l'honneur de figurer, sous un cocotier de mer, sur l'emblème des Seychelles, où trônent aussi l'espadon, qui représente la faune marine, et le paille-en-queue, qui représente celle du ciel. Reconnaissable à son plumage blanc, hachuré de quelques bandes noires sur les ailes, à son puissant bec jaune et à sa longue queue fourchue, le paille-en-queue niche toute l'année à même le sol. Les trous de rocher abritent aussi des frégates, dont l'envergure des ailes atteint parfois 2 m, et dont la longue queue fourchue permet de les remarquer près des rivages.

Svelte et gracieuse, la sterne est un autre oiseau emblématique de l'archipel (Air Seychelles en a fait son logo). Cet oiseau vit en bordure des plages, nichant volontiers dans les filaos. L'espèce la plus courante est le goéland blanc. Il a un bec très effilé et des yeux noirs, mais il existe aussi des sternes de couleur sombre, ainsi qu'un goéland-sardine et un goéland-badamier, qui contribuent à faire du ciel seychellois un apaisant spectacle. Celui-ci est rehaussé par les pigeons hollandais, dotés pour l'un d'entre eux d'une éclatante crête rouge, et par les tourterelles, la tourterelle-coco, à la tête bleu-gris et au corps beige rayé de noir, étant la plus courante. Très familière, elle fréquente volontiers les terrasses de restaurant. L'inévitable moineau, le rougeoyant cardinal et l'omniprésent martin, qui rappelle notre merle européen, s'y régalent aussi aux heures des repas. Peu farouche, dame paton, quant à elle, a colonisé le bazar de Victoria. L'archipel a aussi ses oiseaux rares : le perroquet noir de la vallée de Mai, la pie chanteuse de Frégate et d'Aride, le toc-toc de Cousin, l'oiseau-banane de Mahé et sans conteste le plus élégant, la veuve des Seychelles. Celui-ci s'enorgueillit d'une queue interminable scindée en deux, donnant l'impression qu'elle porte une queue-de-pie ! Mais cette espèce endémique ne compte plus que quelques dizaines d'individus à La Digue, dans la réserve dite « la Veuve ». Si les chasseurs d'images ont bien du mal à faire entrer cet oiseau-là dans leur boîte, ils n'ont en revanche aucune difficulté pour figer sur pellicule sternes, fous, frégates, macareux, phaétons et autres – surtout s'ils choisissent de se rendre au mois de mai sur Cousin ou **Bird Island** (p.212), la bien nommée. À cette date, plusieurs millions d'oiseaux de mer, groupés par races, nichent sur ces îles devenues une extraordinaire volière. Fascinant spectacle…

Au rayon des reptiles, il faut mentionner le gecko et, chez les insectes, les orthoptères ou mouches-feuilles se confondent avec les feuilles des arbres. Enfin, on ne saurait évoquer la faune locale sans citer la plus grande des chauves-souris, la fameuse roussette.

*Fleur d'hibiscus.*

# CLIMAT

Les Seychelles ont su instaurer avec leurs visiteurs un climat de confiance : pas question de perturber leurs vacances avec un cyclone ! Nos chères îles sont en effet hors de la trajectoire des tornades. Certes, les causes de la tempête historique (dite Grande Avalasse) du 12 octobre 1862 restent bien floues et il est arrivé (au moins quatre fois depuis 1808) que les cocotiers de l'île de Coëtivy, par 7,6 degrés de latitude sud, soient plus qu'ébranlés, tout comme l'ont été, un après-midi de septembre 2002, ceux de Praslin, une mini-tornade ayant eu raison d'une trentaine de toits et de celui de l'aéroport, flambant neuf à l'époque. Mais les dieux du ciel semblent protéger cet archipel dont le climat se révèle plus tropical qu'équatorial, bien que l'équateur soit tout proche. Ici, l'océan joue évidemment un rôle modérateur, et ces îles ignorent les très fortes chaleurs que connaît à latitude égale le continent.

## Un climat de mousson

En principe, la saison sèche s'étend de juin à octobre (mousson du sud-est), la saison humide s'étalant plus ou moins de novembre à mai (mousson du nord-ouest). Mais, aux Seychelles aussi, le climat n'est plus ce qu'il était, les statistiques publiées çà et là n'ayant qu'une valeur relative. Ainsi, El Niño a suscité un vent de panique aux Seychelles en août 1997, provoquant des trombes d'eau trois jours durant, en pleine saison sèche ! Les routes du littoral furent tellement inondées qu'il n'était même plus possible de se rendre à l'aéroport. Parfois aussi, la pénurie d'eau occasionne des ruptures momentanées de l'alimentation. Celles-ci sont d'ailleurs fréquentes durant la saison sèche, l'île de Mahé, la plus habitée, étant toujours la plus touchée par ces rationnements qui affectent aussi la petite hôtellerie.

Quatre périodes caractérisent donc le climat de mousson : une saison fraîche et sèche, une saison humide et chaude et deux périodes intermédiaires.

- **De mai à octobre** souffle un courant du sud-est, qui poursuit sa route jusqu'au-delà de l'équateur, puisqu'il est à l'origine de la mousson indienne d'été.

Aux Seychelles, on parle alors de la mousson de suet (pour le sud-est). Les pluies sont plus rares, le taux d'humidité se révèle plus faible ; la mer se montre houleuse, le vent dépassant toutefois rarement la force 6. Il fait légèrement plus frais que durant les autres mois. En cette saison sèche, la température moyenne atteint tout de même les 25 °C.

- **De décembre à avril,** durant la saison humide, des vents d'est et de nord-ouest soufflent sur l'archipel. Cette mousson de nordet (pour le nord-est) résulte du renforcement de l'alizé dans l'hémisphère nord. La chaleur se fait lourde, le mercure atteint les 32 °C et l'humidité règne de nouveau. La végétation est plus luxuriante que jamais. Les averses sont nombreuses, souvent violentes, mais généralement de courte durée. Les plus fortes ont lieu en début de soirée ou pendant la nuit. Il arrive toutefois que le soleil prenne congé durant plusieurs jours et que les dépressions retardent, voire interdisent les vols inter-îles.

## Les meilleures périodes

Ce sont celles des mois intermédiaires entre saison sèche et saison humide, c'est-à-dire avril et, surtout, octobre. Vent faible, averses fugaces, océan calme, chaleur idéale : les belles semaines sont au rendez-vous ! Quelle que soit la date choisie, la chaleur n'est jamais écrasante (de 25 °C à 32 °C le jour, au moins 24 °C la nuit). Le taux d'humidité est toujours supportable (environ 80 %). Les précipitations maximales sont observées généralement entre la mi-décembre et la mi-janvier. Les îles coralliennes (de 500 mm à 1 500 mm par an) sont évidemment moins arrosées que les îles granitiques (de 2 200 mm sur les côtes à plus de 3 000 mm sur les hauteurs de Mahé et de Silhouette). Cependant, ces données sont théoriques, car aux Seychelles, aussi, on vous dira qu'il n'y a plus de saisons. Celles-ci semblent en effet moins marquées qu'autrefois. Quoi qu'il en soit, lorsqu'il n'est pas caché par des nuages, le soleil brille en moyenne sept heures, la durée du jour étant constante tout au long de l'année de onze à douze heures. À 4 degrés sous l'équateur, le jour apparaît aussi vite que la nuit tombe : gare aux retours précipités de balades aventureuses à travers la jungle et ses rochers, parfois glissants, après une brève averse de fin d'après-midi !

# ENVIRONNEMENT

Les Seychelles rappellent, par certains traits, l'image d'un paradis terrestre : un chapelet d'îles aux plages de sable blanc et aux eaux turquoise. L'archipel recèle également de nombreux trésors parmi lesquels récifs coralliens et tortues géantes. Le pays protège aujourd'hui 30 % de ses eaux territoriales. Les principales menaces qui pèsent sur les Seychelles sont la surconsommation des ressources, la pollution, ainsi que le réchauffement climatique, qui pourrait faire disparaître les îles. Le pays a donc mis en place toute une série de mesures ces dernières années : moratoire sur les constructions, restauration des milieux, sensibilisations et, à partir d'août 2023, une taxe appelée « Tourism Environmental Sustainability » pour engager des projets gouvernementaux en faveur de la protection de l'environnement. Au même titre que la taxe de séjour en France, elle sera perçue par les établissements hôteliers.

## Parcs nationaux et espaces protégés

Situé dans l'océan indien, l'archipel est constitué de 155 îles tropicales coralliennes ou granitiques. La biodiversité y est à la fois exceptionnelle et fragile, tant les espèces que les milieux : fonds coralliens, mangroves, forêts. Le pays a créé des espaces de protection, dont les réserves marines, les parcs nationaux et les réserves spéciales. Depuis 2020, 30 % de la superficie marine de l'archipel est protégée. Cette dernière mesure est liée à l'accord « dette-nature » mis en place après la crise financière de 2008. En d'autres termes, le remboursement de la dette contractée par le pays est en partie remplacé par des actions en faveur de la protection de l'océan et de la mitigation climatique.

Les Seychelles comptent plusieurs parcs nationaux terrestres et marins :

- **Le parc national du Morne seychellois** ★ **(p.140)**, sur l'île de Mahé : il vous permettra de découvrir tout un pan de la biodiversité de l'île, avec des écosystèmes de mangroves, forêt tropicale et montagne. Le parc couvre en effet 20 % de la superficie de l'île. Le Morne seychellois n'est autre que le point culminant des Seychelles, à 906 m d'altitude, et constitue une belle excursion.
- **Le parc national de Praslin** ★★★★ **(p.155)** : second parc national terrestre des Seychelles en superficie, il abrite notamment la vallée de Mai classée à l'Unesco (voir *infra*). Il permet au visiteur une belle introduction à la biodiversité de l'île de Praslin, avec notamment une flore et une faune endémiques. Les marcheurs emprunteront le magnifique sentier du « Glacis Noir » afin d'embrasser une belle vue panoramique.
- **Le parc national de Silhouette :** il protège 93% de l'île de Silhouette, île-hôtel, mais aussi plus grande île granitique des Seychelles. Il abrite notamment des forêts tropicales et des zones d'intérêt pour la conservation des oiseaux. Un parc national marin lui est associé.
- **Le parc national marin de Curieuse :** situé sur l'île Curieuse, il protège la biodiversité de l'île et ses fonds marins. Parmi les espèces endémiques, on citera le coco de mer et les tortues géantes qui viennent y pondre. L'île se prête à la fois à la randonnée à pied et à la plongée.
- **Le parc marin national de Sainte-Anne** (p.143) : situé au large de l'île de Mahé, il s'agit du premier parc marin de l'océan Indien, créé en 1973. Les paysages et la biodiversité y sont exceptionnels. Le visiteur pourra découvrir ces trésors par des excursions en bateau ou des plongées.
- **Le parc marin national de la Baie Ternay :** uniquement accessible par bateau, il protège les écosystèmes fragiles de massifs coralliens, et toute une faune et flore marines. Des observations de baleines et tortues y sont possibles.
- **Le parc marin national de Port Launay :** situé sur l'île de Mahé, il est notamment réputé pour permettre l'observation de requins-baleines. Il se parcourt à pied, pour découvrir plages et mangroves, mais aussi en plongée pour la richesse de ses fonds marins et de ses coraux.

© KANEA - SHUTTERSTOCK.COM

*Vallée de Mai.*

DÉCOUVRIR

© KARLOSXII - SHUTTERSTOCK.COM

*Le parc du Morne Seychellois.*



- **Le parc national marin de l'île Coco :** situé au large de La Digue, l'îlot Coco protège tout un écosystème corallien. Aisément accessible par des compagnies de bateaux et de tourisme, il est très fréquenté et constitue un lieu prisé pour le snorkeling.
- **La réserve spéciale de l'île Cousin :** gérée par Nature Seychelles, l'accès y est réglementé. La réserve à vocation à protéger les oiseaux et leurs habitats, notamment la rousserolle des Seychelles, la gygis blanche ou encore le noddi marianne.

Le pays possède par ailleurs deux sites classés au patrimoine mondial de l'Unesco : Aldabra, le plus grand atoll surélevé du monde, habitat des tortues géantes des Seychelles, et la vallée de Mai. Située dans l'île de Praslin, elle abrite une forêt de palmiers endémiques dont le célèbre cocofesse, qui produit la plus grande graine végétale du monde.

## Des activités anthropiques qui fragilisent les milieux

L'économie du pays est essentiellement liée au tourisme et à la pêche. Or ces activités dépendent de la santé environnementale des îles. Si le pays a fait le choix de limiter les constructions hôtelières (moratoire de 2015), les Seychelles accueillent cependant un nombre croissant de visiteurs (plus de 330 000 en 2022), ce qui n'est pas sans impact sur les milieux et les ressources naturelles. L'activité touristique génère en effet une surconsommation de ressources (eau, énergie), la nécessité d'importer des produits (90 % de biens sont importés) et produit des déchets. Le pays a déployé des campagnes de sensibilisation à l'attention des touristes et des démarches ont été engagées dans certaines îles, vers l'autosuffisance alimentaire et énergétique, le développement d'énergie renouvelables (solaires). Il s'agit souvent de démarches portées dans les « îles-hôtels », où les démarches vertueuses ne doivent cependant pas faire oublier l'empreinte carbone des constructions de luxe et de l'activité touristique de l'archipel. En effet, le bilan carbone du tourisme aux Seychelles s'alourdit vite si l'on prend en compte les transports de personnes (aérien pour venir d'Europe principalement, et liaisons motorisées pour se déplacer d'îles en îles), l'acheminement de produits importés, l'envoi de déchets recyclés parfois jusqu'en Europe et les consommations d'électricité. Les activités humaines sur l'île, dont l'agriculture, ont également des impacts sur les milieux naturels, contribuant à l'érosion des sols et à la pollution des eaux.

## Le réchauffement climatique : la grande menace

L'archipel des Seychelles subit déjà les effets du changement climatique : sécheresses persistantes, inondations, érosion accrue, blanchiment des coraux. Quels que soient les scénarios de hausse des températures (+ 2 °C ou plus), ils menacent les îles coralliennes de submersion et les îles granitiques de disparition de leurs côtes. Au niveau local, des actions d'adaptation et d'atténuation du changement climatique sont en œuvre : pouponnières de coraux, développement d'énergies renouvelables, sensibilisation des enfants à l'école, etc. Les solutions locales vers la sobriété doivent s'envisager également à une échelle globale, avec des actions fortes et concertées. Le visiteur en partance pour les Seychelles pourra questionner l'impact écologique de son voyage et plus largement de sa vie au quotidien.

# HISTOIRE

Éloignées de tout rivage continental, ces îles, noyées dans l'immensité (78 millions de kilomètres carrés) de l'océan Indien, ne furent sûrement pas découvertes par les Phéniciens. Ce sont les navigateurs arabes qui, s'aventurant plus au sud pour des raisons commerciales et religieuses, auraient découvert ces terres oubliées. Des manuscrits retrouvés au XVIIIe siècle semblent indiquer qu'elles furent reconnues vers 851 par des marchands. L'histoire se fait plus précise à partir de l'époque des grandes découvertes, quand les caravelles portugaises font irruption dans l'océan Indien au XVIe siècle. Mais snobées par les navigateurs lusophones, ces îles, hors de la route normale de l'Inde et ne recélant pas de matières précieuses, vont finalement intéresser les Britanniques au début du XVIIe siècle. Le début d'une histoire riche, marquée par les colonisations françaises, puis britanniques, avant l'Indépendance de 1976.

**VERS 851**

Selon certains manuscrits (retrouvés au XVIIIe siècle), c'est vers 851 qu'elles auraient été repérées par des marchands. S'étant établis sur la côte orientale de l'Afrique du VIIe siècle au IXe siècle, aux Comores notamment, les Arabes croisèrent forcément cet archipel situé sur la route du golfe Persique. Ainsi, un certain Al Mas'Udi, voyageur et historien qui visita Madagascar en 916, mentionne les Maldives et des hautes îles au-delà. D'autres cartes et textes postérieurs font aussi référence à la présence arabe dans l'océan Indien. Ces îles sont alors souvent nommées Zarin (c'est-à-dire « sœurs »). Le nom d'Aldabra viendrait d'« Al-Khadra » qui, en arabe, signifie « la verte », ou d'Al-Dabaran, l'étoile la plus brillante de la constellation du Taureau.

**1501**

A partir de l'époque des grandes découvertes, quelques éléments se font plus précis, alors que les caravelles portugaises, après avoir longé les côtes africaines de l'Atlantique, débarquent dans l'océan Indien. En 1501, João de Nova découvre d'ailleurs plusieurs îlots des Seychelles, auxquels il donne son nom (rebaptisés Farquhar).

**1502 - 1506**

Vasco de Gama, alors amiral, croisant par-là, désigne comme îles de l'Amiral les futures Amirantes, les cartographes portugais ayant pour la première fois mentionné sur leurs portulans une grande île, Ilha Ganaa, à l'emplacement de l'actuelle Mahé. D'autres îles y figureront à partir de 1506, les cartes les référençant sous le nom d'As Sete Irmas (Les Sept Sœurs) ou d'Os Irmaos (Les Frères). Se bornant à y faire escale pour se ravitailler en eau douce, les navigateurs portugais ne s'intéressent pas à cet archipel situé hors de la route normale de l'Inde, d'autant moins qu'il ne recèle pas de matières précieuses.

**1609**

Les Britanniques entrent en scène, bien décidés à commercer dans les ports du sous-continent indien. Pour eux aussi, ces îles constituent un bon mouillage sur la route des Indes. Dès lors, les voyageurs, tant anglais que néerlandais, vont se succéder sur cet archipel.

**1650-1730**

Chassés des Indes occidentales (nos actuelles Caraïbes), les pirates vont, eux aussi, voir en ce nouvel espace maritime un paradis terrestre. Qu'ils battent pavillon britannique, néerlandais ou français, les navires marchands sont nombreux à croiser dans ces eaux-là : une aubaine pour forbans et flibustiers. Ils sont américains (Burgess, Halsey, Tew, North, Captain Kid), français (Mission, Levasseur, dit La Buse) et surtout anglais (Taylor, William, Howard, Bowen, Avery, dit Long Ben). À partir de 1685, la piraterie s'étend aux côtes africaines. Consternés par ces forfaits, Anglais et Français entendent déployer de grands moyens pour débarrasser l'océan des audacieux terroristes. Bon nombre d'entre eux, profitant d'une amnistie, se retireront non sans avoir mis leur butin à l'abri. Les Seychelles, encore inhabitées, constituent un lieu idéal pour dissimuler un trésor. Aux Seychelles, quand quelqu'un est devenu soudainement prospère, on dit qu'il a découvert un butin dans son jardin.

**1742**

Après les colonisations de l'île Bourbon (la Réunion) et l'île de France (Maurice), pourquoi ne pas en coloniser d'autres ? Le 19 novembre 1742, les Français Lazare Picault et Jean Grossin arrivent devant une île. S'étant révélée parfaite pour une escale sur la nouvelle route des Indes, les rapports flatteurs de Picault et de Grossin amenèrent Mahé de La Bourdonnais, l'amiral qui a gouverné l'île Bourbon et l'île de France, à projeter une implantation.

**1744**

Le 30 mai, Picault mouille à un nouvel emplacement baptisé Port-Royal (actuelle Victoria). Ayant constaté que la construction de 300 habitations est possible et que la nature du sol se révèle favorable, il visite aussi l'une des îles voisines, qu'il nomme l'île de Palme (actuelle Praslin), parce qu'elle porte beaucoup de palmistes et de lataniers portant coton. L'enchantement est tel que l'explorateur décide de baptiser îles de La Bourdonnais cet archipel si avenant, l'île d'Abondance devenant l'île Mahé. Le gouverneur, bien que disgracié deux ans plus tard, allait laisser son nom au territoire.

**1770-1775**

Il restait à s'installer… Un dénommé Brayer du Barré, affairiste nouvellement arrivé, obtient le premier l'autorisation de créer une petite exploitation. Le 27 août, vingt-six hommes et femmes débarquent et huit mois plus tard, l'affairiste est ravi. C'est un tel succès que l'intendant des îles de France et Bourbon, Pierre Poivre, depuis longtemps désireux de faire aux Seychelles des essais de plantes à épices, décide d'y envoyer un ancien militaire, Antoine Gillot, et une quarantaine d'ouvriers pour la création d'un jardin du roy. Gillot l'établira sur Mahé, à Anse Royale. Mais les relations entre les deux groupes allaient être si désastreuses que l'enthousiasme des débuts retomba vite. Les colons déchantent vite, nombre d'entre eux y commettent tous les excès. Ainsi, les tortues furent massacrées par milliers.

**1778**

Les si prometteuses îles se révélaient bien décevantes. Il était temps que le gouverneur général de l'île de France reprenne en main la colonie. Place à Romainville ! Amenés par la corvette du roi, le lieutenant et ses quinze hommes de régiment débarquent en octobre : fusiliers, grenadiers et caporaux sont aussi charpentier, forgeron, menuisier, tonnelier, boulanger, tailleur ou jardinier. Une caserne, une prison, un magasin, un hôpital et un pavillon pour les hôtes de passage sont rapidement construits à l'emplacement de l'actuelle Victoria. Charles de Romainville a reçu des pouvoirs de police pour faire régner la paix. On lui a aussi demandé de protéger les forêts et les tortues.

Les habitants ne sont qu'une trentaine, les esclaves, plus de deux cents. L'esclavage bat son plein et, même si, à quelque 13 000 km de là, on s'apprêtait à clamer que « les hommes sont libres et égaux en droits », il n'était pas question de libérer la population servile…

1788-1790 Le 19 juin 1790, Jorre de Saint-Jorre et Nageon de l'Étang sont désignés secrétaires de la réunion présidée par Quienet. Les rares habitants ayant droit d'y assister souhaitent surtout une administration autonome, c'est-à-dire ne plus recevoir d'ordres venus de Port-Louis. L'indépendance, les Seychellois finiront par l'obtenir… cent quatre-vingt-six ans plus tard, les administrateurs ayant réussi à laisser Port-Louis l'autorité de tutelle.

1791 Le 1er août, est hissé solennellement le nouveau pavillon national et, deux ans plus tard, l'arrivée de Quéau de Quinssy va marquer la fin de la période révolutionnaire. Durant un tiers de siècle, celui qui peut être considéré comme le père des Seychelles et qu'on surnomme le Talleyrand de l'océan Indien sera intimement lié à l'histoire de l'archipel. Pour ce gentilhomme tranquille appelé à devenir un homme de guerre pour le moins conciliant, l'époque est marquée par le début d'une guerre franco-britannique due aux attaques répétées des corsaires français sur les navires anglais. Quéau de Quinssy, après avoir connu quelques ennuis avec les premiers représentants britanniques qui l'accusaient d'être un voleur et un négrier, se rend à Maurice, d'où il revient innocenté.

1794 Fréquentant assidûment la nouvelle route des Indes, et ne supportant plus les agressions dont ils sont victimes, le 16 mai, les Britanniques envoient quatre vaisseaux à la conquête de Mahé. Ne disposant pour répliquer que d'une poignée d'hommes, Quéau de Quinssy choisit de se soumettre. Cette capitulation sera suivie d'une quinzaine d'autres, le malin Quéau de Quinssy baissant le pavillon anglais dès que les vaisseaux quittaient Mahé ! Ainsi, durant quinze ans, Mahé fut, selon les jours, anglaise ou française.

*Gravure ancienne représentant Mahé.*

1811-1815 Le 21 avril 1811, les Anglais s'installent pour de bon et débarque Barthelemy Sullivan. Il est le premier d'une longue série de fonctionnaires britanniques qui vont administrer l'archipel jusqu'à son indépendance, cent soixante-cinq ans plus tard. Le 30 mai 1814, le traité de Paris entérine cette allégeance, l'île Maurice et les Séchelles ayant été attribuées à l'Angleterre. Le congrès de Vienne ratifiera cette cession l'année suivante. Les Séchelles allaient dès lors prendre un « y ».

DÉCOUVRIR

**1818-1826** À partir de cette date, les productions seychelloises doivent transiter par Maurice. Mais ce sera surtout la chute des cours du coton qui entraînera la décadence économique des Seychelles. Certains commencèrent à développer des cocoteraies, d'autres plantaient tabac, girofle et canne à sucre. L'argent en circulation se raréfia d'autant plus qu'en 1826 le système monétaire dut obéir aux comptes effectués en livres sterlings.

**1839** Le 11 février, finie l'époque de la servilité forcée ! En cette date historique, c'est la fin de l'esclavage.

**1862** Le 12 octobre, une épouvantable tempête s'abat sur Mahé et Praslin. Vents violents, pluies intenses, trombes d'eau : des hauts de Victoria, boue et arbres déracinés engloutissent tout sur leur passage. Cette avalanche va marquer les mémoires : une cinquantaine de morts et autant de disparus, des goélettes écrasées et coulées, trente mille cocotiers arrachés…

**1880 À 1900** Pendant que l'économie se redresse, Londres devient joignable par le télégraphe. Les autorités ont aussi créé un petit hôpital. La population a doublé : 10 000 âmes en 1880, près de 20 000 en 1900. Officiellement reconnues comme seychelloises par une ordonnance de 1881, les îles dites éloignées ne sont plus ignorées. Le gouvernement loue désormais certaines d'entre elles à des exploitants. Mais la nouvelle prospérité ne doit pas cacher la disparité de classes sociales et la santé constitue l'autre zone d'ombre.

**1906-1911** L'effondrement des cours de la vanille sur les marchés européens ruine nombre de petits propriétaires. Du coup, les grands planteurs, qui ont opté pour le cocotier, reprennent la première place dans les exportations. En revanche, les huiles essentielles, de cannelle surtout, s'installent sur le marché. Le *business* prend un nouvel essor !

© SHANDAROV ARKADII - SHUTTERSTOCK.COM

*Plantation de cocotiers, Union Estate Park.*

**1914-1918** La Première Guerre mondiale va affecter la lointaine colonie. Londres oublie quelque peu ses îles et chômage et pauvreté font leur apparition. Les vols de fruits deviennent monnaie courante. En 1916, 791 volontaires sont partis pour le continent africain. La Seychelles Labour Force allait connaître des jours difficiles : 327 des 791 hommes ne reviendront pas. Un monument est élevé à leur mémoire, au cimetière de Mont-Fleuri.

**LES ANNÉES 1920** Les Seychelles vont renouer avec la prospérité d'avant-guerre, le coprah assurant l'essentiel des exportations. Le modernisme commence à s'imposer. L'électricité apparaît en 1926, suivie du téléphone sortant Praslin et La Digue de leur isolement. Un autre signe de progrès apparaît : les automobiles remplacent les pousse-pousse. En 1924, un hôpital est inauguré. Mais l'essor économique est stoppé en raison de la crise planétaire de 1929.

**1936** L'économie, aidée par le Fonds de développement colonial, se relève lentement. L'année suivante, une banque agricole, longtemps attendue, ouvre. Les fêtes somptueuses – qui ont lieu à l'occasion du couronnement du roi George V – témoignent de la prospérité retrouvée.

**1939-1945** À l'heure du second conflit mondial, quelque 900 engagés embarquent en 1941 pour l'Afrique. Ils vont se battre à el-Alamein, contre les troupes de Rommel, mais aussi à Tobrouk, en Libye, en Tunisie et même en Italie. Une soixantaine de soldats tombera au champ d'honneur.

**1947** Un programme de développement décennal est lancé, en matière de travaux publics (routes, port...), d'éducation (écoles primaires, collège...) et de protection sanitaire et sociale. La pêche aussi donne satisfaction, le poisson salé et séché étant devenu un créneau porteur. Mais les subventions masquent des difficultés persistantes et les Seychellois vont bientôt manifester leur mécontentement.

**1949** Le suffrage universel est instauré pour l'élection des conseils de district, mais le gouverneur britannique n'en demeure pas moins le seul maître de l'archipel.

**1964** Les Seychellois ressentent le besoin de se rebeller. C'est l'époque de l'émancipation de l'Afrique. Le Parti uni du peuple seychellois (SPUP) et le Parti démocratique seychellois (SDP) sont formés en 1964. Fondé en Angleterre par un expatrié seychellois, France-Albert René, le SPUP base son programme électoral sur une demande d'autonomie. Quant au SDP de James Mancham, il entend dans un premier temps conserver le statut colonial des Seychelles et concentrer sa campagne sur l'amélioration du niveau de vie.

Douze ans seront nécessaires pour que le processus de libération aboutisse. C'est un cheminement jalonné d'étapes, notamment celle de novembre et décembre 1967, qui instaure le suffrage universel pour l'élection des huit membres élus du conseil législatif. La nouvelle Constitution, plus libérale, qui en découle précède celle à laquelle aboutit la conférence constitutionnelle qui se tient à Londres en 1970 : quatre ministres doivent encadrer le gouverneur. En novembre de cette même année, après les élections de l'Assemblée législative, James Mancham devient ministre principal. Ses fonctions seront prorogées en avril 1974. L'année précédente, plusieurs milliers de Seychellois avaient défilé pour réaffirmer leur volonté de se libérer de la mère patrie. Le protecteur britannique allait donc lâcher sa colonie et restituer du même coup, au moment de l'indépendance, une partie du territoire national. Comprenant que les Seychelles se libéreraient un jour ou l'autre de leur tutelle, les Anglais avaient en effet décidé, en 1965, de s'attribuer Aldabra, Farquhar, Desroches et les Chagos (ces dernières dépendant jusqu'alors de Maurice), afin de garder un pied-à-terre en plein océan Indien. En échange de ces îles éloignées de Mahé, Londres s'engageait à construire à ses frais un aéroport international permettant enfin au tourisme de prendre son envol. Cette promesse fut tenue en 1971. L'année suivante, la reine Élisabeth s'y posait à l'occasion de son voyage officiel dans l'archipel. Il était temps qu'un souverain britannique foule le sol de cette lointaine possession ! En 1974, les Seychelles devenaient colonie autonome. Un grand pas venait d'être fait, d'autant que les deux partis s'étaient réconciliés pour l'exercice du pouvoir : James Mancham
1964-1976 devenait Premier ministre, France-Albert René, ministre des Travaux publics et du Développement rural. La nouvelle Constitution préparée à Londres, la République des Seychelles pouvait enfin naître, le 29 juin 1976, à minuit. James Mancham devint alors le premier président des Seychelles.

© 22IMAGES STUDIO - SHUTTERSTOCK.COM

*La Liberté, monument symbole de l'indépendance.*

Dans la nuit du 4 au 5 juin, une poignée de jeunes intellectuels gauchistes vont s'emparer du pouvoir avec une étonnante facilité. Il leur aura suffi de prendre d'as-
1977 saut un dépôt d'armes, l'aéroport et les studios de Radio-Seychelles pour que les Seychelles entrevoient un nouvel avenir. La révolution était en marche, conduite par son guide charismatique France-Albert René, alors âgé de 40 ans.

1977 À 1991

Au grand désespoir des gros propriétaires, dont bon nombre décidèrent de s'expatrier, révolution a évidemment rimé avec expropriation. S'étant attelé à construire une économie d'État, le président René a commencé par mettre en pratique une social-démocratie radicale, s'attaquant aux inégalités. Dans la fonction publique, la disparité des salaires fut ainsi resserrée, passant de 1 à 21 en 1976 à 1 à 9 en 1981. Un programme de plein-emploi allait bientôt garantir du travail à tous au niveau du salaire minimal, tandis qu'un système de sécurité sociale était mis en place. En matière d'éducation, de logement et de santé, la *revolisyon* fit aussi merveille, le taux de mortalité infantile étant tombé au niveau des pays européens les plus avancés. « Les Seychelles, archipel du communisme heureux ? », titrait un reporter du *Nouvel Observateur* en mars 1992, trois mois après que René eut annoncé l'avènement du multipartisme et des élections en juillet.

1992-1998

Après quatorze ans de socialisme autoritaire, l'archipel allait se convertir au multipartisme, quiconque pouvant créer un parti, pourvu d'un minimum de 100 adhérents. Les exilés étaient invités à rentrer au pays, ce que fit l'ex-président Mancham, en avril 1992, trois mois avant la rédaction d'une nouvelle Constitution. Le président René n'en fut pas moins réélu président en juillet avec 59 % des voix. Le prêtre anglican Wavel Ramkalawan (qui fit sa prêtrise en Grande-Bretagne), très bon orateur, s'est vite imposé comme le leader de cette opposition, le SNP ayant d'ailleurs opté pour un nouveau nom, United Opposition (Opposition unie), pour les deux scrutins de 1998. La présidentielle de mars 1998 allait, certes, confirmer la durable assise du président René, réélu avec 66,67 % des suffrages, mais aussi le déclin du SDP de Mancham (13,80 %) au profit de l'Opposition unie de Ramkalawan (19,53 %).

2001-2002

France-Albert René a conservé le pouvoir, non sans prendre les devants, puisqu'il décida en 2001 d'anticiper le scrutin présidentiel de deux ans, le fin stratège ayant été réélu dès le premier tour, sous l'étiquette du SPPF, avec 54,19 % des suffrages exprimés, selon les résultats officiels, contre 44,95 % pour son principal rival, Wavel Ramlalawan. Un guide à nouveau confirmé par les élections à l'Assemblée de septembre 2002, elles aussi anticipées afin de couper l'herbe sous le pied de l'opposition. Devenu l'un des gouvernants les plus anciens du monde, René allait mettre en selle son successeur désigné, James Michel.

2004

Le 24 février, l'indétrônable *prezidan* annonçait son intention de céder sa place à son vice-président, après vingt-sept ans de pouvoir. Âgé de 59 ans, inspiré par la philosophie de Rousseau et Voltaire, et admiratif de Baudelaire, le nouveau président prêta serment le 14 avril.

## Aujourd'hui

Après la crise de 2008 et le ralentissement économique de l'archipel, James Michel fut réélu en 2011 puis en décembre 2015 pour un troisième et dernier mandat. Un mandat qui fut finalement de (très) courte durée, puisque le parti présidentiel Lepep sera battu lors des élections législatives qui se sont déroulées en septembre suivant. C'est son vice-président Danny Faure qui l'a remplacé à la tête de l'État le 27 septembre 2016. Pour la première fois de leur histoire, les Seychelles ont vécu sous la cohabitation. Nouvelle révolution politique en octobre 2020, puisque c'est l'opposant Wavel Ramkalawan qui a pris en main la destinée de l'archipel. Une première depuis l'Indépendance du pays en 1976. Un changement politique majeur survenu en pleine crise du Covid-19. Charge désormais à lui de relancer le pays après une crise sanitaire qui a mis à mal le si important secteur touristique et qui a conduit à une hausse des prix du quotidien comme il l'a reconnu lui-même à mi-mandat au printemps 2023.

# LE 11 FÉVRIER 1839

## LA COURONNE MET FIN À L'ESCLAVAGE AUX SEYCHELLES

Le 18 août 1833, parlementaires anglais et militants antiesclavagistes font enfin triompher l'idée que tous les hommes naissent libres et égaux en droits en votant la grande réforme de la libération au Parlement, à Londres. L'administrateur Harrison va devoir mettre en application cet acte d'abolition dans la dépendance des Seychelles à partir du 1er février 1835. Les esclaves doivent, dans un premier temps, devenir des apprentis au service de leurs anciens propriétaires, qui reçoivent une indemnité pour chaque affranchi. Cette mesure de transition permet de ne pas déstabiliser une société où la population servile est prépondérante en nombre, 6 521 personnes ayant été libérées sur une population totale n'excédant pas les 7 500 habitants. Solution intermédiaire, l'apprentissage ne connaîtra pas le succès escompté, nombre d'apprentis préférant travailler à leur compte plutôt que chez leurs anciens maîtres. Rapidement, le législateur décrétera l'émancipation totale.

**Une libération paisible**

Finalement, en ce jour historique du 11 février 1839, le commissaire civil Mylius ne constate que des démonstrations paisibles de joie et de gratitude. Contrairement à d'autres colonies, la libération des esclaves est vécue aux Seychelles dans la quiétude. Seuls les gros propriétaires, dont les cultures reposent sur la main-d'œuvre servile, sont inquiets. Aussi vont-ils demander aux autorités l'autorisation d'importer des laboureurs indiens ou malgaches, suivant l'exemple de Maurice où le commerce des engagés a déjà déversé des milliers de travailleurs indiens. Cette immigration étant source de bien des problèmes, les gouverneurs refusèrent une importation du même type aux Seychelles. L'économie de l'archipel était condamnée à se contenter des nouveaux libérés. Les riches colons seychellois se retrouvaient donc contraints de s'orienter vers l'une des rares cultures ne nécessitant pas une main-d'œuvre importante, celle du cocotier. Un certain Dumat confirme cette orientation : « Autrefois, les cocoteraies consistaient en d'étroits rideaux que la nature avait formés dans la courbure intérieure des anses ; elles n'avaient d'autre importance que celle de fournir l'huile à l'éclairage des classes aisées, car les pauvres gens et les esclaves avaient la ressource de celle de leur pêche. On s'en occupait peu, et si quelques plantations se faisaient çà et là, c'était plutôt pour l'agrément que pour l'utilité. Mais depuis que les bras ont manqué à l'agriculture et que les ressources se sont peu à peu épuisées, on a compris que la culture du cocotier, qui se fait à très peu de frais, pouvait devenir un moyen d'existence. » Les produits du cocotier vont ainsi se substituer au coton, mais on est loin des beaux jours français. « La seule consolation permise est de se dire que sans doute on ne peut tomber plus bas », affirme en 1846 l'historien anglais Pridham. Mais le bouleversement social et agricole n'explique pas tout ; l'incurie de Maurice envers sa dépendance contribue en effet largement au déclin (ainsi la pompe à incendie promise aux Seychellois a-t-elle mis vingt ans à arriver). Tandis que Maurice vit la période la plus brillante de son histoire, les Seychelles se laissent gagner par la morosité.

**La relance de l'économie**

Les Africains libérés allaient heureusement donner un souffle nouveau à l'archipel traumatisé. De 1861 à 1874, quelque 3 000 anciens esclaves d'Afrique débarquent des boutres arabes. Ce dernier grand contingent d'immigrants, dont l'âge moyen se situe entre 15 et 17 ans, va contribuer au redressement agricole de l'archipel. Protégés par un magistrat, ils s'intègrent rapidement aux autochtones. La plupart préfèrent travailler selon le système de moitié (une semaine pour le propriétaire, une semaine pour eux). Un observateur souligne que le « travail dans les propriétés est en général fait à la tâche et consiste à ramasser des noix de coco, faire des trous pour planter des cocotiers, préparer le coprah pour le moulin, faire de l'huile de noix de coco et nettoyer autour des cocotiers ».

Dans les années 1870, le cocotier reste donc la valeur sûre de l'économie. En 1875, le commissaire civil Salmon estime que l'archipel en compte un million de plants. Parmi les autres productions prospères, plus que le cacao, le café, le girofle, le guano et les écailles de tortue, la vanille connaît le plus beau développement. En 1899, année record, elle détrône même les produits du cocotier (huile, noix et savon). Reste que la colonie, de plus en plus repliée sur elle-même, a été réveillée économiquement par les anciens esclaves. D'ici ou d'ailleurs.

# LES ENJEUX ACTUELS

Entre 2004 et 2016, le président Michel s'est efforcé de faire appliquer son cheval de bataille, « moins de corruption et plus de libéralisme », mais un problème restait entier : celui du manque de devises pour un pays qui croule sous la dette extérieure. La privatisation des Seychelles, qui se dessinait alors en pointillés, s'est ainsi accentuée aux lendemains de la présidentielle de 2006. Depuis, en se pliant aux exigences du FMI, le pays a vu 45 % de sa dette annulée. Dirigé depuis 2020 par Wavel Ramkalawan, les Seychellois connaissent l'alternance pour la première fois depuis l'indépendance de 1976. Charge à ce prêtre anglican de relancer une économie fortement fragilisée par la pandémie de Covid-19. Il faut dire que les deux mamelles du pays sont le tourisme et la pêche (en partie destinée à fournir les hôtels), tout en protégeant son superbe patrimoine naturel, entre écotourisme, économie « bleue » et taxe pour l'environnement.

## À la recherche de la stabilité

Revenons à la crise de 2008 : la hausse des prix pétroliers et la tourmente sur les marchés financiers auront eu un effet dévastateur sur l'économie du pays, le gouverneur de la Banque centrale ayant même démissionné, officiellement pour raison de santé. Ce départ aura permis de mesurer l'ampleur des dégâts… et l'imprévoyance de l'État, auquel certains analystes économiques reprochent d'avoir voulu moderniser trop vite le pays, énormes dettes à la clé. La crise, qui avait commencé sous Albert René, trouverait ses racines dans le fait que le pays aura vécu au-dessus de ses moyens, le corollaire en étant l'une des progressions de niveau de vie les plus importantes en Afrique depuis vingt ans. Les deux piliers de l'État (pêche et tourisme) ne suffisant plus pour faire face à la hausse des prix des carburants et des produits alimentaires importés, les Seychelles se sont donc retrouvées soudain au bord de la banqueroute, incapables d'assumer leur dette colossale : 800 millions de dollars, soit 165 % du PIB, l'une des plus élevées du monde !

Cette situation extrême allait contraindre ledit gouvernement à solliciter d'urgence l'assistance financière du Fonds monétaire international (FMI). Après l'Islande, l'Ukraine et la Hongrie, les Seychelles devenaient ainsi en 2008 le quatrième pays à obtenir l'examen d'un prêt inhérent à la crise financière, cette procédure permettant à un État membre de puiser dans le compte des ressources générales du Fonds pour affronter le déséquilibre temporaire de ses finances. Les soins intensifs du FMI auront donc contraint le gouvernement à normaliser ses relations avec le système financier international et à aligner sa monnaie, la roupie, afin de mieux intégrer l'économie seychelloise avec le reste du monde, d'où une nouvelle dévaluation d'une monnaie surévaluée qui, entre juillet 2007 et novembre 2008, aura perdu dans les 150 % de sa valeur. Désormais d'un cours fluctuant, compris dans les premières semaines d'après sa dévaluation post-FMI entre 18 SR et 22 SR pour 1 €, la roupie seychelloise se positionne en août 2023 à 14,85 SR pour 1 €.

Ayant mis fin au marché noir, puisque les Seychellois ont maintenant accès aux devises étrangères, cette dévaluation aura bien sûr provoqué une flambée des prix. Bien que l'État ait vivement recommandé aux hôteliers de maintenir leurs tarifs afin de préserver le flux touristique, il n'est pas sûr que ces conseils soient durablement entendus, les spectaculaires augmentations de l'électricité, de l'eau et du gaz étant susceptibles d'influer sur le prix des chambres, tables et services touristiques.

## Mer nourricière et paradis touristique

La mer est d'abord nourricière. Les Seychellois seraient en effet les plus gros consommateurs de poissons au monde. Les eaux seychelloises sont généreuses et Français, Espagnols et Japonais notamment, appâtés par des pêches miraculeuses (mais jusqu'à quand ?), exploitent sous licence, depuis une vingtaine d'années, cette « zone maritime économique des Seychelles » prolifique.

© FOKKE - STOCK.ADOBE.COM

*Le tourisme est important aux Seychelles.*

DÉCOUVRIR

© FOKKE BAARSSEN - SHUTTERSTOCK.COM

*Vendeur de poisson sur le marché Sir Selwyn Selwyn Clarke à Victoria.*



Espérons qu'elle le reste longtemps... Ce gros morceau d'océan, d'une surface de 1 300 000 km$^2$, constitue une sacrée richesse. Les terres émergées ne représentent en effet que 455 km$^2$. Sous licence de l'Union européenne, une trentaine de bateaux, français et espagnols, y traquent le thon au filet dans des eaux très profondes, pour alimenter les Conserveries de l'océan Indien, installées au port de Victoria, deuxième port thonier du monde. Les Japonais et les Taïwanais – qui comptent autant de bateaux – préfèrent pêcher à la ligne, en version industrielle, mais sur le bon vieux principe de l'hameçon (avec maquereau ou encornet pour appâter le client). Le *pwason*, saigné à bord, est conservé quelques jours dans de la glace d'eau salée, avant d'être débarqué et aussitôt découpé, puis exporté vers l'Europe, où il sera vendu en frais.

Les Seychelles sont en tout cas un paradis touristique et se régalent assurément de cette confiture évoquée par l'ex-président René, le tourisme assurant les deux tiers du PIB. Devenu le premier pilier économique du pays, il est aussi la principale source d'emplois, qu'ils soient directement liés à l'hôtellerie et à la restauration ou indirectement issus du tourisme. Ce tourisme n'a guère qu'une quarantaine d'années. Cette nature grand luxe vaut son pesant de roupies, ou plutôt d'euros ! Les Seychelles n'avaient jusqu'à maintenant jamais cédé à la facilité qui consiste à bâtir d'énormes structures verticales, plus économiques à gérer. Si Mahé et Praslin comptent aujourd'hui quelques grosses structures, les Seychelles se distinguent par une kyrielle de petits hôtels et guesthouses. Cette hôtellerie, quelle que soit la gamme, est l'une des plus chères du monde. Une nuit dans l'archipel coûte dans les 100 € dans une guesthouse bas de gamme et 250 € dans un hôtel milieu de gamme – un milieu de gamme encore peu représenté, la pénurie de 3 étoiles étant notable. Quant au haut de gamme en vogue : jusqu'à plus de 3 000 €, toujours bien intégré dans la nature. Il convient de préserver cette nature infiniment précieuse en limitant le nombre de visiteurs, d'où cette politique de sélection par l'argent.

## Vers une économie « bleue »

L'archipel compte donc bien protéger son patrimoine naturel exceptionnel. Si l'écotourisme et les établissements respectant l'environnement étaient déjà légion depuis l'arrivée du tourisme sur les îles, les Seychelles ont été, fin 2018, le premier pays de la planète à émettre des « obligations bleues ». Il s'agit d'un emprunt (d'un montant d'environ 15 millions de dollars), soutenu par la Banque mondiale, destiné à soutenir des initiatives liées à la protection de l'océan et de ses écosystèmes. De nombreuses initiatives ont été mises en place en faveur de la préservation de l'environnement, comme la réimplantation de coraux, la préservation des tortues de terre et de mer, de la flore, le respect de la biodiversité et le nettoyage systématique des plages. Les hôtels ont aussi opté pour des gestes « écolo » en proposant leur propre eau en bouteille de verre à leurs clients et des pailles en bambou. Évidemment, tout est fait pour le recyclage des déchets et la réduction des gaz à effet de serre.

En août 2023, dans la même veine, l'État met en place une taxe (entre 25 SR et 100 SR par nuit et par personne) appelée « Tourism Environmental Sustainability » pour engager des projets gouvernementaux en faveur de la protection de l'environnement. Au même titre que la taxe de séjour en France, elle sera perçue par les établissements hôteliers, en espérant qu'elle soit utilisée au mieux par le gouvernement de Wavel Ramkalawan en place jusqu'en 2025. Histoire que le paradis reste le paradis !

# ARCHITECTURE

Les îles des Seychelles n'ont été peuplées qu'à la fin du XVIII$^{e}$ siècle, lorsque les Français en prirent possession. La vocation principale de ces îles était d'assurer la sécurité des ports et d'approvisionner ponctuellement en eau douce, bois et gibier des navires de compagnies marchandes qui y relâchaient. Les premières constructions, en corail taillé, granit, bois et autres matériaux locaux, furent d'ordre portuaire et stratégique. À la lecture des archives sur l'installation des premiers colons, il semble que la présence de maîtres artisans ait été déterminante en matière d'architecture. Ils surent alors transmettre à leurs esclaves les techniques, l'outillage et les modes de construction qu'ils importaient depuis le Vieux Continent. Cette diversité d'origines explique donc en grande partie l'originalité créole des habitations, c'est-à-dire la déformation et l'appropriation des styles.

## L'architecture créole

Aux Seychelles, nul besoin de motiver la population avec un concours du plus beau village ! Embellir sa *kaz* (sa maison) est ici une seconde nature. Témoignant de son originalité, chaque maison présente des similitudes avec les autres autant qu'elle s'en détache, de manière à s'inscrire parfaitement dans le paysage architectural et végétal. De la superbe et vaste maison coloniale en bois à la petite et modeste habitation en tôle ondulée, le contact avec la nature s'avère une constante, si ce n'est une nécessité. De la capitale Victoria, sur l'île de Mahé, au petit village éloigné, le bois, le ciment et la tôle ondulée forment une harmonie visuelle et architecturale. La couleur, pastel pour les maisons traditionnelles et vive pour les maisons populaires, ajoute toujours une note de gaieté. Il n'est pas rare de trouver des maisons peintes aux couleurs du drapeau national : bleu, jaune, rouge, blanc et vert. La maison seychelloise possède de nombreuses et grandes ouvertures qui filtrent la lumière et facilitent la circulation de l'air, tout comme son toit particulièrement incliné – une préoccupation capitale dans ce pays chaud. Plutôt dispersé, essentiellement rural et généralement réparti autour des côtes ou à flanc de montagne, l'habitat seychellois, héritage métissé oblige, est créole avant tout.

Les magasins des Seychelles conservent tout le charme de l'architecture créole. Leurs façades aux couleurs pastel contrastent avec leurs toits rougis par la rouille. Des couleurs vives viennent dessiner les fenêtres et encadrements de portes. Le rez-de-chaussée servait au commerce tandis que l'étage était réservé aux espaces domestiques.

## De belles kaz, bien hiérarchisées

La répartition des propriétés foncières eut beaucoup d'influence sur l'habitat créole. Chacune était composée de la maison du maître et des dépendances. Les bâtiments industriels (moulins, fours, atelier de distillation des essences, hangars…) étaient répartis derrière un espace vivrier. Enfin, en bordure du domaine, les *kaz kreol* servaient de logement aux esclaves et aux employés. On trouvait dans ces exploitations agricoles, sorte de collectivité interdépendante, trois types d'habitations, qui marquent le systémisme du cloisonnement social, du maître (propriétaire) à l'esclave. Nous pouvons cependant y découvrir aujourd'hui la richesse du savoir-faire de leurs artisans.

La case en paille, constituée d'une pièce unique dont le plancher est fixé sur de petits pilotis en pierre et dont le toit est assemblé en feuilles de latanier ou de vacoa, était réservée aux esclaves. Il en existe encore aujourd'hui, surtout dans les villages de pêcheurs. Leurs murs sont parfois tapissés de pages colorées de magazines, en faisant de curieuses maisons de papier.

*La Maison de Kenwyn, Victoria.*

La demeure la plus courante est *ti la kaz* (la petite case, aussi appelée *kaz kreol*), posée sur quatre tasseaux de pierres maçonnées pour prévenir l'humidité et favoriser le ruissellement des eaux. On en trouve des centaines, surtout dans les zones suburbaines et dans les montagnes. Elles fascinent par leur variété et par leurs couleurs vives. Un perron de quelques marches mène à la varangue, sorte de véranda ouverte sur la façade, qui prolonge le salon et protège du soleil. La Kaz de l'Union Estate Farm sur l'île de La Digue accueille désormais les collections du musée national des Plantations. D'autres sont transformées en maison d'hôte, à l'image de Lakaz an Bwa (p.202), au nom évocateur, elle aussi à La Digue. Cette belle demeure est magnifiquement ouvragée (lambrequins).

On accède généralement à la *gran kaz* par une allée ombragée et fleurie. Cette maison imposante – parfois appelée château – est située au centre d'un jardin d'agrément. Ces remarquables demeures rappellent le savoir-faire et le talent des ouvriers compagnons. Les superbes parquets, mais aussi l'ingénieux système d'aération du toit suscitent l'admiration. Ce sont des maisons de rêve, mais surtout les maisons des maîtres. La maison de Kenwyn, à Victoria, est classée monument national, mais elle a fermé en 2023 pour rénovation. Ce magnifique hôtel particulier a été bâti en 1855 pour être la résidence d'un médecin et conserve sa structure en bois d'origine. Son balcon en bois, bâti sur le même modèle que la varangue qu'il surplombe, contraste admirablement avec les tôles vertes de la toiture.

## La difficile préservation du patrimoine créole

Témoins du passé colonial et esclavagiste, ces demeures résistent mal à l'épreuve du temps et se délabrent les unes après les autres faute de moyens personnels pour les entretenir. Malgré une loi votée en 1980, censée assurer la conservation des plus belles demeures, en instituant notamment un système de subventions pour leur restauration, la préservation de l'architecture traditionnelle demeure peu efficace. Bien qu'une large partie de ces maisons ait disparu, les vestiges les plus communs aujourd'hui sont les maisons de planteurs. De plus, on estime que presque aucun nouveau bâtiment n'a été réalisé dans le style créole depuis les années 1970. C'est en grande partie dû à la modernisation et aux changements des modes de vie.

Symboles de l'architecture créole seychelloise, quelques dizaines de maisons ont réussi à échapper à la démolition. Ainsi, celles du village artisanal, à Mahé (p.89) (avec un restaurant créole mitoyen), et de la Maison jaune, à La Digue, offrent deux exemples réussis de préservation et de valorisation du patrimoine auxquels le touriste a accès.

À Victoria, la capitale, l'Horloge Victoria est un très bel héritage du début du XXe siècle. Cette belle tourelle argentée trône au milieu d'un rond-point au carrefour des avenues principales de la ville et indique encore l'heure aux passants. Comme son nom l'indique, elle fut baptisée en l'honneur de la reine Victoria, récemment décédée.

L'État s'est donné pour principal objectif de proposer une maison décente à tous les Seychellois, afin qu'ils puissent y loger leur famille – prêts à taux préférentiel et constructions de logements sociaux à l'appui. En parlant avec les *zabitan*, on s'aperçoit très vite que, par manque de logements, de nombreux jeunes couples vivent encore chez leurs parents, parfois dans la promiscuité ! Dans ces conditions, chacun rêve d'avoir une maison en dur, avec électricité et salle de bains – et surtout pas un toit en feuilles, non seulement onéreux mais peu durable, puisqu'il doit être renouvelé tous les vingt ans. Il n'est pas étonnant alors de constater, avec regret, que les maisons en tôle supplantent en nombre celles en feuilles ou en bois, encore assez fréquentes sur Praslin et La Digue.

## Une contemporanéité tardive marquée par l'architecture traditionnelle

L'architecture se modernise assez tardivement sur l'archipel, qui a récemment fait son entrée à la biennale de Venise en 2017. Le pays est alors représenté par l'agence locale ADDlocus, qui marie architecture et matériaux traditionnels aux formes contemporaines. Les villas d'hôte réalisées par le groupe sur l'île Fregate affichent le même caractère traditionnel, mais vues du ciel, leurs pavillons carrés rattachés les uns aux autres par des vérandas forment un curieux jeu de formes géométriques, un dessin abstrait qui contraste fortement dans la végétation luxuriante.

Le style néotraditionnel est bien répandu dans tout l'archipel, et rares sont les maisons qui dérogent à la règle, une uniformité agréable pour locaux et voyageurs, puisque le paysage n'est pas ou peu défiguré. Ces nouvelles villas d'hôte ont des murs en bois, sont couvertes d'une toiture de tôle ou de tuiles de bois, et présentent souvent, comme leurs ancêtres, des fondations hors sol pour s'adapter au relief parfois accidenté. Elles reposent alors sur de forts piliers ou même des pilotis. La terrasse, les pavillons et vérandas forment un grand ensemble de plain-pied ouvert sur la végétation et le paysage. Les piscines viennent parfaire ce paradis pour touristes – qui semblent malheureusement être les seuls destinataires de ces modernisations. L'architecture contemporaine, bien que reproduisant ses formes, perd alors bien souvent le charme et l'authenticité de son modèle.

# TOP 10

## HÔTELS

Les hôtels luxueux et raffinés sont partout aux Seychelles, qui est une référence en la matière. Mais en se promenant sur l'archipel, certains d'entre eux ont particulièrement retenu notre attention. Zoom sur quelques adresses où il fait bon poser ses valises.

### CHÂTEAU DE FEUILLES

On aime beaucoup la piscine qui épouse la forme des rochers du seul Relais & Châteaux du pays.

© CHÂTEAU DE FEUILLES

### SECRET GARDEN VILLA

Une maison au charme fou et une vue spectaculaire pour un logement qui sort des sentiers battus.

© SECRET GARDEN VILLA

### HILTON NORTHOLME

Un 5 étoiles d'exception pour des villas, dont certaines ont une piscine privée, au panorama unique.

### PINEAPPLE BEACH VILLAS

Logements de rêve avec une piscine et posés sur le sable blanc de la belle Anse à la Mouche.

### DOMAINE DESAUBIN

Sur une plage quasi privée sont posés des bungalows luxueux et une piscine dans un charmant jardin.

### DOMAINE DE L'ORANGERAIE

On aime le plus bel hôtel de La Digue, notamment pour sa superbe piscine de 300 m$^2$ et son spa.

### L'ARCHIPEL

Les 32 luxueuses chambres sont parfaitement intégrées à la nature de la paisible Anse Gouvernement.

© L_ARCHIPEL

### LES LAURIERS

Dans un jardin fleuri, voici une très belle adresse de Côte d'Or où l'écologie est à l'honneur.

© LES LAURIERS

### FOUR SEASONS

Les 67 villas sont posées au milieu de la jungle et trônent devant la sublime plage de Petite Anse.

### SIX SENSES ZIL PASYON

D'incroyables villas donnent à l'île-hôtel de Félicité un avant-goût de paradis. Le grand luxe !

# BEAUX-ARTS

La végétation, les oiseaux, les poissons et même la lumière : où que se pose le regard, les Seychelles semblent avoir été peintes par la main d'un maître intemporel. L'environnement paradisiaque inspire les artistes de tous horizons. Lors du très attendu carnaval de Mahé, les musiciens font vibrer les îles dans une profusion de couleurs qui se prolonge dans les différents lieux d'exposition. Dans l'archipel, l'art accompagne chaque événement tout autant que le quotidien. Sculpteurs et peintres ornent hôtels et restaurants. Surtout, la plupart des artistes accueillent les visiteurs dans leurs maisons-ateliers. À Baie Lazare, vous aurez certainement l'occasion de rencontrer des grands noms de l'art seychellois comme le sculpteur Antonio Filippin ou encore Gérard Devoud. Artiste international, Michael Adams se fera une joie d'expliquer sa peinture à tous ceux qui pousseront sa porte. En toute simplicité.



### Peindre en écho à la nature

La peinture domine le paysage artistique seychellois, sans doute parce qu'elle permet de déployer une palette vibrante qui reflète l'abondance tropicale. Le style figuratif, à tendance naïve, est prisé par les artistes des îles qui transmettent ainsi toute la joie de vivre créole. La plupart des artistes s'exposent dans leur galerie personnelle, souvent intégrée à leur case et à leur atelier. Ces galeries indépendantes, véritable plongée au cœur de chaque univers créatif, se concentrent majoritairement sur les trois grandes îles, Mahé, Praslin et La Digue. Nous vous proposons un panorama de la scène artistique seychelloise à travers une sélection de personnalités exceptionnelles.

### Michael Adams, l'international

Le Britannique Michael Adams s'est établi aux Seychelles en 1972. Il vit, crée et expose en famille, dans sa maison d'Anse aux Poules Bleues, dans le sud-ouest de l'île. Son style impressionniste naïf représente comme nul autre l'esprit de l'archipel et de ses habitants. Son travail lui vaut désormais une réputation mondiale. Pour autant, Michael Adams reste disponible pour évoquer sa peinture avec ses visiteurs. Il partage sa galerie avec ses deux enfants, Tristan et Alyssa, qui traitent de thèmes communs : végétation luxuriante peuplée de bambous géants et d'arbres majestueux, couleurs puisées dans l'environnement, gaieté des marchés. Pour alimenter l'inspiration, la famille entretient à l'arrière de la demeure un jardin botanique qui abrite quantité d'animaux dont un bassin à poissons.

Aux Seychelles, l'art de Michael Adams se retrouve partout, aussi bien dans les salons des demeures des particuliers que dans les hôtels ou les restaurants. Lorsque Sa Majesté la reine d'Angleterre le décore en 2001 du titre de membre de l'Empire britannique, c'est le patrimoine artistique des Seychelles tout entier qui s'est senti honoré !

### George Camille, l'art de l'océan Indien

L'artiste clame haut et fort que l'inspiration lui vient des flots. « Comme je vis à côté de la mer, ses sons, ses odeurs et sa beauté sont toujours présents dans mon travail. » Ses tonalités paradisiaques imprègnent ses peintures et ses gravures. Il expose dans ses trois galeries réparties aux Seychelles : la galerie George Camille, près du centre de Victoria, un studio-galerie à La Digue, son île de naissance, et son studio au Rocher.

Le moyen d'expression artistique préféré de George Camille reste la gravure, même s'il s'adonne également à la peinture et au dessin. À travers son travail, exposé dans le monde entier et jusqu'aux deux dernières biennales de Venise, Camille s'applique à retranscrire l'énergie et l'âme de la population créole.

### Donald Adelaide, au cœur de la nature

Entre les manguiers et les cocotiers, c'est dans son modeste studio de Baie Lazare que le souriant Donald Adelaide met sur toile son univers coloré, placé sous le signe de la nature généreuse qui l'a vu grandir et des rochers de granit si symboliques de ses îles. Pour composer ses peintures, l'artiste aime s'immerger dans les paysages et dessiner d'après nature. Ses croquis sont ensuite mis en couleurs dans son atelier. Ses œuvres sont tout autant appréciées à l'étranger, comme en Allemagne et en Grèce.

### Gérard Devoud l'aquarelliste

Artiste international, Gérard Devoud accueille humblement les visiteurs dans sa galerie de Baie Lazare à Mahé. Né aux Seychelles de père français et de mère seychelloise, le peintre s'appuie fièrement sur ses origines qui vont de pair avec une double sensibilité.

Fort d'un style naïf résolument moderne et coloré, il puise son inspiration dans la forêt tropicale et les reliefs géologiques de la région de Baie Lazare. Ses panoramas de la vallée de

© MICHELE PANZERI

*L'artiste Michael Adams dans son atelier.*

Mai ou de la plage d'Anse Soleil sont admirés aussi bien en Europe qu'aux États-Unis. Devoud s'adonne également aux portraits de locaux, et met en scène pêcheurs et voisins. Il dépeint la vie seychelloise dans un débordement de couleurs vibrantes. S'il ne cache pas sa préférence pour l'aquarelle, Devoud propose par ailleurs des lithographies numérotées.

## Le sculpteur Antonio Filippin

Implanté aux Seychelles depuis 1992, l'artiste d'origine italienne ne manque pas d'originalité. Il sculpte avant tout sur bois, mais multiplie les projets. Son restaurant est installé dans une galerie d'art, elle-même implantée dans sa maison au cœur d'une forêt minérale. Ce cadre d'une simplicité presque enfantine associe la pierre à toutes les essences d'arbre à sa portée : cocotier, fruit à pain, tamarinier, cannelier et tant d'autres.

Ses œuvres, focalisées sur l'être humain, présentent une ample variété de postérieurs féminins taillés dans le bois. Même celui de sa femme Maria, « pour l'admirer quand elle n'est pas là ! ». Sa maison-musée reflète sa surprenante personnalité, à son image. Nichée entre les immenses blocs de granit qui se trouvaient là à son arrivée, elle est conçue dans le plus grand respect de la nature. L'art s'épanouit jusqu'à l'intérieur de sa maison : une piscine intérieure coincée entre deux énormes pierres, un lit sculpté dans la paroi rocheuse. Antonio répond à des commandes monumentales officielles, notamment pour l'aéroport où son art orne les salons d'honneur.

## Léon Radegonde, collage et sculpture

Né en 1950, Léon Radegonde s'est formé au Canada et en France avant de revenir faire carrière aux Seychelles. Son travail présente la particularité de combiner des objets trouvés, afin de reconstituer un passé mystérieux. Il recourt à la technique du collage pour composer des visages, thème récurrent de sa démarche créatrice. Son travail de reconstitution, enraciné dans l'histoire des îles, fait de Radegonde une figure majeure de l'archipel. Autre particularité, il est l'un des rares artistes locaux à ne pas posséder sa galerie personnelle. On peut toutefois découvrir ses créations à la **galerie Passerose** (p.169), à Praslin, dans des chambres d'hôtel de l'archipel et lors d'événements collectifs.

La multitude de galeries d'art atteste de la variété des talents sur les îles. Au gré de vos excursions, une halte s'impose dans ces studios enchanteurs.

# MUSIQUES ET SCÈNES

Des Seychelles, circulent surtout la réputation de ses paysages et trésors naturels, c'est vrai. Mais il serait injuste de réduire l'archipel à un ravissement uniquement dédié au regard. Riches de nombreuses influences, les musiques et danses seychelloises sont aussi envoûtantes qu'intéressantes, racontant à leur manière l'histoire de l'archipel. Cela vaut aussi bien pour la contredanse d'origine européenne (on la dansait à la cour de Louis XV), vestige de la colonisation, que pour le moutia, d'origine africaine et qui relate la dureté de la vie des esclaves. Il y a beaucoup à entendre dans la musique seychelloise, mais peu d'endroits, hélas, dans l'archipel où obtenir un panorama complet. C'est pour ça qu'il est chaudement recommandé de ne pas rater le festival Kreol, en octobre, grand rendez-vous célébrant tous les aspects de la culture créole.

## Le séga

Comme dans tout l'océan Indien, aux Seychelles, le séga est roi. D'origine africaine, cette musique a valeur de refuge pour un peuple dont les coutumes et cérémonies furent rejetées par les colons qui voyaient en ce séga une impudique danse de primitifs. Plus lente que le séga des autres îles, la version seychelloise est marquée par son rythme sourd, joué à la *ravanne* – cette grosse caisse portative en peau de chèvre –, à laquelle s'ajoute le tintement d'une barre de fer pliée, du triangle, ainsi qu'un frottement à l'accent de samba, produit par les *maravannes*, des noix de coco remplies de graines. La guitare est la seule concession du genre à la modernité. Ce mélange irrésistible entraîne les couples dans un face-à-face lascif et sensuel, d'autant plus érotique qu'il ne faut pas se toucher. Les chants qui l'accompagnent ont pour thème de petits événements du quotidien. Aux Seychelles, il est courant aussi de danser le *séga tremblé*, d'origine malgache, et qui semble par moments proche de la transe.

Le genre compte naturellement une grande vedette : Patrick Victor. Auteur d'un remarquable premier album (*En transition*), cet artiste de talent est aussi à l'origine du premier disque compact seychellois. Chantant son pays, sa fille, la liberté et l'amour, Patrick Victor est la référence du séga seychellois et de la musique locale dans son ensemble. Une autre vedette du genre a émergé ces dernières années, Jean-Marc Volcy, qui a marqué la chanson seychelloise avec ses tubes *Voule vou danse* (« Voulez-vous danser ») et *Kannon*. Citons aussi Jenny Létourdie, moins connue mais tout aussi remarquable.

Pour un grand bol de séga en *live*, il est conseillé de se rendre à l'**Oxygen** (p.154), LA boîte de Praslin ! Si les DJ préfèrent souvent passer des stars internationales comme Pharrell Williams, des grands noms de la musique seychelloise viennent parfois y jouer en *live*, à l'instar de Jean-Marc Volcy.

© 22IMAGES STUDIO - SHUTTERSTOCK.COM

*Guitare fabriquée à partir d'une cocofesse, Musée national d'histoire des Seychelles.*

## Le moutia

Plus torride encore que le séga (si, si, c'est possible), le moutia est l'autre grand rythme seychellois. Particulièrement entraînant, le style se distingue par une mélopée au rythme syncopé, porté par un tam-tam (généralement creusé dans un tronc de cocotier et recouvert d'une peau de cabri ou de raie), tandis que les chanteurs évoquent en créole la servile condition des ancêtres séparés de leur terre natale. Essentiellement sentimentaux, les textes expriment joie et tristesse, espoirs et déceptions, mais aussi le quotidien d'autrefois dans ces îles où chants et danses, imbibés de calou et de bacca, étaient le seul exutoire. La plupart du temps joué en plein air, le genre, bien que très populaire, se révèle une musique moins civilisée (et moins touristique) que le séga. À noter que dans les années 1970, le moutia a fusionné avec le reggae pour enfanter un genre nouveau appelé « mouggae ».

## La musique traditionnelle

Nombre d'instruments traditionnels appartiennent désormais à l'histoire, ou du moins se font rares, tels le *makalapo* et le *bombre*, des arcs musicaux d'origine africaine qui ont longtemps accompagné les chansons. Le *mouloumba*, cithare malgache qui accompagnait les chants et les contes, a elle aussi pratiquement disparu. L'*ansive*, enfin, n'est plus utilisée que par les pêcheurs, qui soufflent dans cette conque marine pour annoncer leur retour au port. Ton Pa, le grand patriarche du folklore musical des îles de l'océan Indien, a contribué à la connaissance et à la sauvegarde des instruments traditionnels. Grâce à lui, la Radiotélévision seychelloise a collecté sons, chants et mélopées qui constituent un précieux patrimoine sonore. Disparue en 1994 à plus de 86 ans, cette star de *lanmizik tradisyonnel* reste un personnage incontournable en matière de tradition orale. Depuis son plus jeune âge, Ton Pa (Jacob Marie de son vrai nom), descendant d'esclaves malgaches, a baigné dans la musique, fabriquant des instruments avec peu de moyens et maîtrisant patiemment toutes les techniques instrumentales. Pour cet interprète de chants anciens, par ailleurs auteur de mélopées riches en onomatopées très personnelles (le calou aidant), le *bombre* et le *zez* (sorte de sitar) ont été des instruments de prédilection et les précieux auxiliaires rythmiques d'une voix majeure de la culture des îles.

Un excellent rendez-vous pour apprécier la richesse de la musique traditionnelle de l'île est le festival Kreol, se tenant à Mahé, pendant une semaine chaque fin octobre.

Cet événement coloré à la gloire du monde créole l'explore sous toutes ses facettes : histoire, musique, théâtre, danse, mode, cuisine… Aussi culturel que festif, c'est clairement un incontournable de l'île.

## La musique populaire

Outre le séga et le moutia, il y a un monde de musique populaire aux Seychelles. Si le rouleau compresseur de la musique anglo-américaine a trouvé ici un terrain favorable (comme partout ailleurs), la chanson créole n'a pas dit son dernier mot. Au fur et à mesure des générations, une pléiade de nouveaux chanteurs en *seselwa* a trouvé sa place sur la scène locale. Ainsi quelques artistes occupent à longueur de journée les ondes nationales, et certains ont même su donner une modernité à la chanson créole. Parmi eux, citons Emmanuel Marie qui mélange musique créole, folk, reggae et rock, Jean Ally, très influencé par le gospel, et Joe Samy qui a beaucoup associé folk anglaise et chanson créole.

## Les danses

Pas besoin de rester longtemps sur place pour s'en rendre compte, la danse est au cœur du quotidien des Seychellois. Une des plus courantes est la contredanse. Royale par son origine puisque dansée à la cour du Roi-Soleil, cette danse est toujours garante de gaieté lors des grandes fêtes de famille et dans les bals

© 18042011 - SHUTTERSTOCK.COM

*Musiciens lors du carnaval de Victoria.*

de campagne, les *kamtolés*. Importée par les colons, elle était jadis dansée à bord des navires de ligne, où des bals étaient parfois donnés lors des escales à l'intention du beau monde seselwa. Les esclaves, qui participaient à la fête en qualité de serviteurs ou de cuisiniers, finirent par adopter cette danse de cour et de salon. Bien que « seychellisé » au fil du temps, ce quadrille reste cependant une synthèse de la valse, de la polka, de la scottish et de la berline. Aux Seychelles, où on l'appelle « danse commandée », ses figures doivent être dirigées par un maître de cérémonie, le commandeur. À son injonction, danseurs et danseuses se forment en deux rangs, les uns en face des autres, et selon son commandement, ils exécutent la série de figures, accompagnés par un violon, un banjo, un accordéon, une grosse caisse, une caisse claire, des cymbales et un triangle. Si la contredanse reste une valeur sûre des réjouissances seychelloises, notamment lors des mariages, d'autres danses anciennes sont tombées en désuétude, tel le *madilo* ou *caloupilon*, pratiqué surtout à La Digue. Là des filles sautaient par-dessus deux perches tenues parallèlement au-dessus du sol, en chantant le refrain *Madilo, oh ! Madilo*, soutenu par les claquements de mains de l'assistance.

Autre danse remarquable, le *sokwé* allie à la fois musique et théâtre, danseurs et danseuses portant des masques et se recouvrant de paille jusqu'à ce qu'on ne les reconnaisse plus. Les yeux et la bouche étaient cernés de rouge et un lichen faisait office de barbe. Alternant parties dansées et parties dialoguées, le sokwé avait aussi la réputation d'être une danse dangereuse, car il n'était pas rare que les spectateurs enivrés mettent le feu aux costumes de paille.

À noter que le pittoresque carnaval international de Victoria, fête folklorique de trois jours se tenant chaque fin avril, est une excellente opportunité d'assister à des danses et défilés de chars.

# LITTÉRATURE

Il se pourrait qu'on entre en littérature comme on entre dans une langue, et cela semble d'autant plus vrai aux Seychelles, archipel au demeurant fort peu peuplé, où le créole constitue l'essence même de l'âme du pays. De tradition orale, la littérature à l'écrit reste pour l'instant anecdotique, ce qui n'empêche en rien de savourer des traductions de La Fontaine dans un parler étrangement familier car voisin de notre français hexagonal, de découvrir des contes aux mille merveilles et mille surprises, ou de s'intéresser aux vers des poètes qui se lancent en écriture. Pour qui songe à se procurer des livres seychellois depuis la France, à ce jour seule la prose d'Antoine Abel, né en 1934 à l'Anse Boileau sur l'île de Mahé où il a perdu la vie en 2004, est disponible aux éditions L'Harmattan. Une première approche, comme un premier pas, qui donne envie de poursuivre par l'exploration sur place de l'offre éditoriale de l'océan Indien.



## Une toute jeune littérature

Le XVIe siècle venait à peine de commencer quand Vasco de Gama découvrit les Seychelles qu'il appela Amirantes. À nouveau mentionnées par le marin anglais John Jourdan en 1609, il fallut attendre le milieu du XVIIIe siècle pour que les îles soient colonisées, d'abord par des pirates puis par les Français qui leur donnèrent leur nom définitif, hommage à Jean Moreau de Séchelles, contrôleur des finances au service de Louis XV. Cédées aux Anglais en 1814 suite aux défaites napoléoniennes, les Seychelles ne devinrent indépendantes qu'en 1976.

Elles constituent donc un tout jeune État, et la littérature, en cohérence, reste balbutiante. Elle se découvre par les idiomes en usage : l'anglais, principalement administratif, le français qui sert la communication (presse), mais surtout le créole seychellois, intrinsèquement lié à la culture locale, l'une des trois langues officielles depuis 1981. Ce sont les esclaves d'origine africaine qui travaillaient dans les plantations qui l'ont inventé. Il est essentiellement inspiré du français mais emprunte du vocabulaire à d'autres origines, favorise les retranscriptions phonétiques et les métaphores, à l'instar de la *mous dymiel* qui désigne l'abeille.

Si les règles restent à peu près les mêmes – ni article, ni genre, ni pluriel et une conjugaison en trois temps passé/présent/ futur –, il se distingue plusieurs niveaux de langage, le « créole fin » de la classe bourgeoise usant moins des anglicismes que le « gros créole » des classes populaires.

Célébré depuis 1985 lors du festival annuel Kreol organisé par Lenstiti éponyme d'Anse aux Pins (île de Mahé), ce dialecte a fait l'objet de *L'Esquisse d'une grammaire-textes-vocabulaire* rédigée en 1977 par Annegret Bollée qui poursuivra ses travaux notamment par la publication d'un *Dictionnaire étymologique des créoles français* dont le premier tome est consacré à l'océan Indien. Cette émérite professeure allemande s'est également intéressée aux contes et légendes locaux dans lesquels on s'amuse à retrouver tout un bestiaire dont certaines espèces ne sont visiblement pas endémiques, tigres ou éléphants.

Ce sont d'ailleurs les animaux qui inspireront le premier ouvrage écrit connu, puisque Rodolphine Young a retranscrit au tout début du XXe siècle une version créole des célèbres *Fables* de La Fontaine. Cette traduction, au charme indéfinissable, fait par exemple débuter *Le Loup et l'Agneau* par ces trois vers : « *Dans temps l'autrefois, ein p'tit mouton ti après boir di l'eau au bord la rivière / Ein gros Loulou y sòrti dans bois / Y vine boir, li aussi. Lé dents loulou ti fine rouyé à force la faim* », et propulse l'institutrice de l'Anse Boileau au rang de première écrivaine de l'archipel. Elle aurait également donné à lire un catéchisme créole, mais celui-ci n'a pour l'heure pas été retrouvé.

## L'attachement à la culture locale

Si Rodolphine Young est considérée comme la mère de la littérature créole, son homologue masculin – même si l'on pourrait tout de même citer le poète Daniel Varigault Valenfort né en avril 1886 d'un couple mixte réunionnais et seychellois – reste sans conteste Antoine Abel (1934-2004).

Bien qu'ayant vu le jour dans une famille d'origine modeste et ayant commencé sa carrière dans les travaux de maçonnerie, il a bénéficié d'une bourse lui permettant d'étudier en Suisse puis de s'envoler plus tard pour l'Angleterre. À son retour dans l'archipel, il devient à son tour instituteur et prend ensuite les fonctions d'enseignant supérieur. Le premier recueil qu'il édite en 1969, *Paille en queue*, surnom de l'oiseau phaéton, parle de sa jeunesse et évoque ses souvenirs. Mais l'auteur est un touche-à-tout, en plus des trois langues nationales dont il use sans distinction, il s'amuse aussi bien à écrire des pièces de théâtre (*Restan kamira*) que des essais sur la pharmacopée, à s'essayer à l'art complexe du scénario de bande dessiné (*Tizan, Zann ek loulou*) ou à celui exigeant de la nouvelle qui coïncide si bien avec sa plume à la fois sobre et concise.

Ses œuvres paraissent en revues dans les années 1970 puis se voient faire l'objet de publications parisiennes à la fin de celles-ci (*Coco Sec, Une tortue se rappelle !, Contes et poèmes des Seychelles*). Il recevra en 1979 le prix des Mascareignes, distinction décernée par l'Association des écrivains de langue française de 1965 à 1998, mais sa santé déclinante l'obligera dès les années 1990 à ralentir sa production littéraire.

Juste retour des choses, une récompense porte aujourd'hui le nom d'Antoine Abel et est remise de façon aléatoire lors du festival Kreol à des ouvrages de tous styles rédigés en créole seychellois ; une autre distinction évoque celui de Rodolphine Young. Car bien que timorée, la production dans la langue de cœur du pays est encouragée, sans doute aussi pour lutter contre l'anglais qui s'est imposé dans l'enseignement depuis 1970.

Les petits écoliers ont accès à des livres anglophones et francophones, mais lire ou écrire en créole sauvegarde leur propre culture d'un trop-plein d'influences étrangères. L'Alliance française, à laquelle ils peuvent adhérer, les poussent en ce sens, de même le Lenstiti Kreol s'est depuis 1988 institué maison d'édition, palliant les attentes des auteurs qui avant cela n'avaient d'autre choix que de recourir à la démarche coûteuse de l'autopublication, et publiant des ouvrages notamment destinés à la jeunesse. En 1993, un Conseil national des arts a été créé : en lien avec la Bibliothèque nationale, il avait pour mission prioritaire de faciliter cette production, par exemple par le biais de formations.

Les adultes, quant à eux, ont eu, de 2008 à 2018, le plaisir de pouvoir compulser la revue littéraire *Sipay* qui durant dix ans a offert aux poètes en devenir un espace de liberté salutaire qui se visite toujours en ligne. C'est une démarche numérique à rapprocher de celle entreprise par la poétesse Magie Faure-Vidot, née en 1958 à Mahé, qui avait en 2012 cofondé une revue électronique, *Vents d'alizés*, ainsi qu'une maison d'édition en ligne, Edisyion Losean Endyen. Enfin, parce que la littérature seychelloise est de tradition orale et que tous les enfants attendent toujours avec impatience les veillées qui commencent par « *Alors en zour...* », le théâtre a su se forger sa place tout spécialement par l'entremise du dramaturge Christian Servina qui s'y consacre pleinement.

# TOP 10

## LECTURE

La littérature est encore toute jeune et il n'est pour l'heure pas évident de découvrir le pays par le biais de ses écrivains. Par ailleurs, l'archipel ne semble pas inspirer les auteurs étrangers. Qu'importe, il reste des livres de photographies pour voyager et des essais pour réfléchir.

### BANDE DESSINÉE

*Humour des Seychelles*. Par ses jeux d'ombres, le Seychellois a été remarqué au festival Cyclone de l'île de la Réunion, un humour qui ne demande qu'à s'exporter.
Peter Lalande, *Éditions Des bulles dans l'océan*

### CLASSIQUE

© EDITIONS L'HARMATTAN

*Coco sec*. Par le père fondateur de la littérature seychelloise.
Antoine Abel, Éditions L'Harmattan

### ÉCOLOGIE

© EDITIONS L'HARMATTAN

*L'Île de Bird aux Seychelles*. Les auteurs se demandent si cette petite île ne serait pas un parfait exemple de développement durable, ou si celui-ci est incompatible avec le tourisme.
Alexandre Magnan et Virginie Cazes-Duvat, *Éditions L'Harmattan*

### PREMIER ROMAN

© EDITIONS L'HARMATTAN

*La Maison jaune*. John écrit à une femme inconnue pour l'informer qu'il sera bientôt de retour aux Seychelles et qu'il osera enfin venir frapper à sa porte. Comment sera-t-il reçu ?
Guy Meyer, *Éditions L'Harmattan*

### LITTÉRATURE ENFANTINE

© VIZAVI

*Enquête aux Seychelles*. L'histoire de Tikoulou, petit héros mauricien aux milliers d'albums vendus.
Christophe Cassiau-Haurie, *Éditions Vizavi*

### LITTÉRATURE

© EDITIONS DU ROCHER

*Ils ont tué Vénus Ladouceur*. L'auteure du cultissime *L'Antivoyage* peint le portrait de Gary Holmes tombé fou amoureux d'une danseuse métisse, comme le souvenir impérissable du paradis perdu.
Muriel Cerf, *Éditions du Rocher*

### HISTOIRE

© EDITIONS L'HARMATTAN

*La Colonisation française des Seychelles (1742-1811)*. Retour sur un épisode important de l'histoire de l'archipel servi par des documents d'époque rares et précieux (livres de bord des capitaines, correspondances…).
Gérard Buttoud, *Éditions L'Harmattan*

### GUIDE PRATIQUE

© EDITIONS IRD

*Flore des Seychelles*. Digne du patrimoine naturel de l'humanité, la flore des Seychelles a beaucoup évolué depuis son dernier référencement au XIXe siècle, une mise à jour était indispensable.
Francis Friedmann, *Éditions IRD*

### ENQUÊTE

*Seychelles : l'envers de la carte postale*. Le journaliste indépendant s'est livré à des recherches approfondies à propos de l'histoire tumultueuse d'un pays par trop souvent présenté comme un éden.
Jean-François Dupaquier, *Éditions Karthala*

### MÉTHODE DE LANGUE

© ASSIMIL

*Guide créole mauricien*. Pour le plaisir d'apprendre une nouvelle langue et de pouvoir comprendre les Seychellois qui usent d'un créole proche de celui de l'île Maurice.
Arnaud Carpooran, *Éditions Assimil*

# A L'ÉCRAN

De nos jours, le 7e art aux Seychelles est difficile à mettre en lumière. Pourtant les îles ont connu de belles heures sur les écrans de cinéma. De nombreuses fois à la tête d'affiche de films documentaires (le commandant Cousteau et Christian Zuber hier, Claude Pavard et autres aujourd'hui), les îles sont devenues la star d'un décor grandeur nature, on ne peut plus cinégénique. De John Derek, pour son *Tarzan* (1981), à Caleb Deschannel, pour son *Robinson Crusoé* (1988), en passant par Roman Polanski pour son *Pirates* (1986), bien des cinéastes avaient trouvé aux Seychelles des horizons à leur convenance. Inspirées par ce vent cinématographique, les îles commencent à produire leurs propres programmes, dont *Exilés du 1801*, fondant son intrigue sur l'histoire seychelloise. Petit voyage à travers les quelques beaux succès cinématographiques ayant contribué à la mise en lumière de ces îles paradisiaques.

## Emmanuelle, amie des Seychelles

Parfois, le monde du cinéma bouleverse l'équilibre d'une île entière. Quand une centaine de machinistes débarquent sur La Digue, ça fait forcément du tapage au pays. Les hôtels sont pris d'assaut ; on réquisitionne les véhicules disponibles… L'île prend alors des allures de studio ! François Leterrier, avec son film érotique *Goodbye Emmanuelle*, est le premier, en 1976, à enrichir la République des Seychelles, fondée cette même année. La superbe maison créole d'Emmanuelle, sur La Digue, devient ainsi la résidence secondaire de l'ex-président René, qui y convie ses amis et les visiteurs illustres de l'archipel, comme Tony Blair. Les roupies commencent à tomber. Pour quelques scènes, le producteur de *Pirates* (1986) débourse plus de 300 000 dollars et *Crusoé* (1988) fait tomber plus d'un million de dollars dans l'escarcelle de l'État seychellois. La main-d'œuvre locale y trouve son compte, grâce à la construction d'un estaminet pour le film *Pirates*, qui nécessite le concours de quatre-vingts ouvriers. Pour les besoins d'une seule scène de *Cast Away* (2000, avec Tom Hanks), cinquante barques de pêche sont louées. Les autochtones tirent aussi profit de la figuration : plus d'une soixantaine participent au tournage de *Pirates*, et sont bien rémunérés.

## Succès maison

Qu'elles inspirent les corsaires d'opérette ou les starlettes montantes, les Seychelles sont plus que jamais des îles qui font l'affiche, chaque film étant *a priori* un support publicitaire pour les Seychelles qui tentent leur propre percée dans le monde de l'audiovisuel. La Radiotélévision seychelloise (RTS) produit quelques œuvres de fiction, le Centre culturel français et la Mission de la coopération française à Victoria apportant leur concours financier à la réalisation du premier téléfilm seychellois, *Les Exilés de 1801*, mis en scène par Christian Servina et réalisé par Bernard Dumoulin, Henry Bastienne et Joe Samy. L'œuvre est présentée à l'occasion du festival Kreol 1990 et met en scène des personnages majeurs de l'histoire seychelloise, à une époque où l'île était anglaise ou française en fonction du bateau qui mouillait dans le port. L'œuvre est d'autant plus appréciée que deux intrigues amoureuses se tissent sur ce fond historique : celle du déporté Boniface et de la veuve Saint-Jorre et celle du déporté Quinon et de la belle Marie Victorine, esclave affranchie. Grâce à un scénario on ne peut plus seychellois, trente comédiens et trente figurants pour la plupart connus des téléspectateurs, cette première connaît un succès d'audience, le bouche à oreille faisant ici fonction d'audimat.

*Maison de style colonial qui a servi de décor dans le film «Good Bye Emmanuelle».*

# POPULATION

La population seychelloise, symbole de la créolité et du métissage, est l'une des plus jeunes de la planète, avec guère plus de deux siècles d'existence. C'est le fruit d'un étonnant brassage, puisqu'on est ici là à la croisée de tous les chemins planétaires, et l'archipel a multiplié les racines qui fondent son identité. Toutes les cultures du monde semblent s'être en effet aventurées sur ces contrées… et y ont déposé leurs semences. Français, Anglais, Indiens, Chinois et descendants d'esclaves déportés de force de l'Afrique continentale et de Madagascar ont donné lieu à un melting-pot riche en nuances, à une amusante gamme de termes désignant les variantes de ce peuple qui compose une véritable ode au métissage. Si l'anglais et le français sont couramment pratiqués, depuis les colonisations successives, c'est bien la langue créole qui est le véritable ciment de cette nation plurielle.

## Démographie

Avec à peine 98 000 habitants, les Seychelles sont l'un des pays les moins peuplés de la planète. Mais le rythme de croissance démographique laisse penser que les Seychellois seront plus de 100 000 d'ici 2024. C'est également un pays très jeune puisque le Seselwa a 36,8 ans en moyenne. Enfin, la population est installée en grande partie à Mahé. La grande île rassemble près de 88 % de la population totale, contre 7 % environ pour Praslin et 3 % pour La Digue.

## Métissage et douce patronymie

Dans ce métissage, on n'hésitait pas alors à parler ainsi de « Grands Blancs » pour nommer les quelques descendants des colons d'origine française, et de « Mozambiques » à propos des descendants d'origine africaine ou malgache. L'expression « Blancs coco » désigne les Blancs pauvres et illettrés qui récoltaient les noix de coco dans les plantations, alors que « Blancs rouillés » ou « Rougeons » évoquent des gens légèrement métissés. Mais dans ce merveilleux melting-pot on trouve aussi des créoles mulâtres, des créoles chinois et des créoles malabars, c'est-à-dire des métis d'origine européenne, chinoise ou indienne. Toutefois, les Seychellois d'origine indienne se marient rarement hors de leur ethnie, où les mariages sont encore arrangés par les familles. Mais les habitants sont liés par la langue créole, la religion, principalement catholique, et un fort sentiment national comme seuls savent le susciter les petits pays, *a fortiori* insulaires. Toutes les combinaisons ethniques ont donc été possibles et, en deux cents ans, un peuple à nul autre pareil s'est constitué, le peuple seychellois. À Victoria, il suffit de s'installer sur une terrasse pour constater l'incroyable brassage. En sirotant un cocktail, on peut en savourer un autre, visuel celui-là, des jeunes Seychellois qui se donnent rendez-vous dans l'un des rares endroits de la capitale où l'on puisse prendre un verre. Difficile de deviner les origines précises de ces jeunes créoles ! Les filles peuvent s'appeler Janet Vénus ou Joséphine Cupidon, Marie Jolicœur ou Julianne Labiche, Hortense Ladouceur ou Elizabeth Labonté, Lisette Lajoie ou Emeline Larue, ou bien encore Francine L'Espérance ou Zita Lespoir, Céline Cadeau ou Agnès Louange, Sheila Confiance ou Dania Constance, Simone Bibi, Florence Dodo ou Jessie Capricieuse. Héritage de la première vague de colons, les Seychellois portent en effet majoritairement des patronymes français.

Il suffit d'ouvrir l'annuaire téléphonique, et de le parcourir comme un livre, pour découvrir un florilège bien de chez nous, avec, de temps en temps, un Ak-Koon (chinois), un McQueen (britannique), un Tamatave (malgache) ou un Thamarajah (indien) venant s'intercaler entre Daphné Folette, Philibert Radegonde, Bernardin Rosalie, Julienne Gédéon, Brenda Vieille, Charlie Zéphirin ou Jimmy Rosette. Sans oublier les Dubois, Dufour, Dubuisson, Dumoulin, Duprès, Duval et autres qui côtoient les de Charmoy Lablache, de Commarmond, de Saint-Jorre, d'Offay, d'Unienville, Charmoy de Lestang et Michaud de Lestang qui rappellent les origines aristocratiques de nombre de pionniers.

On ne s'en lasse vraiment pas… Ce n'est pas tous les jours qu'on croise des gens qui s'appellent Létourdie ou Léveillé, Reine ou Soleil, Nourrice ou Baron, Télémaque ou Jupiter, Rideau ou Octobre, Souffre ou Accouche !

Dans l'état civil local, les touristes pourront également puiser des idées de prénoms pour leur progéniture à venir, le choix étant là aussi très cosmopolite : en ce domaine, le Seychellois se montre plus que jamais ouvert sur le monde. Aux vieux prénoms de France comme Ariette, Désiré, Gertrude, Herminie, Joséphine, Melchior, Philomène, Marguerite, Théophile, Adrienne, Hypolite, Rénald, Justin ou Rogatien s'ajoutent d'autres venus de toute la planète : Edwina,

© FOKKE BAARSSEN - SHUTTERSTOCK.COM

*Marché de Victoria.*



Giovanni, Greta, Maxwell, Shiva, Joyce, Olga, Gulam, Rajaran, Rosalita, Tasiana, Ibrahim, Phiroz, Shafik ou Yvana. Le Seychellois sait aussi faire preuve d'originalité avec Agnella, Astre, Castor, Édouarine, Florina, Frankline, Jeanne d'Arc, Maxwell, Mélitine, Person, Sultanne, Théoline, Violet… À La Digue, on a même refusé (chose rare !) un Pénis Radegonde ! En tout cas, la liste reste ouverte au gré du hasard et de la fantaisie dont feront preuve M. Aimable et Mlle Capricieuse, M. Saint-Ange et Mlle Binette quand ils auront des « pti baba ».

## À l'école, créole, anglais et français au programme !

À l'école, l'apprentissage de l'écriture et de la lecture s'effectue dans la langue maternelle, le créole, et les enfants commencent à apprendre l'anglais à partir de la deuxième année du cycle primaire. Mais, il faut le savoir, le français est la troisième langue officielle de l'archipel ! En perte de vitesse, la langue de Molière était obligatoirement la troisième langue enseignée jusqu'à il y a peu, une fois l'anglais assimilé. Mais les jeunes parlent de moins en moins le français sur l'archipel. Si, en théorie, créole, anglais et français sont les trois langues officielles, force est de constater que le français tient toujours un rôle important dans le domaine religieux, tandis qu'il est détrôné par l'anglais dans l'administration et par le créole dans la vie quotidienne. Un vieux Seychellois saura mieux répondre à vos questions qu'un jeune, qui parlera plus spontanément anglais. Apparemment, toute une génération (celle qui a aujourd'hui 30 ans) se désintéresse du français. La mondialisation à l'anglo-saxonne a évidemment contribué au recul de la première langue coloniale des Seychelles. La prochaine génération devrait en revanche mieux maîtriser le français, désormais enseigné dès la maternelle. L'anglais a gagné du terrain, mais tant dans la presse écrite qu'à la radio et à la télévision, un semblant d'équilibre entre les trois langues est toutefois maintenu. Mais les liens de la fraternité linguistique ou ceux de la nécessité économique (coopération dans les domaines de la pêche et de l'éducation, notamment) ne sont pas les seuls.

L'Alliance française compte à Victoria quelque milliers d'adhérents, son siège, Bois de Rose Avenue, ayant pour cadre un beau bâtiment de style néocolonial. On peut non seulement y acheter les plus grands magazines français, reçus le lundi, et en feuilleter d'autres, mais aussi choisir l'un des quelque cinq mille livres de la bibliothèque.

Maintes vidéos sont aussi disponibles, forcément à la gloire de la langue de Molière et du vicomte Jean Moreau de Séchelles (le contrôleur général des finances de Louis XV, qui donna son nom à cette nouvelle possession… où il ne vint jamais). Le français fait l'objet de cours, que suivent plusieurs centaines de Seychellois, l'Alliance française propose encore un film par mois et le ministère de la Culture organise en mars la Journée de la francophonie, ponctuée d'animations illustrant l'attachement des Seychellois à la langue, à la culture et à l'art de vivre français.

### Une créolité affirmée… et célébrée comme il se doit

Premier pays, après Haïti, à avoir fait de « lalang kreol » sa langue officielle, les Seychelles assument fièrement leur identité créole. Aujourd'hui, on compte à travers le monde plus de quinze millions d'hommes, dont deux millions de Français, séparés par les océans et les continents, qui ont en commun une langue. Ce qui n'exclut pas néanmoins des spécificités locales ! Ces peuples, gommant les frontières, se retrouvent unis, malgré la dispersion géographique, par une même culture et des racines identiques, celles de peuples nouveaux issus de la migration et du métissage qui ont façonné leurs territoires. En 1985, l'idée d'une journée créole internationale fut donc acceptée par la majeure partie des pays de langue créole. Aux Seychelles, Danielle de Saint-Jorre, alors secrétaire exécutive de l'association Bann Zil Kreol (les Îles créoles), lançait alors l'idée d'une série d'activités s'étalant sur plusieurs jours. La Journée créole devint la Semaine créole, puis le festival Kreol. Depuis, chaque automne à la fin octobre, durant neuf jours, les Seychelles deviennent un carrefour du dialogue et de l'amitié créoles. C'est ainsi que Maurice, Rodrigues, la Réunion, la Dominique, la Guadeloupe, la Martinique, Haïti, Sainte-Lucie, la Guyane et la Louisiane se retrouvent aux « zil Sesel ». Écrivains, linguistes, chercheurs, peintres, musiciens, chanteurs, danseurs et autres artistes de ces différentes communautés deviennent, le temps d'un festival, les ambassadeurs culturels du monde créolophone. Dès lors, ce forum constitue un rendez-vous majeur de la culture créole, financé par l'État, par le secteur privé et aussi par l'aide institutionnelle (Union européenne, Commission de l'océan Indien, etc.). Patrick Pillay, qui fut à la fin des années 1990 un charmant et humaniste *minis Lazenes ek Kiltir* (ministre de la Jeunesse et de la Culture), a contribué à donner un véritable élan populaire à ce festival devenu la principale manifestation culturelle et festive de l'île de Mahé. Tous les ans, il rassemble un public considérable dès la soirée d'ouverture. Puis des dizaines de rendez-vous sont au programme. Bref, une affiche attachante, à la fois culturelle et festive, tournée autant vers *ban vieyar* (les vieillards) que vers *lazenes* (la jeunesse). Au nom de la *tradisyon*… en mouvement ! Il faut dire aussi que, sans cesser d'entretenir sa très riche mémoire, le monde créole tente de s'inventer un avenir et de mieux ancrer sa solidarité dans le paysage culturel mondial, surtout à l'heure où la jeune génération a tendance à s'américaniser. Aussi ce festival entend-il lui rappeler sa véritable identité !

# SOCIÉTÉ

Avec un peu moins de 98 000 habitants, les Seychelles figurent parmi les États les moins peuplés de la planète. C'est aussi un pays jeune – puisque le Seselwa moyen a 36,8 ans – où l'école publique est gratuite jusqu'à 17 ans. L'archipel ne partage toutefois pas le sort de l'Afrique, dont le rythme de croissance démographique se révèle si préoccupant. Le taux de mortalité infantile aux Seychelles ne dépasse pas les 12 ‰. Il convient aussi de rappeler que les Seychelles sont d'ailleurs 2e au classement de l'indice de Développement humain (IDH) du continent africain (derrière Maurice). Le chômage est également plutôt rare sur ces îles. À noter : l'âge de la retraite devrait passer de 63 à 65 ans fin 2023. Fier de son archipel, le Seychellois vit souvent au jour le jour, une vie où la famille joue un rôle central, même si les changements de concubins ou de concubines sont relativement fréquents.

## Éducation

L'éducation s'est affirmée d'emblée comme la priorité du régime de France-Albert René, désireux d'offrir à chaque enfant les mêmes chances à l'école. « Avant le 5 juin 1977, la plupart des adolescents, sauf quelques centaines de privilégiés, arrivaient sur le marché très jeunes, sans formation et sans préparation pour entrer dans la vie adulte », ne manquent d'ailleurs pas de rappeler, à juste titre, les textes officiels. Le pays s'est en effet scolarisé : chaque Seychellois passe en moyenne quinze ans à l'école. La scolarisation est obligatoire pour les neuf années de classes primaires, le Service national de la jeunesse, créé en pleine vague révolutionnaire (en 1981) ayant été supprimé à la fin des années 1990. Une quinzaine d'années durant, il aura « conscientisé aux vertus du socialisme » la nouvelle génération, les étudiants « apprenant ainsi à participer à la vie sociale, culturelle et politique du pays, tout en se familiarisant avec de nouveaux rapports au travail ». Les études secondaires se font au sein de l'École polytechnique des Seychelles, fondée en 1983 pour répondre aux perspectives du développement de l'archipel, cette école comptant une douzaine de filières : sciences sociales, santé, enseignement, sciences, agriculture, construction et ingénierie, artisanat, arts, hôtellerie…

Seuls les meilleurs bénéficieront de bourses pour accéder aux universités étrangères (de Grande-Bretagne essentiellement). La *revolisyon* de l'ex-président René a donc été bénéfique, en matière d'éducation, dans ce pays où l'Église a longtemps pallié les carences de l'enseignement officiel. La Constitution prévoit aujourd'hui le droit à l'éducation gratuite jusqu'à 17 ans, et un article de l'Education Act stipule que les parents dont l'enfant s'absente plus de trois semaines sans raison valable sont passibles d'une amende ou de trois mois de prison.

## Santé

Les Seychellois se sont vite habitués aux acquis de la révolution, en matière de santé par exemple. Le système mis en place après la libération constitue l'un des acquis les plus chers à la population. Grâce à lui, chaque citoyen, sans discrimination aucune, bénéficie gratuitement de soins médicaux. Désormais l'attention portée aux malades est la même pour tous, ce qui n'était pas le cas avant que le système de classes ne soit aboli. Depuis le 5 juin 1977, le pays a considéré la santé comme la deuxième priorité dans son budget annuel. Au-delà des progrès manifestes concernant le taux de mortalité infantile (réduit de moitié) et l'espérance de vie (71,1 ans pour les hommes, 80,2 ans pour les femmes), il convient en effet de constater la bonne santé de ces îles, épargnées de certains des grands fléaux que connaît le continent africain (paludisme, fièvre jaune, dysenterie…). Quelque deux cents cas de sida auraient toutefois été recensés.

Le nombre des médecins s'est accru, parallèlement à celui des consultations et des lits d'hôpital, mais il est encore parfois nécessaire d'être opéré à l'étranger, la chirurgie du cœur, par exemple, nécessitant des investissements trop coûteux pour une aussi petite nation. Un fonds de traitements spécifiques prend d'ailleurs en charge certaines dépenses extérieures au pays (à la Réunion essentiellement). En 1979, l'État a aussi instauré un régime de sécurité sociale protégeant les citoyens au cours de leur vie et couvrant, dans certains cas, les dépenses funéraires.

## Travail

L'indemnité mensuelle de retraite est versée dès 63 ans. Fin 2019, le président Danny Faure a annoncé que l'âge de la retraite allait passer de 63 à 65 ans.

La réforme devrait se faire à la fin de l'année 2023. Il y a encore du travail pour quasiment tout le monde et le taux de chômage tournait autour de 3 % en 2023, même si le taux de personnes vivant en dessous du seuil de pauvreté s'élève encore à près de 25 %.

Aussi un organisme étatique propose-t-il à quatre cents personnes du travail à mi-temps dans des fermes, des tâches de nettoyage ou des travaux de réfection des bâtiments gouvernementaux, souvent avec une formation en plus, jusqu'à ce que ces gens aient trouvé un travail permanent. Aux Seychelles, le salaire minimal est d'environ 360 € et le nombre de jours de congés payés est de 21.

## Habitat

Dans le domaine du logement aussi, la révolution a fait ses preuves. Une des premières actions entreprises par le nouveau régime fut en effet d'acquérir des terrains pour engager un ambitieux programme de construction d'appartements. Complétant des villages existants ou créés dans de nouvelles zones résidentielles, souvent à flanc de coteau compte tenu du relief, plusieurs milliers d'habitations ont ainsi été construites. Par le biais de subventions, d'allocations et de crédits, l'État a grandement favorisé l'urbanisme. Sa politique vise à faire accéder à la propriété chaque locataire. Bien que nombre de Mahélois mal logés figurent encore sur la liste d'attente, l'élan a bel et bien été donné, en témoigne l'inauguration de l'île artificielle du nord de l'île, où un grand nombre de familles défavorisées ont été logées dès 2012. Encore fréquentes à la fin de l'ère anglaise, les cases miséreuses ont elles heureusement disparu du paysage.

## Mœurs et faits de société

**Douceur de vivre.** « Ne jamais faire le jour même ce qu'on peut faire le lendemain. » Les Seychellois sont plutôt nonchalants : pourquoi faudrait-il cultiver la terre, alors qu'elle se montre généreuse sans qu'on y touche ? « Dieu plante, les Seychellois récoltent », confirme un proverbe local. Mangues, papayes, avocats, bananes, noix de coco et autres fruits à pain ne s'offrent-ils pas à portée de main ? Pour les *zourite*, il faut, certes, se donner la peine d'aller dans les brisants, et pour les *pwason*, on doit tout de même faire un tour en mer, mais sitôt ses repas assurés, à quoi bon s'éterniser… Il restera bien du *zob* ou du *bourzois* demain dans l'océan. Un lopin de terre et quelques arbres, une barque de pêche, une case au toit de palmes et du calou, il n'en fallait pas beaucoup plus au Seychellois d'hier pour être heureux. Jusqu'à ce que la société de consommation le rattrape et l'incite à glisser doucement de l'économie de subsistance vers l'économie de marché. Mais même avec un smartphone et plus de roupies dans les poches, il n'en continue pas moins à aimer vivre au jour le jour.

**Un peuple fier de ses îles.** Le Seychellois est aussi gentil que poli, vite rieur et amical dès le dialogue entamé. Très vite, le « tu » signifiera amitié et égalité. Aussi fier que susceptible, cet insulaire n'est pas complexé face aux riches voyageurs venus des grands pays. Il est particulièrement fier de ses îles, et rappelle volontiers que deux sites des Seychelles sont inscrits au patrimoine mondial de l'humanité. Dès lors, pourquoi le Seychellois irait-il voir ailleurs… si ce n'est à Maurice, à Dubaï ou Abu Dhabi, mais pas pour y faire du tourisme au sens classique du terme. Non, pour y faire des emplettes, trouver enfin, et à bas prix, ce qu'il ne pourra jamais acheter à Mahé. Des pièces de voiture à Singapour, de l'électronique à Dubaï, des vêtements

*Dans les rues de Victoria.*

© OLEG ZNAMENSKIY - SHUTTERSTOCK.COM

*Famille sur la plage Beau Vallon à Mahé.*

à Maurice ou encore du bois en Afrique du Sud. Des emplettes, certes taxées au retour, mais pour la plupart revendues, remboursant donc vite taxes et voyage. Bien que vivant toujours sous d'autres cieux (en Australie essentiellement, à Perth et à Melbourne), nombre des quelque 25 000 Seychellois exilés depuis les années progressistes reviennent aussi au pays, certains s'y étant même réinstallés, avec parfois des indemnisations à la clé, puisque révolution avait rimé avec expropriation. S'adaptant facilement aux situations nouvelles, aussi calme qu'ouvert aux étrangers et à l'étranger, le Seychellois prend donc la vie du bon côté, du moment qu'il a son poisson, sa bière et sa famille.

**La famille.** Cette dernière est d'ailleurs très large. Vu la faible densité de la population (celle d'une ville moyenne française), on croise facilement des arrière-grand-tantes ou des petits cousins à tous les coins de boutiques. Les 98 000 Seychellois ne forment en fait qu'une grande famille où tout le monde, ou presque, se connaît… Une famille aux contours assez flous, plus des trois quarts des enfants naissant hors mariage. La paternité n'est même reconnue qu'une fois sur deux. En dépit d'une tradition chrétienne très présente, la promiscuité a toujours été importante aux Seychelles, où les habitants n'ont aucun scrupule à changer régulièrement de concubin ou de concubine.

« Les Seychelles sont les îles de l'amour. Ici, on ne produit rien, sinon des enfants », notait Henri de Monfreid. L'Église seychelloise s'est d'ailleurs longtemps montrée hostile à l'égard de la contraception, l'évêque de Victoria allant jusqu'à proclamer, en 1980, que « les femmes qui prennent la pilule sont des bêtes ». Malgré la gratuité de la contraception, les naissances non désirées restent en tout cas nombreuses. Les adolescentes enceintes ne suscitent que de rares froncements de sourcils. « Ma fille n'est ni la première ni la dernière », disent souvent leurs parents. Les anthropologues qui ont étudié la structure familiale aux Seychelles estiment qu'il existe, tant dans les unions libres que dans les unions légales, une sorte de matrifocalité. Cela signifie que l'homme n'occupe qu'une situation périphérique dans la structure familiale, la femme y prenant toutes les décisions importantes. « Non seulement elle élève les enfants, mais bien souvent elle gagne l'argent du ménage. On rencontre souvent de jeunes mères célibataires assumant seules une ribambelle de petits issus de plusieurs lits. Personne ne leur jette la pierre, au contraire. Il n'y a que les curés qui se plaignent. Ici, les femmes sont formidables, mais elles ont une faiblesse. Ce sont des sentimentales qui se laissent trop souvent gagner… », confirmait feu l'érudit Guy Lionnet. D'origine mauricienne, l'homme sage de l'archipel admirait ce peuple exemplaire à bien des égards : « Les Seychelles contiennent mille trésors, mais le plus remarquable, ce sont ses habitants, de toutes origines : Européens, Africains, Indiens, Asiatiques. Peu d'endroits réservent un tel métissage. Mais à la différence de l'île Maurice, par exemple, les ethnies ne se contentent pas de vivre en bonne intelligence. Les Seychellois n'ont pas de barrières. Ils vivent, travaillent, se marient dans un brassage perpétuel. Dans la rue, vous croiserez toutes les couleurs de peaux, mais il n'y a qu'une race seychelloise. »

# RELIGIONS

Les Seychelles sont un très bel exemple du vivre ensemble. Les religions n'échappent pas à la règle, toutes cohabitant sans heurts. Bien que succombant volontiers à la tentation du péché de chair et ne jugeant souvent pas nécessaire de passer devant Dieu avant de vivre en couple (comme on l'a vu précédemment), les Seychellois n'en demeurent pas moins très croyants. Des croyances en très grande majorité chrétiennes (87 % environ). Malgré – ou à cause de l'obstination des pasteurs anglicans (présents pendant un siècle et demi !) –, ils sont restés en majorité catholiques (à 87 %), rappelant en cela la courte période de colonisation française de l'archipel. Les protestants (10 %) et les hindous (2,5 %) complètent le tableau. La religion musulmane, en progression ces dernières années, reste très anecdotique (1,6 % environ). Enfin, héritage africain oblige, l'animisme est aussi répandu et fait bon ménage avec la chrétienté.

## Un bel exemple du vivre ensemble

Si protestants et anglicans sont donc présents dans l'archipel, que quelques familles émiraties, et donc musulmanes, se sont installées ces dernières années, les Seychellois sont avant tout chrétiens et se rendent très régulièrement à l'église. Le dimanche, tous les commerces, en dehors de quelques enseignes (notamment les épiceries tenues par les hindous) sont fermés. Avant d'investir les plages de l'archipel en famille pour un pique-nique en musique, on se rend donc à la messe, toujours joyeuse et colorée. Le dimanche, on ne plaisante pas avec sa tenue ! La messe dominicale est pour beaucoup l'occasion d'exhiber ses plus belles toilettes ou une jolie chemise, puis de papoter longtemps devant l'église après l'office. Les cérémonies de communion ou de baptême, pleines de dentelles et de chapeaux, demeurent ainsi un moment fort de la vie sociale seychelloise, comme les grandes fêtes religieuses chrétiennes (Noël, Pâques, Ascension, etc.), toutes évidemment chômées et fêtées comme il se doit.

*Cathédrale de l'Immaculée-conception de Victoria.*

Mais ces pratiques n'en excluent pas d'autres... La foi chrétienne fait en effet bon ménage avec un syncrétisme religieux qui comporte des éléments disparates de foi animiste ou de culte des ancêtres d'origine africaine. On croit à l'existence des êtres surnaturels mal identifiés (comme les Malfaisants ou mauvais esprits, ou les Dondosias ou zombis), à des gestes et objets plus ou moins néfastes, ainsi qu'à des sorciers ou sorcières nommés donneurs ou donneuses de bois, ou encore bonshommes et bonnes femmes de bois, dont les prétendus pouvoirs magiques sont doublés de la connaissance de plantes médicinales, ou raspail (ce terme étant dérivé du nom de François Raspail, chimiste français qui a écrit un *Manuel de médecine et pharmacie domestique* très prisé aux Seychelles). Bien que le gouvernement ait promulgué en 1958 une loi visant à extirper la sorcellerie, « bonhommes di bois » et « bonnes femmes di bois » n'en continuent pas moins d'être consultés par certains anciens, qu'il s'agisse d'évoquer une déception amoureuse ou une haine farouche, d'expliquer un rêve étrange ou de pratiquer un avortement. Les sorciers vendent en effet des charmes (décoctions de feuilles et racines, fioles avec cheveux, aiguilles ficelées en croix avec du fil bleu, etc.) et prononcent des incantations. Mais, signe de la modernité en marche, la nouvelle génération semble beaucoup plus distante vis-à-vis de ces superstitions. Il n'est pas question pour autant de balayer la cour après six heures du soir, car on risquerait du même coup de balayer toutes ses richesses... Deux siècles d'occultisme ne s'effacent pas du jour au lendemain !

# QUE RAPPORTER ?

En sus des souvenirs traditionnels souvent un peu kitsch ou d'une serviette de plage, les Seychelles proposent de beaux produits artisanaux créés à partir de bois locaux, fibres naturelles, coques de noix de coco, coquillages... On trouve notamment ces souvenirs au marché de Victoria, dans les nombreuses boutiques de la capitale et au village artisanal d'Anse aux Pins à Mahé, où il y a également de belles maquettes de bateau. Cependant, le plus beau souvenir d'un séjour aux Seychelles et la star incontestée des cadeaux au retour d'un voyage reste un coco de mer, le célèbre cocofesse endémique des Seychelles. On pourra également acquérir une toile colorée d'un des célèbres peintres locaux (Michael Adams, George Camille...), rapporter de l'huile de massage et prendre quelques photos uniques si on a la chance de s'offrir un vol en hélicoptère au sud de Mahé ou au-dessus de La Digue : inoubliable !

## Incontournable cocofesse !

Voici sans conteste LA curiosité seychelloises ! Ce coco de mer, surnommé cocofesse pour son apparence suggestive, est une exclusivité praslinoise, une noix de coco mythique mais coûteuse, dont les uniques sanctuaires sont la vallée de Mai et fond Ferdinand, également sur Praslin. Il faut compter entre 3 000 SR et 4 000 SR la pièce (entre 200 € et 265 €). Attention, il est défendu de quitter le territoire seychellois avec un coco de mer non agréé par les autorités. Lors de l'achat, une autorisation spéciale de sortie de territoire doit vous être fournie par le vendeur. Le cocofesse a donc été nationalisé en somme et la République des Seychelles contrôle de très près le commerce de cette œuvre d'art que la nature ne reproduit qu'à 2 000 à 3 000 exemplaires environ chaque année. Les artisans qui travaillent le coco de mer doivent acheter la matière première à l'État.

## Des tableaux très colorés

Contrairement aux idées reçues, l'archipel est riche culturellement, notamment grâce à ses peintres, Michael Adams en tête. Cela fait des années que cet artiste d'origine anglaise pose son chevalet au milieu de cette nature luxuriante, fasciné par la richesse et l'exubérance de cette végétation. Les touristes sont nombreux à se rendre dans la maison-galerie de ce talentueux coloriste qui se devait de nicher à **Anse aux Poules... bleues** ★★ (p.135), que ce soit pour s'offrir un original (acheté sans cadre, votre œuvre sera roulée dans un tube pour le transport en avion), une carte postale, un calendrier ou quelques souvenirs.

L'autre grand peintre seychellois est George Camille, propriétaire de la superbe maison créole de Victoria **Kaz Zanana** (p.94). C'est d'ailleurs là que l'on pourra se procurer gravures, collages et autres toiles (parfois en grand format) pour environ de 1 000 SR à 50 000 SR, à moins que l'on remonte la route jusqu'à se galerie d'Anse Grosse Roche à la Digue. Un autre regard attentif est celui de Christine Harter, dont le frère tient la galerie Passerose sur Côte d'Or à Praslin. Gérard Devoud et ses explosions de couleurs méritent également un détour dans leur galerie de Baie Lazare à Mahé. Enfin, toujours à Mahé, on pourra aussi passer à Eden Island à l'**Eden Art Space** (p.108) pour admirer quelques superbes œuvre d'art et éventuellement rapporter un petit souvenir (carte postale...).

## Petit artisanat et souvenirs

À Anse aux Poules Bleues, juste à côté de chez Michael Adams, la styliste Nicole Nichone-Johnston présente ses collections de vêtements (shorts, chemises, paréos, etc.), de sacs ou encore de savons parfumés. De jolis souvenirs, comme les quelques pièces d'artisanat que l'on pourra trouver dans les boutiques de Victoria ou au domaine artisanal du Val des Prés à Mahé. Madame craquera sûrement pour les bijoux de Claudio Izzi chez Kreolor.

© EVGENII MITROSHIN - SHUTTERSTOCK.COM

*Souvenirs des Seychelles.*

# SPORTS ET LOISIRS

Côté sport, on pose surtout ses bagages ici pour pratiquer le snorkeling et la plongée sous-marine. Mais l'océan offre d'autres possibilités. Quelques sports nautiques motorisés sont possibles sur la plage de Beau Vallon à Mahé (et seulement là dans tout le pays), on trouvera aussi des kayaks et des paddles dans la majorité des hôtels et les amateurs de voile et de pêche au gros seront au paradis. Coin de l'océan Indien idéal pour le nautisme, les Seychelles se prêtent à des navigations de courte comme de (très) longue durée. Dans ces eaux cristallines, les pêcheurs taquinent avec bonheur l'espadon. Sur terre, les randonnées sont superbes et offrent des points de vue à couper le souffle. Enfin, les grands hôtels proposent de nombreux équipements (tennis, beach-volley, spa, etc.) et le Lemuria à Praslin abrite l'un des golfs les plus spectaculaires de la planète.



## Hissez les voiles !

Coin de planète idéal pour le nautisme, situées hors de la zone cyclonique, les Seychelles offrent jusqu'à 60 milles de Mahé des navigations de courte durée et des mouillages nombreux. Au port de Victoria, les plaisanciers peuvent se rencontrer au yacht-club ou dans la petite maison de bois du Marine Charter, le lieu de rendez-vous de tous les professionnels du yachting, des skippers et des vedettes de pêche au gros, tout comme la marina d'Eden Island.

Les taxes portuaires sont les mêmes dans toutes les îles et tous les mouillages, et sont établies en fonction du tonnage et du temps de l'escale. Il faut aussi mettre la main à la poche pour naviguer dans les parcs marins ou débarquer sur certaines îles privées ou gérées par l'État. Il en coûte ainsi par personne 15 € environ pour les parcs de Baie Ternay et de Sainte-Anne, Coco, Curieuse et Saint-Pierre, 20 € pour Silhouette (avec autorisation) et 30 € pour Grande Sœur, Cousin et Aride. S'étalant de 120 à 700 milles de Mahé, les îles éloignées (Amirantes, Farquhar, Aldabra), toutes coralliennes, s'adressent aux habitués des longues navigations, plus ardues, les passes et les mouillages y étant moins nombreux et faisant l'objet d'une réglementation particulière. La présence à bord d'un skipper-guide est alors obligatoire. Une autorisation de débarquement doit être accordée par IDC (✆ +248 4 384 540), l'atoll d'Aldabra étant quant à lui soumis à des conditions particulières, la Seychelles Island Fondation (✆ +248 4 321 735) pouvant accorder ou refuser le droit de visite.

Côté météo, il faut savoir que les alizés du sud-est s'établissent de la mi-mai à la mi-octobre : c'est l'hiver indien, qui donne un certain caractère aux traversées. La mousson du nord-ouest, elle, s'établit de décembre à mi-mars. Les vents se montrent alors plus tranquilles et la mer est belle. Les pluies sont aussi plus fréquentes, surtout de décembre à la mi-février. Les intersaisons se révèlent dès lors idéales pour les croisières tranquilles et la plongée. Alors, bon vent !

*La pêche est un sport très pratiqué aux Seychelles.*

## Du gros au bout de la ligne

La meilleure période pour profiter pleinement de la pêche se situe entre octobre et avril. Mahé et les îles granitiques reposant sur un plateau continental sous-marin long de 160 km, il est préférable de gagner les bords de ce plateau pour taquiner le gros. À une centaine de kilomètres au nord de Mahé, à la hauteur de Bird et de Denis, là où l'on tombe assez vite sur des profondeurs de 1 800 m, ont été établis plusieurs records du monde. De toutes les prises, l'espadon bleu, ou marlin bleu, est le plus recherché pour sa taille. Mais il existe d'autres variétés aussi combatives. Ainsi, l'espadon noir, dont le poids peut dépasser les 400 kg, est un féroce batailleur, jamais fatigué, tandis que l'espadon

*Randonneurs sur l'île de La Digue.*



rayé est réputé pour ses acrobaties et ses bonds prodigieux. L'espadon-voilier, quant à lui, réagit avec vigueur dès qu'il est ferré et lutte avec son prédateur dans un vrai combat aérien en déployant sa crête. Le wahoo préfère se faire remorquer en filant à 80 km/h. On peut aussi pêcher le thon à dents de chien, la bonite, la daurade, le barracuda ou le bourgeois. La réussite d'une sortie en mer dépend avant tout de l'œil du skipper, qui saura interpréter le ballet des oiseaux au-dessus des bancs de poissons. Une partie de pêche au gros dure de quatre à neuf heures, et un départ de bon matin s'impose. Mais aux Seychelles, on ne rentre jamais bredouille !

## Des randonnées en pagaille

Du côté de Mahé, on prendra vite de la hauteur en partant à l'assaut du parc national du Morne seychellois et de la route de Sans-Souci. Au programme, une belle randonnée dans une jungle luxuriante pour une arrivée à 905 m d'altitude, soit le point le plus haut à… 1 600 km à la ronde ! À voir aussi, le **Jardin botanique** (p.96) à Mont Fleuri et le **jardin du Roi** (p.122) à Anse Royale, alors qu'une superbe randonnée vous attend dans le Nord entre Bel Ombre et Anse Major.

Mais pour admirer la star de la nature seychelloise, le célèbre cocofesse, c'est à Praslin, dans la **vallée de Mai** (p.157), que ça se passe. Des milliers de cocotiers et ces cocos de mer y ont élu domicile et sont entrés dans la légende, justifiant à eux seuls le classement de cette forêt d'exception au patrimoine mondial de l'Unesco. Moins touristique, le **fond Ferdinand** (p.151) permet d'admirer le cocofesse tout au long d'une balade qui conduit jusque sur les hauteurs de l'île. À noter aussi : la randonnée entre les superbes **Anse Lazio** ★★★★ (p.171) et Anse Georgette. Enfin, à La Digue, on pourra monter au Nid d'Aigle ou faire un tour dans la « réserve de la Veuve », une petite forêt et l'un des quatre derniers endroits au monde accueillant le gobe-mouches noir du paradis.

Près de Praslin, il faudra accoster sur l'île Cousin pour admirer sa réserve ornithologique de l'avifaune marine, entre tourterelle coco, pie chanteuse, frégate, et paille-en-queue, pour ne citer qu'eux. Puis, on gardera ses jumelles à portée de main pour découvrir les 73 ha de nature préservée d'Aride. Ici, pondent plus d'un million d'oiseaux marins ! À moins que l'on opte pour la bien nommée Bird pour se ressourcer avec quelque trois millions de voisins à plumes… sur 1 km$^2$. Enfin, à quelques minutes de bateau de Praslin, Curieuse est le sanctuaire d'une centaine de tortues de terre.

## La vogue des spas

Spa ? Un épanouissement par l'eau et un créneau qui, aux Seychelles, semble porteur dans le parc des 5 étoiles. Pionnier du genre, l'illustre Lémuria de Praslin (connu aussi pour son superbe golf) propose ses soins et massages dans un pavillon de bois exotique au toit de palme. Car lorsqu'on s'abandonne, il est important de soigner le décor. Aussi, à North Island, la cérémonie a-t-elle lieu au point culminant de l'île, face à un horizon en vert et bleu. Le Château de Feuilles propose, lui, un massage aux pierres chaudes. Que du *plézir* ! Bref, du Hilton Northolme Hotel & Spa, en passant par le Four Seasons, le Story Seychelles, le Maia, l'Ephélia, le Domaine de l'Orangeraie ou d'autres établissements de grand standing, la « spathérapie » a trouvé aux Seychelles l'une de ses terres de prédilection.

# TOP 10

## ACTIVITÉS

À l'heure de programmer son séjour sur l'archipel, on commence déjà à réfléchir comment occuper ses journées sur ces îles de rêve. Voici une sélection de nos activités coup de cœur, dans l'eau, sur terre, mais aussi dans le ciel… À programmer au plus vite !

### SAUT EN PARACHUTE

Fly Seychelles propose de sauter en parachute au-dessus de Praslin. Une expérience unique !

### LA PLONGÉE

Les spots sont légion avec un coup de cœur pour ceux situés autour de Praslin et de La Digue.

© ©JONMILNES - SHUTTERSTOCK.COM

### FOND FERDINAND

Une superbe balade dans une réserve, avec cocofesses et point de vue époustouflant au programme.

© ALIAKSANDR - STOCK.ADOBE.COM

### RANDONNÉE

Notre préférée est sur l'île de Praslin entre les sublimes plages d'Anse Lazio et Anse Georgette.

© LRPHOTOGRAPHIES - ISTOCKPHOTO.COM

### LES EXCURSIONS

Les excursions en bateau depuis Praslin vers Curieuse ou Grande-Sœur avec snorkeling et barbecue.

© KELLYISP - ISTOCKPHOTO.COM

### LE SNORKELING

On a adoré Anse Soleil et Anse Royale à Mahé, Anse Marie-Louise à Praslin et Anse Sévère à La Digue.

© SUN_SHINE - SHUTTERSTOCK.COM

### LA PÊCHE SPORTIVE

Thons, marlins et autres espadons peuplent les eaux seychelloises. Avis aux amateurs de gros !

© PROJECT1PHOTOGRAPHY - SHUTTERSTOCK.COM

### VALLÉE DE MAI

Une forêt superbe, classée au patrimoine mondial de l'Unesco, où l'on découvre le célèbre cocofesse.

© CHALABALA - ISTOCKPHOTO.COM

### COUCHER DE SOLEIL À BEAU VALLON

Sur Beau Vallon, le *sunset* est fantastique. À admirer avec un Rasta Mai Tai au Beach Shak !

© MICHAEL - STOCK.ADOBE.COM

### ANSE LAZIO

Toute la journée bien sûr, mais le coucher de soleil sur Anse Lazio est tout simplement inoubliable.

© FILIP FUXA - SHUTTERSTOCK.COM

# GASTRONOMIE

Créole par nature, la cuisine seychelloise possède un caractère unique qui reflète la richesse et la diversité de la population. Cette cuisine sans frontières s'est constituée au fil des ans, à partir d'apports français, africains, indiens, chinois et des ressources alimentaires locales. Le résultat est savoureux : un métissage équilibré nommé le *byen manze kreol* ou bien-manger créole. On appréciera entre autres les poissons et les fruits de mer qui composent une large part de l'alimentation des locaux, auxquels on ajoute une foule de légumes, de féculents, d'épices et de fruits. La purée de lentilles rouges, le cari de poulpe, le rougail de poisson salé, la daube de fruit à pain, la purée de courge giraumon, le chatini de requin, le manioc bouilli, le nougat coco, les bilimbis confits et bien d'autres : tous ces mets nous mettent l'eau à la bouche le temps d'un séjour ! Sans oublier l'excellent rhum Takamaka produit sur l'île de Mahé.

## Riz et poissons

On a communément l'habitude de dire que le *pwason ek diri* (le poisson et le riz) est la nourriture de base des Seychellois. Tout comme autrefois le pain en France, le riz est l'aliment principal aux Seychelles. Il suffit de partager un repas avec des insulaires pour en être convaincu. Le repas commence toujours par le service du riz – ordinaire en semaine, basmati pour un jour de fête ou s'il y a des invités – dont on fait un monticule dans son assiette.

On apporte alors à table une foule d'accompagnements. Le riz est ainsi couronné de crudités comme une salade de tomate, d'oignons et de patole (un concombre tropical), d'un plat chaud, de légumes d'accompagnement et parfois de bilimbis, sorte de fruits acidulés conservés dans du vinaigre comme des cornichons. Sans oublier la touche finale obligatoire : la sauce au piment, mélange de petits piments écrasés avec un peu d'huile, de jus de lime, de sel et de poivre.

Les Seychelles seraient le plus gros consommateur par habitant de poisson au monde (85 kg par personne selon les estimations). Murènes, croissants, vieilles, perroquets, bourgeois, cordonniers, bonites, carangues, maquereaux, jobs, raies, autant d'espèces au nom parfois énigmatiques peuplent les lagons coralliens, sans oublier les poissons de haute mer comme les barracudas, les thons et les requins. S'y ajoutent des fruits de mer, comme les crevettes, les langoustes, les palourdes et bien sûr les zourites, des petites pieuvres, très savoureuses.

Les richesses de l'océan sont préparées à toutes les sauces : entier, en steak, en filets, en boulettes, en quenelles, en hachis, en daube, fumé, salé, grillé, rôti au four, cuit dans une feuille de banane, boucané au feu de bois, cru et finement émincé, mijoté en cari, etc.

## Au royaume des épices

La cuisine seychelloise n'aurait pas la même intensité sans l'abondance d'épices utilisées par les cuisiniers locaux. Noix de muscade, clou de girofle, safran, poivre, quatre-épices et anis étoilé sont principalement importés, bien que l'on retrouve localement quelques producteurs qui alimentent les marchés d'épices. Seules la cannelle et la vanille sont produites de manière importante dans le pays.

Introduit aux Seychelles dès l'arrivée des premiers colons, en 1770, depuis le SRi Lanka, le cannelier s'est bien développé à l'état sauvage, sur les hauteurs de Mahé et de Silhouette principalement. Bien que la production ait décliné, l'exploitation de la fameuse écorce parfumée va bon train ne serait-ce que pour alimenter le marché local. Les feuilles du cannelier sont également très appréciées pour aromatiser les sauces, à la manière du laurier en Europe.

Originaire du Mexique et appartenant à la famille des orchidées, la vanille s'est installée aux Seychelles au XIXe siècle, *via* la Réunion et Maurice. S'enroulant aisément aux arbres, cette liane fait partie du quotidien des Seychellois.

© LRPHOTOGRAPHIES - SHUTTERSTOCK.COM

*Le poisson tient une grande place dans l'alimentation seychelloise.*

DÉCOUVRIR

© CCAT82 - SHUTTERSTOCK.COM

*Plat de poulpe seychellois.*



Leur journée commence souvent par un thé à la vanille, tandis qu'un café à la vanille termine parfois le repas. On l'utilise aussi bien pour parfumer des gâteux, des confitures que des plats salés. La plante est largement cultivée aux Seychelles, notamment à l'Union, sur l'île de La Digue, où l'on conserve ces odorantes gousses dans de grandes malles qui les préservent de l'humidité. Toujours à l'Union, on peut assister, d'une façon informelle, aux différentes phases du traitement artisanal de la vanille.

La cuisine locale peut être parfois un peu piquante. Ainsi il est quelquefois utile de savoir dire en seychellois *mon pa manze piman* (je ne mange pas de piment) si l'on ne veut pas garder un souvenir trop brûlant de son dernier repas !

## Les basiques de la cuisine créole

La cuisine des Seychelles est un melting-pot d'influences variées et on retrouve ainsi beaucoup de spécialités communes à d'autres îles de l'océan Indien, on pense notamment à la Réunion et à l'île Maurice. On peut ainsi citer le savoureux rougail, qui est ici préparé avec du poisson et non pas des saucisses comme à la Réunion. Il est composé de poisson salé effeuillé et mélangé avec une sauce rougaille à base d'oignon, de tomate, d'ail, de gingembre et de piment.

Plat initialement indien, le curry transformé en *cari* dans la région s'est décliné en une infinie variété : cari de bonite, d'œufs, de poulet, de porc, de zourites, de palourdes et ainsi de suite. La vraie spécialité seychelloise est le cari coco, qui diffère du cari traditionnel par l'ajout de lait de coco en fin de cuisson, ce qui lui donne une onctuosité et un parfum incomparables. Le cari coco se marie admirablement avec les légumes tels le giraumon, le chou-chou (chayotte), les lentilles ou les brèdes (similaires à l'épinard).

La recette de poisson la plus grandiose, celle des jours de fête, est sans conteste un bourgeois entier rôti au four et parfumé d'un savant mélange de gingembre, d'oignon et de piment. Ce gros poisson à la chair blanche et fine est également délicieux grillé au barbecue. On n'oubliera pas le chatini de requin, une sorte de rillettes de chair de requin pimentée servie froide avec du pain ou du riz.

Parmi les crustacés et coquillages on peut citer les langoustes, les teck-teck (petits coquillages avec lesquels on fait des soupes), les troulou-lous (crabes nains), les crabes-girafes sans oublier les zourites, délicieuses également en cari coco. Vous avez déjà compris qu'il vaut mieux renoncer à la viande rouge pendant votre séjour aux Seychelles, la consommation de viande locale se limitant souvent à la volaille.

Il existe des plats traditionnels plus exotiques pour nos palais occidentaux. On peut citer ainsi le civet de chauve-souris. On le prépare avec de la viande de roussette, dont l'aspect et la texture ne sont pas sans rappeler ceux du lapin. Cet animal se nourrit essentiellement de fruits. Inutile de rappeler que la viande de chauve-souris reste déconseillée… Comme nous le savons un peu trop bien, ces animaux sont souvent des vecteurs de maladies contagieuses dangereuses, notamment sur les marchés où elles sont conservées.

## Fruits et desserts

Noix de coco, mangues, bananes, papayes, goyaves, avocats, fruits de la passion, melons, fruits de Cythère, fruits du jacquier, jamalacs, cœurs de bœuf, caramboles, corossols, bonbons plumes, ananas, oranges, limons, pamplemousses : les Seychelles sont un paradis tropical où les fruits abondent tout au long de l'année. Certains offrent même de multiples variétés.

Marre de passer des heures sur internet pour trouver des bons plans ?
mypetitfute
M'A FAIT GAGNER UN TEMPS FOU AVEC SES RECOMMANDATIONS D'ITINÉRAIRES ET SES BONS PLANS TESTÉS PAR DES RÉDACTEURS LOCAUX.
© VIKTOR GL - ISTOCKPHOTO.COM
VOTRE GUIDE NUMÉRIQUE SUR MESURE EN MOINS DE 5 MINUTES POUR 2,99 €
mypetitfute.fr

© LORELINKA - SHUTTERSTOCK.COM

*Les fruits abondent toute l'année aux Seychelles.*

Ainsi, on en compte une quinzaine pour la seule banane : monsieur, mile, de table, mignon, rouge, gabou, saint-jacques, carré, figue, noire, tahiti, quatre-vingt, salega, gros-michel, barbare, malgache, etc. Il en va de même pour les mangues : blanc, fisette, sabre, maison-rouge, périse, raisin, papaille, congnin, d'aufiner, malabar, tirgrisse, dodo, kinon, torche, etc.

Ce vaste choix, on le constate avant tout dans les hôtels, qui offrent pour certains de beaux buffets de fruits, notamment au petit déjeuner, et dont les pâtissiers tirent maints desserts, de la tarte à la papaye au gâteau à la noix de coco, en passant par le sorbet à la mangue et la banane flambée. En fait, il est difficile de trouver des fruits ailleurs que dans les restaurants, excepté au marché de Victoria, surtout le samedi matin.

Mais c'est le fruit de l'arbre à pain (dit aussi arbre de vie) qui est, sans conteste, le plus insolite de l'archipel. Ressemblant à un gros melon vert (de 1 à 3 kg) poussant sur un arbre aux gigantesques feuilles, ce fruit opulent a l'avantage de se prêter à presque toutes les préparations culinaires : en daube, en grillade, en boulettes, en crème, en salade, en gâteau, en bouillie, en chatini, en chips et ainsi de suite.

## Entre thé et rhum

Si, le matin, la journée débute immanquablement par une tasse de thé local, nature ou à la vanille, elle se termine souvent par une dite *zitronel* (infusion à la citronnelle) aux propriétés digestives et apaisantes que le touriste ramène dans ses bagages et boit religieusement en repensant à ses idylliques vacances. Sinon pour un brin de fraîcheur laissez-vous tenter par des jus de fruits ou de la désaltérante eau de coco.

La boisson nationale est une bière blonde locale, la SeyBrew. Les Seychellois sont de grands buveurs de bière, détenant même la dixième place mondiale pour la consommation de bière, la production annuelle étant d'environ 7 millions de litres. La SeyBrew est une lager de 4,9 degrés, lancée en 1972, date à laquelle naquit la Seychelles Breweries. Cette brasserie produit aussi l'excellente Eku (une bavaroise fabriquée sous licence allemande) et la fameuse Guinness, aussi noire que populaire, les Seychellois ayant pris l'habitude de la boire (à température ambiante) du temps des Anglais, ce qui peut être un peu déroutant pour nous, Européens, qui la préférons glacée.

Les inconditionnels du vin trouveront à l'épicerie du coin quelques honnêtes bouteilles de vin sud-africain, qu'ils préféreront aussi au restaurant. Les petits bordeaux, chablis ou rosés d'Anjou qui arrivent jusque-là sont proposés à des prix souvent très élevés comparés à leurs cousins d'Afrique du Sud.

Mais la boisson typique des Seychelles est le calou, une sève de cocotier fermentée – qui ressemble un peu au vin nouveau – dont le temps de fermentation augmente le taux d'alcool. Il est impossible d'en trouver en boutique, car, pour lutter contre l'alcoolisme, sa production est subordonnée à une licence. Il est d'ailleurs amusant, lorsqu'on connaît cette réglementation, d'observer le marché privé qui s'organise le soir venu au pied des cocotiers.

Enfin il ne faudrait pas oublier le rhum. Il provient de la distillation directe du jus de canne et de la transformation de son sucre en alcool. Cela donne un rhum agricole cristallin dont le taux d'alcool peut grimper jusqu'à 70 degrés. Il peut être ensuite être amélioré en rhum blanc (idéal pour les rhums arrangés ou les cocktails), rhum épicé, rhum vieux, rhum coco, etc. À Mahé, sur la côte est, on peut visiter la distillerie de rhum Takamaka après un déjeuner à la plaine Saint-André.

DÉCOUVRIR

petit futé
2024
Seychelles
VERSION NUMÉRIQUE OFFERTE
COUNTRY GUIDE

# TOP 10

## GASTRONOMIE LOCALE

Avis aux gastronomes ! Le paradis seychellois peut aussi se décliner dans l'assiette. Sur les trois îles principales, on a donc affiné une sélection où l'on retrouve tous les prix mais qui ont un délicieux point commun : on se régale à chaque fois...

### LES LAURIERS

L'excellent buffet créole des Lauriers mérite amplement son excellente réputation. Incontournable !

© LES LAURIERS

### AZIDO

Cadre de rêve de la Mango House pour cette table japonaise qui magnifie la pêche du jour.

### DEL PLACE

Un décor de rêve devant la mer, des tapas, des produits de la mer très frais et le tour est joué !

### COCO ROOM

La table du Dhevatara régale du petit déjeuner à la carte jusqu'au dîner gastro et fusion. On aime !

© DHEVATARA

### LA SCALA

Excellente table italienne parfaitement tenue par les Torsi. Tenté par des gnocchi maison ?

© LA SCALA

### LES ROCHERS

Un cadre enchanteur face à Grosse Roche et des poissons frais toujours finement travaillés.

© LES ROCHERS

### MARIA'S ROCK

Ici on grille soi-même sur une pierre de volcan de beaux fruits de mer et des pièces de viande.

### LE REPAIRE

Recettes italiennes concoctées avec d'excellents produits venus tout droit de la Botte.

### LA PERLE NOIRE

Les frères Rigamonti régalent leur monde avec de la vraie pasta italienne et de belles spécialités.

© LA PERLE NOIRE

### BEACH SHAK

Après le Rasta Mai Tai du coucher de soleil, place aux excellentes grillades du Beach Shak !

© BEACH SHAK

# AGENDA

Si les Seychelles ne s'enflamment que rarement, quelques festivités méritent quand même le déplacement si on est dans l'archipel à ce moment-là. Les jours fériés sont surtout issus du calendrier chrétien (vendredi saint, samedi et le dimanche de Pâques, Fête-Dieu le 10 juin, Assomption le 15 août, Toussaint le 1er novembre, Immaculée Conception le 8 décembre et évidemment Noël le 25 décembre) et d'autres le sont de l'histoire seychelloise. Le 5 juin, on fête la Libération et le coup d'État de 1977 ; le 18 juin, c'est la fête nationale et celle de l'adoption de la Constitution en 1993 lors d'une cérémonie au stade de Roche Caïman à Mahé ; le 29 juin, on célèbre l'indépendance des Seychelles vis-à-vis du Royaume-Uni en 1976. Évidemment, le 1er janvier et le 1er mai (héritage français oblige) sont aussi chômés. Mais l'archipel fait surtout la fête à l'occasion de ses grandes manifestations, comme le festival Kreol ou le carnaval de Victoria.

DÉCOUVRIR

## CARNAVAL INTERNATIONAL DE VICTORIA

VICTORIA

*À Mahé, pendant trois jours en mars ou en avril.*

Voilà un carnaval qui prend de l'ampleur année après année ! Pittoresque, dans une ambiance animée avec évidemment défilé de chars multicolores et danses rythmées, le programme de ces journées de fête est très riche. Des spectacles de musique *live*, des parades, notamment l'immanquable défilé du mardi gras, et une découverte des gastronomies du monde. Car, lors de chaque édition, une trentaine de pays sont invités à participer à la fête et à faire découvrir leur patrimoine.

## FÊTE DE LA FRANCOPHONIE

*A Mahé pendant une journée, fin mars.*

En tant que membre à part entière de la Francophonie depuis juin 1976, puisque le français est une langue officielle depuis cette date (avec le créole et l'anglais), le pays célèbre tous les ans la langue de Molière pendant une journée, autour du 20 mars. Manifestations diverses comme des concours ou des rencontres littéraires, mais aussi des dégustations, des expositions, un bazar artisanal, un festival du film sont au programme de cette sympathique manifestation. Le tout est en grande partie animé par l'Alliance française de Victoria.

## FESTIVAL KREOL

*A Mahé, pendant 9 jours. Fin octobre.*

Chaque automne, l'archipel des Seychelles devient le carrefour de l'amitié créole, à l'occasion de son festival coloré à la gloire du monde créole. Toutes les facettes de sa féconde identité sont passées en revue : histoire, musique, théâtre, danse, mode, cuisine… Aussi culturel que festif, c'est le plus grand événement culturel du pays. De *defile lanmod* (défilé de mode) en *konkour discour* (concours de discours) et de *leksposition zwe tradisyonnel* (exposition de jouets traditionnels) en *konferans* (conférence), cette manifestation est riche en événements.

## SEYCHELLES ECO-FRIENDLY MARATHON

www.runseychelles.com

*A Mahé, deuxième quinzaine de février.*

Ce marathon est l'une des plus importantes manifestations de l'archipel. Plusieurs milliers de participants, Seychellois mais aussi étrangers, se tirent la bourre tout au long d'un parcours qui s'étend dans la superbe péninsule nord. De la célèbre plage de Beau Vallon jusqu'à la capitale Victoria, plusieurs parcours sont proposés aux coureurs : 42,195 km, 21 km, 10 km ou 5 km. N'oubliez pas votre paire de baskets si vous venez fin février !

# MAHÉ

Vue du ciel, quel spectacle ! Mahé est une île de rêve et certains voyageurs, qui ne jurent que par Praslin ou La Digue, ont tort de la bouder. C'est la plus grande île de l'archipel, celle de la capitale Victoria et de l'aéroport international. Les vieilles demeures créoles sont disséminées dans l'épais manteau végétal de cette île-forêt. Dominée par le morne Seychellois qui trône à 906 m sur de luxuriantes collines, elle offre aussi un littoral d'exception, ourlé d'une frange de sable blanc, avec des dizaines d'anses qui constituent près de soixante-dix criques à grand spectacle. De la populaire plage de Beau Vallon aux paisibles bancs de sable de la côte est, en passant par les criques et plages paradisiaques de la côte ouest, Mahé recèle de nombreux trésors balnéaires.

Mahé
Ocean Indien
Machabee
ANSE NORD-EST
Vista do Mar Estate
Hodoul
ÎLE ST-ANNE ★★
P. N. marin de Ste-Anne
GLACIS ★★
St-Antoine Estate
L'Anse Etoile
Anse Etoile
Hangard 374
Baie Beau Vallon
MA CONSTANCE ★
Île Sèche
MARE ANGLAISE
De Quincy Village
BEAU VALLON ★★★
Mt Buxton
La Bastille
BEL OMBRE ★
ÎLE RONDE
ÎLE MOYENNE
Anse Major
Danzilles
Pascal Village
VICTORIA ★★
ÎLE LONGUE ★
P. N. marin Baie Ternay
Jasmin 643
P. N. DU MORNE SEYCHELLOIS ★
Mont Fleuri
Bagatelle
Plaisance
Ternay
Port Launay Estate
Trois-Frères 699
Zig-Zag
ÎLE AUX CERFS ★★
La Plaine
La Mission
EDEN ISLAND ★
P. N. marin Port Launay
Anse Souillac
Morne Seychellois 905
Morne Blanc
Le Rocher Brillant
Providence Highway
L'Islette
PORT GLAUD ★★★
Plantations de thé
La Misère
ÎLE ANONYME
Grand' Anse Village
Cascade
Talbot
ÎLE CONCEPTION ★★★
ÎLE THÉRÈSE
GRAND' ANSE ★★
Mont Harrison 688 m
Les Dents 555 m
Pointe Larue
Île aux Rats
Île aux Vaches
BARBARONS ESTATE
Varigault
Grand Bassin
Reef Estate
Caïman
Anse Polite
ANSE BOILEAU ★★
St-Joseph Estate
ANSE AUX PINS ★★
AU CAP
Turtle Bay Estate
ANSE LOUIS
Burlée 501 m ★★
La Plaine St-André Estate
ANSE À LA MOUCHE ★★★
Mont-Plaisir
St-Antoine
POINTE AU SEL ★
ANSE AUX POULES BLEUES ★★
Sta Maria
LES CANNELLES ★
ANSE SOLEIL ★★★
ANSE ROYALE ★★★★
PETITE ANSE
Baie Lazare Village
Jardin du roi
Anse Bougainville
Cap Lazare
BAIE LAZARE ★★
Baie Lazare
Mont Parnel 378 m
ANSE FORBANS ★★
ANSE TAKAMAKA ★★
Takamaka
QUATRE BORNES
Anse Marie-Louise
ANSE INTENDANCE ★★★
ANSE CACHÉE
Beau Séjour 301 m
ANSE BAZARCA
Police Bay
5 KM
Parc national
Route principale
Ville
Sommet
Aéroport
Île aux Vaches
Île Denis
Île Aride
Île de Praslin
Île de La Digue
Île de Frégate
ÎLE DE MAHÉ
50 KM

PAGES

## ●● CÔTE NORD

93

Victoria, l'une des plus petites capitales du monde, possède le charme des vieilles rues et des dernières boutiques à l'ancienne, notamment dans le quartier du marché (à ne pas manquer le matin). Autre foyer de civilisation, à trente-trois lacets de Victoria, Beau Vallon, seule véritable zone touristique de l'archipel et dotée d'une plage de 3 km qui fait référence. Sitôt quitté la baie en direction du nord, la nature reprend tous ses droits. Parfois abrupte, la péninsule nord est peu fréquentée. La route côtière se révèle pourtant riche en vues panoramiques, notamment du côté de North Point. Plusieurs criques cernées de granit offrent d'agréables plages pour des bains en solitaire.



C'est la seule plage de Mahé à ne pas être déserte ou quasi déserte… Hôtels, guesthouses, restaurants et boutiques voient défiler beaucoup de monde – mais on est encore loin de Phuket. C'est aussi la seule plage du pays à autoriser les sports nautiques motorisés. À ne pas manquer : le petit marché artisanal du mercredi soir et l'incroyable coucher de soleil.



## ●● CÔTE EST

121

Quel plaisir de rouler sur la voie longeant la côte est ! D'un côté se déroule un océan dans un somptueux camaïeu de turquoise, de l'autre, une végétation luxuriante tout aussi magnifique. Sans forcément loger dans le coin (il y a des algues à certaines périodes de l'année), nous vous recommandons vivement d'aller vous promener de ce côté de l'île. Côté hébergement, vous trouverez tous les hôtels, les uns après les autres, au bord de la route. Leur nombre demeure relativement limité, cette partie de l'île n'étant pas la plus touristique. Point positif, leurs tarifs sont globalement moins élevés qu'ailleurs sur Mahé. Point négatif, les algues envahissent quelque peu les plages de mai à octobre. Nous vous conseillons de résider dans la partie sud de la côte est, plus agréable.



## ●● CÔTE OUEST

126

Sur la côte ouest de l'Anse Takamaka, on se laisse porter par une route qui serpente ; des chemins carrossables desservent des anses solitaires, telle l'éclatante Anse Soleil. Des panoramas grandioses se succèdent d'un virage à l'autre, comme au détour de l'Anse aux Poules bleues où se déploie l'éblouissante Anse à la Mouche. On peut en maints endroits s'aventurer dans le décor, dans ce Mahé de l'intérieur sans le moindre danger, à partir de chemins qui vous feront découvrir la Roche Gratte-Fesse, la Roche Amour ou la Montagne Toupie. Fascinante côte ouest ! D'Anse Boileau à Grand'Anse et de Port Glaud à Baie Ternay, la route ne cesse de révéler des sites enchanteurs. Pour beaucoup, il s'agit de la plus belle partie de l'île.

Le parc national du Morne seychellois est le point culminant de l'archipel avec ses 906 m d'altitude et sa vue époustouflante. Créé en 1979, il recouvre 3 045 ha et surtout tord le coup à l'image d'Épinal qui ferait des Seychelles uniquement une destination farniente avec ses plages cartes postales et ses îles-hôtels.



MAHÉ



Quelques jolis bouts de terre ont jeté l'ancre autour de Mahé. A une dizaine de minutes de bateau, l'île montagneuse Sainte-Anne, dominée par le mont éponyme (250 m), est en plein cœur du Parc national marin et accueille le luxueux Club Med depuis 2020. Juste à côté, également dans le parc marin, Cerf se décline aussi en vert et bleu et accueille notamment une belle adresse pour se (re) poser. Contrairement à Anonyme, Longue ou Moyenne et sa belle forêt de poche. Enfin, Thérèse, qui flotte à un bon kilomètre de Port Glaud, peut être une excursion sympathique.



Une île montagneuse qui, bien qu'elle ait été malmenée, a pourtant conservé son intégrité. Ancrée à 5 km de Victoria et dominée par le mont Sainte-Anne (250 m), elle est la plus importante des îles voisines de la capitale, avec 2 km de long sur 1 km de large.

## VICTORIA ★★

Cette capitale de poche, l'une des moins peuplées de la planète, compte un peu moins de 30 000 habitants, soit le tiers de la population ! Dans un pays qui n'a pas plus d'âmes qu'une ville moyenne française, il faut savoir abandonner ses références, trouver de nouveaux points de repère, se souvenir qu'il y a deux siècles et demi l'île de Mahé était encore inhabitée.

En 1744, le navigateur français Lazare Picault revient sur l'île d'Abondance, future Mahé, et y ancre son bateau *Élisabeth* dans une large baie calme et sûre qu'il nomme Port-Royal. L'endroit conservera cette dénomination jusqu'en 1778, année où il sera rebaptisé Établissement du Roy, avant de prendre son nom définitif de Port Victoria, en 1838, en hommage à la reine d'Angleterre. La ville ne comptait alors guère plus d'une petite centaine de maisons en bois couvertes de bardeaux…

Nichée dans un site exceptionnel, un amphithéâtre de verdure constitué par des collines abruptes et luxuriantes (le mont Signal, Crève Cœur, le Niol et les Trois Frères) qui s'ouvrent sur l'océan, la seule ville de l'archipel est une petite cité tranquille et plutôt propre, loin de l'insalubrité d'autrefois. Un certain Ommanney la décrit comme « un lieu sordide, sans grâce, baignant dans une forte odeur d'huile de coco rance, de poissons salés et d'égouts écœurants ». La description du père Louis Dayet, au début du XX$^e$ siècle, est aussi saisissante : « En ville, quand il pleuvait, les rues devenaient des torrents et des bourbiers où chacun pataugeait en murmurant contre l'administration urbaine. Victoria ne connaissait pas de trottoirs. En 1910, la rue Albert et les abords des bureaux du gouvernement voisinaient avec des parcs où grouillaient des tortues géantes et qui se transformaient à la pluie en cloaques nauséabonds. »

▸ **Un marché d'opérette.** Aujourd'hui, il est agréable de flâner dans les rues de cette capitale à laquelle de beaux lampadaires de style victorien, installés sur Independence Avenue, donnent une touche d'élégance. L'attraction majeure de cette ville demeure le bazar. Un marché couvert qu'il est préférable de découvrir dans l'animation bon enfant du samedi matin. Tout de suite à gauche, se trouve le banc de poissons, tout juste tirés de l'océan. Au centre, sous le volumineux manguier, sur des tables en bois recouvertes d'une toile cirée, des piments, des mangues sabres, des papayes énormes et des bananes minuscules font l'objet de savoureux dialogues en créole, langue aussi haute en couleur que tous ces fruits et légumes… Un peu plus loin se trouvent quelques marchands d'épices dont les étalages débordent de gousses de vanille, de bâtons de cannelle, de boîtes de thé, mais aussi de cartes postales, de porte-clés en forme de cocofesse et de lots d'épices importés qui n'ont rien de seychellois. En revanche, les fioles de fortune contenant de l'extrait de vanille ou les bocaux recyclés de purée de piments et autres macérations du cru, comme le réputé masaravoo (feu aux papilles garanti), peuvent être rapportés dans les valises, après vérification du système de fermeture, très artisanal ! Au fond, installés dans une halle climatisée, les bouchers-charcutiers proposent leurs guirlandes de saucisses et chapelets de boudin noir, et débitent de la viande de bœuf ou de porc, chère et réservée au repas dominical.

Évidemment, le spectacle est aussi tout autour de la place, dans cette Market Street piétonne dont les adorables maisons créoles d'hier, avec marquise et balcons ajourés, se sont, hélas, raréfiées ces dernières années. Pour la plupart tenues par des Indiens ou des Chinois, ces boutiques en voie de disparition sont dignes d'un inventaire à la Prévert : slips et ventilateurs, écrous et savonnettes… La modernité gagnant du terrain, les boutiques à l'ancienne sont donc remplacées progressivement par des complexes en verre et en béton.

Signe du progrès en marche, des feux tricolores ont fait leur apparition, en 1994, à l'intersection d'Albert Street et de Revolution Avenue et au milieu d'Albert Street. Trente ans après, ce sont encore les seuls de l'archipel ! Pas moins de neuf au même carrefour… Il faut dire qu'aux heures de pointe, vers 8h, midi et 16h, ça bouchonne carrément sur Francis Rachel Street et sur 5th June Avenue. Les Tata (d'infatigables bus indiens) et Leyland se mêlent alors aux Kia Picanto des touristes et aux voitures asiatiques des autochtones, de plus en plus nombreuses. Ici aussi, au cœur de la ville, le stationnement se paye, les tickets, à valider soi-même, étant en vente chez certains commerçants. Sachez que les agents qui dressent les contraventions sont intransigeants et qu'un loueur de voiture n'hésitera pas à utiliser votre numéro de carte bancaire pour régler l'amende (avec supplément) si vous ne l'avez pas fait avant de quitter le pays. La ville a toutefois ses parkings gratuits, notamment près du Marine Charter, sur la 5th June Avenue. Il est également possible de se garer gratuitement à l'Alliance française.

## LES IMMANQUABLES DE MAHÉ

- **S'enfoncer** en voiture au sud-ouest de l'île pour découvrir ses plages de rêve souvent désertes (Anse Intendance, Anse Bazarca, Police Bay…).
- **Circuler** en voiture au nord de la sauvage côte ouest jusqu'à Port Launay et s'arrêter boire un verre au restaurant Del Place ou au Kabana du Constance Ephelia.
- **Faire du snorkeling** à Petite Anse et Anse Soleil, situées sur la côte ouest, ou à Anse Royale sur la côte est.
- **Flâner** dans la capitale Victoria en privilégiant le temple de la communauté hindoue, le musée d'Histoire ou le pittoresque marché, dit bazar.
- **Se laisser envoûter** par l'atmosphère du site de la Mission, avec sa fantasmagorique allée d'énormes sandragons et son belvédère avec vue grandiose sur la côte ouest.
- **Découvrir** le jardin du Roi, sur les hauteurs d'Anse Royale, avec ses cinquante variétés d'arbres tropicaux et son époustouflante vue panoramique.
- **Profiter** d'un dimanche à Beau Vallon pour sentir l'ambiance locale.
- **Se régaler** d'un buffet créole dans l'imposante maison du Marie-Antoinette ou sur la plage chez Augerine à Beau Vallon.
- **Randonner** entre Bel Ombre et la sublime plage d'Anse Major. Incontournable !
- **Admirer** le coucher du soleil à Beau Vallon en buvant un Rasta Mai Tai au Beach Shak ou un gin dans le Gin Bar du Hilton Northolme.

MAHÉ

## KAZ ZANANA ★

Revolution Avenue

© +248 4 324 150

*Ouvert du lundi au vendredi de 9h à 17h et le samedi de 9h30 à 13h30. Entrée gratuite.*

Tout admirateur de l'architecture créole appréciera cette maison de patrimoine, datée de 1915, que le peintre et designer George Camille acheta en 1994 et dont il entreprit aussitôt la restauration à grands frais avec le savoir-faire essentiel d'un vieux charpentier passionné par son art, Louis Volcere. Une vraie réussite ! Parquet en filao, murs en bois de santal, volets en calice du pape : ce travail d'orfèvre, à la gloire des bois exotiques, mérite assurément le détour, cette résurrection exemplaire passant aussi par les vieux meubles installés dans ces pièces pleines d'atmosphère, dont certaines offrent un bel écrin aux œuvres de l'artiste. Lequel a en effet fait de cette case créole sa galerie d'exposition. On y voit ainsi ses dernières œuvres, pour la plupart moins figuratives qu'il y a quelques années, puisque le plasticien donne dorénavant du relief à sa peinture en sculptant le papier, en travaillant le gaufrage, avant de poser les couleurs aussi bien à l'acrylique qu'au pastel et à l'aquarelle. Des œuvres d'où percent çà et là des interrogations sur le sens de la vie. Les prix ? Gravures, collages et autres toiles (parfois en grand format) coûtent environ de 1 000 SR à 50 000 SR. Bref, il serait dommage de passer par Victoria sans prendre le temps de s'arrêter dans cette Kaz Zanana qui a valeur de monument historique, au même titre que Kenwyn House, à l'entrée de la ville. Il est aussi possible d'y boire un verre dans l'agréable petit café installé à l'arrière de la maison pour une halte bien agréable.

## CLOCK TOWER ★★★

Au croisement d'Albert Street, Francis Rachel Street, State House Avenue et Independence Avenue.

Des Seychelles enfin indépendantes… de Maurice ! L'événement donna lieu le 9 novembre 1903 à dix-neuf coups de canon. Jusqu'alors dépendantes de Maurice, les Seychelles étaient sacrées colonie à part entière, relevant désormais du Colonial Office. Sa Majesté Édouard VII, deux ans plus tôt, avait succédé à Victoria, dont les Seychellois avaient voulu honorer la mémoire, le 1er avril 1903, en inaugurant un monument qui, un siècle plus tard, reste LE monument des Seychelles. C'est une copie en modèle réduit de la tour qui, à Londres, fait face à la gare Victoria.

## MUSÉE NATIONAL D'HISTOIRE

Independance Avenue

© +248 4 225 404

*Lundi de 9h30 à 12h30, mardi au vendredi de 9h30 à 12h et de 13h à 16h30, samedi de 9h à 14h. 150 SR (gratuit - 12 ans).*

Alors qu'il avait fermé ses portes il y a quelques années, le musée national d'Histoire a repris du service depuis novembre 2018 lors de son inauguration par le président de la République Danny Faure sur Independance Avenue. Le résultat est plutôt réussi. Ludique et très intéressant, on remonte le fil de l'histoire de l'archipel grâce notamment à quelques superbes objets et maquettes. Si l'on en fait relativement rapidement le tour, voici une option instructive qui change de la plage.

## BAZAR ★★

Market Street

*Ouvert du lundi au vendredi de 6h à 17h30 et le samedi de 6h à 17h.*

Il fut construit en 1869, en plein cœur du vieux Victoria. Un richissime propriétaire foncier (M. Michaud) avait fait don du terrain sur lequel les fermiers vendaient leur production. Le marché de Victoria, dit « bazar », porte cependant le nom du gouverneur anglais qui le fit édifier, sir Selwyn Selwyn-Clarke. Pour le distinguer des petits marchés des autres districts, on l'appelle tout simplement *bazar an vil*. Ayant partagé la facture de 4,7 millions de roupies, l'Union européenne et l'Etat seychellois se sont associés pour lui offrir une réhabilitation totale. Le « nouveau » bâtiment, aux allures de temple hindou et ruisselant de couleur, a été inauguré en 1999.

Haut lieu de la créolité, ce marché est d'autant plus plaisant qu'on peut y faire des photos sans se faire agresser. En revanche, le marchandage n'est pas vraiment de mise. Pour un client, le choix d'un marchand particulier est plus affaire de fidélité que de prix : le meilleur ira aux habitués ! Il n'y a pas davantage de vente à la criée. Les quelques rares commerçants qui haussent la voix le font plus pour le folklore que pour attirer le chaland. En effet, aux Seychelles, on ne s'affaire jamais ! Le bazar offre un beau reflet de la production seychelloise, notamment les poissons. Sous l'énorme manguier (qui a la particularité de produire deux variétés de mangue fort succulentes), ou sous les parasols Guinness, prennent place les vendeurs de fruits, de légumes... et de piments ! Au fond de l'enceinte se tient le fief climatisé des bouchers. Ils sont une dizaine, toujours prêts à tailler une bavette avec les rares touristes qui entrent, pour acheter par exemple un bon boudin créole. Côté prix, c'est cher : 1 kg de porc vaut 3 kg de poisson !

Une visite au bazar n'est jamais complète sans un coup d'œil chez le fleuriste. En outre, les étals des produits artisanaux sont pittoresques, avec leurs sachets d'épices et cocktails de condiments à base de mangues et d'une variété de légumes appelée *mazavaroo*. Au premier niveau, une douzaine de boutiques de souvenirs et un plaisant bar-restaurant attendent le touriste. Mais c'est le samedi matin que le marché devient vraiment spectacle. Quelle fourmilière ce matin-là ! Des maraîchers venus de Val d'Endor ou d'Anse Boileau (au sud de l'île) ont alors pris place aux côtés des détaillants installés à demeure. Concurrence oblige, les prix affichés par ces derniers sont alors révisés à la baisse. C'est aussi le seul jour où l'on peut acheter certains produits tel que le poulet vivant !

On ne surveille plus les gros acheteurs de manioc et de requin ! Jadis, on soupçonnait en effet de sorcellerie les personnes qui achetaient ces produits en quantité : ne les destinaient-ils pas à ces zombies (ou *dodosya*) qui en raffolaient ? Les *madanm paton*, elles, sont toujours là. On ne peut parler du bazar sans évoquer ces hérons, qui attendent chaque matin les abats de poisson que leur réservent les poissonniers. Ces *madanm paton*, au même titre que le manguier et le bassin d'eau, font partie du décor éternel de ce joli petit marché des plus authentiques.

Il faut aussi musarder alentour, dans *lari bazar* chantée par Jean-Marc Volcy. Dommage, hélas, que dans cette si vivante Market Street, les boutiques à l'ancienne, tenues par des Indiens ou des Chinois, ne se comptent plus que sur les doigts d'une main. Passé le Deevas Complex, sans grand intérêt, on tombe sur la petite place où stationnent quelques taxis.

*Bazar.*

## JARDIN BOTANIQUE

Mont-Fleuri

✆ +248 4 670 537

*Tous les jours de 8h à 17h. Compter 250 SR l'entrée, gratuit pour les moins de 12 ans.*

À Mont-Fleuri, voici 6 hectares de sérénité verte... Créé en 1901 par un agronome mauricien, M. Dupont, alors directeur de la station botanique, ce jardin prospéra jusqu'en 1934. Grand voyageur, Dupont rapportait de ses périples de vivants souvenirs : plantes tropicales, palmiers, arbres à épices, arbres à bois, arbres fruitiers et autres arbustes ornementaux. Le jardin fut utilisé d'abord comme lieu d'expérimentation pour les plantes, mais peu d'entre elles donnèrent par la suite des produits d'exportation.

Aujourd'hui, quelque deux cents espèces de plantes indigènes ou allogènes ornent ce havre de paix du sud de la capitale, qui a plutôt l'aspect d'un parc, avec de majestueux spécimens d'arbres, de jolies pelouses en pente et de remarquables rochers qui ont tant contribué au renom de l'archipel. Nombre d'entre eux sont recouverts de plantes grimpantes, de fougères et de lichens grisâtres. Sa Majesté le Palmier règne évidemment en maître sur ce vert royaume, qui réunit les six variétés endémiques et indigènes des Seychelles : palmiste, latanier hauban, latanier latte, latanier fey, latanier mille-pattes et lodoïcée, ce dernier étant plus connu sous le nom de coco de mer. On est toujours amusé par ces drôles de cocos, dont les arbres femelles portent d'énormes fruits de forme callipyge, dits cocofesses, et les arbres mâles un énorme phallus, appelé chaton, incliné vers le bas. Le plus gros, chargé d'une demi-tonne de noix, fut planté par le duc d'Edimbourg lors d'un voyage officiel dans l'archipel, le 19 octobre 1956. En fait, celui-là est mort et un autre l'a remplacé, étonnamment productif. Une plaisanterie de la nature ! Ce trésor végétal et national, protégé depuis 1978, a fait l'objet de nouveaux décrets de protection en 1994. Il est possible de planter son coco de mer, des graines germées étant fournies au jardin botanique par la division de l'Environnement contre une modeste contribution.

Du palmier bouteille au latanier bleu et du palmier bambou au phœnix, en passant par le palmier cire à cacheter, le palmier à huile, le raphia et le talipot, une trentaine d'autres variétés de palmiers sont disséminées à travers le parc, par ailleurs doté d'une bonne soixantaine d'autres espèces d'arbres. Une dizaine d'entre elles sont endémiques ou indigènes (takamaka, bois dur, bois de natte...) et une cinquantaine exotiques (eucalyptus, albizzia, calice du pape rose...). Dans la partie forestière du jardin, la végétation se fait plus luxuriante. Suspendues la tête en bas aux branches des grands arbres, les roussettes ont trouvé là un milieu qui leur convient. D'autres animaux peuplent ce jardin : le pigeon bleu frugivore, le souïmanga, le gecko, d'un vert éclatant... Ils peuvent être aperçus sur des troncs d'arbres. Les petits lézards bruns, eux, déguerpissent sous les feuilles de la litière forestière. Les tortues de terre géantes, en revanche, sont cantonnées à leur enclos, dans la partie ensoleillée du jardin.

On prend vraiment plaisir à flâner une heure ou deux dans ce paisible *zarden* (jardin), parcouru de plusieurs ruisseaux et doté de trois petites mares... On ne saurait passer plusieurs jours sur l'île de Mahé sans aller visiter ce site, actuellement géré par le ministère des Relations extérieures, du Plan et de l'Environnement, dont on appréciera la superbe architecture créole, face à l'entrée de ce Botanical Garden. Une superbe introduction à la découverte de la flore seychelloise.

*Jardin Botanique.*

Pour des vacances en bonne santé !
Beau Vallon
PHARMACIE A côté de Blue Sea Divers
VICTORIA
CLINIQUE 206 Eden Plaza
LABORATOIRE 218 Eden Plaza
CLINIQUE DE TESTS PCR 218 Eden Plaza
PHARMACIE 103 Eden Plaza
Eden Island
CLINIQUE & PARAPHARMACIE Sunshine House
Providence
EUROMEDICAL FAMILY CLINIC
DEPUIS 2011
Notre gamme de services spécialisés :
• Dermatologie
• ORL
• Médecine générale
• Gynécologie
• Médecine interne
• Services de laboratoire
• Orthopédie
• Obstétrique
• Pédiatrie
+248 432 4999
Euromedical Family Clinic
EUROMEDICAL FAMILY CLINIC

## TEMPLE ARUL MIHU NAVASAKTHI VINAYAGAR ★

Quincy Street
✆ +248 2 781 836
*Ouvert tous les jours de 7h à 12h15 et de 17h à 20h15. Entrée gratuite.*

A peine est-on déchaussé qu'on entre dans un autre monde. C'est l'Inde de Ganesh et des divinités hindoues... On est là au temple, destiné à la communauté indienne des Seychelles (environ 2 000 personnes). Bâti en 1992, cet apaisant lieu de culte, riche en statues, mérite vraiment une visite, tant il règne là une atmosphère magique. A quelques pas dans la même rue, on doit jeter un coup d'œil à la façade du temple chinois, cet autre lieu de culte ne se visitant pas.

## SEYCHELLESBOOKINGS.COM

Jetty Flamboyant Avenue ✆ +31 552 020 015
www.seychellesbookings.com
*Mahé-Praslin entre 60 € et 84 € l'aller.*
*Mahé-La Digue (1h45) entre 72 € et 96 €.*
*La Digue-Praslin 14 €.*

Depuis la jetée du port de Victoria, les catamarans à haute vitesse vous proposent jusqu'à trois départs par jour (aller et retour) Mahé-Praslin-La Digue pour un trajet complet en moins de 75 minutes. Des bateaux modernes et confortables de la compagnie Cocos Ferry vous proposent un service bar pour certains. Les départs depuis Mahé se font généralement à 8h, 10h30 ou 16h30, mais contrôlez le site Internet pour plus d'informations. L'un des meilleurs moyens pour traverser l'île.

## CASH PLUS

Olivier Maradan Street
✆ +248 250 10 48
www.pillayrgroup.com
*Ouvert du lundi au vendredi de 8h à 16h, le samedi de 8h à 12h.*

Voilà l'adresse incontournable pour changer ses devises dès la sortie de l'avion. Si vous avez besoin de prendre un taxi ou d'acheter une puce téléphonique, changez le moins possible à l'aéroport et rendez-vous chez Cash Plus, une agence sérieuse qui propose en général le meilleur taux de l'archipel et qui est présente un peu partout. L'enseigne possède une dizaine de bureaux dans tout le pays : à Mahé (Victoria, Providence, Beau Vallon, etc.), mais aussi à Praslin (Côte d'or, Grand'Anse, Baie Sainte-Anne) ou à la Digue.

## OFFICE DE TOURISME

Independence Avenue
✆ +248 2 726 442
www.seychelles.travel
*Ouvert du lundi au vendredi de 8h à 12h et de 13h à 16h.*

L'office de tourisme de Victoria est le principal bureau de l'archipel. Vous y trouverez toutes les brochures nécessaires à votre voyage et à l'organisation de vos vacances une fois sur place. Vous pourrez aussi télécharger l'application de l'office de tourisme du pays dans votre smartphone pour partager vos coups de cœur avec vos amis et votre famille sur les réseaux sociaux, profiter d'une carte interactive pour vous déplacer, d'un convertisseur de devises, et même envoyer des cartes postales numériques pour faire rêver les amis !

## EUROMEDICAL FAMILY CLINIC

Providence
✆ +248 4 324 999
www.euromedical.info

Euromedical est un centre multidisciplinaire (enfants et adultes), des premiers soins aux interventions compliquées, basé à Mahé (à Providence et Eden Island). Cette clinique a aussi des connexions avec l'hôpital de Victoria et possède trois pharmacies, dont une à Mont-Fleuri. Elle offre une couverture complète des besoins médicaux et est à votre disposition 24h24, 7j/7. En général, pas besoin d'avancer les frais, puisque la clinique travaille avec la plupart des compagnies d'assurance.

## CAT COCOS

✆ +248 4 324 843
www.catcocos.com
*Réservation obligatoire. 840 SR l'aller pour Praslin. Pour les moins de 12 ans, 420 SR l'aller.*

Ce *Cat Cocos* de 36 m de long relie les îles de Mahé et Praslin en une bonne heure jusqu'à trois fois par jour selon la saison. Ce catamaran bien connu des Seychellois peut accueillir 350 passagers en tout : 174 sur le pont principal, 142 sur le pont supérieur et 34 dans le Lazio Lounge (classe affaires) avec hôtesse et plateau repas. La compagnie propose également une liaison vers l'île de La Digue. Pour ceux qui auraient le mal de mer, pensez à prendre un siège sur le pont supérieur, ouvert aux quatre vents et à l'air frais.

## CREOLE TRAVEL SERVICES

Palm Street
✆ +248 4 297 000
www.creoletravelservices.com
*Ouvert du lundi au vendredi de 8h à 16h.*

Creole Travel Service est le pionnier des réceptifs aux Seychelles. C'est une agence réputée qui a su faire ses preuves, notamment dans l'organisation d'excursions. Disposant d'un représentant dans la plupart des hôtels de Mahé et des agences à Praslin et à La Digue, on peut y réserver ses sorties, ses nuitées, etc., à moins qu'on ait construit au préalable son séjour sur mesure. Une excellente adresse qui possède aussi le ferry *Cat Cocos*, des catamarans pour des sorties en mer ou encore le luxueux domaine de l'Orangeraie à La Digue.

## CONNECT SEYCHELLES

Oliaji S Trade Center
✆ +248 4 22 50 58
www.seychelles-resa.com

Daniella Payet Alis a créé cette agence en ligne, anciennement connue sous le nom de Seychelles Resa. C'est une aubaine pour ceux qui désirent composer et réserver de chez eux leur séjour. Hôtels, villas et appartements y sont référencés, mais on peut aussi réserver billets d'avion ou de bateau, voiture et autres excursions, que l'on ne trouve qu'ici et qui mettent l'accent sur le tourisme durable, les expériences nature, en petits groupes (8 personnes au maximum) et toujours encadrées par des guides locaux bilingues (français et anglais).

## ABSOLUTE CARS

A l'aéroport
✆ +248 2 513 173
www.absolutcarhire.com
*Compter à partir de 50 € pour une journée. Tarif dégressif selon la durée.*

© ABSOLUTE CAR HIRE

L'agence de location de voitures Absolute Cars fait ses preuves sur l'île de Mahé depuis 2010. Spécialisée dans la location de modèles automatiques (avec kilométrage illimité), cette agence très sérieuse et à taille humaine assure également une assistance 7j/7 pendant toute la durée de la location. La voiture vous sera apportée gratuitement à l'aéroport à la descente de l'avion, à la jetée dès la sortie du ferry ou même à votre hôtel si vous le désirez. N'hésitez pas à la contacter, il y en a pour tous les goûts et toutes les bourses !

## SEYCHELLES-RESERVATIONS

✆ + 248 2 504 599
www.seychelles-reservations.com

Entièrement dédiée aux Seychelles, cette centrale de réservations en ligne propose toutes les prestations dont vous pourrez avoir besoin : réserver en direct les liaisons inter-îles, les vols, les hôtels, les croisières, les excursions, les locations de voitures, les sorties en catamarans, etc. Bref, un maximum de possibilités et de conseils pratiques. Que vous souhaitiez une nuit, une excursion, une seule prestation ou un voyage complet, vous pouvez tout prendre en direct sur cette première centrale de réservation uniquement dédiée aux îles des Seychelles.

## AÉROPORT DE MAHÉ

✆ +248 4 384 000

L'aéroport international est situé à quelques kilomètres au sud de Victoria. Boutiques détaxées, cafés, bureaux de change, agences de voyages, loueurs de voitures, kiosques de téléphonie et même… un Burger King, vous trouverez tout ce dont vous avez besoin. Pour quitter l'aéroport, si vous n'avez pas de voiture de location, un arrêt de bus se situe juste en face (compter 12 SR le ticket) et des taxis vous attendent. Compter 400 SR pour Eden Island, 600 SR pour la jetée, 800 SR pour Beau Vallon et 1 000 SR les hôtels de la côte ouest.

*Vue sur Victoria.*

## RENT A CAR SEYCHELLES

Quincy ✆ +248 2 643 346
www.rent-a-car-seychelles.net
*À partir de 38 € par jour. Tarif facturé par tranche de 24h. 18 voitures automatiques.*

Diana et son équipe sont sympathiques et très professionnels. Leur récente agence Rent a Car Seychelles propose aussi des prix très compétitifs et une flotte de qualité (SUV, 4 x 4…) pour partir à la découverte de Mahé. Les véhicules peuvent être livrés à l'aéroport, à la jetée ou dans tous les hôtels de l'île. L'agence peut également mettre à disposition un chauffeur pour la journée (en supplément évidemment) et propose d'organiser les transferts de/vers l'aéroport à partir de deux personnes.

## HOTEL BEL AIR €€

Bel-Air
✆ +248 4 224 416
https://www.hotelbelair.sc
*À partir de 160 € la chambre double avec petit déjeuner.*

Huit chambres pour huit enfants ! Devenu grand, l'un d'entre eux, Roland Rassool, a transformé la maison en pension de famille. Natacha et lui accueillent non seulement des coopérants de passage ou en attente d'un logement, mais aussi des touristes à « petit » budget qui apprécient à la fois le « bel air » du lieu (au pied des falaises des Trois Frères), sur les hauteurs de Victoria, et la proximité du centre-ville (à dix minutes à pied) et du jardin botanique. Ses sept chambres, climatisées, sont propres et ont toutes été rénovées.

## NELSON'S CAR HIRE

St Louis PO Box 461
✆ +248 4 266 923
www.nelsonscarhire.sc
*De 40 € à 100 € par jour. Possibilité siège bébé (+5 € sur la durée de location).*

Qu'on se le dise : la famille Barbier, nos toujours fidèles amis de Nelson's Car Hire, propose une toute nouvelle flotte composée uniquement de voitures automatiques très récentes. Avec plus 50 ans d'expérience, l'agence est de toute façon le loueur le plus expérimenté de l'île de Mahé et l'un des principaux des Seychelles. Avec un bureau à l'aéroport, vous pourrez le trouver dès votre descente d'avion. Mais la livraison est également gratuite à la jetée, à Beau Vallon et à Victoria (supplément de 5 € pour le reste de l'île).

L'adresse incontournable
de location de voiture
aux Seychelles

## OÙ SE LOGER ?

À Mahé, les amoureux de la nature et amateurs de plages exclusives et de criques enchanteresses prendront la direction du sud-ouest. Seul inconvénient, la voiture est obligatoire. Mais les plages sont plus belles les unes que les autres. Gros coup de cœur pour Anse Soleil, Anse Intendance et Anse Boileau !

Ceux qui recherchent un peu d'animation prendront la direction de Beau Vallon. Sur cette plage, les hôtels ont poussé comme des champignons et on peut pratiquer des sports nautiques motorisés et profiter de l'animation locale. Pour une ambiance « île déserte », on peut aussi poser ses valises à Cerf, petite île abordable qui a jeté l'ancre à 15 petites minutes de Mahé.

### LE SANS SOUCI GUESTHOUSE €€

Sans-Souci ✆ +248 4 225 355

www.lesansouci.com

*310 € la chambre double avec petit déjeuner et voiture. 400 € en demi-pension. Villa à 400 € avec voiture (3 nuits min).*

Voici un repaire discret et attachant, posé sur la route de Sans-Souci (les transferts sont assurés). Un chemin s'enfonce à travers la jungle jusqu'à la demeure des Durup. Une belle villa moderne dont 4 chambres reçoivent donc des hôtes en quête d'une sobriété raffinée. On profite aussi de la petite piscine avant de plonger dans la ville, à un quart d'heure de voiture. Quant à la table d'hôte, elle est exquise. Une maison de 240 m² est aussi disponible (avec voiture, transferts et ménage quotidien) et une villa pour 8-10 personnes est prévue pour début 2024.

### THE STATION €€

Route de Sans Souci

✆ +248 4 225 709

www.thestationseychelles.com

*290 € la chambre double supérieure avec petit déjeuner, 330 € en demi-pension. Réductions régulières sur le site.*

Voici une adresse atypique, puisqu'il s'agit de l'ancienne station de radio de l'île. Connue autrefois pour son café, elle propose six chambres et une villa pouvant recevoir cinq personnes. Toutes très épurées, elles correspondent aux sept vertus : Abondance, Grâce, Humilité, Gratitude, Intégrité, Acceptation et Balance. Ici, c'est la zen attitude qui prime ! Tout est réuni pour réconcilier à la fois le corps, l'esprit et l'âme, avec un spa, un centre de santé, une piscine et une très belle salle de yoga avec une vue sur Victoria.

### GALATEA INDIAN OCEAN €€€

✆ +248 2 527 803

www.ms-galatea.com

*Croisières à la journée, 3-nuits, 7-nuits et charter privée.*

Cette goélette turque de 30 m (privatisable) dispose de 5 cabines doubles climatisées et propose des forfaits tout compris (taxes incluses) qui reviennent moins chers que de réserver hôtels et transferts. Un bon plan avec à bord des paddles et des kayaks, du matériel de pêche et de plongée sous-marine. Le pont supérieur est aussi doté d'un sundeck immense, un salon et une grande table conviviale. Bref, un voilier de luxe (avec moteur), pour s'offrir une expérience inoubliable. Des croisières vers les îles éloignées (Aldabra, Amirantes) sont aussi au programme.

### PAPAGALO €

Francis Rachel Street

✆ +248 4 321 144

*Du dimanche au jeudi de 7h30 à 21h30, vendredi et samedi de 7h30 à 22h30. Entre 45 et 100 SR la barquette.*

Voilà certainement le meilleur *take-away* des Seychelles et une option à privilégier pour les budgets serrés qui découvrent la capitale. Au Papagalo, le *chicken & chips* et les *spare ribs* tiennent le haut du pavé, côté seychellois. Les touristes, eux, ont une préférence pour le *cari* poulet ou le poisson grillé, servis dans une barquette avec du riz, et les pâtes bolognaises. Évidemment, côté boissons, c'est canette de Coca pour tout le monde ! Quelques bons gâteaux et cupcakes également (à condition d'aimer le sucre !) pour finir.

### NEWS CAFE €

Albert Street

✆ +248 4 322 999

*Ouvert du lundi au vendredi de 8h30 à 17h et le samedi de 8h30 à 15h. Compter entre 185 SR et 265 SR le plat.*

Le News est un café ventilé à la déco plutôt moderne situé au premier étage de Trinity House. Ici, on vient surtout pour ses copieux petits déjeuners, même si on peut toujours y grignoter quelques tapas, des sandwichs (paninis, wraps, tramezzini…) ou de bonnes salades, notamment créole et thaï. Le plus ? La vue imprenable sur l'animation d'Albert SReet, juste en face de la belle maison coloniale de Jivan Imports. Au cœur de l'ambiance de la capitale, voici l'adresse parfaite pour une petite pause après avoir flâné au marché.

## SILHOUETTE CRUISES €€€

✆ +248 432 4026

www.seychelles-cruises.com

*À partir de 1 655 € par personne en cabine avec lit double pour 7 nuits en pension complète (+ 200 € de taxe).*

Construit dans la tradition hollandaise, le *Sea Pearl* tout de bois et de voiles (avec un moteur), de 37 m de long avec 8 cabines doubles climatisées, est un « hôtel flottant » proposé en deux versions : départ samedi (sans minimum de passagers) sur 7 ou 8 jours. Les prix sont très corrects au vu du coût des hôtels et du transport. Kayak, paddle ou plongée sont proposés (forfaits 8 ou 12 plongées avec moniteurs PADI). Les voiliers plus modernes, *Sea Star* et *Sea Bird* offrent le même concept. Une fois par an, on met même le cap sur l'atoll mythique d'Aldabra.

©MR. KAHAWA

## LE RENDEZ-VOUS €

Face au temple hindou.
✆ +248 2 783 020
*Ouvert du lundi au samedi de 9h à 17h. Compter de 100 à 225 SR.*

Cette nouvelle adresse de la petite capitale est un endroit parfait pour un petit déjeuner ou un repas rapide et de qualité à la mi-journée. Ici, locaux et touristes se mélangent et profitent de la dizaine de tables posées dans la petite salle climatisée ou sur la terrasse à côté du joli temple hindou. Au menu, des sandwichs, des paninis, des wraps, des salades, quelques plats de pâtes ou encore un bon fish & chips. À noter : la maison propose également de bons smoothies pour une petite pause vitaminée lors de la découverte de Victoria.

## MOLOKO €

Pierre possession street
✆ +248 4 284 280
*Ouvert du lundi au samedi de 11h à 23h. Compter entre 50 SR et 250 SR le repas.*

Exit l'Exiles ! Le restaurant Moloko a pris possession des sympathiques locaux de l'Exiles Club. Cette grande salle ouverte aux quatre vents, cachée au bout d'une petite impasse et en retrait de l'agitation de Victoria, est en effet idéale pour un repas authentique et, surtout, au calme. Quelques hamburgers et pizzas accompagnent des plats européens, chinois, indiens ou créoles sur une carte plutôt bien fournie. Quelques *take-away* plutôt bien troussés sont aussi proposés aux plus pressés et aux plus petits budgets de passage.



## SAMS PIZZERIA €

Francis Rachel Street
✆ +248 4 322 499
*Tous les jours de 11h à 14h30 et de 18h à 22h. De 190 SR à 395 SR le plat. Pizzas à emporter à 135 SR.*

Depuis la fin des années 1990 se sont en effet ouverts çà et là des restaurants tout à fait fréquentables, telle cette Sams Pizzeria au très joli décor de bois. C'est un peu une ambiance « Hard Rock Café » à la seychelloise. Quelque deux mille pizzas y sont enfournées chaque semaine, en dix-sept versions, à déguster sur place ou à emporter, la plus locale étant la Pacific aux marlin fumé, câpres et oignons. Outre la pasta, sont encore proposées des salades et des viandes grillées, à arroser d'un plaisant shiraz sud-africain.

## THE MARKET BISTRO €

Bazar (1er étage)
✆ +248 2 628 070
*Ouvert du lundi au samedi de 8h à 15h. Compter entre 195 et 395 SR le plat.*

On peut s'attabler sur cette terrasse au premier étage du marché couvert, où l'on propose des plats tout à fait recommandables : du simple poisson grillé aux salades de pieuvre ou niçoise, du club sandwich au poulet au curry et même un buffet créole à volonté ou un plateau de fruits de mer. Dès 8h, on peut s'y faire servir un *breakfast continental* et, jusqu'à 15h30, des jus de fruits pressés, notamment à la mangue ou à la passion. Tous les produits viennent évidemment du marché. Surtout, on profite de la superbe vue sur son ambiance de joyeux bazar. Authentique !

## LANSIV CAFE

Francis Rachel Street
✆ +248 4 321 202
*Ouvert du lundi au samedi de 7h30 à 17h30.*

Ce très agréable café attenant à l'intéressant musée d'Histoire nationale a ouvert ses portes en 2021 et offre l'occasion d'une sympathique pause fraîcheur (ou gourmande) face à la célèbre Clock Tower de Victoria. La terrasse est très agréable, l'accueil toujours souriant et de très bons petits déjeuners sont servis jusqu'à 11h. Ensuite, place au nougat coco, aux succulentes pâtisseries, au jus de fruits frais et aux smoothies nourrissants et vitaminés préparés avec des fruits locaux évidemment. Une belle pause en perspective !

## LA CAVE À VINS

Albert Street
+248 4 324 610
www.caveavins.sc

*Ouvert du lundi au vendredi de 11h30 à 17h et le samedi de 8h30 à 13h.*

Cette petite boutique climatisée propose une petite gamme de flacons, essentiellement de l'Hexagone, tout à fait honnêtes. Au-delà du vin de table Baron de Valac, on trouve notamment en rayon du rosé de Loire et du sancerre, du beaujolais et du mâcon villages et une sélection de bordeaux ! Les résidents français, qui veulent dépenser leurs roupies les cèdent volontiers contre du champagne. Encore en rayon, des vins du Nouveau Monde, des liqueurs et alcools blancs français et les rhums Takamaka. Et il y a même des bouteilles au frais !

## COOPÉRATIVE DES ARTISANS

Independance Avenue
+248 4 225 826

*Ouvert du lundi au vendredi de 9h à 13h et de 14h à 16h et le samedi de 9h à 12h30.*

Depuis plus de quatre-vingts ans, cette Coopérative des artisans propose de découvrir la production locale et ses artistes. Que du fait main, évidemment, et toutes sortes d'objets qui viendront égayer votre intérieur, comme des tableaux, des céramiques, des coquillages, l'incontournable coco-fesse et toutes sortes de bibelots. Égayer aussi vos tenues, puisque des chapeaux et des bijoux sont également proposés. Bref, une visite sympathique et une bonne option pour trouver quelques idées de souvenirs à glisser dans sa valise avant l'avion du retour.

## FIENNES ESPLANADE

Francis Rachel Street

*Les kiosques ouvrent entre 8h et 11h et entre 15h et 18h. Le samedi, ils ferment vers 14h.*

Une vingtaine de kiosques de souvenirs s'égrènent le long du trottoir de Francis Rachel Street, du tribunal à la belle Bibliothèque nationale. Le touriste, toujours désireux de s'approprier un peu du pays qu'il a choisi pour ses vacances, peut y trouver des articles typiquement seychellois en paille, en bambou et en raphia, mais aussi des paréos et des tee-shirts, des coffrets en bois et de jolies cartes postales. Bien sûr, les célèbres cocos de mer endémiques, les coco-fesses (évidemment numérotées), sont proposés par quelques kiosques.

## MARIE-ANTOINETTE €€

B. Serret Road
+248 4 266 222
www.marieantoinette.sc

*Du lundi au samedi de 12h à 21h (dernière commande). Menu à 400 SR. Desserts et boissons en sus.*

Dans la plus créolissime demeure de Victoria, la famille Fonseka régale depuis les années 1970 et trois générations des légions de touristes, des centaines ayant accroché leur carte de visite sur l'un des murs de ce Monument historique. Une maison pleine d'atmosphère, qui propose un agréable bar dans le jardin où il fait bon prendre un petit apéritif avant de passer à table. Un petit déjeuner *healthy* et local va aussi venir s'ajouter au menu unique (beignets d'aubergines, steak de thon, cari de poulet, fricassée de poisson aux légumes, chatinis, riz, salade).

© FACADE

© RESTAURANT INSIDE2

MAHÉ

## JIVAN IMPORTS

Albert Street
+248 4 322 310
*Ouvert du lundi au vendredi de 8h45 à 13h et de 14h à 16h30 et le samedi de 8h45 à 12h30.*

Le célèbre magasin du regretté Kantilal Jivan Shah, décédé en 2010, se visite toujours pour ses tissus. On regrette amèrement ce passionnant personnage d'origine indienne, dont la famille, venue de Bombay, s'était installée à Mahé, il y a plus d'un siècle. Personnalité ou simple touriste, on venait du monde entier consulter ce sage de l'océan Indien. Représentant aux Seychelles du Conseil international pour la protection des oiseaux, l'érudit Kanti a contribué, à travers le monde, à faire connaître les richesses naturelles de son archipel. Incontournable !

## NEW QUINCY MALL

Quincy Street
*Ouvert du lundi au samedi de 8h à 19h et le dimanche de 8h à 13h.*

Un mall ? Pas exactement ! Mais ce petit libre-service attenant au temple hindou a l'avantage d'être ouvert le dimanche matin. On y trouve beaucoup d'épices *made in India*. En rayon aussi, parfois, le célèbre fromage Cheddar Kraft dans sa boîte bleue, parfait pour calmer une fringale quand on bourlingue dans le Mahé profond ou des canettes et bouteilles au frais pour les grosses chaleurs. On peut encore trouver là l'emblématique *balai zig*, ce balais de tige de cocos, pour environ 50 SR : l'un des rares souvenirs bon marché des Seychelles.

## KREOLFLEURAGE PARFUMS

North East Point
+248 4 241 329
www.kreolfleurage.com
*Ouvert du lundi au vendredi de 9h à 17h, et le samedi de 9h à 14h.*

Après de patientes recherches qui lui ont permis de déterminer les propriétés d'une centaine de plantes locales, Dagmar Ehlert s'est lancée dans la distillation, pour le seul plaisir du nez ! Dans son chalet de bois du littoral nord, elle propose ses créations, qu'on peut aussi trouver dans certaines boutiques d'hôtels et au duty-free. On peut se laisser séduire par ces fragrances exotiques déclinées en quatre versions (l'orientale Bwa Nwar, le fleuri Bambou, le tropicale Moutia et l'épicée Takamaka), chacune renfermant une quarantaine d'essences.

## PINEAPPLE STUDIO

Albert Street
*Ouvert du lundi au vendredi de 9h à 17h et le samedi de 9h à 13h.*

Pineapple Studio est sans conteste l'une des meilleures boutiques de vêtements de plage du pays. La styliste Nicole Nichone-Johnston propose des paréos, des shorts, des chemises, des sacs ou encore des tee-shirts d'un beau coton et sérigraphiés version chic exotique et *made in Seychelles*. On trouve également quelques objets artisanaux sympathiques, comme de la vaisselle, du savon ou des bijoux. A noter : on peut visiter l'atelier de la marque à l'Anse aux Poules bleues sur la côte ouest de Mahé (ouvert du lundi au samedi de 10h à 18h).

## KREOLOR

Albert Street
+248 4 322 268
www.kreolorseychelles.com
*Ouvert du lundi au vendredi de 9h à 16h30 et le samedi de 9h à 13h.*

Amateurs de *bizou an lor 18 carats* et/ou en matière naturelle, vous aurez du mal à ne pas craquer pour les créations de Claudio Izzi qui signe une collection de bijoux et objets de décoration à la gloire des Seychelles, autour de motifs tropicaux : palmier, coco de mer, poisson, tortue... Ses artisans mêlent sur certains modèles l'or, la nacre, le coquillage et la coque de noix de coco : du travail de qualité. Soulignons que Kreolor compte d'autres boutiques à Mahé (Kenwyn House, aéroport, Eden Island, etc.), une à La Digue.

## RICCARDO CARBOGNIN

Albert Street
+248 4 261 102
*Ouvert du lundi au vendredi de 8h30 à 16h et le samedi de 8h à 12h30.*

Encore un orfèvre Italien en la matière. En l'occurrence, l'or, l'argent et... le strass ! Broches, bracelets, colliers, pendentifs ou encore porte-clés sont déclinés sur des thèmes typiquement seychellois : de l'étoile de mer au gros hibiscus, de la tortue au gecko et du coquillage à l'inévitable coco de mer, largement utilisé dans les différentes collections. A noter : les bijoux de Riccardo Carbognin, qui officie depuis des décennies dans l'archipel, sont également distribués dans la boutique Portofino sur Eden Island à Mahé.

## STC SUPERMARKET

Bois de Roses

✆ +248 4 285 000

*Ouvert du lundi au samedi de 9h à 20h et le dimanche de 9h à 13h30.*

En ouvrant il y a plus de trente ans son premier *supermarket*, qui a longtemps eu le monopole d'importation, STC a propulsé les Seychellois dans l'ère de la grande distribution. STC devient alors vite devenu une institution, sa dizaine de caisses facturant des produits dont beaucoup sont importés, essentiellement d'Afrique du Sud, mais aussi d'Australie, du Danemark ou de l'Irlande... Les produits seychellois se sont toutefois multipliés ces dernières années, dans le sillage du produit phare qu'est le thon de l'Indian Ocean Tuna.

## TEMOOLJEE

Francis Rachel Street

✆ +248 4 224 331

*Ouvert du lundi au vendredi de 8h30 à 17h et le samedi de 8h30 à 13h.*

D'origine indienne, la famille Temooljee est associée à l'histoire des Seychelles depuis plus d'un siècle. La première voiture, la première banque, le premier ciment, le bateau pour Mombasa..., c'était les Temooljee, grands propriétaires terriens. Lesquels eurent la bonne idée de vendre une quinzaine d'îles avant l'indépendance. De ce Temooljee-là, on retiendra surtout le fridge des boissons fraîches et le bon stand boulangerie et petite restauration. Au fond du magasin, le stand vins et alcools est bien garni : du Black Label, du Takamaka Bay et pas mal de vins.

## YVE'S SOUVENIR

Albert Street

*Ouvert du lundi au vendredi de 9h30 à 16h30 et le samedi de 9h30 à 13h.*

Dans Camion Hall, voilà du *hand made in Seychelles* pour cet antiquaire d'un autre âge : fleurs séchées, chapeaux, sacs, balais coco et fatak, balais et autres créations en fibres, bois, coquillages, on y trouve que des trésors naturels de l'archipel. Dans un plaisant décor mi-exotique mi-nostalgique, c'est du bel artisanat signé Yvette, qui façonne aussi des bijoux, dont le talent lui a valu de participer à la décoration de l'aéroport « relooké » de Mahé. Bref, de beaux souvenirs à rapporter chez soi. Une boutique d'autant plus agréable qu'elle est climatisée.

# EDEN ISLAND ★

Les 115 îles des Seychelles… non, les 116 ! En voilà une qui a surgi de l'océan le long de la voie rapide qui relie l'aéroport à Victoria, sur la côte est. Une nouvelle terre gagnée sur la mer, née de ce que les Seychellois appellent le comblage. Une 116e île tout de même reliée à Mahé par un pont, trait d'union entre le domaine public… et la propriété privée. Face au Morne seychellois d'un côté et au parc marin national d'où se détachent les sommets verdoyants de Cerf et Sainte-Anne de l'autre, cette nouvelle île toute plate et en forme de poisson semble flotter dans une symphonie de bleu turquoise et vert émeraude. Parfait pour une résidence secondaire d'un exotisme à l'américaine, les projections dessinées de cet ambitieux village privé rappellent les marinas du Nouveau Monde. Ambitieux, en effet, puisque sur ces 40 ha de terrains virginaux qu'irriguent 16 ha de canaux privés, se trouvent quelques centaines d'appartements dont la grande majorité est gérée par la Eden Island Development Company Limited, société sud-africaine, qui aurait investi plus de 350 millions de dollars dans ce projet urbanistique. Une véritable marina pour bateaux de plaisance, chacune de ces habitations ayant son anneau. Eden Island abrite d'abord dans ses eaux calmes et profondes des yachts de taille classique et même de petits bateaux locaux de 10 à 15 m de long. Tous bénéficient des services de la longue Marina House, véritable nombril du site. Tourné vers le nautisme, cet ailleurs est aussi un fief de l'art de vivre, l'architecte Raymond Alexander s'étant inspiré des vieilles maisons de planteur pour l'architecture néo-créole de ce village d'opérette, dont les maisons de bois à toit rouge sont déjà un décor naïf en soi avec leur varangue parfaite pour lézarder face aux palmiers. Si appartements et duplex sont déjà un parfait pied à terre au sein de cette île bien gardée, ce sont bien sûr les villas qui constituent le top de cet éden. Aérées et très ouvertes, d'une surface au sol de 250 à 600 m², sur un ou deux étages, elles comptent de deux à six chambres. Plafonds hauts, parquets en bois et carrelages, larges portes-accordéon s'ouvrant sur la véranda et la piscine privée parfois… Bref, presque de quoi oublier les loisirs alentour (tennis, gymnastique, plongée…) : bars, restaurants, boutiques, supermarché, casino et centre d'affaires voient aussi progressivement le jour dans ce village balnéaire, nouveau pôle de vie accessible aux Seychellois (hors habitat).

## YACHT CHARTER ADVENTURE

Commercial house one PoBox 666
https://yacht-charter-adventure.com
*À partir de 2 200 € la semaine pour un catamaran.*

Cette agence de qualité, qui a ses bureaux sur Eden Island, est tenue par Stéphanie, une Française qui s'est installée sur l'archipel il y a vingt ans après avoir sillonné une bonne partie de la planète. La flotte proposée est composée en grande partie de catamarans tout confort qui peuvent accueillir de 6 à 12 personnes. Loués généralement avec un skipper, ces catamarans sont une option idéale pour des groupes qui y trouveront des tarifs plus attractifs que dans un hôtel classique. Une adresse que l'on recommande vivement pour son sérieux.

© YACHT CHARTER ADVENTURE

© YACHT CHARTER ADVENTURE

## EDEN ART SPACE ★

Eden Plaza
✆ +248 4 321 432
*Ouvert du lundi au vendredi de 9h30 à 17h30 et le samedi de 9h30 à 14h30.*

Bienvenue dans la plus grande galerie d'art contemporain des Seychelles ! Cette jolie salle épurée permet de se faire une idée de la (très) vivante scène artistique de l'archipel. Que ce soit côté tableau ou côté sculptures, les couleurs jaillissent et cette visite est vraiment sympa et est à ne pas manquer si vous passez à Eden Island. Et pour les porte-monnaies les plus garnis, c'est une occasion toute trouvée de rapporter un souvenir unique de son voyage aux Seychelles (compter de 1 000 à 75 000 SR environ pour acquérir une œuvre).

## EDEN BLEU €€€

✆ +248 4 399 100
www.edenbleu.com
*Compter environ 450 € pour une chambre double. Petit déjeuner compris.*

Voilà le premier hôtel qui a ouvert sur Eden Island. La réception de cet établissement chic et épuré est ouverte aux quatre vents et ses bassins invitent à la quiétude. Les 88 chambres ont tout le confort que l'on peut attendre d'un tel hôtel : spacieuses et design, elles sont un refuge parfait après une journée de balade. Le restaurant, qui sert d'excellents petits déjeuners, propose une carte créole et internationale bien sentie. Enfin, la piscine à débordement qui fait face à Mahé est délicieuse, notamment au coucher du soleil face à la marina.

## L'ESCALE RESORT MARINA & SPA €€€

Roche Caiman
✆ +248 4 425 555
https://lescaleresort.com
*À partir de 440 € la chambre double vue montagne et de 567 € la chambre vue mer. Petit déjeuner inclus.*

Si L'Escale Resort, qui a ouvert ses (luxueuses) portes en 2021, n'est pas situé à Eden Island, son ponton se trouve juste en face sur Roche Caiman. Comme sur l'île, l'établissement ne possède pas de plage mais propose de nombreuses excursions en mer depuis sa marina. Pour barboter et buller après une journée de visite, direction la très belle piscine ou le spa de grande qualité de l'établissement, qui propose aussi 20 chambres de grand standing et une table d'hôte.

## SEY SI BON €

Eden Plaza (rez-de-chaussée)
✆ +248 2 515 591

*Du lundi au samedi de 9h à 18h. Smoothies de 100 SR à 150 SR et crêpes de 60 SR à 135 SR.*

Ce petit café très coloré propose de quoi combler une petite faim dans la journée car on a le choix entre un bar à jus, des crêpes sucrées et salées, des cupcakes et autres gourmandises, des frozen yoghurts, d'excellents smoothies, quelques parts de pizzas et des petits sandwichs, des paninis, des hot-dogs et des wraps. Voilà donc une adresse très sympathique, dont on peut profiter sur place ou en emportant son petit plaisir sucré ou salé sur le ponton d'Eden Island tout proche, avec la vue en plus. Une seule chose à dire : *sey si bon !*

## EDEN PHARMACY

Eden Plaza ✆ +248 4 324 999

*Ouvert du lundi au vendredi de 9h à 19h, le samedi de 10h à 18h et le dimanche de 10h à 15h.*

Eden Pharmacy est la pharmacie de référence dans l'archipel seychellois. Cette grande pharmacie climatisée, présente à Eden Island mais aussi dans la capitale Victoria, propose tout ce dont on pourrait avoir besoin en cas de pépin durant son séjour. Entre ses produits en vente libre et tous les médicaments prescrits sur ordonnance à disposition, c'est l'adresse à cocher au cas où… Pharmacie ou parapharmacie, antibiotiques ou crèmes solaires, tout est là. Associée à la très sérieuse clinique Euromedical Family, voici une adresse à retenir.

## BRAVO ! SUSHI BAR €€

A droite du pont permettant d'accéder à l'île.
✆ +248 4 346 020

*Ouvert du lundi au samedi de 12h à 22h. Compter 700 SR.*

Si le Bravo ! fut le premier-né des restaurants d'Eden Island, l'établissement propose aussi la dernière nouveauté de l'île artificielle : son bar à sushi. Dans une agréable salle climatisée et à la décoration soignée, autour d'une table ou sur un tabouret haut face au bar, on choisit entre les grands classiques japonais. Ce n'est peut-être pas inoubliable culinairement, mais le cadre est sympa et cela change un peu. Après, il sera toujours temps d'aller boire un cocktail ou une Seybrew sur la terrasse face à la marina et aux yachts.

## TAMASSA RESTAURANT €€

Eden Plaza
✆ +248 4 346 880

*Ouvert tous les jours de 12h à 22h. De 250 à 520 SR le plat, de 200 à 250 SR la pizza.*

Posé au bout du ponton, le Tamassa s'est spécialisé dans les fruits de mer et les poissons du jour. Si on retrouve quelques spécialités internationales à la carte (notamment de bonne pizzas au four à bois), on se laisse volontiers tenter par un curry de poulpe ou un grand perroquet grillé avec ses petits légumes. La clientèle, autant étrangère que seychelloise, se presse au Tamassa notamment le vendredi afin de profiter d'une bonne session de karaoké, où les chanteurs en herbe se chargent de mettre l'ambiance un (bon) cocktail à la main (195 SR).

## EUROMEDICAL CLINIC EDEN

Eden Plaza (local 206) ✆ +248 4 324 999
www.euromedical.info

*La clinique offre une couverture complète des besoins médicaux 24h/24, 7j/7.*

Voici un centre médical multidisciplinaire, qui s'occupe aussi bien des enfants que des adultes, des premiers soins de base aux interventions plus compliquées. Basé sur Mahé, avec 3 entités (Eden Island, centre-ville et Beau Vallon), vous serez rapidement pris en main (numéro d'urgence 24h/24 et 7j/7 : + 248 2 500 150). Cette clinique a aussi des connexions avec l'hôpital multidisciplinaire de Victoria et est affiliée avec la plupart des grandes compagnies d'assurances. Rien à avancer en cas de pépin...

## THE MAHARAJAS €€

✆ +248 4 346 869
www.themaharajasseychelles.com

*Lundi de 18h30 à 22h30, du mardi au dimanche de 12h à 22h30 (22h15 pour la dernière commande). 145 SR à 375 SR le plat.*

Le voilà, le plus fameux des restaurants indiens seychellois ! Dans un cadre à la décoration typique et prolongé d'une très agréable terrasse qui fait face à la marina et à l'île de Mahé, on goûte aux Maharajas de bonnes spécialités d'Inde du Nord, dans la pure tradition : salade de concombre, coriandre et cumin, poulet tandoori, pakoras ou biryanis, accompagnés d'un très bon choix de naans, composent une carte bien fournie, puisqu'elle compte une cinquantaine de plats ! Une bonne idée pour changer un peu des spécialités créoles…

## BAR BOARDWALK

Marina Building

✆ +248 4 346 622

*Ouvert tous les jours de 8h à minuit.*

Ancré en bordure du bâtiment principal, au bord de l'eau et face à la montagne, le bar de la famille Parekh n'a certes rien de *seselwa*. Mais sur fond de marina et de bâtisses néo-créoles, on s'y sent bien, tant il règne là une atmosphère paisible, parfaite pour se prélasser en terrasse après dîner. Sur un deck en bois, on écoute de la musique live le week-end et l'on vous sert un mojito, une caipirinha, un sex on the beach ou un fresh mountain, voire une Guinness ou un Coca. Et l'ambiance monte rapidement en fin de semaine... Bondé le vendredi !

## EDEN PLAZA

Préservées il y a encore peu des affres de la société de consommation, les Seychelles cèdent peu à peu à la tentation. Symbole de cette évolution, l'Eden Plaza est le seul vrai mall du pays et accueille même depuis 2021... un grand casino ! Sinon, des boutiques de prêt-à-porter, bijoux, librairie, cafés, caviste, supermarché, clinique, coiffeur, bureau de change ou banque se côtoient sous cet élégant bâtiment en bois, harmonieusement fondu dans le décor de la marina d'Eden Island. Avec près de 70 enseignes, même les grandes marques ont pignon sur paradis.

## CAFE EDEN

Eden Plaza

*Ouvert du lundi au samedi de 8h à 21h et le dimanche de 10h à 18h.*

Le petit glacier a vécu et s'est réinventé en devenant en 2021 en un sympathique café qui propose à ses visiteurs des produits de bonne facture. Du café de qualité, bien sûr, mais aussi du thé ou des milk-shakes. Pour les gourmands, il est possible aussi de se régaler de pâtisseries, de crêpes, de tapas et, évidemment, de quelques glaces. Le tout, attablé à sur une jolie terrasse posée sur le ponton de la marina. Une agréable vue en perspective pour cette petite pause sucrée. Avis donc aux gourmands qui passeraient par Eden Island !

## MA CONSTANCE ★

À trois petits kilomètres de la capitale Victoria (et 15 minutes de voiture environ), la zone de Ma Constance offre une impression de bout du monde à ceux qui s'y aventurent... En effet, on se sent un peu perdu en grimpant sur cette route de la côte nord qui finira à un moment ou à un autre par déboucher sur la célèbre plage de Beau Vallon et ses couchers de soleil si courus. Et puis très vite, on se rappelle que dans cette ambiance qui nous plonge dans le quotidien de nombreux Seychellois se trouve un sympathique établissement pour poser ses valises, un petit hôtel très couleur locale, et surtout l'un des plus économiques proposé de l'archipel.

## CHATTERBOX CAFE

✆ +248 4 346 136

*Ouvert du lundi au samedi de 8h30 à 19h et dimanche de 9h à 15h.*

Le Chatterbox est le petit nouveau des cafés d'Eden Island et le résultat est très réussi ! La décoration, où le bois prédomine, est plutôt sympa et les cafés, thés, *lattés* et autres douceurs sont de très bonne qualité. C'est donc l'idéal pour une petite pause gourmande sur Eden Island, un excellent petit déjeuner continental ou un *Full English breakfast* (œufs, *beans*, bacon...). Quelques options également pour un déjeuner léger (sandwichs, wraps, cakes, burgers...). Le tout à déguster à l'intérieur ou en terrasse dans Eden Plaza.

## CALYPHA GUESTHOUSE €

Ma Constance

✆ +248 4 241 157

*Compter 70 € la chambre simple et 90 € la chambre double avec petit déjeuner.*

À un quart d'heure de voiture au nord de Victoria, cette villa de style méditerranéen ne compte que quelques chambres climatisées, certes d'un confort sommaire, mais à ce prix-là c'est donné. Les 5, 6, 7 et 8 étant les mieux, puisque avec vue. Le salon et la salle à manger, en bois locaux, sont représentatifs d'un intérieur *seselwa*. De la plaisante terrasse, l'horizon s'ouvre sur l'île Sainte-Anne. Bref, dès lors qu'on ne tient pas à mettre une fortune dans son gîte, on peut déposer son sac à dos chez les sympathiques monsieur et madame Brioche.

## GLACIS ★★

À quelques minutes de voiture au nord du centre touristique très couru de Beau Vallon, le hameau paisible de Glacis compte des hôtes fort prestigieux avec deux hôtels de très grand standing qui y ont jeté l'ancre. Alors, Carana Beach ou Hilton Northolme Resort & Spa (plus près de Beau Vallon) pour buller au paradis ? Une chose est sûre, luxe et sérénité seront au rendez-vous de vos vacances. Bref, voilà une excellente option pour séjourner dans le calme, à un jet de pierre des attractions de la plage et de ses nombreux restaurants. Toujours pratique si l'envie vous prenait de vouloir vous échapper quelques heures de votre douce retraite ensoleillée.

### CARANA BEACH

Machabee ✆ +248 4 383 333
www.caranabeach.com

*De 663 € à 805 € l'Oceanview Chalet pour deux en demi-pension et entre 923 € et 1 148 € pour un Oceanview Pool Chalet.*

Là-haut, tout là-haut, sur la pointe nord de Mahé, le Carana est un établissement de grand standing. Les 40 chalets, dont 12 avec piscine à débordement privée, proposent des matériaux nobles et des tons gris et pastels. Depuis chaque chalet, on a évidemment une vue imprenable sur l'océan. Un océan dont on peut également profiter depuis la plage de l'hôtel. A moins que l'on ne préfère la superbe piscine à débordement qui la surplombe. Évidemment, un spa dernier cri vous attend et, après un verre au beach bar, on s'attable à l'Orizon, la (bonne) table du Carana.

### HILTON NORTHOLME RESORT AND SPA €€€

✆ +248 4 299 000
www.seychelles.hilton.com

*De 375 € à 650 € environ. Pour les Ocean View Pool, de 750 € à 1 800 € environ. Enfants de moins de 13 ans non admis.*

Ce 5 étoiles est d'abord écolo avec (entre autres) ses panneaux solaires et le recyclage des eaux usées... Luxueux aussi avec ses 41 villas (90 m²), sur pilotis et offrant une éblouissante vue sur l'océan de leurs terrasses. Une suite présidentielle et 14 Grand Ocean View Pool (avec piscines privées) complètent l'offre. Le Northolme propose aussi un Spa avec vue sur Silhouette, une mini-plage privée superbe et la vue spectaculaire à 360 degrés de l'un de ses trois restaurants.

### AQUA BOUTIQUE HOTEL €€

North East Point
✆ +248 4 249 000
www.aqua.sc

*Compter 216 € la chambre double et 17 € par personne pour le petit déjeuner.*

Quelle vue ! Si la montée est un peu ardue et les derniers virages musclés (voiture obligatoire) pour atteindre le tout récent Aqua Boutique Hotel, quelle belle récompense à l'arrivée ! Depuis les 9 chambres ou la sublime piscine à débordement, la vue sur l'océan Indien est tout simplement époustouflante. De quoi en prendre plein les yeux après un massage (sur réservation) ou une petite session de sport dans la salle de fitness. Dans les chambres, l'établissement propose aussi de très belles prestations avec notamment une cuisine équipée et une terrasse.

© AQUA BOUTIQUE HOTEL

© AQUA BOUTIQUE HOTEL

MAHÉ

## L'ÎLOT BEACH CHALETS €€

Glacis

✆ +248 2 712 307

http://lilot-beach-chalets.com

*À partir de 230 € la nuit pour deux personnes.*

Voici un petit secret bien gardé ! Au bout d'un petit chemin qui descend vers l'océan depuis la route principale, vous attendent quatre appartements pleins de charme (pour deux à quatre personnes), au rez-de-chaussée ou au premier étage, qui donnent directement sur la plage. Une plage quasi privée de fait, dont on profite aussi depuis chacune des terrasses cachées entre les palmiers, et qui offre en outre de belles possibilités de snorkeling. Voici la promesse d'un séjour coupé du monde dans un environnement unique et idyllique ! Voiture obligatoire.

## THE LOWER DECK - GIN BAR

Hilton Northolme Resort & Spa

✆ +248 4 299 000

www.hilton.com

*Ouvert tous les jours de 17h30 à 20h.*

Bienvenue dans le seul et unique *gin bar* de l'archipel ! Dans le cadre somptueux du Hilton Northolme, The Lower Deck fera le bonheur de ceux qui recherchent un moment exclusif et quelque peu suspendu à l'heure où le soleil décline. Sur ce petit ponton en bois posé au-dessus des rochers de Glacis, le *sunset* est tout simplement merveilleux. Quoi de mieux pour en profiter que de siroter un gin d'exception ou un cocktail à base de gin concocté par le talentueux *bartender* de l'établissement ? Un moment à ne surtout pas manquer !

## VILLA SEA MONKEY €€€

Machabee

✆ +44 7711 253 281

www.seamonkeyseychelles.com

*À partir de 2 200 € la nuit, jusqu'à 8 personnes.*

La villa Sea Monkey offre des prestations exceptionnelles à ceux qui ont la chance d'y poser leurs valises. Sur la point nord de l'île, quel bonheur de profiter de sa superbe piscine à débordement et de sa petite plage en contrebas ! Sessions de farniente et couchers de soleil promettent d'être fantastiques. À l'intérieur des 400 m² de la villa, la décoration raffinée est toujours de très bon goût et les vues panoramiques sont à couper le souffle, y compris dans les quatre chambres où le bois local côtoie le coton égyptien. Le luxe à l'état pur !

## BEAU VALLON ★★★

La plage de Beau Vallon, lieu de vie à part entière, est l'une des plus emblématiques des Seychelles et Beau Vallon est la zone la plus touristique de Mahé. Les hôtels se sont multipliés ces dernières années et c'est de loin la plage la plus animée du pays. C'est aussi la seule qui autorise les sports nautiques motorisés et deux petits stands attendent les amateurs. Cependant, rassurez-vous, vous trouverez toujours un coin au calme poser votre serviette. À noter : le mercredi soir, la petite route piétonne qui longe la plage accueille un marché artisanal en plus des quelques *food-trucks* et autres stands de jus de fruits qui y ont élu domicile.

## ROCKPOOL SEAFOOD BAR & GRILL €

Bliss Hotel

✆ +248 4 242 672

*Ouvert tous les jours de 12h30 à 22h (dernière commande à 21h15). De 200 à 400 SR le plat.*

Juste à côté du Bliss Hotel, le Rockpool est d'abord une superbe terrasse qui surplombe l'océan et la promesse d'une vue magnifique à l'heure de se mettre à table ou de regarder le coucher de soleil. Cette halte peut se décliner sous la forme d'un cocktail ou d'un repas avec une carte simple et plutôt efficace. Quelques poissons frais, des pâtes, des burgers et des *fishburgers*, bref de quoi s'offrir une halte sympathique dans un cadre enchanteur lors de la découverte du nord de Mahé.

## SIXT

Independance Avenue

✆ +248 2 510 060

*Ouvert du lundi au samedi 8h à 18h. A partir de 45 € par jour (tarifs dégressifs).*

On trouve plusieurs agences Sixt à Mahé, une à l'aéroport, une à la jetée au départ du catamaran Cat Cocos, ainsi que dans quelques hôtels (Coral Strand, Ephelia). L'agence de Beau Vallon propose plusieurs modèles de véhicules, principalement de la marque sud-coréenne Kia. Et l'éventail est large avec des gammes de berlines et de 4x4 et un véhicule tout-terrain. Comme pour la plupart des loueurs, la livraison du véhicule à votre hôtel est tout à fait possible. À noter que les tarifs sont dégressifs selon la durée de la location.

## SAVOY RESORT & SPA €€€

✆ +248 4 392 000

www.savoy.sc

*Compter de 345 à 520 € la chambre double. Petit déjeuner compris.*

Ce gros porteur du tourisme compte 161 chambres de grand standing (balcon meublé, lit king size, etc.) et une immense piscine de 700 m², la plus grande du pays. Le Spa (de 5 800 m² tout de même !) a aussi conquis son monde avec ses 9 salles, ses deux saunas, son hammam, sa salle de sport, sa piscine et son court de tennis. Les parents peuvent également confier leurs enfants au club qui leur est réservé et profiter des deux restaurants. Enfin, le Gecko Bar, tout de blanc vêtu, est une aubaine pour siroter un cocktail en profitant de l'inoubliable coucher de soleil.

## STORY SEYCHELLES €€€

Beau Vallon ✆ +248 4 387 000

www.hresortseychelles.com

*De 550 € à 700 € pour une suite double avec petit déjeuner. Les prix s'envolent pendant les fêtes de fin d'année.*

Si le H Resort est devenu le Story Seychelles en 2021, rien n'a changé dans ce superbe hôtel de 100 chambres joliment décorées (84 suites de 55 m², 14 Beach Pool Villas de 150 m² et 2 Grand Beach Pool Villas de 300 m²) qui se fondent dans la nature. Certaines suites ont même un petit bout de jardin. Les Beach Pool Villas ont elles une douche en extérieur et une petite piscine privée. Les activités ne manquent pas (Sesel Spa, terrain de tennis, salle de gym, beach-volley, pétanque, yoga, paddle, kayak), pendant que le club pour enfants se charge de vos bambins.

## BEAU VALLON RESIDENCE €

✆ +248 2 516 067

www.beauvallonresidence.sc

*Compter 80 € par jour pour deux en self-catering. Appartement 2 chambres également disponible (prix sur demande).*

Dans une jolie maison toute jaune de construction moderne, la charmante propriétaire Aline propose des appartements à louer (au rez-de-chaussée, avec Wifi et télévision câblée) bien décorés avec un grand séjour. Au cœur des habitations locales et traditionnelles, les appartements sont situés à seulement 3 minutes à pied de la plage où se trouvent les sports nautiques. Le ménage est fait tous les jours (excepté le dimanche) et le linge de toilette est fourni. Réservation de trois nuits au minimum et excellent rapport qualité/prix.

## CLEF DES ÎLES €€

A côté de la pizzeria Baobab

✆ +248 2 528 909

www.clefdesiles.com

*290 € pour deux et 430 € l'appartement de deux chambres pour 4. Tarif dégressif selon durée. Petit déjeuner à 12 €.*

Difficile de faire plus près de la mer… Ce petit établissement écoresponsable (pas de plastique notamment) de 4 appartements est tout simplement posé sur la plage. Les terrasses des chambres offrent des vues directes sur l'océan, un luxe supplémentaire pour de jolis pied-à-terre en *self-catering*, tout de blanc et de bois vêtus. Au coucher de soleil ou au réveil, ces logements offrent une vue féerique. Le service est à la hauteur : outre l'équipement de snorkeling à disposition, on peut aussi vous installer des transats sur la plage. Excellente adresse.

*Beau Vallon.*

## HANNEMAN HOLIDAY RESIDENCE €€

Beau Vallon Mahé ✆ +248 4 249 100
www.hanneman-seychelles.com
*157 € l'appart pour 2, 195 € le duplex pour 2 et 320 € le duplex pour 4. Petit déjeuner pour 2 à 18 €. 10e nuit offerte.*

A 5 minutes à pied de la plage, cet appart-hôtel est une très bonne option, surtout pour les familles. Cuisine équipée, lave-linge, TV, climatisation et Wifi équipent tous ces spacieux appartements avec terrasse (35 $m^2$, 65 $m^2$, 145 $m^2$ ou duplex-2 chambres de 135 $m^2$) à la décoration d'excellent goût (douche italienne, vasques, wengé et matériaux nobles). Ils sont nettoyés tous les jours. Vous pourrez aussi vous prélasser autour de la piscine ou y déguster un barbecue fait par vos soins.

## SABLES D'OR €€€

✆ +248 4 247 404
www.sables-dor.sc
*375 € pour 2 dans un appart avec 1 chambre et 550 € pour 4 avec deux chambres. Dans le bâtiment annexe, 285 € et 495 €.*

Ce bel établissement de Beau Vallon propose 4 appartements de luxe face à la mer (dont on profite depuis les balcons), parfaitement équipés avec des matériaux nobles et beaucoup de goût. Tous ont une superficie d'au moins 100 $m^2$, une belle cuisine équipée et une vue époustouflante. À disposition : kayaks, paddles, transats sur la plage et coin barbecue à l'arrière. L'établissement a ouvert une annexe à l'arrière (9 appartements) avec le même type de prestations, la vue sur la mer en moins. Possibilité aussi d'organiser des excursions. Réductions en basse saison.

## BAOBAB PIZZERIA €

✆ +248 4 247 167
*Du mardi au dimanche de 12h30 à 15h30 et de 18h à 21h30 (21h pour la dernière commande). De 110 SR à 225 SR.*

Pieds dans le sable et assis sur une banquette, voilà un spot parfait pour déjeuner entre deux bains de mer ou pour manger pour pas cher dès la nuit tombée ! Au nord de la baie, la pizzeria de la souriante madame Michel, ouverte aux quatre vents et refaite à neuf récemment, permet de calmer une petite faim, même en maillot de bain. Pizzas et pâtes sont bien sûr au menu et, si ça ne vaut pas l'Italie, le cadre est vraiment sympa… L'endroit est très souvent plein, donc mieux vaut être un peu patient lorsqu'on souhaite passer commande.

## BEACH SHAK €

Mare anglaise
✆ +248 2 515 157
*Ouvert du mercredi au lundi de 12h30 à 23h (jusqu'à minuit le vendredi et le samedi). Compter 175 SR à 325 SR le plat.*

Devant son énorme succès, ce bar à cocktails, posé sur la plage de Beau Vallon, s'est développé et M. Eddy propose désormais d'excellentes grillades toute la journée (fermeture de la cuisine vers 22h). Entre une Seybrew et un rasta mai tai, on peut donc se régaler avec du poulet grillé, des brochettes de poissons ou encore des crevettes grillées et des manchons de poulet panés, le tout au son d'un DJ le jeudi et d'un groupe *live* le dimanche. De quoi reprendre des forces entre deux brasses… et on est accueilli avec le sourire !

## OCEAN DECK & CORAL ASIA (CORAL STRAND) €

Plage de Beauvallon ✆ +248 4 291 000
www.coralstrand.com
*Tous les jours de 12h à 22h. Plats entre 200 SR et 350 SR. Compter environ 500-550 SR par personne au Coral Asia.*

Ce restaurant-snack présente l'avantage d'être sur la plage. Au bord de la petite piscine, c'est une adresse pratique pour déjeuner entre deux bronzettes et une brasse. La carte est variée, entre produits de la mer et grillades, et satisfera un large éventail d'envies. À l'étage, sous une sympathique paillotte, on trouve le Coral Asia (même horaires) qui propose un large éventail de sushi, sashimi, tempura et autres yakitori. C'est une très bonne adresse pour manger japonais.

© AUGERINE SMALL HOTEL

© AUGERINE

## AUGERINE SMALL HOTEL €€

Beau Vallon ✆ +248 4 247 257
www.augerinehotel.com

*Compter 175 € la chambre double, 240 € la triple et 290 € la suite. Demi-pension à 25 € par personne.*

Nichée dans la végétation du littoral, à côté du Berjaya, cette maison à deux étages tenue par la famille Hoareau porte le nom d'une variété d'hibiscus. Ses 18 chambres climatisées – 12 standard et 3 suites junior (pour 4 ou 5 personnes) – bénéficient d'une terrasse ou d'un balcon avec vue sur la mer. On se sent assurément bien dans ce petit hôtel discret dont la plaisante terrasse-salle à manger a été construite autour d'un arbre de takamaka de quatre siècles. Servi sur des tables du même *bwa* poli, le dîner est proposé les pieds dans le sable sous une paillote.

© AUGERINE SMALL HOTEL

© SEA-VIEW

## LA PERLE NOIRE €€

Beau Vallon
✆ +248 4 620 220
*Lundi au samedi de 18h30 au dernier client (dernière commande à 21h30). 350 à 600 SR le plat. Réservation conseillée.*

© LA PERLE NOIRE

On est là chez les frères Rigamonti qui régalent leur monde depuis des décennies à la lueur des bougies. Conjuguant leur Italie natale sur tous les tons, les *fratelli* servent ainsi du veau au jambon sauce champignons, un excellent tartare de thon et des spaghettis au homard sauce whisky. De la vraie pasta italienne, bien sûr. Fameux aussi, leurs crevettes : au curry, grillées ou épicées. L'Italie coule aussi dans les verres et ajoute au romantisme de cette table. On peut aussi s'attabler sur la paisible terrasse, face aux vacoas, où le soir l'air se fait si doux.

## THE BOAT HOUSE RESTAURANT €€

✆ +248 4 247 898
*Tous les jours de 10h à 22h (bar jusqu'à 23h). Déjeuner à la carte et le soir en buffet.*

Nicole et Françoise sont des restauratrices… comblées ! Le soir, mieux vaut arriver dès 19h, sous le grand toit de style paillote face à la plage. D'où une réservation souhaitable. Pour 585 SR (300 SR pour les enfants de moins de 10 ans), un *typical creole buffet* avec une dizaine de salades (avocat, mangue...) et autant de plats chauds (poisson grillé au barbecue, poulet, cari de pieuvre, lentilles...). Le reste du temps, des plats à la carte et un sympathique bar vous attendent.

## MAHEK RESTAURANT (CORAL STRAND HOTEL) €€

✆ +248 4 291 000
www.coralstrand.com
*Tous les jours de 12h à 22h (21h45 pour la dernière commande). De 150 SR à 350 SR le plat.*

Une table dépaysante, où l'exotisme ne s'arrête pas au décor (très kitsch), puisque ce Mahek (arôme) ne fait guère de concessions à la cuisine seychelloise. Dans l'assiette, en effet, une véritable cuisine de là-bas. A la carte : lentilles cuites au four tandoori, petits maïs aux tomates et aux épices, fromage au safran et yoghourt aux épices, job sauce Goa, agneau sauté aux herbes et aux épices, poulet mariné au yaourt et le traditionnel pudding indien au riz.

## AUGERINE SMALL HOTEL €€

Beau Vallon
✆ +248 4 247 257
www.augerinehotel.com
*Ouvert tous les jours à partir de 19h. Compter 350 SR par personne (hors boissons). Réservation obligatoire.*

Quel bonheur de s'attabler chez les Hoareau ! Tous les soirs dès 19h, les clients du petit hôtel peuvent être rejoints par des clients extérieurs qui auraient réservé au préalable. Ici, on mange les pieds dans le sable de Beau Vallon sous un immense et superbe takamaka. Au menu, un petit buffet créole parfaitement exécuté et qui change quotidiennement car concocté avec des produits frais. On se régale à chaque fois avec des salades, des lentilles, un curry de poulet ou un excellent poisson grillé. Ambiance familiale et bons petits plats au menu, donc !

## WOODEN HOUSE €€

Juste à côté du Boat House.
✆ +248 2 633 137
*Tous les jours de 17h30 à 22h. Compter entre 300 et 500 SR par personne.*

Cette jolie maison de bois, qui a ouvert sa cuisine en 2021, est la nouvelle table de Beau Vallon. Depuis, elle régale ses visiteurs, qui se posent surtout sur sa petite terrasse couverte, avec une carte plutôt originale. En effet, on a le choix ici entre d'excellents plats de pâtes, avec des produits directement importés depuis la Botte italienne, et des spécialités japonaises de très belle facture. Il faut dire qu'avec des poissons fraîchement pêchés (dont un excellent thon cru) directement dans l'océan Indien, les produits de qualité sont là ! On aime beaucoup.

MAHÉ

## SAVEURS DES ÎLES

Beau Vallon (derrière blue sea divers)
✆ +248 4 346 632
https://saveursdesiles-seychelles.com/
*Ouvert tous les jours. Compter 3 € la boule.*

Saveurs des Îles est incontournable au moment de s'offrir une petite pause fraîcheur entre deux sessions de farniente sur le sable de Beau Vallon. Installée ici depuis l'été 2023, cette adresse propose près de trente-cinq parfums et certainement les meilleures glaces de l'île. Il faut dire que Saveurs des Îles a de sérieuses références puisque cet artisan glacier fournit de nombreux hôtels 5 étoiles de l'archipel, qui ont été convaincus par les produits naturels exclusivement utilisés. Un détour bientôt incontournable sur la plage de Beau Vallon !

## GECKO BAR (SAVOY RESORT & SPA)

✆ +248 4 392 400
www.savoy.sc
*Ouvert tous les jours de 12h à 21h. Compter 130 SR le jus de fruit et de 215 à 250 SR le cocktail.*

D'un blanc immaculé et, en extérieur, posé face à la mer, le Gecko Bar est un établissement parfait pour profiter d'un des plus beaux couchers de soleil de la planète, un cocktail ou un jus de fruits à la main. Le mardi, c'est buffet créole au programme des gourmands, avant le barbecue du dimanche midi ou le groupe live du vendredi soir (de 19h à 21h). Bref, le Gecko Bar, c'est un spot vraiment sympathique pour trinquer dans une chic ambiance feutrée.

## TRADER VIC'S (THE H RESORT)

Bel Ombre rd ✆ +248 4 387 000
www.tradervicsseychelles.com
*Dimanche et mardi au jeudi de 19h à minuit, vendredi et samedi de 19h à 1h. Entre 170 et 230 SR le cocktail.*

Avec sa déco polynésienne, le Trader Vic's offre un cadre original pour boire d'excellents cocktails. Cette chaîne internationale a été fondée par Victor Bergeron, l'un des deux créateurs du Mai Tai. Il est donc vivement recommandé de goûter l'un des nombreux dérivés de ce cocktail mythique au bar, où l'ambiance peut monter d'un cran en fin de soirée. Côté restaurant, le dîner se déguste tout en musique, puisqu'un groupe cubain vient se produire tous les soirs. Tenue de plage à éviter.

## BEACH SHAK

Mare anglaise
✆ +248 2 515 157
*Mercredi au lundi 12h30 à 23h (minuit vendredi et samedi). 120 SR la pinte de Seybrew, environ 190 SR le cocktail.*

M. Eddy a eu la riche idée d'ouvrir une paillote pour boire d'excellents cocktails, notamment les très populaires mojitos et rasta mai tai. Surtout le spot, juste au-dessus de la plage et qui fait face à la baie de Beau Vallon, est incroyable et le coucher de soleil est mémorable dans un bar élu un des meilleurs cocktails bars au monde en 2021 et 2022. Au son d'un DJ le vendredi et d'un groupe *live* le dimanche, Seychellois et touristes s'y mêlent joyeusement à la tombée du jour et l'adresse propose désormais de bons plats au barbecue.

© BEACH SHAK

© BEACH SHAK

## BOATHOUSE BOUTIK

Juste à côté du restaurant Boathouse.
✆ +248 4 247 898
www.boathouseseychelles.com
*Ouvert du lundi au samedi de 11h à 17h.*

La Boathouse Boutik, qui s'est installée dans le restaurant éponyme, propose de nombreux objets d'artisanat, des jouets, des bijoux, de la petite vaisselle et d'autres souvenirs plus touristiques (comme des savons et des huiles de massage, des vêtements de plage, des chapeaux, des tongs, des sandales, etc.), quelques habits pour remplir son dressing… Des idées de cadeau toutes trouvées à glisser dans sa valise pour faire plaisir à toute la famille dès la descente de l'avion du retour. N'hésitez pas à aller y faire un tour entre deux siestes !

## PEPPERMINT SPA

Macouti House
✆ +248 2 530 778
*Ouvert du mardi au dimanche de 10h à 19h. Compter entre 750 SR pour un massage de 45 minutes et 1 100 SR pour 1 heure.*

En haut du village, l'adresse est repérable aux nombreux drapeaux colorés qui décorent le portail. Derrière, un très joli spa se niche à l'étage d'une belle maison à l'ancienne, à l'écart de la route. La gérante, d'origine thaïlandaise, a fait toute sa carrière dans les plus prestigieux établissements, avant de poser ses tables à Beau Vallon. Tout invite à la détente dans ce lieu feutré où l'on vous propose une large sélection de massages (drainage lymphatique, massages aux pierres chaudes, aromatique, balinais, etc.) et des soins de beauté (corps et visage).

## WATER SPORTS CENTER

Sur la plage, à côté du Berjaya.
✆ +248 2 515 558
*Ouvert tous les jours de 9h à 16h.*

Beau Vallon étant la seule plage du pays où les engins motorisés sont autorisés, c'est ici que l'on pourra faire vrombir le moteur d'un jet-ski (compter 800 SR les 20 minutes), pratiquer le wakeboard et le ski nautique (500 SR la session), s'essayer au très populaire parachute ascensionnel (800 SR le tour en solo, 1 200 SR à deux personnes), faire de la bouée tractée (800 SR le tour pour deux personnes, 1 000 SR pour trois et 1 200 SR pour quatre), etc. On trouve un autre centre du même genre près de l'hôtel Coral Strand et qui pratique le même type de prix.

MAHÉ

## BLUE SEA DIVERS

N Coast Rd, Beau Vallon
✆ +248 2 526 051
www.blueseadivers.com

*Tous les jours de 8h à 17h30. Labellisé SSI. Plongée baptême à 105 €. Tarifs dégressifs.*

Blue Sea Divers, c'est une équipe de professionnels francophones et vraiment sympathiques ! Ce club propose des plongées à la carte, des randonnées aquatiques, etc. Ici, on accueille tous les niveaux, de débutant jusqu'au niveau instructeur. Avec ses catamarans de 10 et 12 m de long, l'après-midi s'annonce idyllique. Le centre de référence à Beau Vallon accueille ses clients dans un lieu parfaitement équipé et fonctionnel, juste derrière le restaurant La Plage, avec une boutique et un espace formation. L'accueil est parfait !

# BEL OMBRE ★

Petite localité dans le prolongement de Beau Vallon vers le sud, Bel Ombre compte un petit port de pêche et quelques belles adresses, que ce soit pour se régaler à l'heure des repas ou passer de paisibles nuits.

### Balade

Pour les amateurs de randonnée, une belle balade existe entre Bel Ombre et Anse Major ou Baie Ternay. De l'arrêt de bus du restaurant La Scala à l'extrémité sud de la baie, un agréable sentier panoramique parcourt les glacis qui longent la côte jusqu'à la sublime plage d'Anse Major, que l'on atteint en une bonne heure. De là, si l'on est un bon marcheur, on peut arriver en 2h à Baie Ternay, par un chemin qui s'éloigne du littoral.

## BEACH COTTAGES €€

Bel Ombre
✆ +248 2 515 408
https://beachcottages.sc
*À partir de 175 € la nuit pour deux personnes et de 225 € pour quatre personnes.*

Voici un très bon plan pour se loger à Bel Ombre, à une dizaine de minutes à pied du centre de Beau Vallon. Dans un grand jardin qui donne sur l'océan et l'île de Silhouette, Beach Cottages propose de vastes appartements (pour deux à quatre personnes), avec une grande chambre, une cuisine équipée et une grande terrasse meublée. Des transats, un barbecue et des kayaks sont également à disposition. Surtout, le jardin offre un accès direct à un petit bout de plage privée qui fera le bonheur des amateurs de farniente en attendant le superbe coucher de soleil.

## TREASURE COVE €€

Bel Ombre
✆ +248 4 295 151
www.treasurecove.sc
*Entre 150 € et 200 € la nuit. Demi-pension à 35 € par personne et pension complète à 55 €. Entre 325 et 495 SR le plat.*

À côté du site national du Trésor de la Buse, vous serez idéalement situé pour trouver le fameux Graal ! Cet hôtel propose 10 chambres qui disposent toutes d'une terrasse qui permet de profiter de la vue sur Silhouette et North et de magnifiques couchers de soleil. Elles sont joliment décorées avec des matériaux nobles, comme le bois et le marbre. Il y a également une petite piscine à débordement. Le point fort de cet établissement est la vue, mais également l'accueil de Marie-France, qui mettra tout en œuvre pour que ses hôtes passent un excellent séjour.

## FISHERMAN'S COVE RESORT €€€

✆ +248 4 677 000
www.fishermanscove-resort.com
*Entre 250 et 548 € la chambre double supérieure avec petit déjeuner.*

Ce Fisherman's Cove Resort (l'ex-Méridien a été racheté en 2021) est un établissement d'une grande quiétude, doté de 68 chambres et suites climatisées, très joliment meublées avec du teck. Que dire de l'impressionnant lobby au toit de palmes, qui s'avance telle la proue d'un bateau ou de la piscine à débordement avec vue sur la baie ? Tout simplement magnifiques. Des sessions de snorkeling sont proposées par cet établissement qui s'occupe aussi de la préservation des fonds en replantant des coraux sur le récif. On peut même en adopter un pour suivre son évolution.

## LA SCALA €€

Bel Ombre, Mahé
✆ +248 4 247 535
www.lascalaseychelles.com
*Ouvert du lundi au samedi de 19h à 21h (dernière commande). Compter 750 SR par personne.*

© TERRASSE SUR LAZIO

Depuis 1978, les Torsi se sont fait un nom pour leur *pasta*, préparée comme chez eux, à Lugano et à Naples : fameux, les *gnocchi della casa* et les tagliatelles à l'espadon. La carte vous fait de l'œil ? Ne reste qu'à décider : poisson grillé ou braisé, à la créole ou au vin blanc… Nous avons adoré les lasagnes et les raviolis poisson maison. Pas d'inquiétude, les carnivores pourront aussi se faire plaisir ! Pourquoi ne pas redécouvrir les crêpes Suzette, préparées sur guéridon au Grand Marnier ? Belle adresse que cette maison aérée où il est prudent de réserver.

MAHÉ

## ANSE AUX PINS ★★

Première anse que l'on atteint en quittant l'aéroport, en direction du sud de l'île de Mahé, Anse aux Pins possède quelques adresses pour poser ses valises en self-catering. C'est également là que l'on trouve un petit golf de 9 trous, le seul de la grande île. Le retour de pêche est également l'une des attractions du village et, à l'occasion de quelques achats, c'est la promesse d'un dîner réussi pour ceux qui logeraient dans le coin en appartement. Un distributeur, un *take-away* et une petite supérette peuvent également dépanner avant de rejoindre le domaine de la plaine Saint-André pour découvrir les secrets de fabrication du rhum local.

## AU CAP ★★

Voici une des étapes incontournables d'une découverte de Mahé grâce à ses deux domaines patrimoniaux, le domaine du Val des Prés et celui de la Plaine Saint-André. Alors que le premier propose des ateliers et boutiques d'artisanat dans de jolies cases, le second possède la célèbre distillerie de rhum local, le Takamaka Bay, sa petite boutique et un food-truck pour manger sur le pouce avant ou après cette visite incontournable. En continuant vers le sud quelques minutes après être remonté en voiture, on arrive à pointe au Sel, le début d'une côte plus sauvage, où les pêcheurs vendent régulièrement leur butin sur le bord de la plage.

### HÔTEL LA ROUSSETTE €€

À la sortie d'Anse aux Pins, en descendant vers le sud et Anse Royale. ✆ +248 4 376 245
www.hotel-laroussette.com

*De 183 € à 218 € la chambre double. Petit déjeuner à 15 € par personne. Demi-pension à 40 € par personne.*

Donnant sur la route du littoral, ce petit hôtel discret se compose de cinq bungalows de style créole, dans un petit jardin de bougainvillées et réunissant dix grandes chambres simples et climatisées, dotées d'un lit géant et d'une petite terrasse. Les chambres 1 à 7, au bord de la petite piscine, sont plus agréables. Cet hôtel ne bénéficie pas de la mer, mais d'une jolie vue sur la montagne. Ronald accueille sympathiquement ses clients et leur propose quelques plats sur le pouce au déjeuner et des spécialités créoles et internationales à l'heure du dîner.

### SEYCHELLES GOLF CLUB

✆ +248 4 376 234

*Ouvert tous les jours de 8h à 16h15 (dernier départ). Compter 500 SR pour 9 trous. Location des clubs incluse.*

Depuis des décennies, les amateurs de golf se régalent sur fond de cocotiers... Inauguré en grande pompe en 1972, ce 9-trous est quelque peu oublié ces dernières années. Souvent décrié pour son parcours trop serré, il apparaît désormais bien désuet face au spectaculaire 18-trous du Lémuria de Praslin, considéré comme l'un des plus beaux du monde. Il n'en demeure pas moins un lieu agréable pour qui aime golfer. Directement géré par ses quelque cent membres (dont une moitié d'étrangers), le Seychelles Golf Club est aussi ouvert aux touristes.

### DOMAINE DE VAL DES PRÉS ★★

Au Cap
✆ +248 4 376 100

*Ouvert (très théoriquement) du lundi au samedi de 9h à 17h.*

A proximité de la vétuste « Lenstiti kreol » (l'Institut créole) et de la Plaine Saint-André se trouve un autre domaine patrimonial, le Domaine du Val des Prés, qui s'ouvre sur la Maison du Coco (tout en coco), dont l'ambition est de mettre en lumière les multiples usages des branches, feuilles, fibres et noix du cocotier. Dommage que cette Maison du Coco soit si souvent fermée... Un peu plus loin, cernée par deux frangipaniers... flamboyants à leur floraison, la grande demeure coloniale, bâtie vers 1870, reste ouverte à la visite (gratuite), mais quelle déception quand on l'a connue aux lendemains de sa restauration, entreprise il y a une trentaine d'années. Restituant bien l'atmosphère du temps des colonies, avec ses vieux meubles et ses parquets, cette maison de maître ne semble plus que l'ombre de ce qu'elle était. Même fatiguée, elle n'en trône pas moins au cœur d'un village de douze petits pavillons, bâtis pour présenter sur un même site diverses facettes de l'artisanat seychellois. De tous ces chalets, le « Couleurs des Iles » de Joël Banane est le plus ancien et l'un des plus attrayants. Dans les autres, divers produits de l'artisanat local : poterie, peinture sur soie, poissons en bois peint, paréos et tee-shirts... et, surtout, des maquettes de bateaux. Celles de La Marine, que signent les employés de Jean-Louis Marchesseau, un Français qui s'est fait un nom avec des répliques miniatures des vaisseaux de l'Ancien Régime ! Attention, les horaires d'ouverture sont très fluctuants.

MAHÉ

## DISTILLERIE TAKAMAKA ★★

La Plaine Saint-André ✆ +248 2 597 454

*Du lundi au vendredi de 10h30 à 16h30. Visites guidées gratuites à 11h, 13h et 15h. Dégustation 150 SR par adulte.*

Ici se niche une distillerie inspirée par le riche héritage culturel de la région. Des visites y sont organisées pour comprendre le processus de fabrication et déguster la production artisanale du rhum Takamaka. Une boutique, un espace musée et deux bars de dégustation se nichent dans La Grande Maison, une superbe demeure coloniale. Dans le jardin, un food truck et un petit bar extérieur ont pris place pour une cuisine sur le pouce plutôt bien troussée. Une bonne idée pour une belle visite et une petite pause déjeuner au frais sous les arbres.

# ANSE ROYALE ★★★★

La barrière de corail protège cette grande plage et offre d'excellentes conditions pour la baignade et la pratique du snorkeling. Les amateurs de plongée douce peuvent donc chausser leurs palmes devant la minuscule île Souris qui a jeté l'ancre au large (que l'on peut atteindre en kayak). Le spectacle n'est pas que sous l'eau, puisque le retour des pêcheurs est aussi source de belles images et de belles affaires à l'heure de prévoir le dîner en self-catering ! Que dire du jardin du Roi que l'on atteint depuis Anse Royale ? Une visite incontournable (voiture obligatoire) pour une pause fraîcheur salvatrice au cœur d'un éden tropical aux doux effluves. On y trouve également un petit restaurant-crêperie où boire un jus de fruits. Bref, avec en plus quelques petits magasins, voilà une halte agréable sur la route du Sud, même si vous ne logez pas dans le coin ! Enfin, c'est à Anse Royale que se trouve le meilleur hôpital du pays.

## Balade

**Randonnée d'Anse Royale à Anse Louis.** Des sept routes transversales qui traversent Mahé dans sa largeur, celle-ci, bien que carrossable, est la moins fréquentée. Il est vrai que ce chemin Mont-Plaisir, tout en virages, prend son temps pour traverser l'île. Mais ces 5 km par monts et par vaux méritent la balade, tant en voiture qu'à pied. Cette route discrète part de l'Anse Royale (sur la côte est), au niveau du collège. Ce parcours en montagnes russes réserve quelques belles vues panoramiques (dont celle plongeant sur l'Anse Louis) et des côtes sacrément raides.

## JARDIN DU ROI ★

✆ +248 4 371 313

*Ouvert tous les jours de 10h à 17h. 175 SR l'entrée. Au restaurant, de 170 à 320 SR le plat. Véhicule indispensable.*

Le rêve de Poivre ! Intendant des îles de France et de Bourbon, Pierre Poivre fut à l'origine non seulement du premier établissement des Seychelles, mais aussi de l'introduction dans ces îles, en 1771, des plantes à épices, et plus particulièrement du cannelier. Cette année-là, son émissaire, Antoine Gillot, décida de choisir l'Anse Royale, dont la terre est excellente et assez bien arrosée, pour que les idées botanistes de Poivre prennent forme. En mai 1780, le lieutenant de Romainville, représentant alors l'intendant aux Seychelles, fit brûler par erreur les plantations pour les soustraire à ce qu'il croyait être un navire ennemi. Aujourd'hui, dans cette même Anse Royale, il suffit de suivre les flèches pour accéder aux cent arpents du Jardin du Roi, au pied du Mont Gratte-Fesse. Reprenant l'idée de Poivre, Brian et Micheline George ont eu la bonne idée, à leur retour d'un exil de treize ans aux Etats-Unis, de redonner vie au domaine de l'Enfoncement.

Autour de la vieille maison de maître reconvertie en petit musée, on peut aujourd'hui flâner librement une heure durant à travers un plaisant jardin tropical aux effluves odorants. Pas moins de cinquante variétés d'arbres et arbustes aux noms magiques pour certains : patchouli, cardamome, muscade... D'avocatier en cacaoyer et de poivrier en cotonnier, un pêle-mêle végétal sur lequel trônent de séculaires cocos de mer (trois femelles et deux mâles). Palmistes et lataniers ont aussi grandi sur la propriété, où a été relancée la canne à sucre. Un moulin a même été construit pour l'écraser, vingt-cinq hommes ayant été nécessaires pour mettre en place le tronc de Casuarina. Le rhum des Seychelles ne coule malgré tout qu'au compte-gouttes... Que d'efforts déployés pour redorer le blason d'une propriété si longtemps en jachère ! A ce jardin retrouvé, se sont récemment ajoutés une distillerie d'essence de cannelle, un parc d'oiseaux exotiques, un reptilarium (serpents, geckos, caméléons, lézards), un parc pour enfants avec chèvres et tortues, une rhumerie et un restaurant-crêperie où prendre un jus de fruits frais et se régaler d'un curry pieuvre, d'une salade ou d'une crêpe à la gloire des fruits d'ici. Et puisque le voyageur a toujours envie de s'approprier un peu des lieux qui l'enchantent, les nouveaux planteurs ont pensé à eux en tenant boutique à côté. Y sont surtout vendus les produits de leurs terres, nature (poivre, girofle, cannelle, piments séchés) ou travaillés (gingembre confit, achards de citrons, papaye tournée, nougat coco...), mais aussi quelques jolies créations artisanales.

## JARDIN KOT MAN-YA ★

Route des Cannelles
✆ +248 4 371 190
*Ouvert tous les jours de 9h à 18h. Compter 150 SR par adulte et 75 SR par enfant.*

© COCOTIER TOURS - SHUTTERSTOCK.COM

Ayant représenté les Seychelles à Paris et à l'ONU, Marc Marengo s'est retiré dans la modeste maison au toit de tôle de sa famille, route des Cannelles, là où sa mère Man-Ya éleva ses six enfants. De retour sur ses terres, le diplomate a ouvert à la visite ce domaine d'un hectare où prospèrent quelque deux cents variétés de plantes, et notamment ces superbes grandes fleurs exotiques qui donnent de la couleur aux grands hôtels. Un jardin enchanté où s'épanouissent notamment des orchidées captivantes et cette « sexy pink » qui nous en a mis plein la vue.

## LE NAUTIQUE LUXURY BEACHFRONT APARTMENTS 🛏 €€

Anse Royale
✆ +248 4 376 003
www.lenautique.sc
*Compter de 170 € à 225 € la nuit en appartement double selon le standing. 295 € pour un appartement avec deux chambres.*

Ces huit appartements flambant neufs sont une option de rêve pour poser ses valises en self-catering dans le coin. De plain-pied, avec des lignes épurées, des matériaux nobles, une décoration raffinée et une excellente literie, voilà une petite adresse familiale à l'excellent rapport qualité-prix et qui offre un accès direct à la mer. Transats, parasols, paddles, kayaks et barbecue sont par ailleurs disponibles en libre-service. Et l'accueil est à la hauteur des prestations !

## LAÏLA 🛏 €€€

✆ +248 4 397 800
https://lailaresort.com
*À partir de 316 € la chambre double.*

Voici le petit dernier des hôtels de luxe seychellois ! Ouvert en mars 2023, le Laïla a changé le visage d'Anse Royale et propose un sympathique havre de paix. S'il n'est pas sur la plage (il n'y a que la petite route à traverser), tout est tourné autour de la superbe piscine de l'établissement. Les 84 chambres (dont 8 suites) sont très joliment décorées et possèdent toutes une petite terrasse. Le Laïla possède aussi son spa (ouvert tous les jours de 10h à 19h pour les clients extérieurs), une salle de sport, deux restaurants et trois bars.

## FLEUR DE SEL 🛏 €€

✆ +248 2 515 253
*Compter 165 € la nuit pour deux personnes (au minimum 3 nuits) en self-catering.*

Ces quatre bungalows avec une belle terrasse en bois, des transats et vue sur une mer d'un bleu de carte postale sont une excellente option à quelques minutes au sud d'Anse Royale, juste après l'embranchement des Cannelles. Ils disposent d'un salon et d'une chambre joliment décorés et sont tout équipés (kitchenette, Wifi, TV, coffre-fort, etc.). La salle de bains est également superbe, mais le must reste la vue sublime sur l'océan Indien dont on peut profiter depuis le lit posé au milieu de la chambre. Barbecue et kayaks à disposition également.

## PERRY'S GRILLZ 🍴 €

Sur la plage d'Anse Royale
✆ +248 2 527 260
*Tous les jours de 13h à 21h. Compter en moyenne 200-250 SR le plat.*

En voilà un bon plan ! Si Perry ne s'active plus derrière son barbecue posé sous un palmier d'Anse Royale depuis la pandémie, il continue à régaler son monde avec des plats qu'il peut vous livrer si vous êtes en self-catering sur la côte Est. Des plats qui changent au gré de la pêche et du marché, mais on pourra en général se faire plaisir avec ses brochettes de poissons ou un poulet grillé, toujours accompagnés d'une salade. Côté boissons, softs et bières arriveront toujours frais ! Un rapport qualité/prix imbattable et un vrai bon plan !

MAHÉ

## KAFE KREOL €€

5th June Ave

✆ +248 2 606 464

*Ouvert tous les jours de 10h (12h pour déjeuner) à 21h (dernière commande). De 252 SR à 525 SR le plat ou la pizza.*

Ce spot est merveilleux : ici on mange les pieds dans le sable face à l'éblouissante Anse Royale des salades composées de légumes du jardin des propriétaires, du pain et des pâtes faits maison, de bons poissons ou des pizzas concoctés par le talentueux chef. Et tout est à emporter si on est en *self-catering*. Après le repas, on peut aussi profiter de transats mis à disposition gracieusement sur la plage, de douches et de casiers (un bon plan en attendant son vol du soir après le *check out* dans un hôtel du coin). Le vendredi soir, animation musicale au programme.

## COCO CREOLE

✆ +248 2 371 059

*Ouvert du lundi au samedi de 9h à 17h30.*

Une adresse sympathique et climatisée, où l'on vous accueille avec le sourire, pour faire un peu de shopping entre deux sessions de farniente. Sacs de plage, sandales, paréos ou bikinis, il y a l'embarras du choix pour faire sensation à l'heure de la baignade. Et Coco Creole est l'un des distributeurs officiels des tongs Havaianas dans l'archipel. Avis à ceux qui auraient oublié leurs précieuses sandales. Et pour faire plaisir à madame ou aux amis en rentrant, de bonnes huiles de massage et de bronzage sont aussi proposées à la vente.

## ISPC SUPERMARKET

✆ +248 4 247 575

www.ispc.sc

*Ouvert du lundi au vendredi de 9h à 19h et le samedi de 9h à 18h.*

Le plus grand supermarché (climatisé) d'Anse Royale, dans lequel vous trouverez tous les produits (quasiment uniquement importés) dont vous pourriez avoir besoin en *self-catering*. Des portions de Vache qui Rit aux barquettes de St Môret, des compotes Andros aux yaourts Yoplait, des produits pour bébés à la belle et grande sélection de vins français ou sud-africains, vous vous sentirez comme à maison au moment de faire les courses ! Pour préparer l'apéritif, un barbecue ou un pique-nique sur une plage de rêve, voilà l'adresse idéale.

## RASEE SUPERMARKET

*Ouvert du lundi au samedi de 7h30 à 13h15 et de 14h15 à 21h et le dimanche de 7h30 à 18h.*

Rasee Supermarket est l'un des petits supermarchés d'Anse Royale et permet de trouver tout ce que l'on cherche si on loge en *self catering* sur la côte est ou si l'on veut s'organiser un pique-nique sur l'une des plages de rêve du coin. Chez Rasee, où l'on est accueilli avec le sourire, on trouve de tout : riz, pâtes, épices, sauces, légumes, apéritifs, vins, articles de toilette, de ménage, etc. Une adresse bien pratique. Pour s'offrir de beaux poissons, il n'y a qu'à traverser la rue. De beaux dîners en perspective.

# ANSE FORBANS ★★

Bienvenue à Anse Forbans, tout là-bas en bas, au-delà de la sublime Anse Royale et de ses quelques commerces. On est là à 24 km au sud-est de la capitale Victoria et en bordure de la belle et discrète plage-cocotiers d'Anse Forbans. Le récif de corail est ici à peu près intact. En outre, l'endroit est idéal pour se baigner. Pourtant, rares sont les touristes qui profitent de cette petite anse tranquille, frangée de cocotiers, hormis les résidents des chalets voisins. Quelques barques de pêche contribuent à en faire une plage de carte postale, où les tortues de mer viennent parfois enterrer leurs œufs. Avis aux amateurs d'ambiance de bout du monde !

## CAPTAIN'S VILLA €€

Anse Forbans

✆ +248 2 523 809

www.captainsvilla-seychelles.com

*Compter 140 € ou 145 € la chambre double, 180 € ou 185 € avec petit déjeuner, 210 € l'appartement 2 chambres.*

À la Captain's Villa, on est toujours très bien accueilli (par une charmante famille seychelloise) et on a le choix entre des chambres doubles, des chambres familiales ou des appartements de 2 chambres (avec cuisine équipée). Avec ses prix très attractifs, c'est une bonne option pour découvrir ce coin sauvage de Mahé où les amateurs de solitude et de snorkeling trouveront largement leur compte. Il n'y aura que la route à traverser pour profiter de la superbe Anse Forbans ! Bref, une adresse que l'on recommande chaleureusement.

## DEMEURE DE CAP MAÇON €€

✆ +248 2 711 184

www.demeuredecapmacon.com

*De 180 € à 270 € pour deux avec petit déjeuner et 320 € pour quatre personnes avec petit déjeuner.*

Un coup de cœur pour cette belle demeure ouverte par un couple franco-seychellois, Jean-Louis et Mary-Anna, où accueil et convivialité sont rois. Une bâtisse de la même architecture que Kenwyn House fut construite afin d'y accueillir des hôtes. Ici, les arbres sont rois et les chambres sont nommées Santol, Albizia ou Eucalyptus. Toutes ont une décoration raffinée avec une petite touche d'objets chinés dans des brocantes, et une vue sur la forêt d'eucalyptus. La terrasse, où se prennent les petits déjeuners, offre une vue à 180° avec la mer au premier plan.

## DOUBLE TREE BY HILTON SEYCHELLES €€

✆ +248 4 388 800

www.doubletree.com

*Compter en moyenne entre 250 € et 400 € la chambre double avec petit déjeuner selon le standing et la saison.*

Joliment situé dans la végétation de l'Anse Forbans, au sud de l'île, l'hôtel, qui ne renie pas son petit côté club de vacances avec sa très belle piscine à débordement, compte 30 chambres avec vue à couper le souffle sur la mer et décorées avec goût. Quatre sont équipées d'un Jacuzzi sur leur terrasse, et toutes ont de belles salles de bains. Avec un spa, un bar et un restaurant proposant un buffet différent tous les soirs (créole le vendredi), des vacances de rêve en perspective.

## PARADISE CHALETS €€€

✆ +248 4 366 655

www.paradisechalets.sc

*Compter 299 € le chalet classique pour deux, 329 € le supérieur. 60 € par personne supplémentaire.*

Situés un peu en hauteur de la route au niveau d'Anse Parnell, ces appartements tout neufs sont nichés dans la végétation et offrent des vues spectaculaires sur l'océan. Pour poser ses valises, on a le choix entre des chalets, à la décoration moderne et raffinée, avec une chambre (classique ou supérieure) ou deux chambres..., avec piscine privée (600 € pour quatre personnes). Tous possèdent une cuisine équipée et une superbe terrasse privée et aménagée. Une adresse fortement recommandée pour un séjour en pleine nature dans ce coin sauvage de Mahé. On adore !

## SURFERS BEACH RESTAURANT €

Vers Anse Farnel, juste au sud d'Anse royale avant l'hôtel Double Tree.

✆ +248 4 374 767

*Du mercredi au lundi de 12h à 21h (dernière commande à 20h15). Compter de 175 SR à 420 SR le plat.*

Ce petit restaurant de plage propose des rafraîchissements et des plats simples : pizzas, crevettes à l'ail, poissons, etc. On y sert également de très bons jus de fruits frais (entre 60 SR et 100 SR). L'endroit est idéal pour déjeuner avant de lézarder sur la plage magnifique sur laquelle il donne. Il y a même une douche à disposition pour se rincer après un bon bain de soleil et de mer... Idéal aussi pour prolonger le plaisir jusqu'aux dernières lueurs du jour avec un bon cocktail, sur la belle terrasse ou les pieds dans le sable.

*Anse Forbans.*

## ANSE INTENDANCE ★★★

Voici, dans le sud de l'île, la plage-cocotiers par excellence, appréciée aussi en septembre et en octobre des tortues marines qui viennent y pondre, et d'où l'on aperçoit parfois des dauphins, en novembre et en décembre. Parfaitement courbée sur quelque 800 m et frangée par de nombreux cocotiers qui offrent leur ombre, la plus belle plage de Mahé est aussi l'une des plus sublimes des Seychelles et, dès lors, de la planète Terre. Si l'on veut jouir de cette anse de rêve en égoïste, il vaut mieux arriver quand les autres s'en vont, vers 17h, à l'heure où le soleil décline. Caressée par la lumière orangée, vue de l'une de ses extrémités, Intendance n'en est que plus magique encore. Prudence toutefois ! Gare aux chutes de coco (ça arrive !) et, surtout, aux vagues particulièrement fortes qui rendent la baignade dangereuse de mai à octobre. Il vaut mieux alors profiter de l'écume des rouleaux impressionnants, qui furent fatals à plusieurs nageurs imprudents. D'une beauté virginale, cette plage a eu l'honneur d'être foulée en 1998 par quelques-unes des plus belles filles du monde, candidates au titre de Miss Monde. Si Banyan Tree a longtemps profité de ce cadre de rêve, c'est désormais un Cheval Blanc du groupe LVMH qui va prendre possession des lieux fin 2023 et devrait offrir un cadre de rêve et des prestations luxueuses aux chanceux qui viendront y poser leurs valises. Qu'on se le dise, Intendance reste bien LA plage à grand spectacle qu'il ne faut pas manquer sur l'île de Mahé.

*Anse Intendance.*

## ANSE BAZARCA

Sur la paisible route en cul-de-sac de Police Bay, qui aboutit à proximité de la prison réservée aux détenus de longue peine, cette plage déserte, la plus au sud de Mahé, justifie une étape pour son côté sauvage : veloutiers au premier plan, cocotiers au second. Tout comme à l'Anse Corail voisine, quelques rochers à fleur d'eau gênent toutefois la baignade. Mais les amateurs de photographie et autres selfies auront un spot de choix pour se faire plaisir et rapporter de beaux clichés. Moins de 1 km plus loin, un autre banc de sable sauvage qui répond à juste titre au nom d'Anse Cachée attire aussi quelques curieux. La baignade y est également compliquée.

### DOMAINE DESAUBIN LUXURY VILLAS €€

À quelques mètres d'Anse Bazarca, sur la petite Anse Corail.

✆ +248 4 366 169

*Compter à partir de 140 € la nuit pour un bungalow double.*

Un véritable coup de cœur ! Sur une plage quasiment privée, où l'on se croit seul au monde, sont posés quelques bungalows modernes de 80 m². Des pied-à-terre de rêve qui se partagent une piscine dans un jardin enchanteur. Les logements possèdent chacun une grande terrasse où l'on déguste un petit déjeuner concocté avec les fruits du jardins, une cuisine, une douche extérieure… En plus du rapport qualité/prix imbattable, l'accueil est toujours très chaleureux !

## QUATRE BORNES

Quatre Bornes est un petit village endormi aux cases colorées, le plus au sud de la grande île. Perché à flanc de colline, il offre de superbes panoramas sur la plus belle côte de l'île et compte notamment un poste de police, une école et un petit supermarché bien pratique avant d'aller pique-niquer sur la fameuse plage d'Anse Intendance. Car c'est de Quatre Bornes que l'on s'enfonce avec son véhicule sur Grand Police Bay Road pour s'offrir un moment farniente de rêve sur Intendance. On y passe également pour rejoindre Anse Takamaka depuis la côte Est et commencer sa remontée de la côte Ouest et de ses nombreuses plages paradisiaques.

## ANSE TAKAMAKA ★★

Portant le nom de l'un des arbres les plus présents sur les plages seychelloises (et depuis quelques années atteint d'une maladie), cette anse en pente douce est fort plaisante, mais de mai à octobre les baigneurs doivent prendre garde aux courants du sud-est. Très aimée des Mahélois, cette plage est surtout connue pour son hôtel-restaurant les pieds dans le sable : celui de Batista. On peut aussi s'arrêter pour explorer les fonds en apnée ou pour assister au coucher du soleil, toujours superbe à cet endroit. Cette courbe de rêve est désormais accessible en voiture par le chemin menant chez Batista, celui voisin de la plage ayant hélas été privatisé.

### VILLAS CHEZ BATISTA'S €€

Légèrement en retrait de la route principale.
✆ +248 4 366 300
www.chezbatista.com
*De 125 € à 200 € la chambre double et de 240 € à 275 € la suite, selon le standing ; 375 € la suite familiale.*

S'étant rendu célèbre pour ses buffets créoles du dimanche (de 13h à 15h, 600 SR) servis les pieds dans le sable sous sa paillote, Batista Horter a investi dans le dur. Ses maisonnettes surélevées s'ouvrent sur une petite terrasse et comptent 18 grandes chambres climatisées de style local, avec petit déjeuner. Elles n'ont vraiment rien d'exceptionnel, mais sur le rivage, les suites offrent une vue sublime sur cette plage de paradis, que l'on admire aussi depuis la petite piscine. De nouvelles chambres (vue sur la mer ou la montagne) sont prévues pour 2024.

### LE RÉDUIT €€

✆ +248 4 366 116
*Ouvert tous les jours de 12h30 à 21h (dernière commande). Compter entre 215 SR et 425 SR le plat.*

Pour sortir des sentiers battus, quittez la route entre Anse Takamaka et Quatre-Bornes, et enfoncez-vous dans le Mahé profond. Trois minutes de voiture plus tard, on jouit d'une belle vue sur la jungle. On est au Réduit, Herbert et Ravinia Gerry ayant donné à leur restaurant le nom de la montagne voisine. Place ici à des plats créoles bien troussés, comme le poisson mariné au gingembre, le cari de calamars au lait coco ou la chauve-souris, rôtie ou en cari. Mieux vaut la commander avant (1h de cuisson). Le dimanche, la carte est sensiblement réduite.

## BAIE LAZARE ★★

Le village de Baie Lazare est le point de départ pour partir à la découverte des superbes plages que compte la baie juqu'à Anse Soleil. La plus fameuse est celle de Petite Anse, une superbe étendue de sable blanc qui se méritait jadis, à la force des jarrets, bien en retrait de la route du littoral, avant que des vendeurs de prêt-à-rêver ne se l'approprient… Entre le Four Seasons et le Kempinski, voilà le spot de Mahé où les gros portefeuilles se sont donné rendez-vous. On ne saurait leur donner tort, tant le coin est incroyable. À un jet de pierre, on découvre également la très secrète Anse Gouvernement, autre joyau de cette baie idyllique.

MAHÉ

© MIRELLE - SHUTTERSTOCK.COM

*Baie Lazare.*

## GÉRARD DEVOUD STUDIO

PO Box Box 72, Victoria
✆ 248 4381 555
www.gerarddevoud.com
*Ouvert du lundi au samedi de 10h à 17h et le dimanche de 9h à 11h.*

De mère seychelloise et de père français, Gérard Devoud se dit toujours séduit par la langueur et la fertilité des tropiques, qu'il peint depuis des décennies, l'artiste traduisant avec exubérance les couleurs de la vie locale et plaçant toujours ses personnages sur un fond très luxuriant : du vert sur tous les tons ! Se disant « plus abstrait qu'un naïf », Devoud s'expose à Baie Lazare, à côté de l'entrée du Valmer Resort, l'hôtel du domaine familial. Ayant déjà exposé en Europe, le peintre a du même coup atteint une certaine cote.



## FOUR SEASONS RESORT SEYCHELLES €€€

Petite Anse ✆ +248 4 393 000
www.fourseasons.com/seychelles
*A partir de 1 250 € la nuit. Quatre catégories, selon l'emplacement de la villa (elles peuvent dépasser les 5 000 €).*

En plus de ses quatre restaurants de standing, ce Four Seasons compte 67 villas sur pilotis au milieu de la jungle. Cette adresse à couper le souffle domine l'un des secrets de l'archipel : Petite Anse. Salon, chambres, douche à l'italienne, on ne compte plus ces prestations luxueuses qui ne vous retiendront pas longtemps, car l'on est irrémédiablement attiré vers l'extérieur. Sur une large terrasse privée en bois et une petite piscine à débordement qui se fond dans la nature.

## ANTONIO FILLIPIN

Anse Gouvernement
✆ +248 2 510 977
*Ouvert du mercredi au lundi de 12h à 19h.*

S'il fallait résumer en un seul adjectif le repaire du sculpteur Antonio Filippin, ce serait bien par celui d'extravagant ! On est là dans la luxuriante végétation et les énormes rochers des hauteurs d'Anse Gouvernement, à l'extrémité ouest de Baie Lazare et juste à côté du restaurant Maria's Rock, d'ailleurs aussi décoré par ses soins. Bienvenue donc chez cet artiste qui, hormis le nom, n'a plus grand-chose d'italien ! S'étant installé aux Seychelles en 1992, ce singulier personnage vit depuis de ses superbes sculptures sur bois. Combien de femmes a-t-il déjà sculptées dans le jacquier et le takamaka, le cocotier et le badamier… D'une imagination fertile, Fillipin travaille aussi d'autres matières naturelles locales, tel le coco de mer, à partir duquel il réalise de remarquables masques. Egalement auteur d'originales petites compositions artistiques, telle son araignée articulée dont une petite coque de coco compose le corps et des tiges de bambou, les pattes, Fillipin sculpte aussi le granit avec dextérité, ainsi qu'en témoigne son jeu de dames géant. Le granit ! Justement. C'est lui qui donne de la force à son curieux temple aménagé, sur sept ans, de ses propres mains. Un temple à la Indiana Jones. Dès la lourde porte gravée, le décor est planté : vous voilà dans l'univers écolo-mégalo de ce Dali de l'océan Indien. Tout y est naturel, l'électricité étant ainsi produite avec une pompe à vélo et pour la clim, rien de mieux qu'une cascade. Trônant au centre de cette pièce à vivre captivante, l'imposant lit de Sa Majesté est cerné de kitchissimes tentures de velours bleu d'où se détachent les initiales AF du maître. « Chacun est unique inside », résume, en anglais, ce drôle d'artiste dont le remue-méninges a donné naissance à ce curieux temple au sein duquel l'homme entend se fondre dans la nature. Quel émerveillement, en tout cas, pour le visiteur, qui doit, en principe, débourser quelques roupies pour pénétrer dans ce fantaisiste ailleurs, sauf s'il achète l'une des œuvres, même symbolique, de l'artiste. Une visite à ne pas manquer, le bar-restaurant le Maria's Rock, dans le même site, permettant de reprendre ses esprits autour d'un verre, tout en restant dans le monde délirant de l'artiste, avec son bateau de pirate… Et si l'on veut prolonger ce moment magique, pourquoi ne pas s'offrir là un repas de type âge de pierre, chaque hôte faisant en effet cuire sa nourriture sur une pierre volcanique chaude… Bref, il y a tout ici pour un après-midi hors du commun, avant de retourner profiter des éblouissantes criques de la côte ouest.

© VALMER RESORT

© VILLA DELUXE

## VALMER RESORT €€

✆ +248 4 381 555

www.valmerresort.com

*Compter de 250 € à 325 € la chambre avec sur la mer, de 400 € à 600 € la suite avec piscine privée.*

La vue panoramique sur l'une des plus éblouissantes baies de Mahé est l'atout majeur de cet hôtel-balcon intimiste. Jacques Devoud, son cordial propriétaire, a planté ses chalets à flanc de colline. Spacieuses (de 65 à 120 m²) et dotées d'une terrasse panoramique, les 32 chambres et villas sont joliment meublées et bien équipées. La jolie piscine, la plus élevée de Mahé, et son bain bouillonnant ont été aménagés sous un rocher à côté d'une belle paillote-bar. Un spa est également à disposition. Quant à la plage de Baie Lazare, il suffit de traverser la route.

© VALMER RESORT

## KEMPINSKI SEYCHELLES RESORT €€€

+248 4 386 666
www.kempinski.com
*De 461 € à 850 € en moyenne pour une une chambre double selon la saison et le standing. À partir de 1 010 € la suite.*

Directement sur Baie Lazare, cet établissement cinq-étoiles s'impose comme l'un des plus hauts de gamme de l'île. Plantée au cœur d'un site exceptionnel, avec ses falaises et sa végétation luxuriante, la structure imposante mais aérée du bâtiment abrite trois restaurants et un bar. Autour, un spa et six bâtiments accueillent les 148 chambres dernier cri, décorées dans un style contemporain. De nombreuses activités sont proposées : tennis, snorkeling, plongée, billard, yoga, etc.

## FRANGIPANI SPA [VALMER RESORT]

Valmer Resort +248 4 381 555
www.valmerresort.com
*Compter entre 1 200 et 1 400 SR le massage d'une heure.*

Le Valmer Resort possède également un joli Spa. Dans un bungalow sur pilotis en pleine forêt tropicale, dont la terrasse accueille un agréable bain bouillonnant, le cadre est vraiment enchanteur. Une équipe spécialement venue de Bali est donc à votre disposition pour toutes sortes de massages, des manucures, des soins du visage ou des épilations à la cire, par exemple. Les massages se concluent par une session privée dans le bain bouillonnant posé en pleine jungle... Unique !



## MARIA'S ROCK €

Anse Gouvernement
+248 4 361 812
*Ouvert du mercredi au lundi de 12h à 21h (20h pour la dernière commande). Compter entre 285 et 385 SR la grillade.*

Nous voilà revenus à l'âge de pierre chez Maria ! La pierre de volcan chaude sur laquelle on cuit un aliment trône au milieu des tables de bois, et, ici, c'est le client qui cuisine. Ah ! ces grosses crevettes à griller, ou plutôt à saisir tant elles méritent d'être savourées nature, accompagnées de quelques morceaux de viande et de poisson dans un *mix meat, fish & prawns filets* délicieux ! Le tout arrosé de blanc et dégusté au sein d'un des décors les plus singuliers de l'archipel. Car on est là dans le fief d'Antonio Filippin. Une adresse immanquable !

## CAP LAZARE NATURE RESERVE RESTAURANT €€

+248 2 611 321
www.creoletravelservices.com
*Du lundi au vendredi de 10h30 à 20h. Sur réservation. Appeler au préalable. Compter 550 SR le menu (sans les boissons).*

Dans cette splendide réserve naturelle, où l'on peut découvrir la faune et la flore locales en parcourant quelques sentiers de randonnée (150 SR l'entrée), il est possible de profiter d'une table de qualité qui privilégie les circuits courts puisqu'elle possède sa propre ferme. C'est donc un établissement parfait pour savourer une cuisine créole authentique à l'heure du déjeuner ou un cocktail et quelques tapas dans un cadre branché après une séance de yoga au coucher du soleil.

## KANNEL BAR [FOUR SEASONS]

Petite Anse
+248 4 393 000
www.fourseasons.com
*Ouvert tous les jours de 11h à 22h30. Réservation obligatoire 24h avant.*

Au sein de l'incroyable Four Seasons et au bord de sa superbe piscine, le Kannel Bar est un endroit rêvé pour un apéritif en amoureux si vous êtes dans le coin, puisqu'on vous servira avec le sourire même si vous ne logez pas à l'hôtel. Quelques en-cas et de très bons cocktails vous attendent donc à quelques mètres de l'océan Indien. Et pourquoi pas alors prolonger le plaisir à l'heure du dîner... C'est un peu cher, mais le cadre est vraiment unique.

## ANSE SOLEIL ★★★

Ombragée et protégée du vent (privilège de la côte ouest), cette plaisante Anse Soleil mérite que l'on abandonne la route principale (du côté de l'Anse aux Poules Bleues) pour s'enfoncer dans la nature par un chemin accidenté qui descend jusqu'à la mer. 2 km plus loin se trouve une agréable petite plage de sable blanc à l'ombre des filaos, des takamakas et des cocotiers, face à une mer idyllique, mais çà et là rocailleuse. Un spot parfait qui accueille notamment l'Anse Soleil Beachcomber au rapport qualité/prix imbattable pour profiter de ce spot de rêve. À en croire le *guest book*, les clients sont ravis, comme ceux qui passent déjeuner.

### MAISON SOLEIL €

Route d'Anse Soleil
✆ +248 2 712 677
www.maisonsoleil.info

*120 € à 170 € la chambre double, 180 € à 250 € la familiale (2 ad., 2 enf.). Dîner sur commande à 25 € par personne.*

Imaginée par l'artiste-peintre Andrew Gee, cette petite adresse de charme, qui abrite quatre logements, gagne à être connue. Une maison au milieu de la nature luxuriante de baie Lazare, sur la route d'Anse Soleil, qui ravira les petits budgets de passage sur la côte ouest. Une jolie décoration, une cuisine, le Wifi, le calme et la plage à 10 minutes à pied (attention, c'est très raide) : que demander de plus ? L'accueil d'Andrew et de son équipe est, en outre, excellent. Une adresse à découvrir, qui nécessite tout de même d'avoir un véhicule.

### ANSE SOLEIL RESORT €

✆ +248 4 361 090
www.ansesoleil.sc

*Compter 125 € l'appartement pour deux personnes en self-catering et 180 € pour quatre.*

Une bonne adresse pour qui ne tient pas forcément à résider les pieds dans l'eau et possède une voiture. Sur le chemin accidenté qui mène aux délicieuses plages de Petite Anse et d'Anse Soleil (à 2 km tout de même !) et dans un cadre tropical, Paula propose deux appartements de deux chambres en *self-catering*, avec terrasse et vue panoramique époustouflante sur Anse à la Mouche. Les appartements, climatisés, sont aussi d'un bon rapport qualité-prix. Voilà donc un bon camp de base pour qui veut profiter de cette côte ouest à petit prix.

### ANSE SOLEIL BEACHCOMBER €€

Anse Soleil, Mahe
✆ +248 4 361 461
www.ansesoleilbeachcomber.com

*De 168 € la chambre double avec petit déjeuner à 750 € la villa deux chambres avec piscine. Dîner à 48 € par personne.*

Le Four Seasons voisin ne fait pas d'ombre à ce petit hôtel charmant qui offre un accès direct à la plage et 14 chambres (standards, supérieures ou premiums) avec une délicieuse vue sur mer. Mention spéciale à la chambre 10 qui surplombe les rochers de granit et l'océan avec sa double terrasse très plaisante... à 204 € la nuit ! On peut aussi profiter de la vue depuis les six nouvelles villas avec piscine posées à flanc de colline et depuis le spa perché tout là-haut. Un séjour pieds dans le sable idyllique et, à en croire le *guest book*, tout le monde est ravi !

© ANSE SOLEIL BEACHCOMBER

© ANSE SOLEIL BEACHCOMBER

MAHÉ

CREOLE
TRAVEL SERVICES
Choisissez et vivez l'aventure de votre choix aux Seychelles avec Creole Travel Services.
Excursions sur terre et mer - Randonnées - Découverte des iles - Programmes pour famille
Orion Building | Victoria | Mahé | Seychelles
E: info@creoletravelservices.com
T: +248 429 70 00 | +248 263 33 12

© SIMON DANNHAUER/SHUTTERSTOCK.COM

*Anse Soleil.*

## ANSE SOLEIL BEACHCOMBER €

Anse Soleil, Mahe
+248 4 361 461
www.ansesoleilbeachcomber.com
*Tous les jours de 11h à 17h (dernière commande) ou 21h pour les clients de l'hôtel. Compter de 120 SR à 320 SR le plat.*

Avec ses tables délicieusement posées sur un deck en bois au-dessus de cette plage de rêve, l'Anse Soleil Beachcomber propose un cadre vraiment très sympathique pour une pause déjeuner salvatrice. Avec une carte composée de salades, burgers, pizzas, sandwiches et de quelques spécialités créoles (notamment un excellent cari de poulpe), on se contente d'une cuisine simple et savoureuse et d'un accueil agréable entre deux bains de mer. Surtout, le cadre est unique sur ce ponton de rêve, à quelques mètres à peine de l'océan Indien.

## ANSE SOLEIL CAFÉ - CHEZ JULIEN €

+248 4 361 085
*Ouvert (théoriquement) tous les jours de 12h à 17h. Compter de 250 à 600 SR le plat.*

Une petite paillote gourmande pieds dans le sable, ça ne se refuse pas ! Même si l'accueil est parfois un peu bourru, l'endroit est agréable, à l'une des extrémités de la charmante Anse Soleil, avec vue sur l'îlot Chauve-Souris. Tout pour se la couler douce. Au menu, des plats tout à fait honorables, de cari de pieuvre et de salades de marlin en poulet cacahuètes. Pas facile d'y trouver une place à l'heure du déjeuner, surtout le week-end, tant le site est charmant.

## À VOS MASQUES !

*Le Petit Futé* a sorti palmes, masque et tuba. Sans sortir la moindre roupie !

- **Anse Soleil,** sur la côte Ouest, est superbe. Vers l'hôtel Beachcomber, émerveillez-vous en observant poissons anges, sergents majors et raies léopards se balader autour des blocs de granit.
- **À Port Launay,** on ira balader ses palmes dans le parc marin pour admirer des coraux très bien préservés, toutes sortes de poissons tropicaux, des barracudas ou des raies.
- **À Anse Royale,** sur la côte Est, direction l'île Souris et son jardin de coraux pour passer le bonjour aux poissons anges et autres raies en balade.

## ANDREW GEE

Route d'Anse Soleil
+248 4 361 649
*Ouvert du mardi au dimanche de 10h à 17h.*

Une maison pittoresque avec terrasse panoramique, au bord de la petite route pentue menant à la discrète Anse Soleil. C'est là qu'habite Andrew Gee, ses chiens et son chat. S'étant fixé aux Seychelles dans les années 1990, cet Anglais cordial y met à profit son talent en matière de décoration, pour un mariage ou tout autre événement. Et l'ancien professeur ès mode est aussi un artiste du pinceau, poissons, fleurs, plages et autres éléments de la beauté ambiante lui inspirant de petits tableaux. Des aquarelles, mais aussi de la peinture sur soie.

## ANSE AUX POULES BLEUES ★★

Sur la gauche de la route principale, en descendant du village de Baie Lazare, l'Anse aux Poules Bleues mérite le détour pour un séjour de rêve ou un dîner dans la luxueuse et récente Mango House ou découvrir la maison-galerie de Michael Adams. Cachée dans la végétation, c'est le fief du porte-drapeau de la peinture seychelloise. Une visite intéressante qui change un peu de la bronzette. Évidemment, ce coloriste de talent ne pouvait que s'installer dans la poétique Anse aux Poules... Bleues ! Autre bon plan à quelques dizaines de mètres, l'atelier de la marque Pineapple Studio (vêtements de plage, petit artisanat) pour rapporter de jolis souvenirs.

### MICHAEL ADAMS STUDIO

✆ +248 4 361 006

www.michaeladamsart.com

*Ouvert du lundi au vendredi de 10h30 à 16h et le samedi de 10h30 à 12h.*

Fils d'un planteur de caoutchouc, né en Malaisie et arrivé aux Seychelles en 1972, après avoir baladé ses pinceaux en Afrique, Michael Adams est depuis plus de trois décennies le porte-drapeau de la peinture seychelloise. Un porte-drapeau qui a exposé avec succès aux quatre coins de la planète. Évoluant entre figuration et abstraction, et comptant nombre d'émules, ce coloriste de talent, grand admirateur de Cézanne, restitue dans ses toiles la luxuriance de son île, son atelier tout en bois, véritablement niché dans la végétation de la bien nommée Anse aux Poules Bleues, méritant qu'on s'y arrête. Pour une explication par l'artiste en personne. Adams fait tirer ses sérigraphies aux tons vifs en Allemagne et en Israël, à cinq cents exemplaires au maximum, ce qui permet à son œuvre de rester accessible, même si ces reproductions numérotées n'en coûtent pas moins un certain prix. Achetée sans cadre, votre œuvre sera roulée dans un tube idéal pour le transport en avion. Pour ceux qui n'auraient pas les moyens, on peut aussi s'offrir une carte postale (25 SR), un calendrier ou quelques souvenirs. En vente également, le dernier ouvrage de l'artiste *Island Souls of the Seychelles*. Ce beau-livre sur les grandes personnalités qui ont fait l'histoire de l'archipel est une bonne idée cadeau. Par ailleurs, les enfants de Michael Adams, Tristan et Alyssa, peintres comme leur père, exposent également leurs œuvres dans une partie de son atelier. Une intéressante découverte qui change un peu de la plage pendant votre séjour mahélois.

### MANGO HOUSE SEYCHELLES €€€

✆ +248 4 397 000

www.mangohouseseychelles.com

*De 709 € à 900 € la chambre double selon le standing et de 1 274 € à 3 004 € les suites et suites familiales.*

L'ancienne maison familiale du célèbre photographe Gian Paolo Barbieri est récemment devenue le nouveau bijou de la marque LXR, la collection d'hôtels de luxe indépendants de Hilton. Les 41 chambres, suites et villas offrent toutes d'incroyables vues sur l'océan et la nature seychelloise et une décoration superbe, qui fait écho à la beauté naturelle de l'archipel. Avec un centre de fitness dernier cri, un spa aux prestations personnalisées, 5 bars et restaurants de haute volée qui magnifient les produits locaux et deux piscines, le séjour promet d'être idyllique.

### PINEAPPLE BEACH VILLAS €€€

Anse aux Poules Bleues ✆ +248 2 502 929

www.pineapplebeachvillas.com

*À partir de 250 € la nuit pour deux personnes. 2 nuits au minimum.*

Quelle belle adresse que ce Pineapple ! L'établissement propose à ses hôtes 8 superbes appartements flambant neufs et très joliment décorés dans des tons clairs. De plain-pied ou à l'étage, les logements disposent d'une cuisine équipée et d'une chambre qui s'ouvre sur un salon et une terrasse à la vue époustouflante sur l'océan. Car il suffit de quelques pas dans le jardin, où trône une magnifique piscine, pour pouvoir profiter de la plage. Des kayaks, des paddles et du matériel de snorkeling sont aussi à disposition. Une adresse chaudement recommandée !

### AZIDO (MANGO HOUSE SEYCHELLES) €€€

✆ +248 4 397 000

*Ouvert tous les jours de 16h à 20h. De 1 200 à 2 000 SR par personne.*

Voici une table qu'on n'oublie pas ! Dans une atmosphère de rêve face à la sublime Anse aux Poules Bleues et dans le cadre raffiné de la Mango House, cette table japonaise combine à merveille la pêche du jour ultrafraîche et l'art culinaire du pays du Soleil-Levant. La carte de grande qualité (mais l'addition est salée) propose aussi du poisson cru extrêmement bien travaillé ou cuit sur un gril robatayaki. Une véritable expérience gastronomique qui sort des sentiers battus.

## MUSE (MANGO HOUSE SEYCHELLES) €€€

✆ +248 4 397 000

*Ouvert tous les jours de 12h30 à 23h. De 360 SR à 1 100 SR le plat.*

Avec son style de brasserie chic et épurée, le Muse, qui prend place dans la sublime Mango House, régale ses convives de spécialités italiennes aux accents créoles. Il faut dire que l'hôtel a pris place dans l'ancienne maison du célèbre photographe Gian Paolo Barbieri et que le Muse a été décrit par le photographe comme « l'équilibre parfait entre raffinement et décontraction ». La carte du chef Carmine, imaginée tous les jours avec les produits frais du marché, est un enchantement.

*Anse à la Mouche.*

## PINEAPPLE STUDIO

✆ +248 4 361 230

*Ouvert du lundi au samedi de 10h à 18h.*

A quelques palmes du fief de Michael Adams, légèrement en retrait de la route, vous voilà chez la sympathique styliste Nicole Nichone-Johnston, qui présente ses collections de paréos, de shorts, de chemises et de tee-shirts dans son adorable boutique, au parquet de pin et aux rayons de takamaka. Autant de belles pièces sérigraphiées dans l'atelier voisin, qu'il est possible de visiter. Parmi les articles à succès, des sandalettes avec coquillages, un sac en paille incrusté d'un coco en nacre ou des savons aux parfums d'ici (citronnelle, ylang-ylang, vanille...).

## ANCHOR CAFE / ISLANDER RESTAURANT €€

✆ +248 4 371 289

*Ouvert du mardi au samedi de 12h à 21h (20h30 pour la dernière commande). Compter entre 265 et 495 SR le plat.*

Impossible de ne pas voir, en bord de route, l'ancre géante noire et or signalant cet Anchor Café, très pratique en cas de fringale à apaiser sur le champ. Ce bar-restaurant, à l'accueil décontracté et souriant, propose en service continu d'honnêtes plats, de la salade de calamars au poisson du jour, en passant par un plus gourmand filet de bœuf. L'établissement propose aussi de grosses glaces et des pizzas en *take-away*, à moins de simplement boire une piña colada au coucher du soleil.



# ANSE À LA MOUCHE ★★★

Avec ses eaux peu profondes et sa petite bande de sable, cette jolie baie ne présente pas les conditions idéales pour un après-midi farniente avec serviette et crème solaire. Il n'empêche... Avec quelques bonnes adresses pour se régaler ou se reposer, voilà une option de charme pour profiter de la quiétude de la baie (même si les travaux d'un nouvel hôtel de luxe gâchaient un peu le plaisir en 2023) et pour découvrir quelques merveilles sous-marines, la plage accueillant aussi un bon club de plongée. Enfin, c'est d'ici que part la jolie petite route des Cannelles qui traverse l'île pour rejoindre en 3,5 km l'éclatante Anse Royale et la côte est.

## KAPATYA RESTAURANT €€

✆ +248 2 829 090

*Ouvert tous les jours de 11h à 22h. Compter de 200 à 550 SR le plat.*

Cette table d'Anse à la Mouche mérite une pause savoureuse. Si la carte revisite tous les classiques créoles ou internationaux, elle propose aussi une touche d'originalité avec de très bonnes spécialités indiennes, comme les naans, préparés au feu de bois (dans lequel quelques pizzas sont aussi préparées). Pour ne rien gâcher, la large salle ouverte aux quatre vents, de l'autre côté de la petite route et face à l'océan, est très agréable et assure une pause salvatrice entre deux sessions de plage. Une adresse qui ne cesse de convaincre son monde.

### DIVE RESORT SEYCHELLES

À côté de Blue Lagoon Chalets.
✆ +248 2 566 913
www.divetheseychelles.com
*Lundi-samedi de 8h45 à 17h. Compter 135 € le baptême, 80 € la plongée (matériel fourni) et 140 € la plongée double.*

« *Dive the South* » : de Turtle Rock à Shark Point et de Pirates Cove à Lost City, Jonathan et son équipe proposent de vous faire découvrir une quinzaine de sites attrayants dans les fonds sous-marins la côte sud-ouest de l'île de Mahé. Avis aux amateurs de beautés sous-marines ! A noter que le centre, situé juste en face d'Anse à la Mouche, possède quatre bateaux, il est certifié centre PADI 5 Stars. Après sa session de plongée, un take-away (aux horaires fluctuants) et quelques bonnes tables vous attendent dans les alentours du club.

### ANANTARA MAIA SEYCHELLES VILLAS €€€

Anse Louis ✆ +248 4 677 700
www.maia.com.sc
*À partir de 2 290 € pour la Ocean Panoramic Villa et de 2 800 € pour la Maia Signature Villa en pension complète.*

Ce resort se déploie en bord de mer ou un peu plus haut sur une luxuriante colline. Ses 30 lumineuses villas (250 m²) sont un sommet du raffinement (la seule différence entre la Ocean Panoramic et la Maia Signature étant la proximité avec la plage). Recouvertes de palmes, elles privilégient le bois, leur immense salle de bains se prolongeant d'une piscine à débordement. Le spa se love dans les roches, tout comme le pavillon de méditation. La table est aussi d'un niveau étoilé.

## ANSE LOUIS

À l'instar de Petite Anse, Anse Louis est encore l'un des splendides secrets mahélois où la plage déserte illumine le visiteur par son sable blanc et ses eaux cristallines… Anse Louis abrite un des joyaux de l'hôtellerie seychelloise, l'Anatara Maia Seychelles Villas, véritable sanctuaire de l'art de vivre, niché dans les 12 ha d'un enchanteur jardin. Ici, pas de réception, le concept voulant qu'on ne soit pas dans un hôtel, mais dans un chez-soi au paradis, où l'on peut se faire servir à déjeuner et à dîner, mais aussi commander une langouste grillée à 3h du matin, votre majordome privé étant capable de satisfaire toute demande à tout moment.

## ANSE BOILEAU ★★

Ce petit village de pêcheurs niché sur une longue baie abritait l'excellente table de Plume, *alias* Jean-Claude Plumas, une figure de l'archipel qui nous a malheureusement quittés il y a quelques années. Heureusement, un nouveau propriétaire a repris l'adresse et continue de nous régaler et de nous accueillir, puisque l'auberge, qui possède désormais une petite piscine, est toujours aussi familiale. Bref, c'est sans conteste le coin idéal pour s'immerger dans le véritable Mahé, celui des Seychellois de la côte ouest, et profiter du coucher de soleil. Quelques boutiques peuvent dépanner pour s'organiser un petit pique-nique lors d'une balade dans le coin.

*Les chutes de Port Glaud.*

## AUBERGE CHEZ PLUME €

Anse Boileau ✆ +248 4 355 050
www.aubergeanseboileau.com
*199 € la nuit pour une chambre double avec petit déjeuner, 279 € en demi-pension et 329 € en pension complète.*

Les neuf vastes chambres climatisées possèdent une sympathique terrasse qui donne sur le petit jardin de l'auberge, qui accueille une (petite) piscine. L'établissement de Mickaël Lavigne, qui a repris l'adresse du regretté et célèbre Jean-Claude Plumas (dit Plume), offre une ambiance sympathique, familiale et intimiste, où les enfants peuvent même profiter d'un petit parc à jeux. Les voyageurs en direct, essentiellement francophones, constituent une bonne partie de la clientèle. Bref, une super-adresse pour poser ses affaires et partir à la découverte de l'île.

## BARBARONS ESTATE

Une si jolie plage ne peut pas ne pas accueillir un gros porteur de l'hôtellerie seychelloise. Mais l'Avani a fermé ses portes pour une rénovation complète et devrait rouvrir fin 2023 sous le nom Avani Seychelles Barbarons Resort. Le résultat devrait être à la hauteur des millions de dollars investis avec notamment une nouvelle et superbe piscine lagon, une piscine à débordement, de nouvelles chambres haut de gamme, un nouveau restaurant, un bar à cocktails sur la plage… Plus très longtemps à attendre donc pour pouvoir profiter à nouveau de cette superbe plage et de ses jolis fonds peuplés d'innombrables poissons multicolores.

## GRAND'ANSE ★★

La blancheur immaculée ! Les collectionneurs de sable ne manqueront pas de faire escale sur l'immense et grandiose plage de Grand'Anse, l'une des plus éclatantes de la côte ouest, située juste après l'Avani Seychelles Barbarons (en rénovation) en continuant à remonter vers le nord et au Port Glaud. Mais gare à ses vagues imposantes ! Si elles sont idéales pour ceux qui voudraient s'offrir une petite session de surf (peu courant cependant aux Seychelles), elles sont dangereuses pour la baignade à la saison des vents de sud-est, entre mai et septembre. Le reste de l'année, pique-nique et baignades à rallonge sont de rigueur au pied du Morne seychellois.

## PORT GLAUD ★★★

En continuant encore vers le nord, on est ici presque à la fin de la route de l'Ouest, dans ce village paisible aux allures de bout du monde. Connu pour la pêche au thon, le temps semble s'être arrêté dans une ambiance pittoresque et nonchalante. Avant de prendre la direction de Port Launay et de tomber sur l'Ephelia Resort, l'un des plus imposants hôtels de l'archipel, on s'arrête obligatoirement au restaurant Del Place pour un déjeuner ou un apéritif de rêve face à l'Ilette (qu'il est parfois possible de rejoindre à pied à marée basse) et Thérèse. Bref à Port Glaud, entre rochers de granit et eau cristalline, on n'est plus très loin du paradis !

## BAR-RESTAURANT DEL PLACE €€

A gauche de la route entre Port Glaud et l'Ephelia Resort. ✆ +248 2 814 111
www.delplace-seychelles.sc
*Tous les jours de 12h à 16h et de 18h à 21h (pour la dernière commande). De 170 SR à 490 SR le plat.*

Plongé dans un décor incroyable, le bar-restaurant Del Place s'est entièrement paré de bois et propose une carte spécialisée dans des produits de la mer ultrafrais et très bien travaillés, notamment le bourgeois et le mérou. Mais cette superbe adresse propose également des sandwichs. Mention spéciale aussi pour l'assortiment de tapas (460 SR), idéal pour deux personnes, et pour la farandole des desserts. On peut enfin se laisser griser par un cocktail au coucher du soleil, particulièrement incroyable dans le coin. Immanquable !

© AUBERGE CHEZ PLUME

© AUBERGE CHEZ PLUME

© AUBERGE CHEZ PLUME

## CHEZ PLUME €€

✆ +248 4 355 050

www.aubergeanseboileau.com

*Du mardi au dimanche de 12h à 20h30 (dernière commande). De 155 à 550 SR le plat. Sur place ou à emporter.*

Chez Mickaël et Lyn, dont l'accueil est toujours souriant, on se régale de quelques plats internationaux, mais ce sont surtout poissons et crustacés qui sont les vedettes de la carte : bourgeois sauce safran, capitaine sauce passion, requin sauce combava, espadon sauce poivre vert, crabe sauce gingembre ou chili, cigale de mer grillée… À moins d'opter pour un boudin créole ou d'une bonne pizza au homard. Et, pour baptiser tout cela, d'honorables vins français et sud-africains attendent à la cave. Vous l'aurez compris, c'est une adresse fortement recommandée.

© SECRET GARDEN VILLA

© AUBERGE CHEZ PLUME

# PARC NATIONAL DU MORNE SEYCHELLOIS ★

Avec sa forêt primaire qui s'étend sur près de 20 % du territoire mahélois, vous voilà plongé dans une ambiance digne de *Lost* ou de *Jurassic Park*. Si le parc comprend près d'une douzaine d'itinéraires différents, certaines excursions et randonnées sont inoubliables. Une fois là-haut, il vaut mieux ne pas avoir oublié son appareil photo ! Renseignez-vous auprès des réceptifs.

## Balade

▸ **Copolia.** Il faut compter environ 1 heure aller pour grimper en haut de ce sommet (497 m). Le début de la promenade se situe à Val Riche, à environ 5 km de Victoria sur la route de Sans-Souci. Une fois là-haut, le panorama sur Victoria et sur le parc marin de Sainte-Anne est enchanteur.

▸ **Morne Blanc.** Cette escalade a pour point de départ la Tea Tavern, sur la route de Sans-Souci. À 200 m de là, côté Victoria, il y a un chemin assez court, mais raide (de 450 m à plus de 660 m). Il conduit au cœur du parc national du Morne seychellois, dont la flore se révèle un véritable paradis pour les botanistes. Après avoir traversé les plantations de thé, on pénètre vite dans une forêt touffue et humide, dont le sentier se termine sur l'imposant morne Blanc (677 m). Du sommet, le panorama donne sur les côtes de Mahé. Le retour doit s'effectuer par le même itinéraire, l'aller-retour ne prenant qu'une heure et demie.

▸ **Morne seychellois.** Une vue qui se mérite ! Il vaut mieux partir très tôt, et en saison sèche, pour conquérir ce morne dont le sommet, à 905 m, constitue le point le plus élevé à 1 600 km à la ronde. Le chemin, d'abord carrossable, puis de plus en plus étroit et incertain, part du lieu-dit l'Exil, sur la route de Sans-Souci. L'office de tourisme conseille de prendre un guide pour cette ascension qui s'adresse à de bons marcheurs. La balade fera le bonheur de tous les passionnés de flore tropicale, une partie de la végétation primitive (d'avant la colonisation) ayant subsisté.

▸ **Les Trois Frères.** À partir du poste des Eaux et Forêts de Sans-Souci, il faut compter 3 heures pour parvenir au sommet des Trois Frères (699 m). Le chemin forestier devient de plus en plus étroit et escarpé, mais l'effort est récompensé. Du sommet, la vue est exceptionnelle sur le nord-est de l'île et sur Victoria, en contrebas.

## LA MISSION ★

Route de Sans-Souci

Sur les hauteurs de Sans-Souci existe un lieu plein d'atmosphère. Légèrement en retrait de la route, et au-delà de quelques pans de murs, seuls vestiges d'une mission catholique, une superbe allée d'imposants sandragons (de 1870), aux troncs moussus et aux racines spectaculaires, mène à un belvédère que la reine Elisabeth II inaugura en 1972. De ce *viewing-lodge*, véritable balcon sur la côte ouest, la vue se révèle grandiose. L'ambiance de ce site, à la fois romantique et inquiétante, rappelle des décors de films fantasmagoriques, tel que *Le Magicien d'Oz*.

© ALEKSANDRA TOKARZ - SHUTTERSTOCK.COM

© ALEKSANDRA TOKARZ/SHUTTERSTOCK.COM

## PORT LAUNAY

De Port Glaud, il faut absolument prendre la superbe route côtière de Port Launay, hélas en cul de sac au niveau de Baie Ternay, puisque zone militaire au-delà. Elle est en effet ponctuée de plages désertes, dont celle de Port Launay qui accueille le superbe et luxueux hôtel Constance Ephelia. Cette longue plage qui borde le parc marin de Port Launay (mieux conservé que celui de Sainte-Anne) est l'occasion d'une délicieuse pause farniente. Ce que les Seychellois savent très bien, puisqu'ils s'y rendent en nombre le week-end. Plus loin, la délicieuse et minuscule Anse Souillac sera l'occasion d'un dernier bain avant le bout de la route.

### CONSTANCE EPHELIA €€€

En direction de Port Launay.
✆ +248 4 395 000 - www.epheliaresort.com
*À partir de 495 € la chambre double avec petit déjeuner.*

Sur un terrain géant de 120 ha où l'on se déplace en voiturette de golf, l'Ephelia est le plus gros hôtel des Seychelles avec notamment ses cinq restaurants et ses six bars. Les chambres ont beaucoup de cachet. Avec leurs vasques posées et des matériaux nobles, les salles de bains sont très belles. Plusieurs superbes piscines, des sports nautiques sur la plage et des animations raviront les plus jeunes quand les parents iront se relaxer au Spa, l'un des plus agréables de Mahé. Également des villas de 220 à 980 m².

### KABANA (CONSTANCE EPHELIA)

✆ +248 4 395 000
www.constancehotels.com
*Ouvert tous les jours de 10h à 19h.*

Voici une cabane dont on aimerait profiter tous les jours ! La Kabana, posée sur la superbe plage de Port Launay, est l'endroit idéal pour boire un verre et se régaler de quelques assortiments de tapas à l'heure où le soleil commence à décliner. Un endroit parfait pour un apéritif les pieds dans le sable donc, mais dont on peut profiter aussi le reste de la journée pour un cocktail ou un bon jus de fruits frais, entre une partie de beach-volley et un plongeon dans l'océan Indien.

## ANONYME

Anonyme ? Elle ne l'est plus vraiment… Portant le nom d'un navire de 180 tonneaux armé à Chandernagor en février 1756 et ayant fait escale à Mahé avant de reprendre la mer pour les îles de France et Bourbon, cet îlot granitique (ancré au large de l'aéroport international de Mahé) s'est ouvert au tourisme en 2000 à travers un luxueux petit hôtel (à 15 minutes de bateau de la capitale Victoria), destiné à quelques *happy fews* en quête d'une île rien que pour eux, ou presque. Mais les trois chalets et la villa présidentielle de cette petite terre d'élite n'ont pas vraiment connu le succès escompté. Fermé depuis plusieurs saisons, l'hôtel est censé rouvrir… un jour. À l'été 2023, ce n'était toujours pas le cas… Côté nature, ce gros caillou verdoyant d'une quarantaine d'arpents et d'une petite dizaine d'hectares ne manque vraiment pas d'attrait. Plusieurs sentiers permettent d'ailleurs de le parcourir, toujours très près du sable ou des rochers. Il est d'ailleurs possible, si l'on ne craint pas d'en escalader quelques-uns et de marcher dans la mer jusqu'à mi-cuisse, d'en faire le tour à marée très basse en une petite heure, pause à Anse l'Amour non comprise. Cocotiers et canneliers partagent avec les oiseaux et quelques tortues de terre géantes cette terre granitique dont le point culminant atteint 37 m et dont la curiosité botanique est un énorme banian tentaculaire d'au moins deux siècles et au sein duquel fut jadis insérée une pierre tombale. C'est aussi un spot de choix pour profiter d'un coucher de soleil flamboyant.

*Anonyme.*

## SAINTE-ANNE ★★

« Souriante Sainte-Anne… nos yeux se reposent agréablement sur ses cocotiers et ses bananiers, leur feuillage vert aux teintes délicatement variées, qui déparent de jolies petites anses de sable blanc protégées de la mer par des rochers. » Le capitaine de frégate français Cyrille Laplace fut assurément séduit par cette île où il venait de jeter l'ancre, le 14 mai 1830. On avait demandé au futur amiral, qui faisait le tour de la Terre sur l'ordre du ministre de la Marine, de confirmer la position géographique des îles Séchelles, les cartes de l'époque étant souvent imprécises. Nommée par le navigateur français Nicolas Morphey le jour de la Sainte-Anne 1756, l'île offrait un mouillage rassurant, à l'écart des récifs et des mangroves de l'inquiétante Mahé. Laplace utilisa donc Sainte-Anne comme camp de base, prenant des observations avec un théodolite depuis le sommet conique de l'île, alors propriété de Charles Savy, dont la grande plantation vivait chaque soirée en musique. Les officiers français trouvèrent leurs hôtes féminins délicieux et si, comme le remarqua Laplace, « leur danse n'était pas aussi performante qu'en Europe, leur désir et leur absence de prétention me firent fermer les yeux sur tous les autres points de comparaison qui ne jouaient pas en leur faveur ».

La maison et la plantation de Savy étaient situées sur le plateau de la côte ouest, la même zone qui avait attiré les premiers colons français. Car c'est ici que tout a commencé… Le 27 août 1770, les vaisseaux *Duc de Praslin*, *Comte Saint-Florentin* et *Télémaque* débarquèrent les premiers habitants des îles Seychelles, les premiers succès agricoles (manioc, riz, maïs, café, légumes…) de cette colonie ayant amené d'autres colons à étendre cet établissement sur Mahé.

**Sainte-Anne la pionnière.** « Assurément le meilleur endroit de ces îles pour un établissement », avait remarqué le capitaine d'un vaisseau anglais qui visita les Seychelles pour vérifier ce que les Français y faisaient. Il nota que le commandant français Delaunay y faisait pousser du maïs, du riz, du tabac, du café, du coton et des légumes. Ce fut un ancien soldat de la Compagnie française des Indes, Pierre Hangard, qui reprit ensuite cette île prospère, où il s'enrichit rapidement en vendant des tortues de terre et d'autres marines aux bateaux visitant les îles. Un trafic illicite qui irritait le commandant de Mahé, Gillot : « Aussi longtemps que l'isle Sainte-Anne restera sous le contrôle de cet homme […], elle sera utilisée pour faire des transactions secrètes avec tous les bateaux. […] Hangard et Ouinet vont les voir discrètement

avant qu'ils aient mouillé, pour répandre toutes sortes de calomnies à mon sujet. »
Île agricole à ses débuts, Sainte-Anne devint aussi très vite une île stratégique, commandant l'entrée du port principal de Mahé. Ainsi, durant les guerres napoléoniennes, des vigies situées sur le sommet de l'île donnaient-elles l'alarme dès qu'elles apercevaient des vaisseaux ennemis, et, à deux occasions, lesdites vigies furent aux premières places d'une bataille entre un bateau français et un bateau anglais dans le bras de mer séparant Sainte-Anne de Mahé. Dans les premières décennies du XIXe siècle, l'île offrit aussi un mouillage protecteur aux baleiniers américains et anglais qui chassaient alors le cachalot, Charles Savy ayant d'ailleurs dénoncé les débordements de certains équipages. Deux baleiniers anglais firent ainsi une descente dans sa maison, qu'ils mirent à sac, terrifiant les femmes et passant à tabac quelques-uns des esclaves. L'activité baleinière autour des Seychelles disparut autour de 1870, mais elle connut une renaissance éphémère en 1914, lorsque la compagnie mi-écossaise mi-sud-africaine Saint-Ebba établit une station baleinière sur l'île. Opérant avec trois navires, principalement au large de l'île Denis et de l'île aux Vaches (Bird), la compagnie tua cent vingt-deux grands cachalots et une baleine franche, produisant près de deux mille barils d'huile en une année seulement. Mais le naufrage du bateau, en octobre 1915, eut raison de cette activité, la compagnie ayant été placée en liquidation peu après. Avec la Seconde Guerre mondiale, Sainte-Anne connut une nouvelle page de son histoire fertile. Utilisées par la Marine britannique pour ravitailler les bateaux en carburant, et par la Royal Air Force pour ses escadrilles de Catalina (appelés bateaux volants car pouvant se poser sur l'eau), les Seychelles firent alors de cette île un lieu de stockage de ce précieux carburant. Destinés à protéger l'entrée du port, un détachement de la RAF y installa en 1942 des canons sur ses hauteurs, lesquels auraient empêché un bombardier de s'approcher suffisamment près pour détruire les installations de Cable & Wireless, à Victoria. La guerre passée, l'île conserva son rôle de dépôt de carburant, puisque la Compagnie pétrolière des Seychelles y stocka longtemps son pétrole dans des citernes qui, il n'y a pas si longtemps, cassaient la belle image de cette île lorsqu'on la survolait, sur la route de Praslin.

## PARC NATIONAL MARIN DE SAINT-ANNE ★★★

Attention, n'oubliez pas masque, palmes, tuba et appareils photo sous-marins ! Ici, poisson-papillon et poisson-trompette, poisson-demoiselle et poisson-pipe, poisson-chèvre et poisson-perroquet, poisson-cardinal et poisson-picasso, tous reçoivent sans rendez-vous... Quel poétique aquarium que l'océan Indien vu des côtes seychelloises ! Un aquarium qui, au sein du Parc marin national de Sainte-Anne, compterait, dit-on, quelque 150 variétés de poissons, à cinq petits kilomètres des banc de sable mahélois. Créé dès 1973, à une époque où bien peu de pays se souciaient de la protection de l'environnement, ce parc se déploie face à Victoria, autour des îles de Sainte-Anne, Cerf, Longue, Moyenne et Ronde. Des *rangers* assurent sa surveillance. « Ne prenez rien sauf des photos, ne laissez rien sauf des traces de pas », recommandent les brochures touristiques. Les touristes sont donc conviés à s'extasier sur les fonds de ce haut lieu corallien, grâce notamment à des bateaux qu'exploitent les agences d'excursions Créole Travel Services et Mason's Travel, qui offrent la possibilité de mémorables sessions de snorkeling. Des excursions où les guides locaux vous révéleront qu'il existe environ dix-sept variétés d'oursins (gigantesques pour certains) et pas moins d'une centaine de variétés de coraux, lesquels ne grandissent que de 5 cm par année (dix siècles sont nécessaires pour un corail de 25 m). Malheureusement, en réalité, beaucoup semblent avoir disparu...

### CLUB MED SEYCHELLES €€€

✆ +248 4 399 600
www.clubmed.fr
*À partir de 2 350 € par personne pour 7 nuits. Promotions régulières sur le site Internet.*

Seule possibilité de logement, ce Resort Exclusive Collection a su sublimer les atouts naturels de l'archipel pour offrir des prestations haut de gamme en harmonie avec la nature. Randonnée, plongée, kayak à fond de verre, yoga, découverte de l'écosystème local, catamaran, vous n'aurez pas le temps de vous ennuyer avant un repos bien mérité dans des chambres à la décoration design et inspirée de l'artisanat local. Ce club propose aussi à ses non-résidents d'y passer la journée pour profiter des installations et d'un déjeuner (2 000 SR, transferts compris).

## LONGUE ★

Un séjour gratuit sur un bel îlot des Seychelles ? Il y a encore quelques années, c'était à Longue et nulle part ailleurs… Tout en longueur, cette bande de terre granitique de 800 m de long sur 300 m de large, ancrée au sein du parc marin de Sainte-Anne, n'était toutefois pas synonyme de langueur, puisque c'était encore l'île prison. Jadis dévolue aux malades atteints de petite vérole, l'île avait servi, à la fin du XIX^e siècle, de station de quarantaine. Une petite centaine de détenus en constituaient la « clientèle », nombre d'entre eux ayant été condamnés pour un délit lié à la drogue. Prison certes, mais elle n'en était pas moins plutôt cool. En semaine, les prisonniers travaillaient à l'entretien de l'île et à sa culture. Les jours de visite, il y régnait même une ambiance de colonie de vacances autour des familles, tandis que les reclus tuaient le temps en pêchant dans le lagon aux frais de l'administration. Bref, cette île carcérale n'était pas Alcatraz. Ici, c'étaient d'ailleurs les prisonniers qui étaient armés (d'un grand couteau pour les travaux au jardin) et non les gardiens. Pour le nouvel an 2002, une dizaine de prisonniers réussirent même à en convaincre certains de les laisser partir réveillonner à Mahé. Ce qu'ils firent, mais l'affaire devait finir par s'ébruiter. L'imparfait s'impose, en effet, les prisonniers de Longue ayant été déplacés sur Mahé, à la nouvelle prison située sur les hauteurs de Montagne Posée, afin que cette belle île du parc marin ouvre une nouvelle page de son destin, forcément touristique.

## ÎLE AU CERF ★★

Des tortues, des chauves-souris, des lézards, des oiseaux… et des chiens en liberté plus ou moins surveillée, mais pas le moindre cervidé sur cette île au Cerf, qui tire son nom de la frégate *Le Cerf*, laquelle mouilla devant la future capitale en 1756, le capitaine Corneille Nicolas Morphey, chef de l'expédition française, ayant le 1^er novembre officiellement pris possession des Seychelles. De ce jour historique reste d'ailleurs cette symbolique pierre de possession, conservée au musée national d'Histoire. Se déployant à 5 km de Victoria sur environ 1,7 km de long et 800 m de large, au sein du parc marin national, cette île verdoyante est parcourue par trois ruisseaux qui dégringolent de ses hauteurs (108 m au sommet). Dotée d'une végétation abondante et alimentée en eau et en électricité, depuis une vingtaine d'années, par des câbles sous-marins, elle est habitée par une soixantaine de personnes, dont une dizaine d'enfants, les de La Fontaine et les Calais représentant encore un tiers de la population. Ces familles pérennisent ainsi deux noms attachés à cette île depuis plus d'un siècle.
En sillonnant l'île, on peut toujours bavarder avec certains de ses habitants, qui tonnent pour la plupart contre les Mahélois envahissants qui, le dimanche midi, débarquent de leurs bateaux privés alentour pour y pique-niquer, rompant la quiétude ambiante.
Enfouies dans la verdure pour certaines et proches des plages pour la plupart, les maisons ne sont certes pas toutes habitées, mais rares sont celles abandonnées, nombre d'entre elles étant en fait des résidences secondaires. En bord de plage, c'est un lieu délicieux sur lequel on tombe après avoir traversé l'île par le seul sentier qui permette de passer du village principal à celui, plus nonchalant, de l'autre versant. Ici et là, sur le littoral, s'élèvent des maisons plus solitaires, dont celle, plantée sur des rochers et tout en bois, d'architectes sud-africains, tout près de la propriété transparente et parfaite pour la plongée avec masque et tuba : un véritable aquarium ! Au loin, la belle église de Cascade se détache au-dessus de la vieille route de la côte est. On aura compris que cette île, dont on peut se risquer à faire le tour à marée basse (si l'on accepte de crapahuter dans les rochers et de se mouiller un peu), ne manque pas d'intérêt, même si l'on peut déplorer qu'elle n'offre qu'un seul vrai chemin. De Victoria, compter entre 10 et 15 minutes de bateau.

Inter Island Ferry Pty Ltd
Baie Ste Anne. Praslin, Republic of Seychelles
Reliez Praslin
La Digue en 15 minutes !
www.iif-catrose.com
reservations@interislandferry.sc

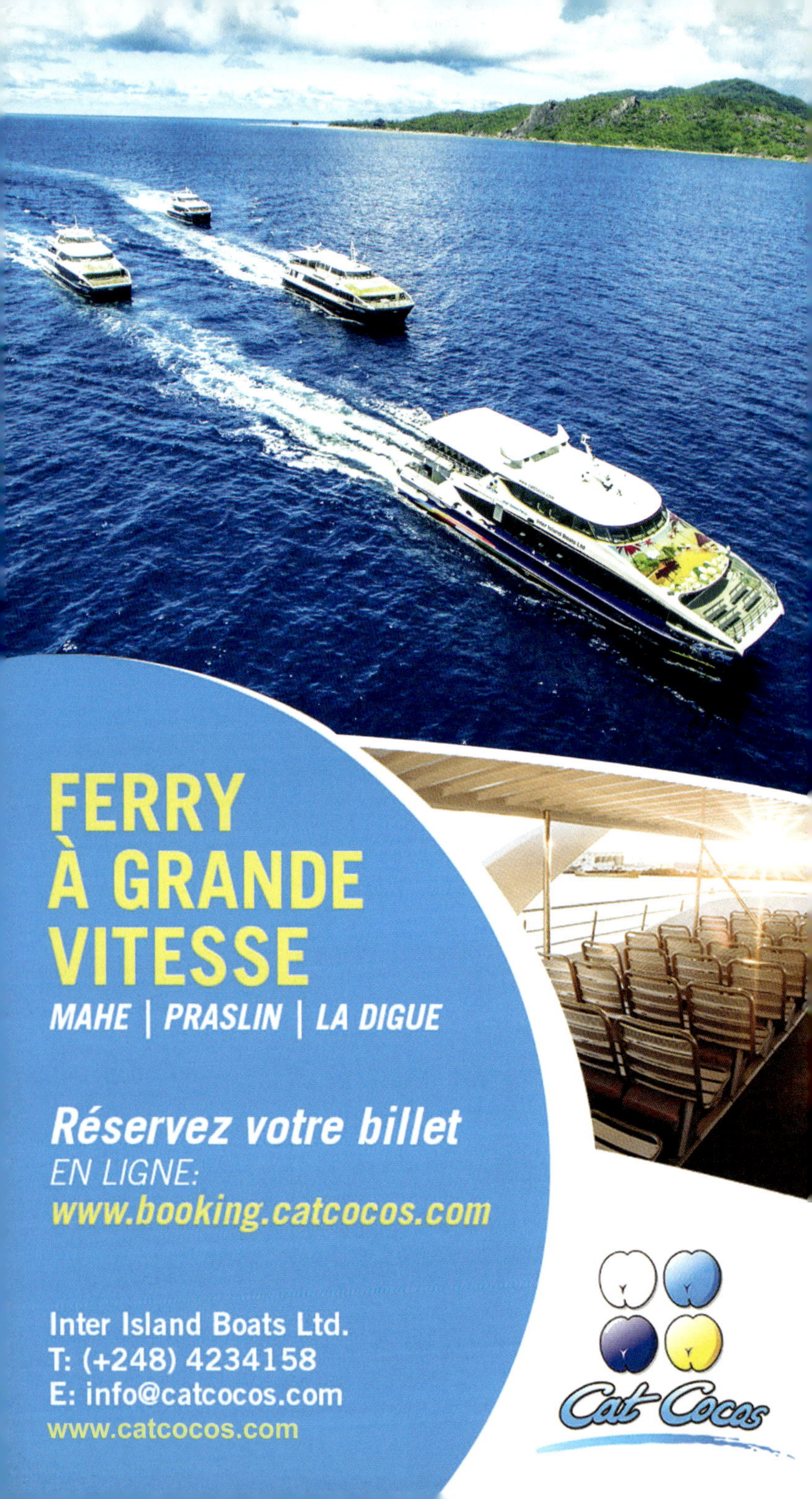
FERRY
À GRANDE
VITESSE
MAHE | PRASLIN | LA DIGUE
Réservez votre billet
EN LIGNE:
www.booking.catcocos.com
Inter Island Boats Ltd.
T: (+248) 4234158
E: info@catcocos.com
www.catcocos.com
Cat Cocos

## L'HABITATION CERF ISLAND €€

✆ +248 2 781 311

*Compter 215 € la chambre double avec le petit déjeuner et 280 € en demi-pension.*

Cernée de cocotiers, cette Habitation de charme, style maison de planteur, compte 14 chambres climatisées avec balcon ou terrasse, la plupart ont vue sur mer. En retrait du bâtiment principal s'ajoutent désormais deux petites villas (à Frangipanier, préférer Hibiscus, plus près de l'eau). Côté baignade, passée la piscine, on tombe sur la plage, où l'on peut profiter des canoës, masques et tubas mis à disposition gracieusement par la maison. A noter, la maison propose aussi des sessions (payantes) de snorkeling à la découverte du parc marin à bord de son bateau.

### CERF ISLAND RESORT €€€

Providence, Seychelles ✆ +248 4 294 500
www.cerf-resort.com

*De 525 € à 604 € la Hillside Villa (demi-pension), 596 € à 685 € la Hideaway Villa et 670 € à 771 € la Tortoise Suite.*

Voici un fief de Robinsons fortunés avec 24 luxueuses villas (de 80 m² à 100 m²) de bois sur pilotis au toit de palmes. Comme elles, une piscine à débordement, deux très bons restaurants et un spa se fondent dans l'exubérante végétation. On se détend aussi dans l'océan émeraude. Kayak, palmes, masque et tuba sont à disposition, et après un pique-nique sur une des îles alentour, on peut se faire servir à dîner sur la plage. Décidément, ce Cerf Island Resort se révèle d'un excellent rapport plaisir-prix.

### SURF TROPICAL VILLA SEASCAPE €€

✆ +248 2 781 311

*À partir de 800 € la villa entière (5 chambres, 10 personnes).*

Une excellente option pour les groupes d'amis qui voudraient profiter d'un logement entièrement privatisé. Avec 5 chambres (4 avec vue sur la mer et 1 avec vue sur le jardin), elle accueille jusqu'à 10 chanceux convives qui pourront profiter de superbes prestations dans cette villa aérée et décorée avec goût, qui possède sa piscine privée. Avec en plus, un petit bout de plage rien que pour soi, l'endroit est idéal pour profiter des kayaks mis gracieusement à disposition.

### THE « 1756 » RESTAURANT €€

Cerf Island Resort
✆ +248 4 294 500
www.cerf-resort.com

*Tous les jours de 12h30 à 15h et de 19h à 21h30. Au déjeuner, de 175 à 400 SR le plat. Le soir, menu 4 plats à 950 SR.*

Et si on passait la journée sur Cerf grâce au Lazy Day Package (transferts aller-retour, déjeuner au restaurant du resort et installations de l'hôtel à disposition pour 1 150 SR) ? De poisson du jour à la seychelloise en crevettes grillées, on se régale. Le soir, on peut aussi se laisser transporter dans sa douce atmosphère feutrée. Tirant bien profit de l'océan et des terres alentour, sa cuisine se nourrit de leurs légumes : de la vieille sauce cannelle, potimarron au beurre et nougat de patole, en porc salé aux brèdes de la mer, l'exotisme fond en bouche.

## MOYENNE ★

Entre Sainte-Anne et Longue, à quelques brasses de Ronde, Moyenne fait 450 m de long et 250 m de large. Une petite heure suffit pour en faire le tour. Propriétaire de cette île depuis 1962 (10 000 livres à l'époque), Brendon Grimshaw en avait fait depuis 1973 son paisible lieu de retraite au terme d'une carrière où il aura été directeur de journaux et conseiller personnel du président tanzanien Julius Nyerere. Il a eu la bonne idée d'étiqueter les arbres : bois sagaie, manguier sabre, eucalyptus, sandragon… De nombreux sentiers parcourent cette forêt. Le Robinson est décédé en 2012, léguant son bout de paradis aux parcs nationaux seychellois…

## THÉRÈSE

Face à la côte ouest de Mahé, à 1 km de Port Glaud, Thérèse est dominée par le mont Thérèse, qui culmine à 160 m au-dessus d'innombrables cocotiers et takamakas. Probablement découverte par les Arabes, cette île de 1 km de long ne se livre pas facilement. Elle ne compte qu'un seul chemin, mais quelle plage ! On tombe sous le charme de cette longue étendue de sable blanc et de ces eaux poissonneuses. Plusieurs excursionnistes plus ou moins improvisés y conduisent les aventuriers qui veulent avoir le privilège de s'extasier sur cet escalier géant qu'est la pointe Escalier. Miracle de la nature ou trace d'un rite religieux ancien ? Nul ne le sait.

## CONCEPTION ★★★

À 2 km de Thérèse à l'ouest de Mahé, attachée au district de Port Glaud, l'île Conception se révèle on ne peut plus inhospitalière et n'attire d'ailleurs personne, puisque de violents courants empêchent toutes les embarcations d'accoster sur ce gros caillou de 1,5 km de long sur 500 m de large. Pour ne rien arranger, les falaises tombent à pic dans l'océan, dont les courants sont dans le coin bien peu avenants. Surtout, pas une plage digne de ce nom pour y poser sa serviette ! À croire qu'aux Seychelles aussi, l'exception confirme la règle… À noter cependant : elle a été reconnue zone importante pour la conservation des oiseaux.

# PRASLIN

Praslin la douce… Le bleu turquoise de la mer, le vert émeraude des collines, le rouge orangé des flamboyants, le jaune citron des hibiscus font de cette île un éclatant bouquet de couleurs ! Surtout, en accostant à Praslin, on met le pied sur l'unique sanctuaire mondial du cocotier de mer et de son fruit, l'illustre cocofesse, une curiosité qui a fait la renommée de l'archipel et que l'on peut découvrir sur les chemins tortueux de la mythique vallée de Mai, classée au patrimoine mondial de l'humanité par l'Unesco. Évidemment, l'île possède aussi son lot de paradis aquatiques. Sur les éblouissantes Anse Lazio, Anse Georgette, Grande Anse ou Côte d'Or, on trouvera toujours un coin tranquille pour poser sa serviette, chausser ses palmes et plonger dans cette mer-aquarium.

Praslin
Vers ÎLE ARIDE
Pointe Chevalier
Baie Chevalier
Anse Georgette
ANSE LAZIO
ÎLE CURIEUSE
Parc national marin de Curieuse
Baie Curieuse
ILE DE ST-PIERRE
Océan Indien
SAVOIE
ANSE BOUDIN
Pointe Ste Marie
Chenard 190
NEWCOME
Pointe Zanguilles
ANSE PETITE COUR
Comédien
Anse Kerlan
Baie Pasquière
Cap Jean-Marie
Daviole
Anse Matelot
ANSE VOLBERT
ANSE POSSESSION
PROVIDENCE
JALOUSE
Fond du Riz
PASQUIÈRE
Pasquière
Salazie
Salazie
ANSE KERLAN
CÔTE D'OR
ANSE GOUVERNEMENT
Fond Diable 213
Pointe Joséphine
AU CAP
ANSE TAKAMAKA – ANSE LA BLAGUE
Côte d'Or
SALAZIE
Takamaka 319
PARC NATIONAL DE PRASLIN
AMITIÉ
GRAND' ANSE
Anse Madge
AU MORNE
Océan Indien
Vers ÎLE COUSIN, ÎLE COUSINE
NOUVELLE DÉCOUVERTE
BAIE STE ANNE
Cap Samy
ANSE LA FARINE
Praslin 367
ÎLE RONDE
Anse Citron
FOND AZORE
Pélissier
ST. SAUVEUR
2 KM
Anse Bateau
La Prude
FOND DALBARETZ
FOND FERDINAND
POINTE CABRIS
GROSSE ROCHE
Anse Saint-Sauveur
CONSOLATION
Anse Marie-Louise
ANSE BOIS DE ROSE
Consolation
ANSE
Île aux Vaches
Île Denis
Île Aride
ÎLE DE PRASLIN
Île cousin
Île cousine
Île de La Digue
Île de Frégate
Île de Mahé
50 KM
Parc national
Route principale
Ville
Sommet
Aéroport

PAGES

151 ## ● ● DISTRICT DE SAINTE-ANNE

C'est là, sur une jetée flambant neuve (inaugurée en 2023), que débarquent, deux ou trois fois par jour, les passagers du ferry Cat Cocos, qui assure en une heure la liaison Mahé-Praslin. C'est aussi là qu'embarquent ceux pour La Digue. Baie Sainte-Anne a son église et son école, son poste de police et son bureau de poste, sa Barclays Bank et le seul hôpital de Praslin. Et au-dessus du mini-supermarché des « Indiens », la discothèque attire en fin de semaine les jeunes de l'île entière. Mais les touristes ne s'y attardent guère, une fois visitée l'incontournable Vallée de Mai. Le coin abrite cependant quelques belles adresses.

151 **BAIE SAINTE-ANNE ★**

155 **ANSE TAKAMAKA – ANSE LA BLAGUE ★**

**PARC NATIONAL DE PRASLIN ★★★★**

155 La Vallée de Mai est le parc national de Praslin, LA visite incontournable à la beauté primitive. L'atmosphère de cette forêt de fougères et de palmes à la *Jurassic Park* et aux sentiers enchanteurs est vraiment unique.

159 ## ● ● DISTRICT DE CÔTE D'OR

Voilà la grande zone touristique de Praslin, celle où la majorité des vacanciers ont élu domicile. Dans le village de Côte d'Or face à son éblouissante baie, mais aussi autour, à Anse Gouvernement, Anse Petite Cour, Anse Possession ou Anse Boudin. Quelques kilomètres plus loin, place à la plage carte postale d'Anse Lazio.

159 **ANSE GOUVERNEMENT ★★★**

**CÔTE D'OR ★★★**

159 Si la plupart des touristes posent leurs valises ici, pas d'inquiétude : on peut facilement lézarder en solitaire sans cette baie d'exception, dont les couleurs sont parmi les plus éclatantes de Praslin. Du vert, du bleu, du blanc et un cadre idyllique pour des vacances de rêve. Belles plongées et excursions en perspective !

170 **ANSE PETITE COUR**

170 **ANSE POSSESSION**

170 **ANSE BOUDIN ★**

**ANSE LAZIO ★★★★**

171 Lazio, c'est la plage de rêve par excellence ! Photographes de mode, de charme et de tourisme ont fait d'ailleurs fait d'elle une valeur sûre. Comme les Praslinois, qui y accourent le dimanche pour une longue baignade et une sieste sous les takamakas. Un lieu magique !

173 ## ● ● DISTRICT DE GRAND'ANSE

A la différence de Côte d'Or, ici chaque établissement est plutôt isolé. Et il y en a pour tous les goûts et toutes les bourses, de l'appartement en self-catering au grand luxe du célèbre Lemuria et son golf d'exception, en passant par le chic et discret Dhevatara. Si les hôtels sont situés un peu partout dans le coin, le village de Grand'Anse est lui un gros bourg à l'atmosphère indolente toute seychelloise. Enfin, c'est aussi sur cette côte que vous vous offrirez de magnifiques couchers de soleil, souvent en solitaire…

173 **ANSE KERLAN ★★**

175 **AMITIÉ ★★**

182

## ●● LES ÎLES VOISINES

À 8 km au nord de Praslin, face à la sublime Anse Lazio, se trouve Aride avec sa faune et sa flore fascinantes. Une vraie île-nature et une excursion à ne pas manquer. En face de Grand'Anse, c'est Cousin, sanctuaire ornithologique de premier ordre et entièrement dédié à la conservation, qui méritera un détour. Des tortues centenaires vous y attendent aussi. Quant à sa voisine… Cousine, là encore la nature est exubérante avec plus de la moitié de plantes endémiques et une faune très riche. Sous l'eau aussi, spectacle assuré avec notamment des tortues hawksbill qui viennent pondre sur le kilomètre de plage de sable blanc. Face à Anse Boudin et Côte d'Or, on pourra aussi embarquer direction Curieuse et ses nombreuses tortues terrestres et l'îlot Saint-Pierre, un aquarium grandeur nature. Enfin, face à Baie Sainte-Anne, Ronde fait le bonheur des chanceux d'Enchanted Island Resort.

182

### ARIDE ★★★

Merci, mister Cadbury ! Au nom de la Royal Society for Nature Conservation, le célèbre magnat britannique du chocolat a en effet financé l'achat, en 1973, de cette île devenue, derrière Aldabra, la seconde réserve naturelle en importance de l'archipel, sa gestion, à base de dons, ayant été confiée à la Fondation pour la conservation des îles.

183

### COUSIN ★★

Émergeant à vol d'oiseau à moins de 3 km de Grand'Anse (au sud de Praslin), ce gros caillou de 800 m de long sur 300 m de large est devenu un sanctuaire ornithologique de premier ordre, entièrement dédié à la conservation.

## BAIE SAINTE-ANNE ★ ...

« Capitale » de l'île, Baie Sainte-Anne vit surtout au rythme du ballet des bateaux de touristes qui accostent et larguent les amarres plusieurs fois par jour. Ne proposant aucune plage digne de ce nom, cette baie en fer à cheval s'est vu voler la vedette par Côte d'Or et Grand'Anse. Il n'empêche qu'avec Grand'Anse, c'est l'autre bourg de l'île et les Seychellois se rendent régulièrement dans ces bâtiments relativement modernes pour y effectuer achats et autres formalités quotidiennes. Non loin vers la pointe Cabris, quelques adresses de qualité ont élu domicile, dont l'exceptionnel domaine du château de Feuilles, le seul Relais & Châteaux du pays.

### Balade

Il est possible de rejoindre Grand'Anse par la route de Consolation. La route de Consolation ! Exceptionnelle… C'est la balade parfaite pour s'en mettre plein la vue et perdre les calories de la daube de bananes ou du gâteau coco ! Pas même 10 km l'aller, mais quel spectacle… et quelles côtes ! Du 30 % d'inclinaison du côté d'Anse Marie-Louise et Anse Consolation, ce site étant l'un des plus enchanteurs de Praslin. Dernières images typiques des Seychelles à l'ancienne, avec ses maisons de tôle peinte et des scènes de vie qu'on ne voit quasiment plus ailleurs. D'Anse Bois de Rose à Anse Citron, les petites plages se succèdent le long de la route, autour de la pittoresque piscine de l'hôtel Coco de Mer. Arrivé à Grand'Anse, ne vous reste qu'à flâner dans le bourg avant d'attendre le bus qui vous ramènera à Baie Sainte-Anne, *via* cette fois la vallée de Mai.

## LES IMMANQUABLES DE PRASLIN

- **Bronzer** sur le sable blanc et aux eaux turquoise des éblouissantes plages de Côte d'Or, d'Anse Lazio et de la très secrète Anse Georgette.
- **Transpirer** pendant l'incontournable randonnée entre Anse Lazio et Anse Georgette.
- **Se laisser porter** par les chemins de la mythique vallée de Mai, captivante forêt et unique sanctuaire mondial du cocotier de mer, dont le fruit de l'arbre femelle, l'illustre cocofesse, est une étonnante plaisanterie de la nature.
- **Grimper** le Fond Ferdinand où, en plus des cocofesses, vous pourrez profiter d'une vue spectaculaire sur Praslin.
- **Vagabonder** sur la si sereine route pentue de Consolation, ponctuée de délicieuses petites plages désertes.
- **Dîner** dans la douce intimité de L'Archipel ou en profitant du superbe buffet créole du Laurier (mercredi et samedi).
- **Faire** une partie de golf sur l'un des plus beaux greens de la planète, le 18 trous paradisiaque de l'hôtel Lémuria.
- **Passer** son baptême de plongée au milieu des poissons à l'îlot Saint-Pierre et s'offrir une sortie sur l'un des vingt spots de rêve des alentours.
- **S'offrir** une inoubliable journée excursion sur l'une des îles du coin (Curieuse, Aride, Coco, Grande Sœur…), avec Edwin de chez Barracuda par exemple.

PRASLIN

*Baie Sainte-Anne.*

## FOND FERDINAND ★★

Anse Marie-Louise
✆ +248 4 233 716
*Tous les jours (mieux vaut s'y rendre tôt le matin). 300 SR l'entrée, 600 SR le ticket combiné avec la vallée de Mai.*

Le Ravin du Fond Ferdinand est une alternative très intéressante à la Vallée de Mai pour partir à la découverte de l'étonnant cocofesse seychellois. Moins chère (et les cars de touristes en moins), la visite guidée vous emmène pendant deux heures découvrir la faune et la flore endémique des Seychelles. Sur les hauteurs d'Anse Marie-Louise, cette randonnée a en plus le mérite d'être conclue par un point de vue incroyable sur Baie Saint-Anne et les îles environnantes, comme Coco, Félicité, Ronde ou la Digue, pour ne citer qu'elles.

## AVENTURE CAR HIRE

✆ +248 2 526 805

*Compter 45 € la journée de location en manuelle et 50 € la journée en automatique. Remise à partir de 3 jours.*

Aventure Car Hire est une agence de location de voitures présente depuis plusieurs années sur l'île de Praslin et qui a largement prouvé son sérieux. L'accueil de l'équipe est chaleureux et la quinzaine de véhicules disponibles sont en bon état. Une fois la réservation faite, vous pouvez récupérer votre véhicule à la jetée à l'arrivée du ferry ou à l'aéroport en descendant de l'avion. A moins que vous ne préfériez vous la faire livrer directement à l'hôtel. Service de livraison gratuit partout sur l'île et tarifs dégressifs. Assurance au tiers avec franchise.

© AVENTURE CAR HIRE

© AVENTURE CAR HIRE

## DREAM YACHT SEYCHELLES

Baie Sainte-Anne

✆ +248 4 232 681

www.dreamyachtcharter.com

Croisières au long cours ou simples excursions sur les îles alentour, voilà la promesse de moments de rêve lors d'un voyage seychellois ! Dream Yacht Charter met à disposition une quarantaine de bateaux (12 voiliers et 31 catamarans) tout beaux pour des locations à la carte avec ou sans équipage. La location est même possible à la journée. Aux Seychelles, cette flotte est une véritable référence dans le monde du tourisme. Toujours de bon conseil, le staff saura vous aiguiller pour choisir la formule la plus adaptée à vos attentes.

## CAT COCOS

Baie Sainte-Anne - Jetée

✆ +248 4 234 158

www.catcocos.com

*840 SR l'aller de Mahé pour Praslin et 1 680 SR l'aller-retour. Pour les moins de 12 ans, compter 420 SR et 840 SR.*

Le *Cat Cocos* a trouvé sa vitesse de croisière. Ce catamaran de 36 m de long, filant à une vitesse d'environ 35 nœuds, relie Mahé à Praslin en une petite heure... Ce *Cat Cocos* peut accueillir 350 passagers : 174 sur son pont principal, 142 sur son pont supérieur et 34 dans son Lazio Lounge (classe affaires), avec hôtesse, plateau repas et un film dans les yeux. A noter que rejoindre Praslin par le *Cat Cocos* revient deux fois moins cher qu'en empruntant Air Seychelles. Jusqu'à 3 départs chaque jour du port de Victoria à Mahé ou de Baie Sainte-Anne, à Praslin.

## CHALETS CÔTÉ MER GUESTHOUSE €€

Baie Sainte-Anne

✆ +248 4 294 200

www.chaletscotemer.com

*199 € la chambre double avec petit déjeuner et 219 € la supérieure. Demi-pension possible (29 € par personne).*

En front de mer, sur les hauteurs boisées, on a le choix entre chambres standard, supérieures et appartements de 80 m² (qui peuvent accueillir 2 adultes et 2 enfants), tous avec balcon et vue. Pour la demi-pension, c'est quelques marches plus bas dans le restaurant qui surplombe la mer. Et au petit déjeuner, on se régale d'exquises confitures maison. Un bon port d'attache auquel ne manque qu'une plage. Mais la piscine à débordement comblera vos envies de plongeons.

## CHÂTEAU DE FEUILLES €€€

Pointe Cabris ✆ +248 4 290 000
www.chateaudefeuilles.com

*De 550 € la double à 1 375 € la suite piscine. 3 nuits au minimum. Voiture de location offerte à partir de 4 nuits.*

Propriété de Cédric Morel, ce domaine est le seul Relais & Châteaux du pays : 9 chambres et suites et une villa (2 chambres), certaines avec piscine privée, dans un genre très nature (le lin tenant là la vedette), surplombent l'océan dans un parc fleuri. Le spectacle est à l'horizon, dont on peut se griser depuis la terrasse en teck. Ajoutez une excellente table, un spa et une piscine à débordement qui épouse la forme des rochers, on est là dans l'un des meilleurs hôtels du pays. Le week-end, place à l'excursion sur l'enchanteresse et privée île Grande Sœur.

## OÙ SE LOGER ?

À Praslin, l'ambiance est très paisible. Si vous choisissez un appartement en *self-catering*, vérifiez bien sa proximité avec les commerces (et privilégiez une location de voiture pour vous déplacer). La seule baie où il existe un peu d'animation est celle de Côte d'Or, de loin la plus peuplée de l'île. Comme la plage est magnifique, il semble que ce soit un très bon point de chute pour poser ses valises. Sur l'autre côté de Praslin, on aime beaucoup Anse Kerlan, paisible baie qui précède le prestigieux Lémuria, son golf et sa splendide Anse Georgette. Attention, de mai à octobre, ce côté de l'île est envahi par les algues et il vaut mieux privilégier Côte d'Or.

### COLIBRI GUESTHOUSE €€

✆ +248 4 294 200

www.colibrihotel-praslin.com

*190 € la chambre double avec petit déjeuner et 219 € la supérieure. 25 € par personne pour la demi-pension.*

Ce petit hôtel est sur les hauteurs de la Pointe Cabris. Aux 2 chambres standard de la villa en retrait, simples et de bon goût, on préférera les 10 supérieures dans des chalets avec vue (spectaculaire) sur l'océan Indien. Créoles dans leur aménagement, elles sont sobrement mais joliment décorées avec une sympathique dominante de bois et une salle de bains à la gloire du granit pour les chambres supérieures. Et, pour les repas, c'est à deux minutes à peine, au Chalet Côté Mer. Une adresse que nous recommandons, parfaite pour les séjours au calme.

### INTER ISLAND FERRY - CAT ROSE

Jetée Baie Sainte-Anne

✆ +248 4 232 394

www.seychelles.net/iif

*Compter 30 € l'aller-retour.*

Cat Rose assure la traversée de la jetée de Baie Sainte-Anne à La Digue en 15 minutes grâce à une flotte de trois catamarans. Les billets sont vendus au guichet de la jetée (à Praslin comme à La Digue) et l'enregistrement se fait un quart d'heure avant le départ (arriver 30 minutes avant le départ). Pour les horaires, consulter le site Internet. Réservation conseillée. A l'embarcadère, on trouve un petit café qui permet de patienter autour d'un d'un sandwich ou d'une glace.

### COCO ROUGE €

Baie Sainte-Anne

✆ +248 4 232 228

*Du lundi au samedi de 11h30 à 21h. Entre 60 SR et 100 SR la barquette en take-away et entre 200 SR et 350 SR le plat.*

Ce restaurant typique, au cœur de Baie Sainte-Anne, fait office de take-away toute la journée (pratique sur la route entre deux excursions) et propose une sympathique carte à la nuit tombée. Quand on veut déjeuner vite fait-pas cher, pourquoi ne pas faire comme un *Seselwa*, c'est-à-dire manger dans un ***basket*** : ***kari koko bef***, ***grilled fish bourzwa***, ***pork stew*** et on peut s'asseoir de l'autre côté de la route, face à la mer. Le soir, c'est l'heure du barbecue pour de bonnes grillades et autres spécialités créoles. Une adresse sympathique.

### CHÂTEAU DE FEUILLES €€€

✆ +248 4 290 000

www.chateaudefeuilles.com

*Tous les jours de 19h30 à 21h (dernière commande). 85 € le menu découverte. Réservation obligatoire.*

Sous cette paillote romantique, avec vue plongeante sur la piscine illuminée et le jardin, « châtelains » et gourmets de passage se régalent d'un menu unique. Tartare de job, thon mariné aux fruits des îles, crabe girafe grillé, langouste château au beurre d'ail ou capitaine au lait de coco… Les deux chefs seychellois Keiran et Damien font des merveilles. Dans la cave, quelques grands vins, de saint-émilion en château-neuf-du-pape et de chablis premier cru en Ruinart. Quant à l'ambiance, on peut la qualifier de chic décontractée. Une excellente adresse.

### OXYGEN

Baie Sainte-Anne

✆ +248 4 232 800

*Ouvert le vendredi et le samedi de 22h à 4h.*

LA boîte de Praslin ! De l'oxygène, on n'en manque pas au sein de cette boîte moderne et très climatisée. Sur le parquet de la piste ovale, une majorité de Praslinois, des 18-40 ans, mais aussi quelques touristes. En tout cas, le samedi, c'est plein à craquer, la SeyBrew et la Guinness coulant à flots. Quant à la musique, doit-on préciser qu'elle est plus internationale que tropicale, les « grands DJ » préférant Pharrell Wiliams au séga. Des concerts sont parfois proposés : même Jean-Marc (Volcy), l'un des grands noms des Seychelles, est passé par là.

## ANSE TAKAMAKA - ANSE LA BLAGUE ★

Se déployant dans l'une des parties les plus sauvages de Praslin, entre pointe Joséphine et l'île Malice, à l'extrême est, cette anse du bout du monde vaut qu'on s'échappe de la route principale. De la partie la moins large de l'île, une petite route peu fréquentée longe le littoral jusqu'à l'Anse Takamaka, avant de partir à l'assaut d'un morne luxuriant et de replonger vers la côte au niveau de l'éclatante Anse La Blague, la route asphaltée faisant place à un chemin de terre. Si l'on dispose d'un 4 x 4, on peut s'enfoncer sur les hauteurs, d'où la vue sur la baie est magnifique. Pour la baignade en revanche, l'absence de fond ne permet que de barboter.

### VILLA ANSE LA BLAGUE €

✆ +248 2 575 537

*Compter 155 € la chambre double avec petit déjeuner et 190 € en demi-pension. Location de voiture possible.*

Perchée au dessus de Grand'Anse, cette grande bâtisse compte 8 grandes chambres, bien équipées et climatisées, avec vue sur l'océan. Au bas des chambres, un restaurant abrité accueille les clients avec un délicieux menu aux saveurs créoles. Quelques plats locaux, des poissons frais et d'excellents mezze à partager sont à la carte. L'accueil de la propriétaire seychelloise Georgette, qui a bien baroudé avant de poser ses valises à Anse la Blague, est charmant. Une adresse vraiment sympathique, pensée pour une clientèle adepte de sérénité et de quiétude.

## PARC NATIONAL DE PRASLIN ★★★★

La vallée de Mai est le parc national de Praslin, LA visite incontournable. C'est le deuxième site du pays inscrit au patrimoine mondial de l'Unesco avec l'atoll d'Aldabra. On est là dans le sanctuaire du palmier le plus rare sur Terre : Sa Majesté le cocotier de mer, dont les arbres femelles donnent naissance à l'extravagant coco de mer, familièrement appelé cocofesse. On se laisse prendre par l'atmosphère de cette forêt de fougères et de palmes à la *Jurassic Park* et aux sentiers enchanteurs vagabondant dans cette vingtaine d'hectares d'une beauté primitive. L'entrée se situe au milieu de la route reliant Baie Sainte-Anne et Grand'Anse.

### LE VASSEUR ECO RESORT €€

Anse Takamaka

✆ +248 4 232 941

www.ilesdespalmes.com

*De 191 € le bungalow double à 435 € pour un bungalow avec trois chambres. Meilleur tarif pour une réservation en direct.*

Belle et calme adresse discrète que cet Eco Resort ! 18 bungalows de bois ventilés, dans l'ombre des filaos et takamakas de cette anse peu connue, donnent sur la plage, et sur un jardin. Autant de chez-soi spacieux (66 m² à 125 m²) avec salon-cuisine, salle de bains et, selon les cas, 1, 2 ou 3 chambres. Pour la baignade, direction la piscine ou la grande bleue, droit devant. De nombreuses activités sont proposées (snorkeling, kayak, bicyclettes) et, côté restauration (demi-pension possible), la maison propose notamment poissons frais, langoustes et gambas.

© LE VASSEUR

© LE VASSEUR

PRASLIN

Vallée de Mai.

## VALLÉE DE MAI ★★★

✆ +248 4 236 220

*Tous les jours 8h30-17h. 450 SR (600 SR ticket combiné avec le Fond Ferdinand). Safari de nuit à 19h à la pleine lune.*

« C'est un arbre unique. C'est le prince des palmiers. Je pense que c'est l'arbre de la science du Bien et du Mal », affirmait en 1881 le général britannique Charles Gordon, qui connaîtra une fin tragique à Khartoum. Fervent chrétien, mi-poète et mi-philosophe, celui qu'on appela aussi Gordon Pacha fut tellement subjugué par la Vallée de Mai qu'il pensa avoir localisé le mythique jardin d'Eden, le paradis originel. Dans un essai qu'il lui consacra, il précisait que le cocotier de mer était l'arbre de la Connaissance et l'artocarpe (arbre à pain), l'arbre de Vie. Paradis originel ? Au moins paradis tropical qu'il est impératif d'arpenter lors d'un voyage aux Seychelles. Ce fameux cocofesse constitue l'une des plus étonnantes curiosités du monde végétal. Ce n'est pas pour rien qu'il est sans conteste devenu le symbole de l'archipel (regardez le tampon que le douanier a apposé sur votre passeport à l'arrivée !). Le cocofesse a donc naturellement suscité de nombreuses convoitises et plusieurs légendes depuis sa découverte. Que serait d'ailleurs devenue cette Vallée de Mai sans cette noix bilobée de réputation planétaire ? La voilà en tout cas classée, depuis 1983, dans la liste des sites du Patrimoine mondial de l'Unesco – une consécration pour cette cathédrale de verdure qui, jusqu'en 1930, avait eu le rare privilège d'être peu affectée par l'homme. Son nouveau propriétaire décida alors de transformer cette forêt quasi primitive en jardin botanique, en y introduisant des arbres ornementaux et des plantes importées.

Heureusement, vingt ans plus tard, la précieuse vallée allait de nouveau changer de main, l'Etat se l'étant appropriée dans le cadre du principal bassin de captation d'eau de l'île. Devenue Réserve naturelle en 1966, elle devint dès lors une priorité nationale pour le gouvernement. Pour lui redonner son aspect d'origine, il allait falloir éradiquer les plantes exotiques, déjà envahissantes, revégétaliser les crêtes de sommets victimes du feu (les rangées de calices du pape, bois peu combustible, servant de pare-feu) et entretenir la forêt de cocos de mer. C'était un objectif de longue haleine, d'autant plus justifié qu'un incendie, en 1990, avait ravagé 40 ha de la palmeraie de Fond Ferdinand, à la pointe sud de l'île, anéantissant ainsi la dernière forêt relique de Praslin (aujourd'hui heureusement réhabilitée et ouverte également à la visite d'ailleurs).

Un peu plus de trois décennies n'ont malheureusement pas encore suffi pour que la Vallée de Mai retrouve sa quasi-virginité d'avant les années 1930, mais la reconquête est en bonne voie, d'autant plus que la Fondation des îles Seychelles (SIF), créée en 1979 pour gérer et protéger la faune et la flore d'Aldabra (autre site du Patrimoine mondial), assure depuis 1989 une gestion attentive et scrupuleuse de cette vallée préservée, néanmoins toujours menacée par l'appétit du philodendron, cette plante grimpante parasite (qui suce la sève de l'arbre) ayant en effet résisté aux tentatives d'éradication. Quoi de plus normal finalement que pas moins de cinquante mille touristes se laissent chaque année happer par cette voûte de feuillages et cet enchevêtrement de racines, lianes, mousses, feuilles mortes et rochers. On n'y entend que le doux murmure des ruisseaux (la vallée comptant sept sources) et le sifflement des perroquets noirs, qui reviennent nicher là après s'être baladés à plusieurs lieues à la ronde. Il ne faut surtout pas manquer le ravin du sentier circulaire, ce bosquet comprenant cinq des six palmiers endémiques des Seychelles et trois des quatre espèces de vacoas propres aux îles granitiques.

*Vallée de Mai.*

© GERARD LAROSE - OFFICE DU TOURISME DES SEYCHELLES

*Cascade de la Vallée de Mai.*



A cet endroit, on peut imaginer comment devait être le monde tropical, il y a des millions d'années, lorsque les palmiers prédominaient et que les arbres à fleurs, les oiseaux et les mammifères n'existaient pas. On est en effet là dans une forêt de fougères et de palmes à la *Jurassic Park*. Quelque sept mille cocotiers (dont 56 % de mâles) ont été recensés dans cette vallée, 80 % étant encore trop jeunes pour produire, le tronc n'apparaissant qu'à leur quinzième année. Devenant adulte à quarante ans, l'arbre peut vivre plus de quatre cents ans ; le plus âgé, d'une trentaine de mètres a actuellement environ trois cents ans. Ce Casanova de la Vallée de Mai reste d'ailleurs vaillant à en juger par son appendice phallique. De combien de cocos de mer a-t-il été le géniteur ? De la fécondation de l'arbre femelle à la chute de la grosse noix bilobée (de 14 kg à 23 kg lorsqu'elle est pleine), il faut en tout cas sept ans, alors qu'une noix de coco normale tombe à six mois. On estime à trois mille le nombre de ces noix extraordinaires annuellement ramassées (seules l'étant les plus callipyges), tant dans la vallée qu'à Fond Ferdinand (également géré par la Fondation des îles Seychelles – SIF – depuis 2020). Avant leur mise en vente, les précieuses noix auront bien sûr été vidées de leur chair avant d'être recollées et éventuellement polies. Les deux hémisphères de ce sacré coco prendront alors place sur les rayons des boutiques de souvenirs, habilitées à ne commercialiser chaque mois que deux de ces merveilles nationalisées, dûment numérotées, leur prix variant selon leur perfection avant de se retrouver sur les étagères des touristes une fois rentrés. Si les palmiers règnent en maîtres dans cette sylve d'exception (ce sanctuaire de huit espèces – dont six endémiques – représentant la plus vaste concentration au monde de palmes diversifiées dans un milieu originel), d'autres arbres y prospèrent également dans une atmosphère décidément quasi mystique.

Les passionnés de botanique seront ravis. Ils pourront observer le manguier, le jacquier, le capucin, le calice du pape, l'arbre du voyageur, l'arbre à pain, l'albizia, le filao, le bois dur, le bois rouge et le cacaoyer. Mais l'essentiel n'est-il pas de voir, sentir, écouter et de se laisser envelopper par la végétation protectrice de cette fascinante ex-île de Palmes la bien nommée ! On ressort un peu transporté de ces sentiers qu'il est préférable de découvrir dès l'ouverture ou dans l'après-midi, lorsque les groupes d'excursionnistes n'en troublent pas la sérénité (l'heure de pointe étant entre 9h et 11h).

**Un café-snack et une sympathique boutique de souvenirs** sont aménagés dans la maisonnette où sont fournis les billets à l'entrée. Au café, vous pourrez vous régaler de bons sandwichs frais et de salades préparés avec des produits bio et locaux, de pâtisseries ou encore de jus de fruits frais et bio. Idéal pour une petite pause salvatrice après votre balade dans ce temple de la nature praslinoise. La boutique propose, elle, de nombreux petits souvenirs typiquement seychellois à glisser dans sa valise avant l'avion du retour. Entre deux pièces d'artisanat, on trouve même des (très utiles) produits anti-moustiques (il arrive qu'on en ait besoin, l'enfer n'étant jamais très loin du paradis !).

**Circuits.** Des circuits fléchés empruntent les sentiers, remarquablement entretenus, de cette forêt si parfaite qu'on la croirait reconstituée pour un nouveau volet d'*Indiana Jones*, et dont la partie classée couvre 19,5 ha. Du plus court (environ 1 km) au plus long (environ 2 km), chacun de ces itinéraires se révèle de toute façon enchanteur. A l'entrée, on vous indiquera que les itinéraires se font respectivement en 1 heure, 1 heure 30 et 2 heures.

**Guides.** A l'entrée de la Vallée de Mai, vous trouverez facilement les services d'un guide. Est-ce une bonne idée de s'offrir ce genre de services ?

Oui, si vous êtes en solo parce que cela vous permettra de profiter au mieux de la quiétude de l'endroit tout en ayant toutes les informations sur ce petit bout de paradis terrestre, moins, si vous vous retrouvez avec un groupe de 15 à 20 personnes. Charge à vous de négocier avec lui et en adaptant le prix à la taille du groupe.

A la Vallée de Mai, une bonne partie du plaisir réside en effet dans le fait de se retrouver seul au milieu de la nature, avec pour seul bruit celui des feuilles bruissant au gré du vent. Donc, si vous n'avez pas les moyens de vous offrir un guide pour vous seul(e) et votre conjoint, visitez le parc par vous-même. Les panneaux explicatifs sont nombreux, vous ne serez pas perdus !

## ANSE GOUVERNEMENT ★★★

En retrait de la route principale, Anse Gouvernement offre une vue plongeante sur la baie de Côte d'Or. Son luxueux hôtel L'Archipel et sa perchée Villa Mille Étoiles sont parfaits pour être au calme, tout en restant à proximité des restaurants et des commerces. Surtout, la superbe Anse Gouvernement, si belle et si bien cachée, devient une quasi-plage privée pour les chanceux qui ont posé leurs valises à L'Archipel, où architecture rime avec nature. Étagées face à l'océan, dans un amphithéâtre de verdure, et accessibles par maints escaliers, ses maisons aux toits verts, sur deux niveaux pour la plupart, s'intègrent parfaitement à cette colline panoramique.

### VILLA MILLE ÉTOILES €€

Anse Gouvernement
✆ +248 2 516 633
www.milleetoiles.com
*A partir de 320 € la nuit pour la villa entière (6 personnes).*

S'il faut une voiture pour monter, le spectacle est au rendez-vous une fois là-haut ! Sous nos pieds, la resplendissante Côte d'Or est à portée d'objectif et on en prend plein les yeux. Du côté de la villa, le confort est là, que ce soit dans la cuisine équipée et dînatoire, dans les trois agréables chambres doubles (avec chacune leur salle de bains) ou dans le salon (TV, lecteur DVD, etc.). Mais ce que l'on préfère, c'est le jardin et surtout la grande véranda, ouverte aux quatre vents, où petit déjeuner et apéro doivent être bien agréables. Bref, un plan en or !

### LA GIGOLETTE (HÔTEL L'ARCHIPEL) €€€

✆ +248 4 284 700
www.larchipel.com
*Ouvert tous jours de 12h30 à 15h et de 18h à 21h30 (21h pour dernière commande). Compter entre 250 SR et 615 SR le plat.*

Un fin gourmet, ce Lucas d'Offay ! Dès lors qu'on a un portefeuille bien garni, peut-on trouver à la nuit tombée la jungle menant à ce bel Archipel, l'un des établissements les plus classieux de Praslin, et à sa luxueuse table de La Gigolette. Son chef y propose un savoureux assemblage franco-créole, à arroser d'un chardonnay sud-africain. La magie des lieux opère, surtout les soirs où, par beau temps, les tables sont dressées à même le sable, avec les étoiles pour seule décoration.

## CÔTE D'OR ★★★

Des centaines de chambres sur moins de 1 km... Aux Seychelles, on peut appeler ça une concentration touristique. Voilà donc une plage à se partager, mais soyez rassuré : on ne se bouscule pas pour autant sur l'éblouissante Côte d'Or. En outre, l'Anse Volbert (son nom officiel) est tellement grande que l'on peut facilement y lézarder en solitaire, dès lors qu'on s'éloigne du pôle Paradise Sun-Berjaya. Au-delà, s'offre une éblouissante vue sur cette baie d'exception dont les couleurs sont parmi les plus éclatantes de Praslin. Du vert, du bleu, du blanc, un bouquet éclatant pour des vacances de rêve. Et de belles plongées en perspective.

### Balade

- **Le Salazie Track.** Attention, échauffez-vous ! Pour les amateurs de randonnée, il est possible depuis Côte d'Or de rejoindre le bourg de Grand'Anse par la montagne. Cap donc sur Grand'Anse... par la jungle, en somme, par cet éprouvant Salazie Track qui, en une petite heure, vous révèle la douce Praslin côté montagne. Quand on vient de baie Sainte-Anne, on emprunte ce chemin discret, au départ bitumé à environ 100 m de l'arrêt de bus situé à l'intersection de l'ancienne et de la nouvelle route de Côte d'Or. Très pentu ici, le chemin mène d'abord aux réservoirs d'eau. Une fois passé les manguiers, à la première intersection, continuez tout droit. Vous voilà alors dans le sous-bois, où coule la Salazie River, que deux petites planches suffisent à traverser. Fait de terre, de pierres et de racines, ce chemin ici ombragé suit alors la conduite d'eau jusque sur les hauteurs de la plaine Hollandaise, où l'on se retrouve sous le soleil et où vous escortent les pruniers de France. Une dizaine de minutes plus tard, vous apercevrez enfin la mer et bientôt l'île Cousine, juste en face. Photo obligatoire ! Ne reste alors qu'à redescendre sur Grand'Anse. Mais gare à l'intersection ! Après la maison de tôle verte, ne prenez donc pas le chemin qui descend sur la droite en direction d'Anse Possession, mais poursuivez sur la gauche. Cette jungle protectrice traversée et le vieux cimetière du village visité, place bientôt à une SeyBrew bien fraîche décapsulée chez les Indiens du bourg. Celle-là, vous l'avez bien méritée !

## LES LAURIERS ECO HOTEL €€

✆ +248 4 297 900
www.laurier-seychelles.com
*De 250 € à 300 € la chambre double avec petit déjeuner. Demi-pension possible.*

Les Lauriers ont fait peau neuve et quelle réussite ! Aux 7 villas précédentes, se sont ajoutées 8 chambres supérieures, 4 familiales et 1 suite avec piscine privée. Il y a maintenant deux piscines avec un bar où déguster son cocktail. Dans ce vaste jardin fleuri, l'écologie est à l'honneur. Le takamaka est partout, des panneaux solaires sont utilisés, l'eau est recyclée, les vélos sont en libre service, etc. La douche extérieure est un pur bonheur ! La demi-pension est fortement conseillée. Un excellent rapport qualité-prix et un accueil souriant et familial.

© LES LAURIERS RESTAURANT

© LES LAURIERS RESTAURANT

## PIROGUE LODGE €€

✆ +248 4 237 766
www.piroguelodge.com
*Compter 250 € la chambre double avec petit déjeuner et 310 € en demi-pension.*

Réputée pour son restaurant, la Pirogue propose également 6 chambres de bon standing. Avec une surface de 50 m², elles sont très spacieuses et ont toutes une terrasse ou un balcon donnant sur l'océan. Il n'y a que la petite route de Côte d'Or à traverser pour profiter des transats que l'établissement met à votre disposition. Depuis début 2019, une jolie petite piscine a fait son apparition. Les petits déjeuners ou la demi-pension se prennent juste à côté, à la délicieuse Pirogue. Un vrai bon plan avec, pour ne rien gâcher, un accueil chaleureux !

## VILLAGE DU PÊCHEUR €€

✆ +248 4 290 300
www.thesunsethotelgroup.com
*280 € à 525 € la chambre double ou la suite avec petit déjeuner. 195 € à 225 € dans l'annexe. Demi-pension possible.*

Le Village du Pêcheur surgit du sable de l'éblouissante Côte d'Or, face à l'îlot Saint-Pierre. Blanche, c'est la couleur dominante de ce bel ensemble architectural, dont les toits de palmes ajoutant une note tropicale. Sur les 14 chambres du bâtiment principal, une grande partie d'entre elles bénéficie d'une terrasse ou d'un balcon avec vue sur mer. Au petit spa et aux dix chambres standard s'ajoutent deux suites junior et deux luxueuses *penthouses*. De l'autre côté de la route, un bâtiment propose 5 chambres à prix plus doux, mais que l'on ne conseille pas.

## PARADISE SUN €€€

✆ +248 4 293 293
www.paradisesunhotel.com
*Compter de 708 € à 870 € la chambre double en demi-pension (obligatoire). Nombreuses offres sur le site Web.*

Le Paradise Sun est bien intégré dans cet environnement, ses 80 chambres climatisées et décorées avec goût, toutes avec terrasse et vue, se déployant dans un spacieux jardin. Mais vite, direction ce sable de rêve ou cette piscine de charme. Canoës, palmes, masques et tubas sont disponibles, un club de plongée et un spa étant attaché à l'hôtel. Pionnier de l'hôtellerie praslinoise, c'est aussi ici que, quatre soirs par semaine (lundi, mercredi, vendredi, dimanche), l'on peut boire un verre avec des musiciens locaux. Et le vendredi c'est buffet créole !

PRASLIN

© ACAJOU BEACH RESORT

© ACAJOU BEACH RESORT

## ACAJOU BEACH RESORT €€

Cote D'or, Praslin Island ✆ + 248 4 385 300
www.acajouseychelles.com

*De 300 € à 450 € la chambre double avec petit déjeuner. Offres très intéressantes sur le site Internet de l'hôtel.*

L'acajou trône dans la majorité des 58 spacieuses chambres (dont 6 appartements en *self-catering*) de cet hôtel si bien nommé. De leurs paisibles terrasses, le regard se porte de côté sur la mer, à moins d'avoir élu domicile dans une chambre deluxe face à l'océan. Il faut dire que derrière la jolie piscine, la sublime plage de Côte d'Or s'offre directement à vous sur les transats d'un établissement qui a mis en place de nombreuses mesures en faveur de l'environnement. Un effort justement récompensé par le Sustainable Tourism Label pour cette belle adresse.

© ACAJOU BEACH RESORT

## LES VILLAS D'OR €€

✆ +248 4 232 777
www.lesvillasdorseychelles.com
*329 € la villa 2 personnes à 645 € pour 4 personnes. Petit déjeuner à 12 € par personne. Prix négociables en direct.*

Réparties dans un vaste jardin, ces 10 villas ont 1 ou 2 chambres, sont bien équipées et ont une décoration raffinée. Le must ? La grande terrasse en bois. Le jardin possède un enclos où des tortues font la sieste pendant que le ménage est assuré. Pour ceux qui ne cuisinent pas (un barbecue est à disposition), la demi-pension permet de s'attabler au Duc, à La Pirogue ou au Côte d'Or Lodge. Tous vos souhaits (voiture, excursions…) seront exaucés. S'il y a une petite piscine, c'est surtout pour l'incroyable ouverture sur Côte d'Or que l'on pose ses valises ici.

© LES VILLAS D'OR

© LES VILLAS D'OR

## LE DUC DE PRASLIN VILLAS €€€

Sur les hauteurs de Côte d'Or.
✆ +248 4 294 800 - www.praslinvillas.com
*Compter de 1 000 € à 3 500 € la nuit selon le standing de la villa choisie.*

Le célèbre Duc propose 3 villas d'exception sur les hauteurs avec une vue imprenable sur l'océan. De 3 ou 4 chambres, côté jungle ou côté mer (avec même une incroyable vue à 360 degrés pour la plus luxueuse d'entre elles), ces pied-à-terre de rêve à la décoration raffinée offrent des prestations exceptionnelles. Toutes les chambres ont une véranda, certaines une baignoire en plus de la douche, un bel écran de télé, un système hifi dernier cri, une connexion Wifi, etc. Une voiture ou deux sont également prévues. Une chose est sûre, l'apéritif promet d'être magique.

## HELICONIA GROVE €€

Cote D'or, Praslin Island
✆ +248 4 233 700
www.heliconiagrove.com
*285 € la villa 1 chambre, 485 € la villa 2 chambres et 630 € la villa 3 chambres. 2 nuits minimum. Petit déjeuner 15 €.*

Voici 8 villas à l'architecture typiquement créole avec chacune leur terrasse et leur mini-piscine. Elles possèdent tout le confort (Wifi, climatisation, TV, cuisine équipée, etc.) et un starter pack (thé, café…) est offert à l'arrivée. Si l'on peut y garer sa voiture, le jardin accueille surtout un barbecue commun pour des soirées conviviales, de quoi reprendre des forces après une balade ou pour prolonger une idyllique journée sur Côte d'Or.... D'ailleurs, l'établissement met à votre disposition des kayaks pour en profiter.

## MANGO LODGE €€

✆ +248 2 570 454
www.mango-lodge.com
*Compter 125 € pour l'appartement standard pour 2 et 130 € le chalet. Compter 10 € par personne pour le petit déjeuner.*

Ça, c'est une vue ! Un panorama qui est bien sûr l'atout majeur de cet établissement singulier, l'un des rares à s'accrocher à la montagne. À 200 m d'altitude, ses 5 huttes de bois sont aménagées et décorés simplement mais avec goût. Et si on ne tient pas à se servir de la cuisine, on peut se faire servir à la table d'hôtes sous une paillote fleurie d'où les yeux plongent dans l'océan. Repris par Kevin et Lesley, ce lodge nécessite une voiture... ou de bonnes jambes, puisqu'il se situe sur les hauteurs, à 600 m de la route. Mais un transfert gratuit est proposé.

© LE DUC DE PRASLIN

© LE DUC

© LE DUC DE PRASLIN

## DUC DE PRASLIN €€

✆ +248 4 294 800
www.leduc-seychelles.com
*De 500 € à 700 € la chambre double en demi-pension.*

Le dynamique Robert Payet, qui vise sa cinquième étoile, a déployé chambres et suites de très bon standing dans un beau jardin tropical où l'on trouve des orchidées et une petite piscine. Non loin, 20 nouvelles chambres (réservées aux adultes) ont vu le jour autour d'une superbe piscine à débordement qui fait face à la mer. Une extension où l'on retrouve aussi un spa et une salle de fitness. Une adresse parfaite pour ceux qui voudraient profiter du restaurant et du *beach club* voisin, Le Café des Arts, où un DJ se produit le mercredi, le vendredi et le samedi.

© LE DUC DE PRASLIN

© LE DUC

© ARCHIPEL

© L'ARCHIPEL

## L'ARCHIPEL €€€

✆ +248 4 284 700

www.larchipel.com

*De 489 € à 880 € la chambre double avec petit déjeuner. 68 € par personne et par jour pour la demi-pension.*

Niché parmi les hibiscus, les frangipaniers et les bougainvilliers, cet hôtel de 32 chambres et suites 4 étoiles (60 m² à 120 m² et l'on peut venir vous masser) s'intègre parfaitement à la nature. Au-delà de l'élégant salon-bar se déploie la majestueuse salle à manger, véritable balcon sur l'océan. Plus bas, se trouve le billard et la plage, face à laquelle on peut déjeuner ou dîner. Quand on ne profite pas d'un cocktail autour de la piscine illuminée, on se fait plaisir en canoë, en paddle ou avec palmes et masque et tuba (prêtés par l'hôtel).

© L'ARCHIPEL

## MA'S TAKE AWAY €

En face du club de plongée.

✆ +248 2 582 243

*Ouvert du lundi au samedi de 8h30 à 19h. De 55 à 125 SR.*

Depuis septembre 2021, voici le meilleur plan pour manger à petits prix en Côte d'Or ! Chez Ma's, en plus de l'accueil souriant, on se régale de spécialités créoles avec un menu qui change tous les jours. Du poisson sauce créole et cari coco, en passant par des crevettes grillées et des lentilles ou un délicieux rougail saucisses, ici on mange vraiment bien et pour pas cher. Après avoir choisi son plat dans la petite salle climatisée, on peut se poser sur la terrasse extérieure ou traverser la route pour déguster son déjeuner sur la plage.

## LA GOULUE CAFÉ €

✆ +248 4 232 223

*Du mardi au dimanche de 12h à 14h30 et de 18h à 23h (dernière commande à 21h30). Entre 135 et 300 SR le plat.*

La Goulue fait toujours recette, en pleine zone touristique, au bord de la route de Côte d'Or. De cari de chauve-souris en steak poivre-crème-cognac et de *beefburger* en *fishburger*, quel méli-mélo de plats simples à toutes les sauces, tant créoles que français. Les tables de la terrasse plaisent beaucoup aux touristes français, qui constituent l'essentiel de la clientèle. L'ambiance est toujours très conviviale, ainsi qu'en attestent maintes louanges sur le cahier d'appréciations, où il est notamment écrit que « Chez la Goulue, c'est vachement goûtu ».

© HAVESEEN - SHUTTERSTOCK.COM

*Plage de Côte d'Or.*

## L'HIRONDELLE €

✆ +248 4 232 243

www.hirondelle-seychelles.com

*168 € l'appartement sur jardin, 184 € sur mer et 315 € l'appartement pour 4. Petit déjeuner à 15 € par personne.*

© L'HIRONDELLE

Emilia, Argentine installée à Praslin, tient cette *guesthouse* « eco-friendly » de luxe située au bord de la route face à la plage. L'Hirondelle propose dix appartements d'une chambre et un appartement de deux chambres. Tous disposent évidemment de la climatisation, du Wifi, d'une cuisine flambant neuve, d'une jolie terrasse et de superbes meubles fabriqués avec du *bwa* local. Le ménage est fait tous les jours et le délicieux petit déjeuner est servi en chambre. Possibilité aussi de louer une voiture ou de réserver ses excursions à des tarifs préférentiels.

## LES LAURIERS RESTAURANT €€

Côte d'Or ✆ +248 4 297 900

www.laurier-seychelles.com

*Tous les jours de 7h30 à 10h, 12h30 à 15h et 19h-21h30. 150 SR à 450 SR le plat au déjeuner et 350 à 700 SR au dîner.*

Voici certainement l'une des meilleures tables de Côte d'Or. La salle ouverte aux quatre vents est superbe et inspirée des vieux hangars à pirogues avec un toit en feuilles de latanier. A table, le buffet ne fait que des heureux qui se régalent de caris et grillades (600 SR) au son d'un groupe en *live*, mercredi et samedi soir. Le cuistot-pêcheur Edwin régale avec sa Belge Sibylle qui ne s'économise pas. On peut aussi s'attabler pour le déjeuner avant un plongeon dans la piscine. Le buffet du petit déjeuner (350 SR) est aussi ouvert à tous. On adore !

## PIROGUE LODGE RESTAURANT €

✆ +248 4 236 677
www.piroguelodge.com
*Tous les jours 11h-23h (dern. comm. à 21h15). 180 à 450 SR le plat. Transfert offert d'Anse la Blague à Anse Possession.*

Idéal pour déjeuner entre deux brasses dans un véritable restaurant ou pour dîner dans un cadre intimiste, ici la vue sur l'océan est agréable, le service aux petits soins et la nourriture excellente. Mention spéciale au curry de pieuvre au lait de coco ou aux brochettes de poissons frais et aux crevettes au citron. Côté sucré, les gourmands tomberont en pamoison devant le fondant au chocolat. Belle carte des vins également. Le vendredi soir, La Pirogue propose de la musique live. Une excellente adresse, qui donne envie d'y revenir plus d'une fois.

© PIROGUE RESTAURANT & BAR

© PIROGUE RESTAURANT & BAR

## SAINT-PIERRE BEACH RESTAURANT €€

Paradise Sun
✆ +248 4 293 293
*Tous les jours de 12h30 à 15h et de 19h30 à 21h30 (dernière commande). De 190 à 320 SR le plat au déjeuner.*

Si le buffet du soir (575 SR) concerne surtout les clients de l'hôtel Paradise Sun, venir déjeuner sous la paillote du Saint-Pierre qui surplombe la plage est un vrai bon plan. Evidemment la vue, notamment sur l'îlot Saint-Pierre, est sublime, mais les plats simples et bien réalisés (pizzas, pâtes, burgers et évidemment quelques spécialités créoles) offrent aussi un rapport qualité/prix très compétitif. Tout pour une pause gourmande réussie entre deux bains de mer.

## CAFÉ DES ARTS €€€

Le Duc de Praslin
✆ +248 4 294 800
www.leduc-seychelles.com
*Ouvert tous les jours de 12h à 22h. De 250 SR à 700 SR le plat.*

L'historique Café des Arts est devenu en 2021 un restaurant de plage et un *beach club* très sympathique qui permet de déguster des spécialités créoles, des fruits de mer, des pizzas, des wraps, des sushis et des sashimis notamment. Une carte qui, si elle ne s'adresse pas forcément à toutes les bourses, permet de s'attabler dans un cadre exceptionnel et de profiter de la superbe plage, à quelques mètres de là, grâce à un service en continu. Mercredi, vendredi et dimanche, un DJ met même une belle ambiance dès la fin d'après-midi.

## CHILL OUT TAPAS

Au-dessus du Café des Arts.
✆ +248 4 294 800
*Ouvert tous les jours de 12h à 22h.*

Le bar lounge du Chill Out Tapas, posé sur le toit du Café des Arts, ouvre un week-end par mois pour de belles soirées. Le reste du temps, l'ambiance se situe plus bas, les pieds dans le sable. Pour siroter une bière, un cocktail ou partager une bouteille de vin, les canapés, les transats et les tables avec vue sur mer sont le spot idéal. Il faut dire que c'est le seul bar de l'île avec DJ (mercredi, vendredi et samedi) et écran géant pour les retransmissions sportives. Voilà donc l'adresse toute trouvée pour ceux qui recherchent un peu d'animation !

© OCTOPUS DIVING

© OCTOPUS DIVING CENTER

## OCTOPUS DIVING CENTER

Octopus Diving Center, Berjaya Praslin Beach Hotel, Anse Volbert

✆ +248 2 596 436

*Plongée avec équipement 75 € (140 € pour 2), sans équipement 60 €, baptême 100 €, plongée de nuit 70 €.*

La pieuvre, c'est là, au club PADI de Côte d'Or à Praslin. Plongée classique ou d'initiation, plongée éloignée, plongée Nitrox ou plongée de nuit, Diego et son équipe vous feront découvrir les trésors de la réserve marine voisine... ou d'un peu plus loin, dans une ambiance toujours très conviviale. Des *packages* de plusieurs sorties sont aussi proposés. Octopus est un centre PADI 5 star Dive Resort élu l'un des 100 meilleurs centres de plongée au monde par le magazine allemand *Unterwasser*. Une des meilleures adresses pour plonger dans l'archipel !

© OCTOPUS DIVING CENTER

© OCTOPUS DIVING

## À VOS MASQUES !

*Le Petit Futé* a sorti palmes, masque et tuba, sans sortir la moindre roupie !

- **Anse Marie-Louise,** cachée derrière le Château de Feuilles, est un spot peu connu à l'excellente visibilité, où raies et poissons tropicaux vous attendent.
- **L'îlot Chauve-Souris,** à Côte d'Or, ne vaut pas le plus lointain îlot Saint-Pierre (dépose en bateau nécessaire) mais a le mérite de se rejoindre depuis la plage et de receler de belles surprises.
- **À la jetée,** il faut partir sur la droite et palmer vers Pointe Cabris. À mi-chemin, sous la Colibri Guesthouse, on voit de beaux récifs et des poissons multicolores.

© AQUAPIX - SHUTTERSTOCK.COM

## VILLAGE DU PÊCHEUR

✆ +248 4 290 300

www.thesunsethotelgroup.com

*Ouvert tous les jours de 12h à 22h30.*

Sur la belle plage de Côte d'Or, voilà un petit spot très plaisant dont on profite les pieds dans le sable. Si vous avez la possibilité de vous mettre à table dans ce Village du pêcheur (la table de l'hôtel éponyme), sachez que la cuisine n'y est pas inoubliable. Mais le cadre étant vraiment sympathique, avec des tables posées sur la plage et des bougies qui s'allument çà et là dès la nuit tombée, on en a fait une adresse vraiment recommandée pour aller boire un bon cocktail ou une Seybrew à la fin de sa journée praslinoise. Santé !

## BARRACUDA BOAT CHARTER

✆ +248 2 512 298

www.laurier-seychelles.com

*50 € la demi-journée, 75 € la journée sur Curieuse et Saint-Pierre, 140 € sur Cocos, Félicité et Grande Sœur.*

Edwin Rose, patron du restaurant Laurier, est l'un des excursionnistes en mer de Côte d'Or à faire valoir une licence officielle. Doté de trois bateaux, dont un pour la pêche au gros (environ 500 € la demi-journée et 800 € la journée), ce pêcheur propose aussi des balades sur les îles voisines, notamment pour découvrir Curieuse et Saint-Pierre. Le trio Grande Sœur-Coco-Félicité fait l'objet d'une autre excursion. Le déjeuner est délicieux et les excursions se font en petits groupes (10 personnes au maximum).

## ANISH FAMILY MART

A côté du Berjaya, au bout de la zone touristique pavée.
✆ +248 4 232 204
*Ouvert du lundi au samedi de 8h à 20h, le dimanche de 8h à 13h et de 16h à 20h.*

Le meilleur supermarché de la zone de Côte d'Or, c'est ici. Vous trouverez tout ce dont vous pourrez avoir besoin si vous logez en *self-catering*, en dehors de l'alcool (vous pourrez en acheter dans les deux autres petits supermarchés du village). Le bon plan ? Profiter des excellents beignets de viande, de poisson ou de légumes vendus une poignée de roupies à l'approche du déjeuner. Attention, premier arrivé, premier servi ! Sinon, un food-truck propose quelques barquettes en take-away et des burgers à prix doux à l'entrée du village.

## GALERIE PASSEROSE

Entre l'hôtel Berjaya et le Duc de Praslin.
✆ +248 2 594 949
*Ouvert du lundi au samedi de 10h30 à 18h.*

La galerie Passerose est l'une des meilleures adresses des Seychelles pour découvrir les artistes de l'archipel. Très gentiment accueilli et guidé par Maureen, on peut découvrir des toiles de Michael Adams, Leon Radegonde, Christine Harter, Christine Chetty, Alcide Libanotis, Marc Luc, Steve Marie ou encore Nigel Henri. C'est donc une belle adresse pour avoir un bon aperçu des peintres locaux. On y trouve aussi quelques sculptures, des bijoux et des paréos notamment. Pourquoi pas rapporter un petit souvenir original à la maison ?

## FLY SEYCHELLES

Côte d'Or Lodge
✆ +248 2 639 300
www.skydive.sc
*Compter 9 500 SR le saut en tandem avec vidéo et photos.*

Sauter d'un avion au-dessus des îles paradisiaques de Praslin et de La Digue est inoubliable. Montée d'adrénaline, décor de carte postale et souvenirs pour la vie, c'est le cocktail que propose Fly Seychelles, la première entreprise à proposer cette activité dans l'archipel. Avec une équipe très sérieuse aux commandes, qui se chargera de faire le plein d'images (photos et vidéos), n'hésitez pas à vous offrir le grand frisson ! Fly Seychelles propose aussi des activités nautiques, comme les très populaires flyboard et jetpacking, le parachute ascensionnel…

## SAGITTARIUS TAXI BOAT

Côte d'Or
✆ +248 2 512 137
*Ouvert tous les jours de 9h à 17h. Sur la plage au niveau du Berjaya hotel. Facilement reconnaissable avec son drapeau.*

Kevin et son équipe proposent un service de bateau-taxi sur les îles et les plages du coin : Curieuse, Saint-Pierre, Anse Lazio ou Anse Georgette. Les quatre embarcations permettent aussi quelques belles excursions pour du *snorkeling* à Grande Sœur, Coco et Félicité, des croisières vers la Digue, des demi-journées ou des journées avec barbecue sur Cousin et la superbe Aride (notre coup de cœur), des sorties de pêche au gros ou pour admirer le coucher du soleil. Les amateurs de pêche rentreront donc chez eux le filet plein. Possibilité aussi de privatiser un bateau.

© SAGITTARIUS TAXI BOAT

© SAGITTARIUS

PRASLIN

## ANSE PETITE COUR

En remontant Côte d'Or vers le nord, on laisse la pointe Zanguilles à droite pour découvrir une petite plage encaissée, l'Anse Petite Cour. Si l'océan manque de profondeur à cet endroit, le peu de fond est par contre propice au snorkeling : une aubaine pour les chanceux qui résideront à nouveau dans le majestueux domaine de La Réserve, une fois sa rénovation achevée autour de décembre 2024. Se déployant, face à Curieuse, sur les quelque 150 m de l'Anse Petite Cour, à travers un jardin fleuri dont certains arbres ne se rencontrent pas souvent (palmier bouteille, arbre du voyageur…), cette réserve domine une plage, frangée de takamakas.

### SEA VIEW LODGE €

✆ +248 2 711 965

www.seaviewlodge-praslin.com

*Compter entre 145 € et 300 € la villa, selon le type (de 2 à 6 personnes) et la saison. Location de voiture possible.*

Bâties par Gretel et Barry de Charmoy Lablache (un vrai nom de roman !), ces six villas blanches et spacieuses (85 m²) sont décorées dans un style simple, climatisées et bien équipées, avec télé, Wi-fi et coffre-fort. Elles raviront les touristes en quête d'une baie peu fréquentée, avec une plage rien que pour soi (à noter l'installation de quelques transats à même la plage en face du lodge) et des eaux souvent émeraude, qu'on ne se lasse pas d'admirer de la délicieuse terrasse de ce Sea View Lodge le bien nommé. Petite piscine donnant sur la mer.

## ANSE POSSESSION

Cette petite anse de charme séduit les visiteurs par sa douce quiétude. Si elle n'est pas forcément idéale pour la baignade, c'est un bon point de chute, avec ses quelques adresses de charme en self-catering, à quelques minutes en voiture de l'animée Côte d'Or. Que ce soit dans les six villas de Sea View Lodge chez les de Charmoy Lablache ou dans les grands chalets d'Anse Possession, on est ici délicieusement coupé du monde, à quelques encablures de l'agitation toute seychelloise de Côte d'Or. On est surtout face à l'île Curieuse et, entre palmiers et rochers de granit, voilà un spot familial qui appelle évidemment les photos souvenirs.

### CHALETS ANSE POSSESSION €

✆ +248 4 232 180

www.chalets-anse-possesion.com

*De 70 à 120 € le chalet pour deux personnes selon le type et la saison et entre 120 et 150 € pour quatre personnes.*

Donnant sur une route de bord de mer enchanteresse qui mène à l'idyllique Anse Lazio, assez proche de là, ces quatre chalets en self-catering (comprenant deux chambres climatisées) peuvent séduire les touristes qui veulent concilier solitude et indépendance à un prix léger. Bien équipés (micro-ondes, machine à laver, fer à repasser, coffre... et moustiquaire), ils bénéficient aussi de l'air conditionné. La maison offre également la possibilité d'organiser votre location de voiture pour vous promener sur l'île et sortir dîner.

## ANSE BOUDIN ★

Face à Curieuse, sur la magnifique route menant à l'Anse Lazio, détournée depuis la construction de l'imposant Raffles, voilà 1 km de sable fin et de mer turquoise. Quelques cocotiers pour l'ombre, une poignée de rochers pour les photos et autres selfies et des poissons en pagaille pour une session de snorkeling d'anthologie. Décidément, vraiment délicieuse cette Anse Boudin ! Squattée donc en hauteur par le grand et beau Raffles, apprécié à juste titre par une clientèle adepte d'un confort international, on se délecte ici d'une vue panoramique sur cet océan aux couleurs chatoyantes qui se déploie aux pieds des délicieuses villas sur pilotis.

### RAFFLES €€€

✆ +248 4 296 000

www.raffles.com/praslin

*De 949 € la villa standard en basse saison à plus de 4 000 € la supérieure en haute. Demi-pension 127 € par personne.*

Ces 86 villas sur pilotis, décorées dans un style contemporain, ont vue panoramique sur l'océan ou sur le jardin, et sont équipées d'une petite piscine à débordement et d'une terrasse où l'on peut se faire servir à dîner. Un majordome est disponible par villa 24h/24 (pour les supérieures, 100 € par nuit en plus pour les standards) et peut vous conduire dans les moindres recoins de l'hôtel en voiturette : vers le spa, la salle de gym, le kids club, l'un des restaurants ou l'un des bars. Les cocktails servis au bord de la piscine sont magiques au coucher du soleil.

## ANSE LAZIO ★★★★

Des sommets du chemin pentu qui y mène, c'est d'abord le regard qui plonge en version panoramique dans cette baie de carte postale… grandeur nature. L'arrêt s'impose ! Photographes de mode, de charme et de tourisme ont fait d'Anse Lazio une valeur sûre. Une plage de cinéma que Polanski a d'ailleurs mise en scène dans *Pirates*. Côté baignade, mention très bain ! La mer n'est là ni trop calme ni trop agitée, avec des vagues juste comme il faut. Pour l'ombre, il y a de gros takamakas et des cocotiers. Mais ces parasols sont chèrement disputés le dimanche. Si on se disputait, il fut un temps, les tables du légendaire restaurant Bonbon Plume, c'est désormais la superbe salle ouverte aux quatre vents du Mabuya qui rencontre un franc succès, à l'heure de se mettre à table ou de siroter un bon cocktail. Très fréquentée en milieu de journée (et quasiment saturée quand les croisiéristes font escale), la plage l'est aussi le dimanche, quand les Praslinois sont de la partie pour la bronzette… On dénombre parfois une cinquantaine de voitures sur le parking (facturé 100 SR la journée) : pour une plage des Seychelles, on peut parler d'embouteillage. Mais le lieu retrouve sa solitude dès la fin de l'après-midi, quand le dernier soleil caresse cette anse de bout du monde. Un lieu magique qui s'ouvre sur un horizon apaisant, où s'élève une autre île merveilleuse, Aride, à six miles de là. À noter : le bus ne va pas jusqu'à Anse Lazio. Le terminus étant Anse Boudin, il faudra faire le dernier kilomètre (pentu) à pied.

### Balade

**D'Anse Lazio à Anse Georgette.** Question marche, Anse Lazio offre la possibilité d'une superbe randonnée pour partir à la découverte d'une autre incroyable plage (avec qui Lazio pourrait se disputer première la place du podium) : Anse Georgette. Sur la gauche d'Anse Lazio (en regardant l'horizon), un petit chemin part à travers l'épaisse forêt, dont la végétation et quelques panneaux disposent de flèches blanches pour nous guider. On monte alors jusqu'à l'établissement Terrasse sur Lazio, puis on redescend près du golf du Lémuria en profitant de la vue sur l'île Aride et l'île aux Fous au milieu des hortensias, des pervenches de Madagascar, des hibiscus et des citronniers. C'est une randonnée de difficulté moyenne avec 200 m de dénivelé sur 3,5 km. Pour faire l'aller-retour, il faut compter 3 bonnes heures. Évidemment, n'oubliez pas chaussures fermées, chapeau, crème solaire et bouteille d'eau !

© GERARD LAROSE - OFFICE DU TOURISME DES SEYCHELLES

*Anse Lazio.*

## ANSE LAZIO LODGE €€

*300 à 350 € la nuit pour une chambre en demi-pension ou 1 000 € pour la villa 3 chambres en demi-pension (6 personnes).*

Pour poser ses valises sur la magique Anse Lazio, direction la maison d'architecte de Richelieu Verlaque, l'ancien propriétaire du restaurant Bonbon Plume. Il propose 2 chambres et une villa entière (de 3 chambres) à quelques chanceux. Deux chambres (deux autres sont prévues pour 2024) sont donc disponibles dans cette belle demeure, avec entrée indépendante, et trois prennent place dans une villa à réserver en exclusivité, qu'il a fait construire dans ce superbe jardin tropical. Attention, pour avoir la chance de loger à Lazio, louer une voiture est indispensable.

## TERRASSE SUR LAZIO €€

Cherimont - Mont Plaisir,

✆ +248 2 508 337

*À partir de 175 € pour 2 personnes (14 € par personne supplémentaire). Meilleur tarif avec une réservation en direct.*

Voilà notre dernière trouvaille… et quelle pépite ! La bien nommée Terrasse sur Lazio, c'est avant tout une vue spectaculaire sur l'une des plus belles plages de l'île. Une vue dont on profite depuis la piscine à débordement de cet établissement familial ou depuis les terrasses des 4 appartements parfaitement équipés, d'une cuisine notamment. Mais quel bonheur de se faire servir par la charmante Thérèse une remarquable cuisine créole sur ce balcon sur l'océan ! Si Anse Lazio n'est qu'à 2 minutes de voiture et 15 minutes de marche, la voiture est obligatoire.

PRASLIN

© MABUYA BEACH RESTAURANT

© MABUYA BEACH RESTAURANT

## MABUYA RESTAURANT €€

Anse Lazio, Praslin, Seychelles
✆ +248 4 303 690
*Ouvert tous les jours de 8h à 17h.*

Le Mabuya (qui a pris la place du légendaire Bonbon Plume), c'est d'abord une superbe structure à l'architecture coloniale et fabriquée en bois local où il fait bon s'attabler depuis le mois d'octobre 2022. On peut s'y offrir une délicieuse pause vitaminée avec des cocktails (avec ou sans alcool) de jus de fruits frais qui ont vite gagné une bonne réputation, mais aussi profiter d'une belle carte où quelques plats végans et sans gluten côtoient un tataki de thon ou un ceviche de poissons. Au coucher du soleil, le tableau est encore plus grandiose !

© MABUYA BEACH RESTAURANT

© MABUYA BEACH RESTAURANT

## ANSE KERLAN ★★

Entre l'aéroport et le luxueux Lemuria Resort s'étend Anse Kerlan où se succèdent hôtels ou guesthouses. À la différence de Côte d'Or, ici chaque établissement est plutôt isolé, ce qui en fait un lieu de villégiature idéal pour qui voudrait un peu de calme. En revanche, si les plages se suivent le long de la route, elles sont quelque peu envahies par les algues et n'ont pas le charme de l'autre côté de Praslin. Reste que le spot est très fréquenté par les chanceux qui viennent poser leurs valises au prestigieux Lemuria, phare du tourisme aux « Sesel » et qui connaît un succès fou, au cœur d'un domaine de 110 ha. Cet hôtel s'est intégré dans ce site à merveille, sans même déranger les tortues de mer qui viennent toujours pondre, d'octobre à février, en retrait de la plage, leurs œufs étant 55 jours durant sous la protection du *turtle manager* du Lemuria. Pour goûter à ce palace sans y vivre, on peut le traverser pour aller poser sa serviette sur la somptueuse Anse Georgette (appeler au préalable l'hôtel pour réserver gratuitement) et/ou entreprendre une randonnée vers Anse Lazio (3h aller-retour).

▶ **Depuis 2021, la route** a été prolongée et part vers la droite juste avant le Lemuria. Elle monte jusqu'à la Terrasse à Lazio, un hôtel coup de cœur, et s'arrête juste au-dessus de la sublime Anse Lazio. Ne reste plus qu'une dizaine de minutes à pied pour descendre sur la plage (le double pour remonter) ou choisir de profiter du panorama au coucher de soleil. Bref, plus besoin de faire le tour de l'île pour atteindre Lazio quand on vit du côté de Grand Anse !

### CONSTANCE LEMURIA RESORT €€€

✆ +248 4 281 281 - www.lemuriaresort.com

*Compter de 650 € à 920 € (conditions applicables) pour une suite junior double avec petit déjeuner selon la saison.*

Nichées dans la végétation en bord de plage, les 88 suites junior (52 m²), 8 suites seniors (115 m²) et 8 pool-villas (750 m²) sont d'un raffinement extrême avec terrasse et une salle de bains si plaisante qu'on en oublierait presque de profiter de la plus belle piscine de l'archipel. Ensuite, c'est au Huna Bar que ça se passe, qui accueille aussi le restaurant Legend, dont les lourdes portes de bois s'ouvrent telles celles d'un temple à la Indiana Jones. Côté sports, tout est possible, notamment du golf avec un 18-trous de rêve.

## ANSE GEORGETTE

Constance Lemuria
✆ +248 4 281 281
*Appeler l'hôtel pour réserver votre droit d'accès à la plage (gratuit).*

Anse Georgette est l'une des plus belles plages de l'archipel et il faut impérativement y poser sa serviette lors d'un séjour à Praslin. Préservé par le Lemuria, qui en limite l'accès, ce banc de sable d'une pureté virginale, avec son eau d'un bleu profond et ses rochers de granit tout en rondeur, a un vrai goût de paradis. Ceux qui ont un masque de plongée découvriront un véritable aquarium, alors que ceux qui ont une paire de chaussures, un chapeau et de l'eau pourront entreprendre la randonnée vers Anse Lazio et s'offrir des panoramas à couper le souffle.

## ISLANDER HOTEL €

✆ +248 4 233 224
www.islander-seychelles.com
*120 € pour la chambre double, 170 € l'appartement pour 4, 230 € la villa. Petit déjeuner à 15 € et demi-pension à 25 €.*

Voisins d'une belle cocoteraie, ces six studios, deux appartements (4 personnes) et une villa (4 personnes), à prix négociables selon la saison, sont meublés de bois clair, dotés d'une télévision, du Wi-Fi et de la climatisation. Aussi spacieux que bien conçus, ils sont dotés d'une agréable cuisine et d'une grande terrasse. Et, à quelques mètres, une jolie plage déserte aux couleurs idylliques face à Cousin : un décor tout en pureté où furent d'ailleurs tournées des scènes du film *Castaway* (1986). Possibilité de louer des voitures.

*Plage d'Anse Kerlan.*

## CAP JEAN MARIE BEACH VILLA €€

✆ +248 4 233 739
www.capjeanmarie.sc
*Compter 190 € la chambre double avec vue sur jardin et 230 € la chambre double avec vue sur mer.*

Une adresse bien pratique pour les golfeurs, qui se trouveront à deux pas du Lémuria ! Quatre villas dotées de chambres avec lit double géant, terrasse avec jolie vue, grande salle de bains et cuisine équipée. La décoration est raffinée. L'endroit est un peu excentré mais permet de bénéficier d'une petite plage parfaite aux couchers de soleil magnifiques. Ici, c'est plutôt écolo : l'eau est chauffée par des panneaux solaires et le composte donne un beau jardin...

## VILLAS DU VOYAGEUR €€

Cap Jean-Marie
✆ +248 4 233 161
www.villasduvoyageur.sc
*216 € l'appartement pour deux et 300 € pour quatre. Petit déjeuner à 15 € par personne.*

En pleine nature et à un jet de pierre de l'océan Indien, les Villas du Voyageur sont très au calme, dans un coin à la nature luxuriante. Pour poser son sac et ses palmes, on peut profiter de deux appartements posés là, invitant à la détente totale. Les logements, à l'intérieur moderne sans être dénués de charme, disposent d'une cuisine toute équipée. Vous êtes quelque peu excentrés, certes, mais c'est le prix à payer pour bénéficier d'une telle quiétude et de prix plutôt doux. Pour ne rien gâcher, l'accueil est toujours chaleureux.

## CAPRICORN [ISLANDER HOTEL] €€

✆ +248 4 233 224

*Tous les jours de 12h à 20h30 (dernière commande). De 200 SR à 350 SR le plat (hors homard et langoustes).*

Tenue par les Godley, l'adresse est réputée pour sa table d'hôte (sur réservation vendredi et samedi). Ici, on déjeune ou on dîne à la carte, autour d'une salade de pieuvre, d'un sauté de crevettes ou d'une langouste. Les sorbets sont faits maison. Pour les spécialités maison, le bernique carry et le rôti de pieuvre (difficile de trouver un ragoût *zourit* de ce niveau sur l'archipel !). Le soir, possibilité d'un dîner romantique sur la plage sur réservation.

## THE NEST [LEMURIA] €€

✆ +248 4 281 281

www.constancehotels.com

*Ouvert du vendredi au mercredi de 12h à 15h30. De 250 à 400 SR le plat environ.*

Dans le cadre enchanteur et feutré du Constance Lemuria, quel bonheur de s'attabler pour un déjeuner au Nest, entre deux brasses sur la délicieuse Anse Georgette. Perchée sur les hauteurs du complexe, cette table semble posée sur un balcon au-dessus de Petite Anse Kerlan et offre des vues spectaculaires sur l'océan Indien. Après un cocktail et un jus de fruits de frais, on profitera de ce tableau pour déguster des fruits de mer fraîchement pêchés et travaillés avec tout le savoir-faire créole. Un excellent moment en perspective. Pensez à réserver !

## GOLF DU LEMURIA RESORT

✆ +248 4 281 281

www.lemuriaresort.com

*Green-fee gratuit pour les clients (1 900 SR en supplément pour voiturette et équipement). Non-résidents : 2 550 SR.*

Ce golf-là fait assurément partie des dix plus beaux de la planète. Depuis 2000, le Lémuria s'enorgueillit d'un 18-trous à grand spectacle : 5 556 m de pleins et déliés dans un site paradisiaque. D'une grande variation de niveaux, déployant ses fairways d'Anse Kerlan à Anse Georgette, entre plans d'eau et végétation exotique, et dans de langoureuses courbes, une trentaine d'employés s'affairent à l'entretien exemplaire de ce parcours d'exception. Difficile toutefois, après avoir profité d'un tel décor, de remettre ça sur des terrains moins enchanteurs.

# AMITIÉ ★★

Dans le prolongement de Grand'Anse vers le nord, Amitié voit se succéder hôtels, villas en self-catering et restaurants jusqu'à l'aéroport. Pas idéal pour un séjour animé, Amitié est cependant à un jet de pierre de Grand'Anse pour faire des emplettes. Surtout, le coin recèle quelques trésors, notamment le boutique-hôtel Dhevatara Beach et ses 10 suites de grand standing. C'est le luxe simple et décontracté, comme on l'aime, dans un établissement de bord de plage et qui offre des couchers de soleil magnifiques. Depuis sa piscine, Mahé n'est qu'à quelques minutes, grâce aux avions d'Air Seychelles qui déploient leurs ailes à quelques minutes de là.

## AÉROPORT ÎLES DES PALMES DE PRASLIN

✆ +248 4 284 612

Le petit aéroport de l'île accueille des vols Air Seychelles de/vers Mahé. Compter 150 SR pour rejoindre Grand'Anse en taxi. On trouve deux boutiques au terminal des départs dont le joailler sud-africain Jouel, présent aussi à Mahé (Eden Island, Kenwyn House à Victoria). Du pendentif en perle au bijou en pierres précieuses au tarif bien plus élevé, vous devriez trouver votre bonheur ! L'office de tourisme de Mahé possède une annexe dans l'aéroport.

## AIR SEYCHELLES

Air Seychelles Ltd Head Office International Airport

✆ +248 4 391 000

www.airseychelles.com

Une bonne vingtaine de vols (et cinq de plus le lundi matin très tôt en général) sont programmés chaque jour à destination de Mahé (à un petit quart d'heure environ) et autant dans l'autre sens. Le prix d'appel est de 100 € pour un vol aller. Les réservations sont assurées par les agences d'excursions ou directement avec Air Seychelles (au bureau de Mahé ou sur le site Internet de la compagnie). Une bonne alternative au bateau, surtout si vous logez dans les environs de Grand'Anse ou Amitié à Praslin ou sur la côte est à Mahé.

## AMITIÉ CHALETS €

✆ +248 4 233 216

www.amitiechalets.sc

*Entre 90 € et 115 € la chambre double selon la saison, entre 115 et 135 € la triple, entre 145 € et 165 € la quadruple.*

A proximité de l'aéroport, les très accueillants Chantal Confait et son mari américain Karl proposent des chambres à Grand'Anse. L'une d'entre elles est pittoresque, puisqu'elle a pour cadre un chalet circulaire au toit en bois, d'où son nom, Ronde. Une petite chambre toute simple, mais mignonne, avec une télévision, plantée quasiment sur la plage de Grand'Anse : en 3 secondes, vous êtes sur le sable, et en 10 dans l'eau ! Les 3 chambres sont climatisées et 2 possèdent même une bien pratique petite cuisine. Une adresse charmante.

## LE TROPIQUE VILLA €

Praslin, Seychelles ✆ +248 4 233 027

www.tropiquevilla.com

*De 145 € le double sans petit déj. à 165 € en front de mer avec petit déj. 140 € l'appartement pour 2 et 200 € pour 4.*

Thérèse Morel propose des appartements spacieux et flambant neufs de l'autre côté de la route, mais surtout quatre studios équipés dans le jardin, plus coûteux, mais qui sont littéralement posés sur la plage avec leur terrasse et un joli mobilier en takamaka. Location de voiture possible, mais surtout barbecue et bateaux à pédales à disposition. Christian, le fils de Thérèse, propose des excursions sur les îlots alentour. Comme une boutique est à deux pas et que le marché aux légumes est à moins de 100 m, tout roule !

## OCEAN JEWELS RESORT €€

✆ +248 4 233 373

www.seychelles-oceanjewel.com

*175 € pour un appartement pour deux, 295 € pour quatre. Petit déjeuner inclus.*

Sur la route de l'aéroport (à 5 minutes en voiture à peine), ces bâtiments néo-créoles à colonnettes proposent deux types d'appartements, pour les couples ou pour les familles, bien gérés par Cindy Tirant. Climatisés et équipés d'un coffre et d'une terrasse ou d'un balcon, ils sont meublés et habillés à la seychelloise. Que vous ayez posé vos valises côté jardin ou côté mer, vous profiterez à loisir du barbecue mais surtout de l'accès direct à la mer, *via* la plage de l'établissement. Possibilité aussi d'organiser vos excursions.

## VILLAS DE MER €€

✆ +248 4 233 972

www.villasdemerhotel.com

*Compter 206 € la chambre double avec petit déjeuner. Demi-pension possible.*

Ces 12 mini-suites sont bâties à proximité du village en bordure de mer, au sein d'un jardin avec une petite piscine bien agréable. Les terrasses donnent sur la mer et sous la paillote au style créole, on peut siroter un petit jus bien frais. Si à certaines périodes de l'année (de mai à octobre/novembre) des algues recouvrent la plage, une navette gratuite (trois fois par semaine) rejoint les plages de Côte d'Or ou de Lazio. Exploité par Lidia Lablache, ce petit hôtel de charme peut aussi organiser votre location de voiture.

## COCO ROOM RESTAURANT €€€

Dhevatara Beach Hotel

✆ +248 4 237 333

www.dhevataraseychelles.com

*Tous les jours de 7h30 à 22h (21h30 dernière commande). Environ 450 SR le midi et 950 SR le soir. - 12 ans non admis.*

La table du Dhevatara, la meilleure du coin, mérite d'être connue. Dans l'ambiance intimiste et accueillante de ce boutique-hôtel, le restaurant est à la hauteur. Entre un petit déjeuner à la carte comme on en voit rarement, un menu léger le midi qui travaille bien les produits locaux et une carte du soir version gastro et fusion, l'adresse est de qualité. Carrie de chauve-souris ? Poisson tout juste pêché au poivre de Kampot ? Fruits de mer ? Notre cœur balance… Réservation conseillée, surtout si vous voulez dîner face à la mer (lorsque le temps le permet).

© DHEVATARA

© DHEVATARA

## DHEVATARA BEACH HOTEL €€€

✆ +248 4 237 333

www.dhevataraseychelles.com

*435 € à 595 € la chambre double. 2 nuits min, 20 % de réduction à partir de la 4e nuit. Enfants de - 12 ans non admis.*

Voici 10 suites de grand standing, toutes différentes et habillées de meubles artisanaux et d'œuvres d'art uniques. On y trouve aussi baignoire, douche, articles de toilette Nuxe, machine Nespresso… Dans le restaurant (demi-pension possible) à l'atmosphère intimiste, on sert une cuisine fusion alors que le matin un petit déjeuner à la carte à volonté est servi. Puis, place à la piscine (ionisée) et à un spa de bonne qualité. Du matériel de snorkeling est aussi à disposition dans une ambiance chic et décontractée où l'on vous accueille avec une coupe de champagne !

© DHEVATARA BH

© DHEVATARA BH

## RESTAURANT PARADISIER €

✆ +248 4 237 537

*Mardi au dimanche de 12h à 21h (dernière commande). De 290 à 330 SR la pizza et de 310 à 450 SR le plat. Wifi gratuit.*

Cette salle-terrasse plaisante et à l'accueil charmant constitue une excellente étape pour boire un verre ou se régaler. On choisit ici entre pizzas qui sortent du four à bois (à emporter également), sans conteste les meilleures de l'île, et des spécialités méditerranéennes à la carte. Les poissons et les fruits de mer y sont bien travaillés. On a beaucoup aimé le tartare de pieuvre et les palourdes au curry, un vrai régal. Quelques beaux plats de viande comme le curry d'agneau viennent compléter la carte. Avec un bon verre de vin, que demander de plus ?

© PARADISIER RESTAURANT

© PARADISIER

## ANGEL TOURS

✆ +248 2515327

www.angeltours.sc

*Compter 100 € pour la journée d'excursion sur Curieuse et Saint-Pierre (avec déjeuner et taxes de débarquement).*

Angel Tours (qui appartient à l'établissement Tropique Villa) propose de belles sorties en mer. Tout est possible avec ces deux bateaux récents, que ce soit de simples excursions vers les îles Curieuse, Sœur, Saint-Pierre (les tarifs sont supérieurs à Côte d'Or car on est plus loin, mais la vue sur anse Kerlan et anse Georgette sont magnifiques) ou même de simples balades en mer à la carte. Pour ceux qui voudraient taquiner du lourd, des sorties de pêche au gros avec un catamaran sont proposées également (environ 500 € la demi-journée et 800 € la journée).

# GRAND'ANSE ★★

Grand'Anse la bien nommée. La plus grande baie de Praslin, parfaite pour y courir ou y flâner, est, hélas, peu propice à la baignade. Pour pouvoir nager à marée basse, il faut en effet s'avancer assez loin de la plage, laquelle, de juin à octobre surtout, est par ailleurs recouverte d'une bande d'algues pas vraiment photogénique. Quant à l'ombre, elle s'y fait rare. Bref, côté panorama, ça tient la route (sur plusieurs kilomètres !), mais côté bain, on trouve dix fois mieux à 10 minutes de voiture, la petite route de Consolation offrant ainsi de nombreuses criques aussi désertes que paradisiaques. Pour la sublime plage de Côte d'Or, 20 minutes de trajet suffisent (ou le double en bus), nombre d'hôtels assurant d'ailleurs des navettes gratuites pour Côte d'Or ou Lazio. Pour le coucher de soleil en revanche, on est là du bon côté : parfois du grand spectacle en plan panoramique. À 2 km de là, vous trouverez la plage d'Anse Citron, elle aussi très agréable.

## Balade

▶ **Le Pasquiere Track** plaira aux amateurs de randonnée, il est possible de rejoindre Anse Possession par la montagne. 1h pour goûter à l'intérieur… et mouiller sa chemise ! Au départ de Grand'Anse, on doit d'abord quitter la route du littoral au niveau de l'église et s'enfoncer jusqu'au-delà du Britannia. Un arrêt s'impose d'abord au vieux cimetière, cerné de manguiers et de bananiers, dont nombre de tombes sont affaissées et plus ou moins moussues. Passé ce cimetière (les coqs, chiens et radios des maisons alentour donnant de la voix), on doit donc grimper jusque sur les hauteurs de la plaine Hollandaise, où le chemin se sépare en deux : à

PRASLIN

droite, on se dirige vers Côte d'Or par le Salazie Track, à gauche, vers Anse Possession par le Pasquiere Track, qui chemine cahin-caha en suivant de près et sous le soleil, jusqu'au rivage, la Pasquiere River et les lignes de téléphone et d'électricité, dans un paysage très ouvert de plaine où poussent arbustes et vacoas. Après une demi-heure de marche environ, surgissent l'océan et une partie de Curieuse, le chemin redevenant asphalté 10 minutes plus tard, au niveau de la source de Pasquiere, dont l'eau est embouteillée et commercialisée à Praslin. La route du littoral est dès lors toute proche, ce sentier aboutit au niveau du petit pont d'Anse Possession, près duquel se trouve un bus-stop.

*Plage à Praslin.*

## BEACH VILLAS €

✆ +248 4 233 445

*Compter 138 € la chambre double avec petit déjeuner et 250 € le bungalow familial (jusqu'à 4 adultes).*

A l'entrée du bourg et en bordure de plage, Jacques Confait et sa sœur Marie-France exploitent neuf chambres agréables, climatisées et de plain-pied, avec une vue idyllique sur Cousin et Cousine, et un spot parfait pour prendre des photos à l'heure du coucher du soleil. Le jardin est joli, et on peut profiter de la proximité de l'océan depuis la salle du petit déjeuner. Les propriétaires proposent aussi des excursions sur les îles voisines et des dîners à la demande (et à la carte) du lundi au vendredi. Des repas à déguster sur une terrasse privée.

## OCEAN VILLA €

✆ +248 2 516 523

www.oceanvilla.sc

*De 100 € à 185 pour 2 personnes, de 250 € à 320 € la villa pour 3 ou 4 personnes et 400 € la villa pour 5 ou 6.*

Près du village, Hughes Adam a ouvert un établissement de plain-pied, au bon rapport qualité-prix. Trois grandes chambres climatisées permettent de séjourner dans cette villa, entièrement ventilée et spacieuse et bien équipée avec son grand bar en granit. Le bain à remous est proche de la terrasse, qui mène directement sur la plage. Une deuxième villa, bien aménagée, comprend deux chambres climatisées. Enfin, un dernier bâtiment, sans vue sur la mer, propose un studio et un deux-pièces. Le ménage est assuré tous les jours et l'accueil est au rendez-vous.

PRASLIN

*Grand'Anse.*

## LES ROCHERS CHARTERS

Grosse Roche
✆ +248 2 514 034
www.lesrocherscharters.com
*Compter 1 200 € pour privatiser le bateau (de 1 à 10 pers.) la journée avec un skipper, un cuisinier et la nourriture.*

Joël, c'est notre chouchou ! D'une gentillesse incroyable. Il propose de louer son superbe catamaran pour une journée inoubliable en famille ou entre amis. Un voilier de 14 m en fibre de verre avec deux cabines confortables, une cuisine et deux salles de bains permettent de voguer autour de l'îlot Coco, d'Aride, de Cousin ou de la Digue. Les excursions comprennent le déjeuner, avec un barbecue de choix à base de poisson frais, de bonnes viandes, de plats créoles et de salades. En plus ? Des boissons offertes (softs) en fin de journée !

# GROSSE ROCHE ★★

Grosse Roche, un peu perdue sur la route entre Grand'Anse et Baie Sainte-Anne, abrite une table à la vue à couper le souffle et à l'accueil toujours souriant, Les Rochers Restaurant. Un endroit tout trouvé pour une pause déjeuner de rêve. Un peu plus loin, en roulant vers Baie Sainte-Anne, on tombe sur Anse Saint-Sauveur, perdue dans le sud de l'île. Le spot accueille la petite maison de Marlène Barbe Ladouce et est surtout le lieu idéal pour ceux qui voudraient se retrouver au bout du monde et profiter de cet endroit paisible pour s'offrir un pique-nique en amoureux des plus romantiques. Bref, de superbes coins perdus où l'on se sent toujours bien !

## LES ROCHERS RESTAURANT €€

✆ +248 4 233 803
*Du mardi au samedi de 14h à 21h (dernière commande). De 200 SR à 250 SR le sandwich et de 425 SR à 595 SR le plat.*

© LES ROCHERS

Voici un cadre enchanteur, un tableau idyllique face à Grosse Roche dans une salle délicieuse ouverte aux quatre vents où l'on se régale de plats de poissons tout juste sortis des filets et finement travaillés par l'adorable chef Joël Confait. Si les prix ne sont pas donnés, la qualité est au rendez-vous et, pour les romantiques, les quelques tables posées sur une petite digue naturelle seront parfaites, mais il vaut mieux alors réserver. On peut aussi juste venir boire un verre et profiter de l'un des plus beaux couchers de soleil de l'île.

## LE PETIT CABANE DE MARLÈNE BARBE LADOUCE €

Anse Saint Sauveur, La Pointe
✆ +248 2 594 029
*Compter 300 SR le repas. Réserver la veille ou le matin.*

Vous ne manquerez pas de repérer cette petite case construite de bric et de broc au bord de la route. Il faut absolument s'y arrêter pour une pause déjeuner. Marlène Ladouce vous y attend, avec toute sa gouaille. Au menu : un jus de fruit, un savoureux plat créole, un dessert à base de fruits du jardin et... une chanson de Marlène ! La propriétaire des lieux a en effet enregistré un disque. Un accueil des plus chaleureux, parfait si l'on aime l'authenticité de la vie seychelloise.

# ANSE BOIS DE ROSE ★★

Comme ses voisines Grosse Roche ou Anse Saint-Sauveur, la petite Anse Bois de Rose offre une impression de bout du monde dont a su parfaitement tirer profit le luxueux hôtel Coco de Mer et ses somptueuses suites du Black Parrot voisin qui se fondent délicieusement dans la végétation luxuriante de la baie depuis trois décennies maintenant, juste au-dessus de la plage (artificielle !). Connu notamment pour son insolite piscine bleu marine en forme de coco de mer et intégré à merveille dans la végétation, donc, ce Coco de Mer fera le bonheur de ses hôtes, notamment grâce à sa splendide piscine à débordement à l'eau de mer qui s'ajoute à sa luxueuse offre.

## COCO DE MER HOTEL & BLACK PARROT SUITES €€€

✆ +248 4 290 555
www.cocodemer.com
*De 353 € à 437 € la chambre double avec petit déjeuner. Au Black Parrot, de 467 € à 577 € la suite double.*

Les 40 chambres de cet hôtel, qui prend place sur plus de 2 km de plage et 20 ha de forêt, sont superbes. Au bord de l'une des 3 piscines, un restaurant prend place à l'ombre d'un manguier. Pourvu d'un spa avec vue, l'hôtel propose un bus gratuit (trois à cinq fois par semaine) pour Anse Lazio. Quant au kiosque sur la jetée, c'est le lieu idéal… pour se dire oui ! Avant une nuit de noces au Black Parrot voisin dans l'une des 12 suites (65 m²) réservées aux adultes.

## RESTAURANT HIBISCUS (COCO DE MER) €€

✆ +248 4 290 555
www.cocodemer.com
*Tous les jours 12h-17h et 19h-22h (21h30 dern. commande). 95 à 400 SR le plat, 690 SR le buffet. Réservation la veille.*

A la table de l'hôtel Coco de Mer, le poisson est roi. Elle s'enorgueillit d'un menu table d'hôte et d'un très beau buffet créole, déployé sur une bonne vingtaine de mètres. Sous l'œil attentif du chef, les cuisiniers expliquent volontiers leurs compositions. Au-delà des classiques comme le bourgeois grillé, la pieuvre sautée à la créole et le poulet aux épices, plusieurs mets plus rares méritent d'être goûtés. Le gourmand a même droit aux danses locales en tenue folklorique.

# ANSE CONSOLATION ★★

À proximité de Pointe Cocos, au bord de la superbe route de Consolation, très peu fréquentée, cette petite anse adorable, toujours déserte, est très représentative des plages de poche seychelloises avec ses très photogéniques rochers de granit notamment. S'il y a peu de fond pour se baigner, il faut bien l'avouer, elle est parfaite pour une petite session de farniente avec des enfants. Elle accueille aussi, de l'autre côté de la route, une villa qui propose de très beaux appartements en *self-catering*. Une option à envisager dans un coin très tranquille de l'île et non loin du superbe Fond Ferdinand, l'une des visites immanquables de Praslin.

## SEA SPLASH SELF-CATERING €€

Anse Consolation
✆ +248 2 540 001
www.seasplash.holiday
*De 115 € à 175 € la chambre double. Petit déjeuner à 15 € par personne et dîner à 30 € par personne sur réservation.*

Les appartements proposées par l'établissement Sea Splash sont tous de très belle facture et sont la promesse d'un beau séjour. Tous sont équipés d'un coin nuit, d'une cuisine équipée, d'une élégante salle de bains et d'une belle terrasse qui fait face à l'océan Indien. Les chambres du premier étage sont d'ailleurs un vrai coup de cœur pour leur vue superbe. Si vous n'avez pas le courage de vous mettre aux fourneaux, la maison propose de très bons plats créoles pour sa demi-pension. Un barbecue est également mis à disposition.

© SEA SPLASH SELF CATERING

© BEACH SHAK

PRASLIN

## ARIDE ★★★

A 8 km au nord de Praslin, ces 73 hectares de nature préservée constituent donc un précieux patrimoine où pondent plus d'oiseaux marins que sur les 31 autres îles granitiques réunies : autour d'un million d'individus au moment de la ponte, onze espèces d'oiseaux marins et huit de terre jouissent de ce paradis de la gent ailée, sans chats ni rats. Seules cinq îles sur tout l'archipel profitent du même privilège (Frégate, Cousin, Cousine, Bird et Denis). Les sternes sont là les plus nombreuses, mais fouquets, pailles-en-queue, fauvettes et frégates nichent aussi dans cet éden, où virevoltent encore petits merles des îles, poules d'eau, rousseroles des Seychelles et même la rarissime pie chanteuse. D'innombrables mille-pattes et lézards coulent aussi là des jours heureux, pas même apeurés par les rares visiteurs, toujours bien intentionnés, et dont n'ont pas davantage peur les oiseaux nicheurs que l'on peut approcher de très près. Combien de tête à tête sans protocole lors de la rude montée jusqu'au glacis proche du sommet (134 mètres). Une ascension récompensée, car, de là-haut, quelle sensation de liberté et que de pureté ! De ces rochers abrupts, on plonge littéralement dans la mer, d'un bleu intense, avec tout là-bas au loin l'île Denis. Découverte en 1756 par Nicolas Morphey, et colonisée seulement en 1852, des cocoteraies s'étant bientôt substituées aux forêts, Aride apparaît escarpée, avec ses imposantes falaises, mais elle n'est en rien désertique. Bien au contraire, la richesse botanique de ses collines boisées est d'autant plus digne d'intérêt que c'est désormais le seul endroit de la planète où poussent les magnifiques gardénias de Wright (le célèbre bois citron), dont les fleurs blanches exhalent un parfum rappelant celui du mimosa.

Faune et flore méritent donc l'excursion sur cette île cernée d'un récif de corail qui la rend difficile d'accès. Les visites en bateau ne sont d'ailleurs organisées qu'à certaines périodes de l'année (d'octobre à avril en général, le week-end sur rendez-vous). Aussi les bateaux d'excursion doivent-ils jeter l'ancre au large de la côte, des canots pneumatiques assurant une fin de parcours parfois mouvementée. Dès lors qu'ils se sont acquittés de la taxe de débarquement (650 SR par adulte et 300 SR par enfant), les voyageurs peuvent suivre la visite guidée de deux à trois heures qui vagabonde sur les bas et notamment autour de l'ancien jardin, voisin d'un énorme banyan aux tentacules géants. Pour accéder, par des sentiers ombragés, sur les hauteurs de cette île, de 1 500 mètres de long sur 600 mètres de large, il faut en revanche se mettre dans les pas d'un guide grâce auquel l'île devient plus « lisible ».

*Au sommet de l'île Aride.*

Une île nature où un trésor de pirates resterait toujours à découvrir ! Un ancien propriétaire dynamita d'ailleurs en vain d'énormes rochers, espérant faire main basse, grâce à d'étranges signes gravés dans la pierre, sur le fabuleux butin. Un squelette enterré en position assise et découvert quelque temps plus tôt avait évidemment stimulé les imaginations. Las... Trésor ou pas, la plus au nord des îles granitiques seychelloises se révèle en tout cas comme un pur joyau de la nature. Un sanctuaire sur lequel veille aujourd'hui le fils de Christopher Cadbury, James. « Un homme très simple, qui vient deux fois par an. Pas fier, il mange et boit avec le personnel, et dort lui aussi à la dure », assure l'un des trois guides, l'île comptant cinq autres employés et le conservateur. Bref, une île de caractère où ne débarquent chaque année que deux mille visiteurs, pour la plupart en provenance de Praslin, à quelque 10 km plus au sud. Car c'est surtout là-bas que plusieurs agences et organisateurs de balades en mer proposent des excursions d'une journée à destination de cette réserve unique. Ne manquez pas alors cette opportunité de découvrir cette terre précieuse, où l'on ne peut débarquer qu'en canot, le débarquement étant même impossible les jours de houle forte, entre mai et septembre.

## COUSIN ★★

Le visiteur doit se faire petit sur cette « réserve spéciale » qu'est Cousin (qui voisine avec… Cousine !). Ici, pas question de fumer, de pique-niquer et d'utiliser un flash. Pas même de ramasser des coquillages. Pour ne pas troubler la sérénité des résidents, les visites sont obligatoirement guidées. Ayant été précédemment occupée par une usine de coprah, l'île fut acquise en 1968 par la Royal Society for Nature Conservation, avec l'aide du Fonds mondial pour la nature et grâce à des dons venus du monde entier (le magnat du chocolat Cadbury ayant financé cet achat aux deux tiers), elle était en effet le refuge d'une espèce alors en péril, la fauvette des Seychelles. Aussitôt classée réserve naturelle afin de sauver cette espèce, Cousin est maintenant gérée par Nature Seychelles, organisation à but non lucratif (du réseau BirdLife International) qui a pour objectif la préservation de la biodiversité. Devenue l'une des trois réserves ornithologiques majeures de l'avifaune marine seychelloise, Cousin compte aujourd'hui quelque 500 couples permanents (contre 26 en 1968), et, en avril-mai, l'île n'est plus qu'un vaste nid, avec quelque 300 000 oiseaux marins. Dès lors, prudence ! Les bateaux de la réserve, qu'il est obligatoire d'emprunter pour débarquer (moyennant une taxe de 600 SR par adulte et 300 SR par enfant), vous déposent sur l'île, du mardi au vendredi seulement, avec de l'antimoustique qu'il faudra penser à emporter (sinon les gardes vous en fourniront). Les visiteurs naturalistes sont invités par le manager ou l'un de ses guides à respecter la flore et la faune typiquement seychelloises de cette terre d'asile, dont les principaux locataires sont le noddi brun et la gygis blanche. De la sterne fée (symbole d'Air Seychelles) à la tourterelle-coco au paille-en-queue, en passant par la pie chanteuse, le toc-toc, la frégate, le pigeon bleu et la poule d'eau, on peut observer en ce royaume de plumes une vingtaine d'espèces d'oiseaux (dont six sédentaires), les plus rares faisant l'objet d'un baguage. Pas même de rat ni de chouette pour inquiéter tout ce petit monde ailé sur lequel veillent cinq ornithologues. Crabes et geckos ont aussi trouvé là un territoire sûr, qui abrite encore le plus grand mille-pattes de la planète. C'est là, de même, qu'on trouverait la plus forte densité de lézards au monde. Une quinzaine de tortues de terre font aussi partie des pensionnaires, avec la doyenne George, qui, dit-on, a plus de cent cinquante ans. On aperçoit parfois le caret (tortue imbriquée), mais la tortue marine, plus craintive que la terrestre, ne tarde pas à regagner la mer, à moins qu'elle ne vienne de pondre ses œufs. Lieu de ponte le plus important dans l'ouest de l'océan Indien pour cette tortue, Cousin est aussi l'unique île granitique totalement restaurée avec de la végétation indigène. Traversant une forêt particulièrement riche en bois tortue (dont les fruits plaisent beaucoup aux tortues), un sentier conduit jusqu'au sommet (69 m) du morne d'où la vue plonge sur Praslin et Cousine. Mais il faut bientôt regagner la virginale plage, où l'on peut se désaltérer, d'où l'on vous ramènera jusqu'au bateau d'excursion ancré au large pour un retour des images plein la tête.

*Sterne blanche sur l'île Cousin.*

## COUSINE ★★

À 5 km de Praslin, voilà 25 ha de nature exubérante avec plus de la moitié de plantes endémiques et une faune très riche. L'île est entourée de récifs de corail et la vie marine est tout aussi spectaculaire. Un spot de choix pour des plongées d'exception, avec notamment des tortues hawksbill qui viennent pondre sur le kilomètre de plage de sable blanc. Cousine est d'une grande quiétude, un hélicoptère brisant de temps à autre le silence pour déposer des chanceux.

Après la découverte du jardin où prospèrent légumes sous serres (tomates, bringelles, choux, piments…) et arbres fruitiers (bananiers, citronniers, manguiers, avocatiers…), cap sur les hauteurs de l'île ! Vous pourrez, notamment, découvrir le glacis Emmanuel au sommet duquel la vue se révèle exceptionnelle. Dans les sous-bois qui y mènent, on pourra admirer les résidents des lieux, entre autres les fouquets et paille-en-queue, qui nichent dans les racines enchevêtrées des énormes mapous (de vingt-cinq ans seulement !) qui se partagent le morne avec les cocotiers (numérotés). Pas franchement farouches – les hommes, ici, ne leur ont jamais été hostiles –, ces oiseaux n'en restent pas moins sur la défensive. Il n'est pas question de les caresser, d'autant plus que leur bec coupe comme un couteau. On ne touche qu'avec les yeux, de très près ! Si les sternes, qui se déclinent là en maintes espèces, sont les plus nombreuses, bien d'autres oiseaux ont investi la terre et le ciel de Cousine, qu'ils y nichent ou qu'ils y soient sédentaires ; du merle des îles au toc-toc et du pigeon hollandais au colibri, pas moins de 58 espèces ont été recensées, dont l'impériale frégate (qu'on retrouve sur le logo de l'île) et, surtout, la Seychelles magpie robin, cette pie noir et blanc ne comptant plus au monde que quelques dizaines d'individus. C'est une espèce sur laquelle veille de près l'association Bird Life International, qui mène depuis 1990 un programme de repeuplement de cet oiseau rare. Les tortues (elles aussi numérotées) ont de même trouvé là leur paradis. Celles de mer y pondent en toute quiétude et celles de terre y sont chez elles. On trouve encore des mille-pattes (de 20 cm !), dont les anneaux séchés subsistent par milliers sur le sol, et des gros lézards. On en voit même parfois fureter sur le long bar en granit. Ils sont bien là chez eux, sur cette terre de patrimoine qui a même sa station scientifique, et dont les rares visiteurs se doivent d'être d'abord des passionnés de la nature. Des passionnés fortunés.

### COUSINE ISLAND HOTEL €€€

✆ +248 4 321 107

www.cousineisland.com

*3 500 à 4 000 € la villa pour deux selon la saison et 6 500 à 8 000 € la villa présidentielle pour quatre.*

Chacune des 5 villas (175 m$^2$) est équipée d'une chambre et d'un salon de toute beauté. Quant à la salle de bains, elle est immense. À 20 m de la terrasse se déploie une plage digne du plus soigné des catalogues de prêt-à-rêver ! Un monde parfait, tant pour la nature que pour le gîte et le couvert. Dans la superbe demeure principale, la table se montre aussi d'un beau niveau, le chef exerçant volontiers son art sur la plaque chauffante, face à ses hôtes, qui composent leurs menus en fonction de la pêche ! Privatisation des cinq villas pour 20 000 à 24 000 €.

## CURIEUSE ★★

Découverte en 1744 par Lazare Picault, Curieuse prit le nom de la goélette que commandait Lampérière en 1868, sous les ordres de Marion Dufresne. Se déployant sur environ 3,5 km de long sur 1,5 de large, elle est distante d'à peine 1 km de l'Anse Boudin, au nord de Praslin. Peu élevée, puisque son point culminant n'atteint que 172 m, elle n'en a pas moins un relief accidenté et paraît impénétrable. Une généreuse végétation la recouvre : manguiers, bananiers, orangers, jacquiers, cœurs de bœuf, et même des cocotiers de mer ! Mais de l'importante colonie d'antan, qui recouvrait quasiment toute l'île, il ne reste guère que des souches. Aussi 420 pieds de cocos de mer ont-ils été plantés en 1998, dans l'espoir de voir renaître une aussi belle cocoteraie que celle qu'auraient incendiée accidentellement, en 1771, des marins d'une corvette britannique. Quelques cocotiers de mer ont par contre survécu çà et là.

Curieuse, bien qu'amputée de sa précieuse sylve d'antan, n'en demeure pas moins attrayante. Ses énormes takamakas (sûrement les plus gros de l'archipel) ombragent un littoral dont les anses servent de ports naturels pour les navigateurs. Les tortues ont remplacé les lépreux sur cette terre. Un camp y avait été en effet ouvert dès 1833, pour y caser une centaine de lépreux venus de Maurice. Ils furent bientôt transférés sur les îles Ronde et Praslin pour les hommes, et Mahé pour les femmes, inquiétant du même coup les Praslinois et les Mahélois, qui craignaient que ce dangereux voisinage n'en vienne à propager la maladie sur leurs îles. Aussi, sous la pression persistante de la population, les autorités, en vinrent-elles, à rouvrir, en 1938, la léproserie de Curieuse, les derniers lépreux n'ayant été transférés sur Mahé, à l'Anse Boileau, qu'en 1965.

La magnifique côte de l'île Curieuse.

Aujourd'hui ne subsistent de cette époque que des maisons calcinées, ainsi qu'une grande demeure coloniale inhabitée, jadis réservée au docteur Mac Gregor, le médecin de Praslin qui venait là régulièrement. Cette maison d'atmosphère, où fut tournée une scène de *Goodbye Emmanuelle*, a été restaurée et aménagée en centre d'éducation et d'information. Ce dernier, financé par la France, fut inauguré en 1996. Une seule famille, les Suzette, habite l'île, dont elle a la charge d'entretenir le parc, où de très jeunes tortues de mer vivent à l'abri des prédateurs (chats, rats et crabes), derrière une longue digue de pierre. Le gardien surveille les œufs que les femelles déposent en mai et en juin dans le sable où ils doivent rester deux mois avant d'éclore. Alors, seulement, les nouveau-nés seront portés dans l'enclos salvateur. Une centaine de tortues de terre géantes, dont la doyenne est âgée d'un siècle, évoluent en semi-liberté dans cette île où débarquent quelque 30 000 visiteurs par an, qui ne s'écartent pas du sentier touristique. Ce plaisant chemin officiel permet d'accéder à la maison du docteur en passant par un étrange terrain labouré par d'énormes crabes, et par une mangrove riche de six variétés de palétuviers. L'île est aussi connue pour ses remarquables formations granitiques, à l'embouchure de la très photogénique baie Laraie. Toutes ces curiosités ne justifient pas vraiment la taxe de 300 SR (accès à l'îlot Saint-Pierre compris) que tout visiteur doit acquitter pour vagabonder dans l'île des lépreux, cette excursion de quelques heures étant au programme de plusieurs hôtels et excursionnistes de Praslin.

## ENCHANTED ISLAND RESORT €€€

✆ +248 4 672 727

www.enchantedseychelles.com

*À partir de 810 € la villa pour deux. Demi-pension et pension complète possibles.*

Dans le parc marin de Sainte-Anne, l'un des derniers-nés des établissements seychellois a choisi Ronde pour disposer ses dix magnifiques villas. Parfaitement intégrées à la nature environnante, elles possèdent toutes une piscine privée. Avec du mobilier traditionnel et une structure en bois, elles ont même leur petit bout de plage privée. Un établissement qui possède aussi son spa, son bar, son restaurant et son service de restauration en chambre. Vous pourrez donc vous régaler autour de votre piscine ou au clair de lune sur la plage. Le luxe à l'état pur !

## SAINT-PIERRE ★★★

Un aquarium grandeur nature ! Certes moins éblouissant qu'avant les retombées d'El Niño, mais tout de même. Emergeant à environ 1 km au large de la plage de Côte d'Or, au-delà de la minuscule île Chauve-Souris, Saint-Pierre, incluse dans le parc national marin de Curieuse, offre pour la plongée au tuba un des fonds d'autant plus dignes d'intérêt que c'est aussi beau dessus que dessous. Avec sa poignée de cocotiers surgissant des rochers, Saint-Pierre est très photogénique. Un site d'autant plus fréquenté que tous les excursionnistes proposent d'y transporter leurs clients, qui doivent y acquitter une taxe de débarquement de 300 SR (Curieuse incluse).

PRASLIN

## RONDE ★★

Une île de poche toute ronde ! 10 minutes à peine suffisent pour faire le tour de cet îlot de 150 m de diamètre, planté à 800 m de Cerf et recouvert d'une végétation dense : takamakas, lataniers, sandragons, albizzias... Entouré d'une fine frange de sable et culminant à 26 m, c'est un véritable bosquet flottant de 5 ha, au cœur du parc naturel marin de Sainte-Anne, riche, dit-on, de quelque 150 variétés de poissons. Une page s'y est récemment tournée, puisque les Calais ont cédé leur petite terre à Glenn Savy, l'un des plus puissants businessmen seychellois. Ronde s'est donc ouverte, elle aussi, au tourisme de luxe, sous le doux nom d'Enchanted Island.

*Saint-Pierre n'échappera pas à votre objectif !*

# LA DIGUE

Extase assurée ! Nous voici bien dans la carte postale des îles seychelloises, avec des sites à couper le souffle et des habitants qui prennent le temps de se la couler douce. Il semble, en effet, qu'ici tout contribue à faire de ce petit morceau d'écorce terrestre, de 5 km de long sur 3 de large, un haut lieu de la sérénité et de la beauté. On enfourche son vélo pour découvrir le sublime chemin côtier ou les délicieux chemins de traverse. De l'emblématique Anse Source d'Argent aux petites plages ou criques quasi sauvages, véritables paradis du farniente et du snorkeling, venir à La Digue est un incontournable d'un voyage seychellois. À défaut d'y passer quelques jours, on doit au moins y couler quelques heures, forcément inoubliables. Que l'on arrive de Praslin (en 15 minutes) ou de Mahé (1h15), la meilleure solution pour circuler est de louer un vélo et de se laisser griser à chaque virage…

Île aux Vaches
Île Denis
Île Aride
ÎLE DE LA DIGUE
Île de Praslin
Île de Frégate
Île deMahé
50 KM
Parc national
Route principale
Ville
Sommet
Aéroport
500 M
Vers ÎLE GRANDE SOEUR, ★★
ÎLE COCOS, ★★★
ÎLE FÉLICITÉ ★★★
ANSE PATATES ★★
ANSE SÉVÈRE ★★★
ANSE GAULETTES ★★
Pte Cap Barbi
Laporte
Anse Grosse Roche
Cap Bayard
LaPasse
Jetée
LA PASSE ★
ANSE BANANE
NID D'AIGLE ★★
ANSE LA RÉUNION ★
ANSE FOURMIS ★★
RÉSERVE DE LA VEUVE NATURE ★★
Reserve Union Plantation
La Digue 333 m.
Anse Caïman
Maurice
Anse Union
L'UNION ★★★
Mare Soupape
Roche Bois
Pointe Ma Flore
Fond Piment
L'Union
Pte Source d'Argent
L'union Réserve
ANSE COCOS ★★★
Pte Turcy
La Citadelle 150 m.
Anse la Source à Jean
Camille
PETITE ANSE ★★★
Pte Belize
ANSE SOURCE D'ARGENT ★★★★
GRAND ANSE ★★★★
Anse Pierrot
Pte Canon
Sce Marron
Anse Bonnet Carre
Grand Cap Pointe Camille
La Digue
Pte Jacques
ANSE MARRON ★★
Vers ÎLE FRÉGATE

PAGES

190 ●● DE LA PASSE À ANSE COCOS

A peine débarqué sur la jetée à la Passe, le centre de l'île, la plupart des touristes prennent la direction du sud. C'est là que se trouvent la majorité des adresses pour poser ses valises, vers Anse La Réunion. Quelques coups de pédale plus loin, se profile déjà le domaine de l'Union, sa célèbre maison coloniale du film *Goodbye Emmanuelle* et ses tortues géantes. Mais surtout, c'est la porte d'entrée vers la célèbre et cristalline Anse Source d'Argent, la plage la plus courue du pays. Plus loin, Grand Anse, bien que dangereuse, est encore un beau cadeau de Mère Nature, avant une dernière bronzette sur la sauvage Anse Cocos.



201 ●● DE LA PASSE À ANSE FOURMIS

Depuis La Passe, remonter vers la pointe nord de La Digue est une balade exceptionnelle. Après avoir passé Anse Sévère, et son luxueux Domaine de l'Orangeraie, on s'offre une noix de coco à l'ombre dans l'une des paillotes le long de la route et on atteint la lumineuse Anse Patates. Une plage de rêve, encore une, avant d'atteindre Anse Gaulettes et la galerie de Georges Camille, Anse Banane, puis, enfin, Anse Fourmis, perdue tout au bout de la route. Il sera alors temps de faire demi-tour et de profiter des couleurs changeantes du jour qui tombe…



204 ●● LES ÎLES VOISINES

Autour de La Digue, l'île Cocos, parfait symbole de la petite île de rêve seychelloise, a vu sa barrière de corail fortement endommagée par la multiplication des bateaux de touristes. Il vaut mieux donc éviter de s'y rendre ! Heureusement, à quelques coups de palmes de là, les fonds de Félicité et de son luxueux resort sont également fabuleux. Les requins-nourrices reçoivent ici sans rendez-vous ! Enfin, Grande Sœur, avec sa végétation luxuriante, ses tortues et ses poissons multicolores, ressemble à une énième annexe du paradis.

## LA PASSE ★

C'est à La Passe, où résident bon nombre des Diguois, que bat le cœur de l'île. Une atmosphère nonchalante se dégage de cette rue centrale qui constitue le principal courant de vie, avec ses multiples boutiques et loueurs de vélos, et ses bâtiments officiels, de la poste au poste de police et de l'hôpital au tribunal, en passant par les banques et les agences d'excursions. Seul gros bâtiment, le centre communautaire a été bâti en retrait de la route, au bord de laquelle les vieilles maisons créoles ne sont plus légion. En semaine, les écoliers en uniforme animent la voie principale et, le dimanche, la sortie de la messe constitue encore une attraction digne d'intérêt pour le voyageur, tant il est vrai que ce jour-là on s'habille encore endimanché !

### Balade

**Randonnée de La Passe au Nid d'Aigle.** Un Nid d'Aigle qui se mérite ! Pour partir à l'assaut de la haute montagne diguoise (dont le point culminant atteint tout de même 333 m), on doit d'abord se mettre en jambes sur quelque 4 km, faciles, puisque plats et dans l'ensemble ombragés. On longe la réserve de la Veuve, avant d'entreprendre, un peu au-delà de l'intersection pour Grand'Anse, la redoutable montée vers Belle Vue la bien nommée où vous attend le restaurant éponyme. Difficile de faire plus raide ! Sous le soleil, il faut suer une bonne demi-heure pour arriver à Belle Vue, où la route se transforme en un chemin de terre. Ensuite, il faudra une bonne heure pour conquérir le Nid d'Aigle, mais de là-haut, quelle récompense !

## OÙ SE LOGER ?

À La Digue, si vous souhaitez une ambiance de « bout du monde » et des plages désertes, on vous conseille de privilégier la pointe nord de l'île entre Anse Sévère, Anse Patates, Anse Gaulettes ou Anse Grosse Roche. Dans le coin, *Le Petit Futé* a eu un gros coup de cœur pour les villas Lakaz an Bwa (idéale pour les groupes) et Secret Garden Villa.

Pour ceux qui voudrait un spot un peu plus animé et jouer la proximité avec les incontournables Anse Source d'Argent et Grand'Anse pour pouvoir y être dès l'aube, il convient de poser ses valises vers Anse Réunion. Ce coin sera plus pratique pour trouver un restaurant à l'heure de se mettre à table.

## OFFICE DU TOURISME

✆ +248 4 234 393

*Ouvert du lundi au vendredi de 8h à 16h30 et le samedi de 9h à 12h.*

Au bout de la jetée, juste à l'arrivée des bateaux, on vous accueillera avec le sourire, avant de vous délivrer gratuitement une carte de La Digue. C'est surtout ici que vous trouverez tous les renseignements nécessaires pour profiter au mieux de cette île de rêve : on vous mettra en relation avec les locaux et les guides officiels, on vous délivrera également tous les bons plans et bonnes adresses pour profiter au mieux de ce petit bout de terre si particulier. Quelques beaux livres sont aussi en vente. Une étape incontournable.

*L'église du petit village de La Passe à La Digue.*

## CREOLE TRAVEL SERVICES

✆ +248 4 29 70 00
www.creoletravelservices.com
*Ouvert du lundi au vendredi de 9h à 15h.*

Creole Travel Services est d'abord le premier réceptif seychellois, une agence incontournable pour préparer ses excursions autour de La Digue et les îles alentour. En plus de ses prestations classiques, l'agence propose aussi des excursions en catamaran entre les îles de La Digue et de Praslin. Et quel bonheur de partir en balade sur *Oplezir*, le nom bien trouvé et parfaitement justifié, de cette délicieuse embarcation qui vogue dans ce coin de l'archipel. Une adresse à noter sur ses tablettes dès son arrivée aux Seychelles !

## CHEZ MICHELIN BIKE RENTAL

A côté de la jetée.
✆ +248 4 234 304
*Ouvert tous les jours de 8h à 17h. Compter 150 SR par jour (100 SR la journée sur plusieurs jours).*

Voilà l'adresse historique pour louer un deux-roues à La Digue ! À raison, puisque Michelin est le plus ancien loueur de vélo sur l'île. La famille Michelin ne se contente pas des vélos, puisqu'elle accueille du monde dans sa guesthouse attenante. S'il faut compter 150 SR pour pédaler sur les sentiers diguois, le prix est dégressif pour qui a la bonne idée de se poser plus longtemps sur l'île (jusqu'à 100 SR la journée). Incontournable, ce Michelin !

## TATI'S

✆ + 248 2 629 857
*Ouvert tous les jours de 7h à 18h. Compter 150 SR la journée de location et 500 SR en vélo électrique.*

Ancrée face à la mer et aux belles boutiques de La Passe, l'enseigne Tati's propose pas moins d'une centaine de vélos (classiques ou électriques) disponibles à la location. Ils sont tous en très bon état (et à réparer si besoin pendant le temps de location !) avec leur panier pour balader serviettes de plage, palmes et masque de plongée et, en supplément, siège enfant. Les prix sont évidemment dégressifs en cas de location sur plusieurs jours. Tati's ? Une enseigne que nous vous recommandons pour son sérieux si vous voulez une bécane de choix !

## LES IMMANQUABLES DE LA DIGUE

- **Louer** un vélo pour musarder sur les petites routes, toutes enchanteresses, la plus sublime menant du port à Anse Fourmis par Anse Sévère, Anse Patates, Anse Gaulettes et ou Anse Banane.
- **Boire** un jus de fruits frais dans l'un des petits kiosques d'Anse Sévère, comme l'excellent Karim's Fruit Bar et son look rasta.
- **S'extasier** sur l'un des plus beaux sites naturels du monde : Anse Source d'Argent, palme d'or de la catégorie plage-cocotiers, avec son éboulis figé de rochers sur fond de palmes, son sable plus blanc que blanc et ses eaux cristallines.
- **Se fondre** dans le parfait tableau de Grand'Anse, Petite Anse et Anse Cocos, des plages de rêve complètement isolées, avant de déguster un jus de fruits frais et un poisson grillé au Coco Bar sur Anse Cocos.
- **Flâner** dans la rue principale et dans les paisibles allées du domaine de l'Union, avec son antique cimetière, son chantier naval, son atelier de coprah, ses plantations de fruits et légumes, son parc à tortues, son moulin à huile, son rocher géant… et sa grande maison créole où flotte encore le parfum d'Emmanuelle.
- **Monter** au Nid d'Aigle pour profiter d'un superbe coucher de soleil et du généreux et succulent buffet créole du restaurant Belle Vue (n'oubliez pas de réserver !).
- **Faire** du snorkeling sur Anse Patate ou Anse Sévère.

## BERNIQUE GUESTHOUSE €

✆ +248 4 234 229
www.berniqueguesthouse-seychelles.com
*Compter 145 € la chambre double avec petit déjeuner.*

Au pied de la luxuriante montagne, sur le bord de la charmante route intérieure dont les ombrages sont toujours agréables quand on pédale, cette guesthouse compte 5 chambres simples accolées, et qui donnent sur le jardin. Sylvania veille particulièrement au confort de ses hôtes. Ses chambres sont toutes équipées de la climatisation, d'un ventilateur, d'une moustiquaire, d'un minibar et d'une bouilloire. Le petit déjeuner est servi sous la belle paillote, qui connut des moments bien animés au temps où cette guesthouse était l'une des rares de La Digue.

## CALOU GUESTHOUSE €

✆ +248 4 234 083

www.calouguesthouse.com

*Entre 150 € et 160 € la chambre double avec le petit déjeuner selon la période. Demi-pension à 30 €.*

A 5 minutes à vélo de La Passe au pied du Nid d'Aigle (333 m), les 4 bungalows refaits à neuf de ce plaisant petit hôtel, qui a été récemment élu comme la meilleure guesthouse de La Digue, rassemblent 6 chambres climatisées et joliment meublées. Leurs terrasses s'ouvrent sur les bananiers, manguiers, goyaviers et autres avocatiers d'un jardin bien entretenu. La sagesse des tarifs est d'autant plus remarquable que Wilvina a créé un climat convivial autour de sa table d'hôtes. Possibilité également d'organiser plusieurs excursions.

## CHÂTEAU SAINT-CLOUD €€

✆ +248 4 295 400

www.chateaustcloud.sc

*210 € la chambre double avec petit déjeuner, 290 € la supérieure, 350 € la suite. Demi-pension à 30 € par personne.*

Située à 15-20 minutes de marche de la jetée, sur la route de l'intérieur, voici 4 suites de luxe (75 m² ou 100 m² à l'étage) qui ont été aménagées avec goût, dans un esprit néocolonial. A ces 4 suites haut de gamme, s'ajoutent 6 chambres standards et 15 chambres supérieures. Elles sont toutes climatisées et donnent sur le jardin, très bien entretenu et doté d'une piscine. Nos préférées sont Cannelle et, surtout Kino, situées plus en hauteur. Très agréable aussi, la grande paillote permet de se régaler, un buffet créole étant proposé trois soirs par semaine.



## DOMAINE DES ROCHERS €€

✆ +248 4 235 334

www.domainelesrochers.com

*De 195 € à 265 € la chambre ou l'appartement pour deux et 380 € pour quatre. Réduction à partir de 3 nuits.*

Quelle belle adresse que ce paisible Domaine des Rochers ! Nichées dans un très beau jardin tropical, à une centaine de mètres de la plage la plus proche, les 2 bungalows et les 4 appartements sont très joliment décorés et offrent tout le confort d'un établissement de charme. Dans chacun, une cuisine parfaitement équipée (avec un pack de bienvenue : café, thé, sucre…), une spacieuse salle de bains et une terrasse en font une excellente option pour les séjours en self-catering. En plus, l'accueil est toujours agréable ! Une option fortement recommandée.

## LE NAUTIQUE SEYCHELLES €€

La Passe

✆ +248 4 234 700

www.lenautique.sc

*295 € à 425 € la chambre double avec petit déjeuner (transferts jetée inclus). Demi-pension à 45 €. - 12 ans non admis.*

Ce boutique-hôtel de La Digue, de très bonne facture, à l'accueil irréprochable, propose 5 chambres (de 2 à 4 personnes) avec pour chacune lit king size, machine à expresso, mini-bar, douche à l'italienne (plus baignoire dans les deluxe avec vue sur mer), etc. Il est également possible d'utiliser les kayaks mis gracieusement à la disposition des hôtes (il faut dire qu'il y a peu de fond pour se baigner), de s'attabler au restaurant à la vue imprenable sur l'océan et de profiter d'un petit plongeon dans la piscine à débordement. Vélos en location également.

## VILLA CHARME DE L'ILE €€

✆ +248 2 512 542

*Compter 275 € la nuit l'appartement pour deux.*

Cette adresse décidément charmante, à la décoration très soignée, propose de spacieux appartements (d'une superficie de 75 m²) en self-catering, mais avec le service d'un hôtel (petit déjeuner possible notamment). Des appartements habillés de bleu et de blanc et décorés avec beaucoup de goût où les chanceux hôtes peuvent profiter d'une grande cuisine équipée et d'une terrasse notamment. Les logements donnent tous sur un très beau jardin intérieur que l'on peut admirer depuis les transats semi-immergés dans la très jolie piscine ou depuis le bain bouillonnant.

## CHÂTEAU SAINT-CLOUD €€

✆ +248 4 295 400
www.chateaustcloud.sc
*Tous les jours de 12h à 15h et de 15h30 à 22h. De 150 à 300 SR le plat. Buffet (lundi, mercredi et vendredi) à 550 SR.*

Sur la plaisante route ombragée de l'intérieur, la plaisante paillote-restaurant du Château Saint-Cloud peut faire l'objet d'une étape grande soif ou petite faim, à toute heure du jour. De pieuvre au lait de coco en brochettes de légumes et spaghettis bolognaise, et de sandwichs en glaces, il y a là de quoi répondre à tout appétit. Trois soirs par semaine (lundi, mercredi et vendredi), le chef prépare un buffet créole, à un prix serré, un Coconut Kiss ou un Banana Daiquiri pouvant prolonger la soirée au bar de l'établissement.

## LE NAUTIQUE SEYCHELLES €€

La Passe
✆ +248 4 234 700
www.lenautique.sc
*Tous les jours de 12h à 15h et de 18h30 à 22h (20h30 pour la dernière commande). De 325 à 530 SR le plat.*

Le Nautique, la table de l'hôtel éponyme, c'est d'abord un spot de rêve face à l'océan Indien où l'on mange quasiment les pieds dans l'eau. À la carte, légère et rapide à l'heure du déjeuner, composée principalement de bons burgers, d'un fish & chips, de tacos à la sauce créole et d'un cari de poulpe notamment. À l'heure où le soleil se couche, place au menu plus sophistiqué du dîner. Avec quelques options pour les carnivores, mais surtout des produits de la mer sublimés par le chef qui ne font qu'ajouter le plaisir des papilles à celui des yeux.

## FISH TRAP RESTAURANT

Juste à côté de la jetée.
✆ + 248 2 636 100
*Ouvert tous les jours de 7h30 à 21h30 pour la dernière commande.*

Ce Fish Trap est une option très sympathique pour un bon petit déjeuner ou pour boire un verre. Car si le *British breakfast* (avec œufs, *beans*, champignons grillés, toasts, boissons…) permet de prendre des forces, le reste de la carte est un peu décevant. Néanmoins, la décoration aux tons pastels, avec des galets au sol, et la belle terrasse en bois avec vue imprenable sur l'océan en font une adresse très agréable. On peut même profiter d'un bout de plage et de quelques transats… Idéal pour siroter un cocktail ou un punch créole lorsque le soleil décline.

## CHEZ MICHELIN €

✆ +248 2 521 518
www.pensionresidence.com
*75 € pour une personne, 120 € à 150 € pour 2, 200 € à 250 € pour 4 avec petit déjeuner. Tarifs avantageux en direct.*

Entre le centre du village et le cimetière, sur un grand terrain près d'un énorme banyan, ces six spacieux chalets peuvent accueillir jusqu'à 4 personnes, avec leurs 2 chambres, un salon-salle à manger, une cuisine équipée et une plaisante terrasse. Isabelle et Florence, les deux anges gardiens des lieux, consentent même un package avec des vélos. Des vélos qui ont fait la fortune familiale, nombre de touristes tombant en effet sur les deux-roues de Chez Michelin dès leur arrivée au cœur du village en quittant la jetée. Incontournable !

© CHEZ MICHELIN

© CHEZ MICHELIN

## TREK DIVERS PLONGÉE

✆ +248 2 523 585
www.trekdivers.com
*De 9h à 14h. 70 € la plongée et 130 € les deux. Baptême à 100 €, formation Open Water à 520 €.*

Véritable centre de plongée flottant, Trek Divers est équipé d'un catamaran de 18 m (solarium, bar, salon, toilettes, douches), entièrement équipé pour la plongée (9h à 14h avec 1 ou 2 plongées, plus déjeuner et boissons). Les experts Natacha et Marcus vous encadreront parfaitement dans des canyons ou sur le récif granitique. En septembre et octobre, vous apercevrez peut-être des requins-baleines et des raies manta. Vous pourrez également faire du snorkeling. Une adresse de référence dont le magasin propose palmes, masques et tubas à des prix raisonnables.

© TREK DIVERS PLONGEE

© TREK DIVERS SEYCHELLES

## NATURAL BAR

En quittant La Passe sur la gauche, juste après chez Michelin.
✆ +248 2 527 856
*Ouvert tous les jours de 11h30 à 15h30 et de 18h30 à 23h. Le bar reste ouvert en continu.*

Ce Natural Bar tout récent installé sur le sable de La Passe a ouvert son bar à cocktails et son barbecue au début de l'année 2022. L'endroit a tout pour plaire et connaître rapidement le succès ! Il faut dire que siroter un cocktail ou un jus de fruits fraîchement pressés les pieds dans le sable à la sortie de La Passe est la promesse d'un excellent moment. Si vous voulez continuer à profiter du lieu, place aux grillades, très bonnes mais un peu chères, il faut bien le reconnaître (entre 475 SR et 625 SR par personne, avec deux ou trois viandes ou poissons).

## KOKOSYE

✆ +248 4 234 548
*Ouvert du lundi au samedi de 9h30 à 12h30 et de 14h30 à 18h.*

Cette boutique de souvenirs, repérable par ses colonnes gravées façon totem, est notre préférée sur l'île ! L'antique balance du grand-père est suspendue, tel un trophée, dans cette boutique, riche en articles de qualité. De poisson en bois peint en bougie à la citronnelle et de savon à l'ylang-ylang en chapeau tressé en coco, la nature des *Sesel* est joliment valorisée. On a adoré aussi les raies sculptées en bois, les cocos peints et les délicieuses confitures. Vincent et Shirley proposent aussi de beaux cocos de mer. Passez une tête !

## NID D'AIGLE ★★

Le bien nommé Nid d'Aigle est en quelque sorte le toit de La Digue et offre une vue époustouflante à 360 degrés sur les îles aux alentours. Au programme de vos selfies : Praslin à l'ouest, Félicité, Grande Sœur et Marianne à l'est. Une vue de rêve, mais qui se mérite puisqu'il faudra bien compter une heure de marche (et de dénivelé positif) depuis La Passe pour atteindre ce spot unique. Un spot dont on pourra aussi profiter depuis le restaurant Belle Vue. Une adresse qui permettra aussi de prendre des forces, puisque c'est au pied de l'établissement que démarre le sentier de la superbe randonnée du Nid d'Aigle (compter 45 minutes).

## RESTAURANT BELLE VUE €

Nid d'Aigle
✆ +248 2 611 944

*Ouvert tous les jours de 10h à 20h30. Salades et sandwichs de 150 à 250 SR et buffet du soir à 600 SR.*

Après une heure de marche pour grimper au Nid d'Aigle depuis La Passe, quelle récompense de se poser sur l'époustouflante terrasse du Belle Vue ! Pendant la journée, on avale un petit casse-croûte et/ou on se désaltère avec un jus de fruits frais préparé par la charmante Edna, avant ou après la randonnée du Nid d'Aigle. Le soir venu (après avoir réservé par téléphone), on profite d'un mémorable coucher de soleil et on s'attaque au généreux et succulent buffet créole préparé par Lawrence et sa jeune équipe. Une soirée à s'offrir absolument sur La Digue !

# ANSE LA RÉUNION ★

Ce coin paisible et passant accueille notamment une grande partie des guesthouses de l'île, l'excellente table italienne du boutique-hôtel Le Repaire et La Digue Supermarket. Une jolie promenade relie Anse la Réunion à la route de l'intérieur. Un chemin bitumé, peu connu mais plaisant, traverse une partie très luxuriante de La Digue. On l'emprunte à côté de l'atelier de mécanique situé face à la belle maison créole Sunshine. Il permet de découvrir que l'île est aussi habitée côté terre, de solides maisons ayant remplacé ces dernières années les cases tout en tôle. Ici et là, quelques échelles à calou partent encore à l'assaut des cocotiers.

## LA DIGUOISE €

✆ +248 4 234 713

*150 € la chambre double avec petit déjeuner et 250 € la supérieure. Demi-pension à 27 € par personne. Prix négociables.*

A quelques pas de la Réserve de la Veuve noire, dans La Digue de l'intérieur, Elodie a fait bâtir au sein de son jardin fleuri une jolie villa de style créole. Elégamment meublées et bien équipées, 8 de ces 9 chambres climatisées donnent sur une véranda plaisante où l'on peut prendre ses repas et quatre autres (les supérieures, un peu plus spacieuses et avec baignoire) donnent sur une relaxante petite piscine extérieure, qui ajoute au standing de ce doux repaire où l'on sert au petit déjeuner un vrai jus de fruit frais et des confitures, elles aussi, maison.

## PENSION MICHEL €

✆ +248 4 234 003
www.pensionmichel.sc

*Compter 149 € la chambre double avec petit déjeuner et 205 € en demi-pension.*

Chez les Michel, ambiance indolente et toute diguoise assurée ! Au milieu de leur jardin arboré et fleuri, les deux villas très colorées au toit de tôle de l'établissement rassemblent huit chambres climatisées, simples, agréables et dotées d'une sympathique terrasse pour sept d'entre elles. Autour de Nigel Michel et de sa femme Mary-Jane, l'atmosphère est familiale et la cuisine créole très correcte. Le prix d'une chambre double en demi-pension se révèle d'un honnête rapport qualité-prix. Un bon plan pour les budgets un peu serrés.

© PENSION MICHEL

© PENSION MICHEL

LA DIGUE

## FLEUR DE LYS €

✆ +248 4 234 459

www.fleurdelyseychelles.com

*Compter 140 € la chambre double. Petit déjeuner à 13 € par personne. Tarifs négociables.*

La bonne adresse que voilà ! Un peu en retrait de la route principale, Mary et Ron Henry proposent huit chalets de style créole spacieux et mignonnets, fort bien aménagés, avec salle de séjour et cuisine équipée, seule la chambre avec moustiquaire étant climatisée. On peut y ajouter un lit pour 20 € de plus s'il s'agit d'un enfant ou 30 € pour un adulte. A 10 minutes de marche du village, cet impeccable chez-soi est fort agréable, la terrasse en bois s'ouvrant sur un vaste jardin tropical et calme. Possibilité d'organiser vos excursions.

## CABANE DES ANGES €€

✆ + 248 4 234 112

http://cabanesdesanges.sc

*De 210 € à 240 € la chambre double avec petit déjeuner.*

Voici une très belle surprise que cette Cabane des Anges ! Les villas sont grandes, propres, lumineuses et très agréables. Il y a également une petite piscine pour se rafraîchir le soir après une journée de balades, au son des fontaines qui coulent au cœur du jardin. Côté prestations, un bon petit déjeuner est servi dans la salle de restaurant et le ménage est fait tous les jours dans les chambres. Pour ne rien gâcher, le personnel est extrêmement sympathique et serviable. Possibilité de louer des vélos pour 150 RS la journée.

## LE RELAX BEACH HOUSE €€

En face de l'église.

✆ +248 4 234 433

www.lerelaxhotel.com

*Compter de 239 € à 410 € la chambre double avec petit déjeuner, selon le standing.*

Cette sympathique adresse compte quatre chambres joliment meublées avec leurs voilages et leurs matériaux nobles. Minibar, écran plasma, climatisation et surtout terrasse idyllique face à l'océan sont à disposition pour profiter au mieux du coucher de soleil. Préférer la chambre 1, car les chambres 2 et 3 ne font pas directement face à la mer. La chambre 4, elle, donne sur la route, mais possède un lit supplémentaire, parfois bien pratique. D'autres options sont possibles en self-catering, de l'autre côté de la (petite) route.

## LE REPAIRE €€

✆ +248 2 530 594

www.lerepaireseychelles.com

*De 210 € à 330 € la chambre double selon le standing avec petit déjeuner. De 290 € à 410 € en demi-pension.*

Ce charmant boutique-hôtel est un havre de paix et sans conteste l'une des valeurs sûres de La Digue. Les 18 chambres sont toutes très joliment décorées et on a le choix entre des vues sur le jardin ou des vues sur la mer pour cet établissement qui possède un accès direct à la plage et une petite piscine dans un charmant bout de jardin où le coucher de soleil promet d'être magique. Connu également pour sa très bonne table italienne, l'établissement propose des formules en demi-pension qui peuvent être une très bonne idée. Une très bonne adresse.

## REY & JOSH TAKEAWAY €

Au croisement entre la route de l'intérieur d'Anse la Réunion (entre Zerof et Château Saint-Cloud) et celle qui descend à Grande Anse et Petite Anse.

✆ +248 2 563 601

*Ouvert du lundi au samedi de 12h à 20h. Compter de 70 SR à 315 SR.*

Voici une excellente option pour les petit budgets à l'heure de se mettre à table ! Rey & Josh propose de bons petits plats (cari de poisson, cari de poulet, porc sauté, etc.), de savoureux sandwichs (au thon, au poisson fumé…) et des boissons fraîches que l'on peut déguster là en profitant des quelques tables (et de leurs parasols) posées sur une terrasse. À moins que l'on préfère les emporter pour déguster tout ça sur une plage de rêve. Ça tombe bien, on est là à l'embranchement de la route qui part pour la sublime Grande Anse notamment.

## LE REPAIRE €€

✆ +248 2 530 594

www.lerepaireseychelles.com

*Ouvert tous les jours de 12h30 à 22h. De 225 SR à 525 SR le plat et de 145 SR à 395 SR la pizza.*

La table du boutique-hôtel éponyme est un excellent choix pour un déjeuner ou un dîner très agréable sur l'île. Après avoir profité d'une très belle carte de cocktails pour se mettre en appétit, on se pose dans une petite salle ouverte aux quatre vents ou directement sur la plage pour déguster des spécialités italiennes. Des recettes transalpines concoctées avec d'excellents produits venus tout droit de la Botte. La maison propose évidemment une très belle carte de pizzas, classiques ou calzone, franchement délicieuses et des pâtes fraîches. *Buon appetito!*

## LA DIGUE SUPERMARKET

*Ouvert tous les jours de 8h à 20h.*

Lorsque Grégoire a ouvert ce premier « grand » supermarché climatisé en 2003, les Diguois l'ont surnommé le « petit Dubaï ». L'excitation des débuts est, certes, vite retombée, le *supermarket* a changé de main mais il n'en est pas moins devenu une institution. De chaussures en survêtement et de cocotte-minute en appareil de gym, en passant par le balai coco, un melting-pot d'articles qu'on a, pour certains, du mal à trouver à Mahé ! Côté alimentaire, le choix est aussi (relativement) large et les boissons sont toujours au frais.

## RÉSERVE DE LA VEUVE ★★

Ne vivant plus qu'en quatre endroits du monde, le gobe-mouches noir du paradis, appelé localement « veuve noire », a fait de La Digue l'une de ses terres d'élection. Nombre d'entre eux ont pour domicile la petite forêt, dite « réserve de la Veuve », qui se déploie le long de la route menant du littoral au carrefour pour Grand'Anse. La réserve a été fondée par le baron du chocolat, Christopher Cadbury, afin d'y protéger le biotope de cet oiseau. Mais arrêtez-vous au kiosque d'information, où l'on vous expliquera comment cette espèce a été sauvée. À vous ensuite d'ouvrir l'œil pour débusquer ce *zwazo* dont le mâle s'enorgueillit d'une très longue queue noire.

*Réserve de la Veuve.*

## L'UNION ★★★

C'est dans le domaine de l'Union Estate que trône la célèbre maison coloniale du film *Goodbye Emmanuelle*. Aujourd'hui reconvertie en musée, c'est une visite intéressante, avant de s'aventurer plus loin vers la célèbre et cristalline Anse Source d'Argent. Mais ici, on profite aussi des senteurs des gousses de vanille que quelques employées s'emploient à lisser nonchalamment. Cette plante, introduite dans l'île en 1866, a jadis contribué considérablement à sa prospérité. À proximité, se trouve une petite usine de coprah où des travailleuses, juchées sur un tas de noix de coco, décoquillent lesdites noix. Leur chair, une fois séchée dans un calorifère, sera pressée dans un antique moulin à huile.

Un peu plus loin, au pied d'un énorme rocher, qui serait le plus gros de l'archipel, The Giant Rock, une quinzaine de tortues géantes paissent dans leur enclos. Deux pieds suffisent pour vagabonder dans ce domaine de l'Union, et où serpentent maints sentiers, dont l'un mène au petit chantier naval offert par la France. Ses artisans charpentiers ont acquis un certain renom pour la qualité de leur travail, notamment pour leurs barques de pêche construites à partir des troncs de teck et de takamaka. On prend vraiment plaisir à arpenter cette terre de l'Union Estate. On doit aussi jeter un coup d'œil au vieux cimetière en ruines.

Pour les 12 ans et plus, il faut débourser 150 SR pour visiter le site, qui est ouvert de 7h à 17h. Le ticket est valable pour toute la journée. Bon plan : un ticket acheté après 16h30 donne accès au site le lendemain toute la journée.

## MAISON DE L'HISTOIRE (GRAND KAZ) ★★

✆ +248 4 234 295

*Ouvert tous les jours de 9h à 17h30. Entrée gratuite (après s'être acquitté des 150 SR pour entrer dans le domaine).*

Cette célèbre maison coloniale a été restaurée et est devenue un musée rassemblant tous les artistes seychellois qui comptent. Et puis, cette demeure a une histoire car c'est la célèbre maison coloniale du film *Goodbye Emmanuelle*, que François Leterrier tourna là avec la voluptueuse Sylvia Kristel en 1976. Une vaste maison dont l'ex-président René avait fait sa résidence secondaire et où il logea aussi nombre d'amis prestigieux, dont l'ancien Premier ministre britannique Tony Blair.

*Anse Source d'Argent.*

## ANSE SOURCE D'ARGENT ★★★★

Éclatant, fascinant, captivant, saisissant, éblouissant... Prévoyez votre stock d'adjectifs si vous avez envie de vous extasier sur ce site exceptionnel ! Comment peut-on venir aux Seychelles sans passer par Source d'Argent, là où le plus vieux granit du monde semble dégringoler des douces collines jusque dans l'océan – comme si le chaos s'était soudain figé, arrêtant net d'énormes blocs de pierre, d'un équilibre apparemment instable et que l'on croirait en carton-pâte. On a presque envie de se mettre derrière l'un d'eux pour le pousser. On est là dans une véritable forteresse de quelque six cent cinquante millions d'années, dans laquelle de hautains cocotiers ont pourtant pris racine. Quant à la plage, avec son sable très blanc, elle donne plus d'intensité encore au turquoise d'une eau limpide, invariablement à 28 °C. Quel décor naturel étourdissant ! On le croirait façonné par Hollywood, tant il se révèle parfait. Photogénique par excellence, ce tableau naturel constitue évidemment un fond de photo privilégié : belle garantie quand on a un premier plan à mettre en avant. Photographes de mode ou de charme, ils sont nombreux à avoir embobiné de sculpturales créatures sur ce sable de tous les désirs. Les rochers et les cocotiers de ce chapelet de plages mériteraient de pouvoir conter leurs souvenirs : combien de postérieurs, dignes d'entrer dans la postérité, ont-ils été embobinés dans ce féerique décor, où la majorité des visiteurs affluent entre 11h et 16h, une petite paillote-restaurant, baptisée Lanbousir (« l'embouchure » en créole), s'étant montée près du parking pour vélos.

Pour se régaler de cette Source d'Argent, il vaut mieux se lever tôt, pas mal de photographes préférant travailler au lever du jour, quand les rochers prennent une teinte rose, ou quand ils se font un peu rouges, lorsque le soleil s'apprête à se fondre dans l'océan. Ce sont les meilleurs moments pour qui veut profiter en solitaire de ce site d'une beauté intense, forte et douce (mais surtout virginale), loin de la foule des heures plus chaudes du début de l'après-midi.

Un passionnant vagabondage à l'Union Estate Park (compter 150 SR l'entrée pour les 12 ans et plus) constitue le meilleur des préludes au choc du plus grand trésor naturel des Sesel, cette inoubliable Anse Source d'Argent qui, en matière de décor, mériterait aisément la palme d'or. Le *Los Angeles Times* ne l'a-t-il pas déjà classée comme « *the best beach in the world* »... Une consécration bien méritée !

### OLD PIER €

Un peu avant d'arriver à Anse Source d'Argent, sur la droite au bord de la plage.

✆ +248 2 511 218

*Ouvert tous les jours de 9h à 18h. Compter entre 175 et 400 SR le plat.*

Le Old Pier, à quelques mètres de la mythique Anse Source d'Argent, propose quelques plats créoles bien troussés, qui changent quotidiennement, et de bons sandwichs (sur place ou à emporter). Surtout le cadre, face à l'océan sous une paillote et les pieds dans le sable, est vraiment très agréable. Une aubaine pour déguster une salade de poulpe entre deux brasses, une Seybrew bien fraîche ou un bon cocktail. Les jus de fruit sont délicieux également. Le ponton face à la terrasse offre aussi une superbe vue. Un vrai appel aux selfies !

### CRYSTAL WATER KAYAKS

À l'entrée de la plage.

✆ +248 2 747 457

*Ouvert tous les jours de 8h à 17h30. Compter 500 SR l'excursion de 3h.*

Voici la dernière activité plébiscitée par les touristes du monde entier qui débarquent à La Digue ! Ces kayaks à fond de verre permettent en effet de profiter des fonds marins de l'une des plus belles plages du monde sans même se mettre à l'eau. L'entreprise propose aussi des tours guidés de 3 heures autour de l'île, dont un avec une escale sur Anse Pierrot, accessible seulement par la mer, qui a servi de cadre au film *Robinson Crusoé* tourné ici en 1988, une formation express pour ouvrir les noix de coco, l'exploration de caves et tunnels secrets.

## ANSE MARRON ★★

Inaccessible Anse Marron ! Ou presque... Un guide ou un bateau s'imposent cependant pour accéder à la plus au sud des anses diguoises, entre la pointe Jacques et la pointe Camille. Une plage pour initiés, cernée par de fabuleux rochers au sein desquels se niche de singulières baignoires naturelles à l'eau couleur cristal. De belles photos nature, dont quelques-unes ont été éditées en cartes postales (en vente à La Passe). Mais pour atteindre ce cirque de granit plein de relief, il faut se jeter à l'eau, à 20 m au moins du rivage. Mais qu'il est doux de profiter d'une plage d'exception rien que pour soi, bien à l'abri du tourisme de masse !

## GRAND ANSE ★★★★

Là aussi, la nature a fait fort ! C'est ce que l'on appelle du travail soigné. On ne peut en effet que s'extasier sur cette plage dès que l'on entre dans le décor, c'est-à-dire au-delà du gros filao au pied duquel on laisse brusquement tomber son vélo, happé comme on l'est par ce spectacle éblouissant d'une intensité remarquable. Voilà un banc de sable, certainement l'un des plus beaux du pays, que l'on n'est pas prêt d'oublier de sitôt. On est émerveillé d'abord par la douce perspective, puis on commence à détailler le tableau. On sera fort surpris par ce chaotique éboulis de granit de la pointe Turcy, sur la gauche, au-delà de ce drôle de petit rocher en aileron de requin surgissant du sable. Ce dernier, si blanc, est d'une pureté qui ravit d'autant plus qu'on est seul pour en profiter. L'ombre se faisant rare, les groupes d'excursion ne s'éternisent pas. Pourtant, un jus de fruits ou une noix de coco achetés chez les petits vendeurs à l'arrivée décuplera le plaisir. Attention cependant, la baignade est ici dangereuse durant la mousson du sud-est, c'est-à-dire d'avril à octobre. De toute façon, les rouleaux paraissent bien dissuasifs. Plusieurs touristes les ayant bravés en ont même payé de leur vie. Aussi doit-on se contenter d'un bain moussant de 300 m de long, l'écume des vagues offrant déjà une baignade aussi tumultueuse que délicieuse. Ah ! Quel régal de se laisser porter par le flux et le reflux de ces vagues venues de très loin, bien au-delà de Frégate dont on aperçoit la silhouette à l'horizon, dans un cadre aussi sublime que sauvage !

## PETITE ANSE ★★★

Entre Grand Anse et Anse Cocos, voilà encore une anse déserte, une plage de carte postale aussi pure, mais moins spectaculaire que ses voisines, il faut bien le dire. Reste que ce serait dommage de passer à côté lorsqu'on pédale pour faire le tour de l'île. Là encore, les touristes, après s'être acheté un ou deux fruits dans les petits kiosques, aiment communier avec le sable et l'eau. Mais attention, ici aussi comme sur Grand Anse, gare aux déferlantes et à l'éventuelle noyade ! On se contente de faire trempette au bord de l'eau avant, quelques selfies plus tard, de remonter sur son deux-roues pour de nouvelles découvertes farniente.

## ANSE COCOS ★★★

Voici la plage la plus sauvage de l'île ! Depuis Grand Anse, il faut marcher une bonne demi-heure à travers des petits sentiers pour atteindre cette plage du bout du monde frangée de cocotiers. Délicieusement courbée, elle est l'image même de la plage rêvée, forcément déserte ! Les baigneurs sont rares dans ces eaux turquoise, parfois agitées, voire dangereuses, encore une fois, surtout de mai à octobre au moment des alizés du sud-est. Il vaut mieux alors se contenter de l'écume, d'une bonne séance de bronzette, d'une sieste sous les palmes et d'une bière fraîche au Coco Bar. Presque toute l'année, vous serez bien seul dans cet éden du farniente.

© VACLAV VOLRAB - SHUTTERSTOCK.COM

*Grand Anse.*

# ANSE SÉVÈRE ★★★

Juste après le village de La Passe, en commençant à monter vers le nord, Anse Sévère, quelque peu encombrée de rochers et protégée par une barrière de corail, n'est pas idéale pour la baignade (surtout à marée basse). Toutefois, le splendide domaine de l'Orangeraie y a élu domicile, tout comme le Takamaka Café, qui permet de se rafraîchir pour presque rien en grimpant vers la belle Anse Patates. Une aubaine ! Surtout, d'ici, le coucher de soleil sur Praslin juste en face est pour le moins spectaculaire. Quel bonheur d'ailleurs d'en profiter enfoncé dans des poufs sur le deck aménagé du domaine de l'Orangeraie, avec une chicha et un bon cocktail !

## LE DOMAINE DE L'ORANGERAIE RESORT & SPA €€€

✆ 248 4 29 99 99 - www.orangeraie.sc

*À partir de 440 € la Garden Villa, de 547 € la Garden Suite et de 624 € la Villa de Charme.*

Si la Garden Villa et la Garden Suite sont superbes, dans les Villas de Charme, le bien-être est absolu : décoration zen, douche extérieure… Plus les villas sont en hauteur, plus la vue est belle. Pensez-y en réservant. Au spa sur la colline, la vue est à couper le souffle et sur la plage, un petit bar vous attend. Place aussi à une superbe piscine de 300 m$^2$, autour de laquelle deux restaurants et un bar s'organisent. Le coucher de soleil avec un cocktail sur le ponton est inoubliable.

## ANSE SÉVÈRE BEACH VILLAS €€

Anse Sévère

✆ +248 4 235 265

*À partir de 240 € la nuit pour deux personnes. Deux nuits au minimum.*

Posés juste de l'autre côté de la petite route, à quelques mètres à peine de la superbe Anse Sévère (réputée pour ses fonds sous-marins très accessibles), ces appartements sont à recommander pour un séjour diguois. Les six logements, tous avec cuisine équipée, mettent le bois au centre de la décoration et sont bourrés de charme. Pour ne rien gâcher, ils possèdent tous une terrasse meublée qui fait face à la mer. Des petits déjeuners de rêve en perspective… Un barbecue est également à disposition. Avis aux amateurs de bons plans et de snorkeling !

## KARIM'S FRUIT BAR

Anse Sévère

✆ +248 2 602 909

*Ouvert tous les jours de 9h à 18h.*

En se baladant à bicyclette sur La Digue, quel bonheur de s'offrir une petite pause salvatrice avec un jus de fruits frais à l'ombre des palmiers ! Au bout d'Anse Sévère (fortement recommandée pour les amateurs de snorkeling), juste avant le virage vers la non moins douce Anse Patates, vous ne pourrez pas manquer le kiosque rasta peint en vert, jaune et rouge de Karim. Il se murmure que l'on trouve ici parmi les meilleurs jus de fruit de La Digue… Ne reste plus qu'à s'installer sur l'une des petites tables en bois et à savourer les pieds dans le sable !

## BIKINI BOTTOM €

*Ouvert tous les jours de 10h à 20h. Compter 150 SR le jus de fruit.*

Cette charmante case en bois très colorée est un spot tout trouvé pour se régaler d'un jus frais ou d'un bon cocktail entre deux sessions de plage. Des couleurs, quelques souvenirs à rapporter dans sa valise, une bonne ambiance (à retrouver sur la page Instagram de la case), un peu de fraîcheur et toujours un sourire évidemment ont fait rapidement recette auprès des touristes de passage comme des locaux. Une plus petite case (qui était celle des origines de l'établissement) propose des snacks, comme des quesadillas ou des sandwichs.

## À VOS MASQUES !

*Le Petit Futé* a sorti palmes, masque et tuba. Sans sortir la moindre roupie !

- **À Anse Sévère,** dès que la marée est haute et une fois passé le récif, des coraux, des raies léopards et une myriade de poissons vous attendent.
- **À Anse Patate,** à 250 m au nord de Sévère, ce sont des tortues imbriquées qui attendent les plongeurs.
- **Anse Caiman** est réservée aux plongeurs plus expérimentés en raison de son accès compliqué et de sa profondeur (demandez conseil à un local). Après avoir palmé depuis Anse Fourmi (400 m), on peut observer des chirurgiens bleus, des chirurgiens-clowns et des tortues.

## ANSE PATATES ★★

Située sur la partie la plus sauvage de la route côtière reliant La Passe à l'Anse Fourmis (cul-de-sac !), la lumineuse Anse Patates se dévoile derrière un virage. Il est fortement conseillé de s'arrêter de pédaler quelques minutes. C'est non seulement une plage parfaite pour la baignade, à marée haute, mais aussi pour faire du snorkeling avec palmes, masque et tuba. Avec ses incroyables rochers, voilà une nouvelle carte postale grandeur nature de La Digue. Plutôt calme, même si elle est devenue un peu plus fréquentée depuis que deux hôtels voisins y ont élu domicile (dont le vénérable Patatran Village), Anse Patates régale ses invités.

### GEORGE CAMILLE ART GALLERY ★

✆ +248 4 234 402

*Ouvert du lundi au samedi de 9h30 à 17h.*

La façade verte de cette galerie ne saurait passer inaperçue, le long de cette petite route enchanteresse. Le talentueux peintre seychellois George Camille y expose ses œuvres remarquables, les thématiques préférées de l'artiste, le poisson et le gecko, étant aussi déclinés sur soie : batiks, sacs, paréos, tee-shirts peints à la main. Les budgets plus serrés peuvent se laisser tenter par des cartes postales reprenant certains tableaux. Une sympathique visite en tout cas.

### PATATRAN VILLAGE €€

✆ +248 4 294 300

www.patatranseychelles.com

*Compter de 230 € à 446 € la chambre double avec petit déjeuner selon le standing et de 290 € à 506 € en demi-pension.*

Entre rochers et végétation, là où courent les lianes de patatran, quelle belle vue sur l'océan ! Réparties dans des maisonnettes s'étageant à flanc de colline, ses 28 chambres ont toutes leur terrasse, d'où le regard plonge dans les eaux cristallines de l'idyllique Anse Patates, parfaite pour la baignade et pour la plongée avec palmes, masque et tuba, prêtés par la maison. A côté de la piscine, l'établissement abrite notamment la réception, le lobby lounge, le restaurant et la pittoresque Captain's Retreat, la tenue de capitaine étant fournie. Accueil chaleureux.

### RELAX LUXURY LODGE €€€

Anse Gaulette

✆ +248 4 234 343

www.lerelaxhotel.com

*Compter entre 375 € et 590 € la chambre double avec petit déjeuner. Packages et offres sur le site Internet de l'hôtel.*

Sur la très calme Anse Gaulettes, le Relax luxury Lodge propose six Signature Villa de luxe aux vues imprenables sur l'océan. Décorées avec goût, vous y trouverez tout ce que l'on peut attendre d'une adresse de ce standing. L'établissement, qui propose voitures électriques et vélos (en supplément) pour partir à la découverte de La Digue, est également pourvu d'un très bon restaurant, d'une piscine extérieure, d'un bain à remous et d'une grande terrasse. Que demander de plus dans ce coin si paisible de la petite île seychelloise ?

## ANSE GAULETTES ★★

Si la mer est ici peu profonde, Anse Gaulettes est un bon spot pour poser sa serviette pendant une balade et elle abrite quelques adresses de charme pour poser ses valises. C'est en effet dans ce doux coin perdu de La Digue que l'on trouve deux très sympathiques villas, typiquement seychelloises, qui sont un excellent plan. Alors que Lakaz An Bwa fera le bonheur des familles, la Secret Garden Villa, perchée sur les hauteurs et à la vue époustouflante, ravira ceux qui aiment sortir des sentiers battus, que ce soit en amoureux ou en groupe. Mais peu importe l'adresse, vous vous régalerez d'une vue incomparable sur l'océan Indien.

### LAKAZ AN BWA €€

Anse Gaulette

✆ +248 2512343

*480 € la villa entière avec transferts aller-retour à la jetée. Meilleur tarif en direct. Wifi illimité.*

Voici un secret qui gagne à être connu ! Cette superbe villa en bois face à la mer propose certainement parmi les meilleurs rapports qualité-prix de l'archipel pour une grande famille ou un petit groupe qui chercherait à poser ses valises. Avec deux chambres avec vue sur mer, deux chambres pour enfants, deux salles de bains (capacité de 4 adultes et 4 enfants), une cuisine équipée et le ménage et changement du linge tous les trois jours, la maison ravira ses hôtes. Qui seront chouchoutés par les charmants prioritaires Véronique et Gérald... Un vrai coup de cœur.

## ANSE BANANE

Alors que l'on a la douce sensation d'arriver au bout du monde, que les coups de pédale se font un peu plus lents, la douce Anse Banane offre encore un petit coin de paradis : une plage, évidemment paradisiaque, et une bonne adresse pour se requinquer et se rafraîchir. Cocktail avec une liste de fruits longue comme le bras ou petite salade en sortant de l'eau (encore une fois peu profonde à cet endroit) à quelques mètres de la paillote : chez Jules, on connaît la recette pour faire plaisir. Encore un après-midi farniente sur La Digue avec une belle vue sur les îles qui ont jeté l'ancre juste en face : Félicité, Marianne, Grande Sœur et Petite Sœur.

### CHEZ JULES €€

✆ +248 4 234 287

*Tous les jours de 8h30 à 20h. Dîner possible sur réservation. Sinon, de 200 SR à 550 SR le plat.*

Arrivé bien loin sur la petite route de La Digue, cette paillote semble une aubaine pour les cyclistes en tongs à la recherche d'un délicieux et copieux cocktail de fruits frais ou pour les promeneurs à la recherche d'un déjeuner dans un cadre paradisiaque et souvent inattendu. Au programme : quelques plats créoles et internationaux simples (et plutôt réussis) dégustés sur les longues tables en bois de takamaka et une sieste sur la douce Anse Banane qui fait face à l'établissement. Que demander de plus ? Le plus dur sera forcément de repartir.

## ANSE FOURMIS ★★

Ça y est, vous y êtes ! À Anse Fourmis, on a atteint le bout du monde… enfin, de la petite route de La Digue en tout cas. On peut alors poser sa fidèle monture contre un palmier et profiter de la vue, d'abord, mais pas seulement. Car évidemment, après l'effort, place au réconfort. Place surtout à un océan à 28 °C pour se remettre de cette belle et longue balade (attention cependant aux vagues à marée haute) avant de s'offrir une sieste sur le sable blanc. Douce récompense avant de faire demi-tour et de reprendre la route une fois sec et reposé. Mais les couleurs changent tellement vite sur ce petit coin de paradis que le retour sera différent. Promis !

### SECRET GARDEN VILLA €€

Anse Gaulettes

✆ +248 4 235 012

www.lonewolfcharters.com

*De 275 € à 390 € la chambre double selon le standing en demi-pension avec le vin. Transferts inclus. Tarifs négociables.*

Nichée à 70 m d'altitude, cette villa vaut bien quelques suées. La vue est tout simplement unique et la maison a un charme fou, toute de bois vêtue, et entièrement construite par Gérard Payet, un charmant Diguois qui mérite qu'on prenne le temps de discuter, voire négocier avec lui. Que l'on soit dans l'une des 3 chambres doubles (avec salle de bains) ou que l'on privatise la maison, voilà la promesse d'un beau moment. Et que dire de la chambre supérieure avec lit à baldaquin dont la vue plonge dans l'océan, avec baignoire et douche côté jungle ? Paradisiaque !

© SECRET GARDEN VILLA

© SECRET GARDEN VILLA

## ÎLE COCOS ★★★

Le nom régale déjà l'imaginaire : de gros rochers hollywoodiens, au milieu desquels surgissent des cocotiers… Ajoutez-y une poignée de sable fin et des eaux cristallines tout autour, voilà un bout de paradis terrestre. À quelques brasses de Félicité, Cocos symbolise à merveille la petite île granitique seychelloise. Sous l'eau aussi, le spectacle est assuré. Mais les bateaux ont été si nombreux à mouiller ici que la splendide barrière de corail enserrant l'île a été endommagée. S'il est toujours possible de la visiter, moyennant une taxe de débarquement de 200 SR par visiteur, il vaut mieux éviter pour ne pas abîmer un peu plus le précieux granit.

## FÉLICITÉ ★★★

À 4 km environ au nord de La Digue, voilà 268 ha de sérénité verte. Cette île granitique discrète est en effet recouverte d'une végétation luxuriante, où le cocotier et le takamaka sont rois. Cette terre granitique est dominée par son mont Félicité (213 m), d'où la vue sur les voisines Cocos, Grande Sœur, Petite Sœur, La Digue et Marianne est féerique. Un véritable joyau écologique aux eaux turquoise qui accueille désormais un hôtel de luxe, le Six Senses Zil Pasyon. Côté merveilles sous-marines, là encore le spectacle est au rendez-vous avec de larges canyons qui accueillent des requins nourrices qui ont eu la bonne idée d'y élire domicile.

## GRANDE SŒUR ★★

Face à l'inhospitalière Petite Sœur, une annexe du paradis : Grande Sœur. L'une et l'autre sont la propriété de la famille Morel, à laquelle on doit d'avoir redoré le blason du célèbre Château de Feuilles de Praslin, un Relais & Châteaux tropical dont les hôtes ont le privilège chaque week-end de s'approprier cette parcelle d'éden, dont les propriétaires entendent préserver la précieuse beauté. Après avoir traversé la belle cocoteraie, vous voici sur une plage de rêve, frangée de cocotiers et fermée par les fameux rochers à la seychelloise. Cinq minutes plus tard, il ne vous reste qu'à plonger dans le bleu turquoise. Ah ! quelle plage… Tout y est. De quoi vous mettre en appétit pour le barbecue, de l'autre côté de la cocoteraie, sur la plage où l'on est arrivé, près des quelques cases en tôle. Un endroit où les non-résidents du luxueux Château de Feuilles ne peuvent débarquer que du lundi au vendredi de 10h30 à 15h, moyennant une taxe de 500 SR. Et pas question de s'aventurer trop loin, car Grande Sœur ne se livre que très partiellement. Dans la partie la plus sauvage de l'île se dresse d'ailleurs l'impressionnante Roche Criminelle, cette falaise abrupte ayant longtemps été un repaire pour les bateaux. La légende veut qu'on aurait jeté des esclaves de là-haut… Aujourd'hui, on y trouve des tortues, des requins (qui, la nuit, s'approchent à quelques mètres de la plage) et de superbes poissons multicolores, les platax, qu'on peut quasiment caresser dans les eaux cristallines… si on leur donne quelques morceaux de pain.

### SIX SENSES ZIL PASYON €€€

✆ +248 4 671 000

www.sixsenses.com

*Entre 1 625 € et 3 000 € pour la Hideaway Pool Villa et pour la villa 4 chambres, compter entre 9 150 € et 18 900 €.*

Depuis que le Six Senses Zil Pasyon a ouvert ses portes, il a depuis transformé Félicité en une île-hôtel à la mode. Sept catégories de villas, de la Hideaway Pool Villa (de 175 m² quand même !) à la Villa 4 chambres. Evidemment, toutes ont leur ponton privé en bois avec piscine à débordement et douche d'extérieur. Et partout, du luxe, du luxe et encore du luxe… Nul doute que, dans ces incroyables villas à dominante de bois, superbement meublées et à la pointe de la domotique, une retraite sur Félicité aura un avant-goût de paradis.

*Plage sur l'île de Grande Soeur.*

# LES ÎLES VOISINES ET ÉLOIGNÉES

De Silhouette, juste en face de Beau Vallon, à Frégate et sa nature luxuriante, en passant par l'incroyable faune de Bird ou les prestations luxueuses de North ou Denis, les îles voisines du tiercé classique Mahé-Praslin-La Digue sont très fréquentées par les vacanciers. On ne peut dire la même chose des mythiques *zil elwannyen*. Éloignées du groupe central de Mahé, les plus lointaines sont en effet plus proches des côtes africaines et malgaches que de Victoria. Ces îles, bien que longtemps isolées, car d'un accès nécessitant plusieurs jours de bateau, furent toutefois longtemps exploitées pour leurs ressources naturelles (cocotiers, guano et poissons). Si l'on excepte les solitaires Coëtivy et île Plate, toutes les autres se répartissent en trois groupes : Amirantes, Farquhar et Aldabra.

PAGES

## 207 ●● LES ÎLES VOISINES

Plage de rêve et randonnées de choix sont légion sur Silhouette, alors que l'on pourra profiter de prestations (très) haut de gamme sur Denis, Frégate (réouverture prévue en 2025) ou North. Tout le contraire de Bird, où les chalets ventilés se fondent avec respect dans l'incroyable nature environnante.

### 207 SILHOUETTE ★★

Quelle silhouette ! Chaque soir, quand le soleil semble se jeter dans l'océan, face à la plage de Beau Vallon, les chasseurs d'images photographient volontiers cette île haute toute verte. Et ils ont raison, car sa beauté en a fait le troisième parc national terrestre des Seychelles, le 7 août 2010.

### 209 NORTH ISLAND ★★

### 210 FRÉGATE ★★

Avec ses deux collines luxuriantes, ses sentiers se faufilant à travers une végétation généreuse et ses plages désertes, Frégate, 2 km de long sur guère plus de 1 de large, concrétise à merveille nos rêves d'île déserte de citadins stressés.

### 211 BIRD ★★★

### 213 DENIS ★★

À des milliers de kilomètres de Paris, bienvenue sur les Champs-Élysées, version tropicale ! Les ailes d'Air Seychelles vous ont à peine déposé, après 30 minutes de vol, sur la piste herbue trouant la cocoteraie, que vous voici à l'entrée d'une allée de maisonnettes fleuries baptisée « Champs-Élysées », une « avenue » qu'il aura tout de même fallu attendre deux siècles.

## 215 ●● LES ÎLES ÉLOIGNÉES

Les trois groupes Amirantes, Farquhar et Aldabra rassemblent les îles éloignées. Quelques aéroports permettent de les rallier, notamment à Desroches, D'Arros, Marie-Louise (Amirantes), Farquhar (Farquhar), Astove et Assomption (Aldabra). Un dernier atoll fascinant, plus grand atoll surélevé au monde, foulé par une petite poignée de touristes chaque année et inscrit au patrimoine mondial de l'humanité par l'Unesco.

### 215 DESROCHES ★★★

### 216 ALPHONSE ★★★★

Une merveille de plus ouverte aux visages pâles, pour bon nombre ici anglais et américains. Depuis décembre 1999, l'atoll d'Alphonse a en effet repoussé bien au sud des Amirantes les limites touristiques de l'archipel. On est là à 7 degrés sud de l'équateur et à près de 500 km de Mahé. S'étendant sur 16 km du nord au sud, le bel atoll compte trois îles : Alphonse au nord, Bijoutier au centre et Saint-François au sud.

### 217 ALDABRA ★★★★

Un peu plus à l'ouest, et au-delà de l'atoll oublié de Cosmoledo et de l'île d'Astove, place à Aldabra ! On est là bien loin de Mahé, à plus de 1 100 km, et toujours aux Seychelles.

## SILHOUETTE ★★

Abrupte et sauvage à la *Jurassic Park*, elle semble, de loin, imprenable : Silhouette, la troisième île de l'archipel par sa surface. Pourtant, cette montagne posée sur l'océan ne doit pas son nom à son imposant profil, mais à Étienne de Silhouette, contrôleur des finances de l'île de France. Bien que très proches l'une de l'autre, puisqu'à peine 20 km les séparent, Mahé la civilisée et Silhouette la sauvage n'ont rien en commun, excepté leur origine granitique et leur végétation luxuriante. Sans routes ni voitures, cette grosse émeraude de 25 km² est restée intacte. Et unique ! Alors que les autres îles granitiques du groupe de Mahé accusent un âge de 765 millions d'années, cette jeunette de Silhouette, elle, n'est âgée que de 63 millions d'années. Vestige d'un volcan qui s'élevait à 3 000 m d'altitude, elle nous ramène à une époque où un cataclysme provoqua sur la terre l'extinction massive de plusieurs espèces, y compris des dinosaures. C'est cette forêt immergée, aux allures de jungle africaine, mais le danger en moins, que viennent trouver là les amateurs de randonnée pédestre et autres écotouristes... sinon fortunés, au moins aisés. Quel plaisir, en effet, de crapahuter entre ces gros rochers d'où jaillit une nature exubérante ! Palmistes, lataniers, albizzias, gayacs, vacoas, badamiers, jacquiers, calices du pape, entre autres, recouvrent la plus belle forêt équatoriale de tout l'océan Indien, où vivent d'innombrables espèces endémiques, tant pour la faune que la flore, de vanille en cannelle et de fougères arborescentes majestueuses en herbes médicinales rarissimes. Quel bouquet de senteurs au gré des chemins, celles notamment de l'ylang-ylang et du rare bois de santal !

**Une forêt primitive.** Cette verdure dévorante est un cadeau des cieux, qui alimentent de nombreuses rivières, coiffant régulièrement la montagne d'une imposante couronne de nuages, l'île étant la plus pluvieuse du groupe de Mahé. Une pluie bénie pour l'épaisse végétation de ce plateau montagneux couronné par les monts Dauban, Gratte Fesse, Corgat et Poules Marrons. C'est sur la plus belle plage de cette montagne encore originelle que des Italo-Seychellois ont bâti il y a un quart de siècle déjà le premier hôtel de l'île, dans un esprit très nature, dans le prolongement de La Passe, le seul village de l'île, gérée par la société para-étatique Island Development Company (IDC). Celle-ci, aux beaux temps du régime progressiste, à la même époque, en avait fait une de ses vitrines du développement « à la prézidan René ». Rachetée par l'État en 1983 aux quatre-vingts actionnaires français qui la détenaient depuis 1960, Silhouette fut bientôt transformée.

Entré dans l'économie de marché, l'archipel s'est ouvert aux investisseurs étrangers depuis 2006. Un centre de santé et des maisons neuves ont été construits, le 5 étoiles Labriz, géré par Hilton, ayant eu en fait maints effets sur le fonctionnement de l'île. L'hôtel ayant quintuplé la population (jusqu'à 200 clients et 350 employés !), il a fallu ainsi traiter, en amont de l'ouverture, l'alimentation en eau potable, l'élimination des déchets et l'assainissement. La Passe, en tout cas, continue à se la couler douce, dans une nonchalance certaine. Les vieilles cases créoles ont désormais presque toutes disparu. Abritant une menuiserie, l'antique calorifère, vestige du temps où l'île était grande pourvoyeuse de coprah, a heureusement été conservé.

*Plage de l'île de Silhouette.*

© JOERG - FOTOLIA

*Magnifique plage de l'île Silhouette.*



Autre survivance de l'époque coloniale, face aux deux jetées d'accostage, la superbe Gran Kaz a, elle aussi, été sauvegardée, face à la jetée. Restaurée afin d'offrir un cadre typique à la table créole du Labriz, ce monument national rappelle aussi le temps des Dauban, qui employèrent sur l'île jusqu'à un millier d'ouvriers agricoles.

**La Madeleine miniature.** Les Dauban à Silhouette ? Toute une histoire et une famille, le fils de Catherine et d'Auguste, Henri, constructeur de bateaux à voile et de calorifères à coprah, planteur et éleveur. Il est devenu illustre par sa participation aux Jeux olympiques de Paris, en 1924, en tant que lanceur de javelot. Cette figure seychelloise repose aujourd'hui parmi les palmiers, à l'écart du village, dans le monumental et incongru tombeau familial, cerné de superbes lataniers bleus.

En continuant le chemin menant à ce monument singulier, on parvient dans d'autres sites remarquables, naturels ceux-là, avec la Grande Bleue dans le tableau et des palmes à gogo. D'un côté, un court chemin mène à Anse Cimetière, dont la petite plage est adorable. De l'autre, cap jusqu'à la sauvage Anse Patates, précédée de l'Anse Lascars. Entre les deux, des hauteurs de la pointe Zeng Zeng, la pose photo s'impose, en bleu et vert. Plus époustouflant de beauté encore, en version plus plongeante, le panorama, dont on jouit des hauteurs du pentu glacis (une colline rocheuse) qui donne sur le chemin d'Anse Lascars, mérite qu'on sollicite ses jarrets pour atteindre les vacoas, tout là-haut. Tel Robinson dominant son île, on se sent un instant maître de cette terre flottant dans le bleu des cartes, en plein océan Indien.

Moins panoramique, mais plus sportive, la balade à Anse Mondon est aussi un bel objectif. Du bout de la baie Cipailles, une heure et demie s'impose pour gravir ce petit morne et redescendre vers cette anse cachée. Mais la vraie randonnée, la grande randonnée, celle par laquelle on conquiert vraiment Silhouette, c'est celle qui mène à Grand Barbe, de l'autre côté de la montagne, au pied de l'impérial mont Dauban. Comptez trois heures (deux de montée, une de descente) pour atteindre ce décor féerique par un sentier parfois approximatif qui se fraye un chemin entre le mont Gratte-Fesse et le mont Corgat, un périple qui parfois oblige à rebrousser chemin. Aussi, si vous osez entreprendre l'expédition, n'hésitez pas d'abord à brûler un cierge à Notre-Dame-du-Rosaire, la modeste église locale au toit de tôle, située juste en face le début du sentier, lequel, dix minutes plus haut, après le réservoir, se scinde en deux : pour Grande Barbe, c'est sur la gauche. À la force des mollets, très sollicités çà et là par des racines qui ont fonction de marches, il ne reste qu'à suivre le tracé qui, dans le dernier tiers, devient à certains endroits moins évident. À l'arrivée, extase assurée, face à cette vaste cocoteraie de front de mer qui valait bien ces trois heures musclées. Arrivé au village, l'enchantement reste intact avec ce site de toute beauté, dans lequel s'inscrivent de hauts cocotiers et quelques vieilles bâtisses créoles encore dans leur jus, et dans lesquelles on se verrait bien passer quelques jours. Combien d'autres lieux dignes de balades… au sommet, telle celle du jardin Marron, au centre de l'île, où plusieurs cocotiers de mer, plantés dans les années 1940 par Henri Dauban, ont bien prospéré.

## LA BELLE TORTUE - LODGE ON SILHOUETTE ISLAND €€

✆ +248 2 569 708

www.labelletortue.com

*Entre 425 € et 750 € la nuit pour deux en demi-pension. Transfert à 170 € aller-retour par personne en bateau.*

Niché au creux d'un cap, sur une plage de sable fin, ce *lodge* privé est protégé du large par la barrière de corail. De style créole, il propose 9 chambres colorées, toutes avec un grand balcon ou une terrasse et accès sur la magnifique plage. Une bibliothèque, un bar ainsi que des petits salons de jardin complètent cet ensemble tenu par Cora et Benjamin. Cuisine savoureuse et originale servie au restaurant. L'établissement met à disposition du matériel de surf et de snorkeling.

### HILTON LABRIZ SILHOUETTE RESORT & SPA €€€

✆ +248 4 293 949
www.hiltonseychelleslabriz.com
*Compter à partir de 450 € la villa avec vue sur le jardin pour deux avec le petit déjeuner.*

Voilà un ailleurs enchanteur ! Pas moins de 111 villas : 30 côté jardin (88 m²), 63 côté mer, un peu plus grandes (98 m²), dont 6 avec piscine, et 17 pavillons (185 m²) avec jardin, piscine et paillote pour un massage ou un dîner. Quant à la suite présidentielle, assurément... royale avec ses 1 125 m² ! Aux fourneaux, pas moins de 7 restaurants et bars, dont un japonais, un sur la plage avec de délicieux barbecues, une table créole en terrasse de la Grande Case de la famille Dauban...

## NORTH ISLAND ★★

Au sud de l'équateur se trouve l'île du Nord. Relativement rocheuse, puisque dominée par un morne de 180 m de haut, elle fut la toute première de l'archipel à avoir été visitée par les Européens, en 1609, lors de l'expédition de la Compagnie des Indes que commandait Alexander Sharpeigh, alors en route entre Surat et Aden. Exploration sans suite, car les Britanniques ne jugèrent pas le lieu digne d'en prendre possession. Base de repli du corsaire Jean-François Hodoul, elle fut aussi un lieu de séjour pour Marianne North, une Anglaise richissime et excentrique qui déploya son chevalet dans nombre d'îles de l'archipel. Connus des mordus de pêche au gros pour les grosses pièces qu'ils y prennent, les fonds sous-marins alentour sont d'une foisonnante richesse, tout comme le sont ceux de l'impénétrable Silhouette, sa plus proche voisine, à 6 km plus au sud. Longue de 2,2 km sur 1,6 km de large, elle comptait encore dans les quatre-vingts habitants, dans les années 1970, lesquels s'adonnaient à l'élevage, mais aussi à la culture des légumes, sur des terres parmi les plus fertiles des Seychelles. Mais l'île était d'abord dévolue au cocotier à travers son usine de fabrication de coprah, dont la fermeture sonna le glas de sa colonisation. Vingt ans durant, l'île devait être quasi désertée, si ce n'est par les rats... et les chats redevenus sauvages, tout comme les vaches d'un troupeau abandonné. Sauvage... L'adjectif reste d'actualité en cette North Island, version début du XXIe siècle. Encore convient-il de préciser qu'il s'agit là de sauvage... civilisé. Carrément tendance, même ! Un sommet de l'hôtellerie 5 cocotiers, version écotourisme pour Robinsons fortunés. Difficile même de trouver mieux sur la planète dans le genre primitif de luxe. En 2003, a ouvert un 5 étoiles époustouflant, là où la beauté de la nature et la créativité de l'homme semblent avoir fusionné dans un idyllique meilleur des mondes. Un éden de 210 ha et 11 villas, avec des lits taillés sur place dans des troncs, des coraux enfilés en guise de rideaux, des rideaux en lin... et un raffinement jusque dans le moindre détail, à l'avant-garde des tendances en matière d'architecture intérieure. Incontournable spectacle du coucher de soleil à West Beach, face à Silhouette, et accessible en quelques minutes de Buggy, une des quatre plages de cette parcelle de paradis, au cœur de cette île imprégnée de douceur. Kate Middleton et le prince William, qui y ont passé leur lune de miel, peuvent en témoigner.

### NORTH ISLAND €€€

✆ +248 4 293 100
www.north-island.com
*À partir de 7 600 € la villa présidentielle en pension complète. 4 nuits au minimum.*

Du luxe à l'état pur. Et de l'espace (plus de 450 m² pour les villas présidentielles, 750 m² pour la villa 11). Seuls l'équipement high-tech vous rappellent les temps modernes. Ode à la nature ambiante et aux matières naturelles, ce royaume de roches et de bois étant ainsi devenu un haut lieu de l'art de vivre... nu-pieds, car ici, on a dépassé le stade de l'apparence. Quant à la case principale, les hôtes s'y attablent pour se régaler de plats raffinés et très nature, que l'on commande le matin à son majordome, lorsqu'on n'a pas décidé de dîner sur la plage.

*Tortue sur la plage de North Island.*

# FRÉGATE ★★

Enserré dans un anneau de corail, ce gros rocher granitique et verdoyant réveille assurément le Robinson d'opérette qui sommeille en chacun de nous. À 56 km de Mahé, l'île seychelloise la plus à l'est de l'archipel se révèle en effet un véritable éden de 3 km². Un beau jour de mai 1744, Lazare Picault la découvrit, notant alors dans ses livres de bord la présence de nombreuses tortues de mer et d'innombrables oiseaux, de frégates surtout. Il baptisa donc ce morceau de terre l'île aux Frégates. Eau douce et nourriture à foison (tortues de mer et de terre, poissons et fruits) y attireront plus tard les pirates chassés des Caraïbes, puis de Madagascar, et à la recherche d'un abri. Plusieurs vestiges de leur passage furent mis au jour au siècle dernier sur la plage de Grand Anse : poteries, couteaux, sabres, haches et pièces de monnaie. On découvrit aussi des boulets de canon et trois tombes creusées dans le corail qui renfermaient des épées et des ossements. Aujourd'hui, quelques cavernes encombrées de roches et, à Anse Parc, quelques pierres entassées et appelées mur du pirate attestent encore de la présence de ces forbans, alimentant la légende selon laquelle rôderait parfois sur cette plage le fantôme d'un pirate à la recherche du trésor perdu… L'île a d'ailleurs attiré maints aventuriers, Ian Fleming en tête. Détenteur d'anciennes cartes de l'endroit, le père de James Bond aurait arpenté l'île de long en large, convaincu qu'elle recelait un trésor. Il est vrai que, perché sur les hauteurs du mont Signale (125 m), là où le regard se noie dans l'horizon, on imagine sans peine les forbans scrutant le lointain pour y repérer les navires marchands sillonnant l'océan. Il était facile aussi, sur ce lopin de terre, de trouver un endroit pour cacher un hypothétique butin. En dénicher un, à supposer qu'il existe, semble moins évident. Le mystère demeure et le rêve continue, avis aux amateurs !

**Une nature généreuse.** Pourtant, un trésor inestimable se trouve bien là, visible à l'œil nu, à portée du premier individu qui débarque parmi les cocotiers, filaos, takamakas, papayers, mandariniers, bananiers, avocatiers, citronniers, manguiers, corossoliers, orangers, bigaradiers, caféiers, lianes de vanille, fleurs d'ylang-ylang et autres. Peter Hutley, qui acheta l'île en 1972, entreprit d'en faire un jardin. En quelques années, Frégate se couvrit d'arbres fruitiers, de plants de légumes, de massifs de fleurs ; de nombreux ouvriers contribuèrent à rendre l'île prospère. Les jardins furent, hélas, bientôt laissés à l'abandon et les herbes folles apparurent vite. Mais de savoureux héritages subsistent de cette

© ISTOCKPHOTO/PAULCOWAN

*L'île de Frégate.*

période heureuse. Ah, quel plaisir, après avoir gambadé sur le glacis Cafoule, de se désaltérer avec une orange cueillie à même l'arbre ! Repaire de pirates, prolifique jardin et paradis des oiseaux, l'île a toujours été mystérieuse. Planant dans un ciel bleu infini ou sautillant dans les feuillages verts, des centaines de cardinaux, de tourterelles-coco, de sternes, de puffins et de frégates animent les lieux – ces aigles des mers au plumage vert sombre et à la queue fourchue ont près de 2 m d'envergure. On peut aussi y admirer le pigeon hollandais au brillant plumage bleu de jais et y entendre un oiseau rare au chant mélodieux, la pie chanteuse, cette dernière ayant même décidé de choisir Frégate pour dernier refuge, un *zwazo* dont il ne restait qu'une vingtaine de spécimens, en 1992, avant que l'association BirdLife ne vole à son secours. Aujourd'hui, elles seraient une centaine à y chanter. D'autres scientifiques, loupe à la main, étudient à Frégate une autre rareté : le tenebrionid géant, ou bib armé, sorte de scarabée creusant des minuscules tranchées sur le tronc des arbres. À cette faune riche s'ajoutent des scolopendres géantes, des araignées énormes et quelques scorpions venimeux. Pas d'inquiétude toutefois ! On croise davantage l'une des inoffensives et grosses tortues de terre qui peuplent l'île. Importées d'Aldabra dans les années 1950 et, pour certaines, centenaires, elles se la coulent douce depuis, se gavant en permanence de feuilles et de fruits tombés à terre.

**Le rêve d'Otto Happel.** Frégate l'écologiste… et Frégate l'hédoniste ! Car les millionnaires côtoient ici les naturalistes. À la rustique Plantation House, fermée en 1995, a en effet succédé l'un des plus éblouissants hôtels de la planète. Depuis octobre

1998, c'est même l'une des destinations les plus *private* de l'océan Indien (avec North Island). Un hôtel ? Pas vraiment d'ailleurs, puisqu'on est là sur une île privée, dont le propriétaire entend faire partager les délices à quelques hôtes fortunés, c'est-à-dire des privilégiés dont les dollars permettent de payer le personnel nécessaire à l'entretien de ce parc paradisiaque de 300 ha. Otto Happel s'est attaché à ce petit éden flottant dès ses jeunes années. Ayant exaucé ses rêves, fortune faite, il le traite comme un hobby, se le destinant en priorité et y accueillant ses amis célèbres comme ce fut le cas pour le changement de millénaire. On y a vu entre autres stars Richard Branson, Pierce Brosnan, Bill Gates, Serge Gainsbourg, Paul McCartney et Brad Pitt. L'industriel allemand (constructeur de tours de refroidissement pour centrales nucléaires) est ici chez lui, rien n'étant trop cher pour que Frégate soit l'île rêvée. Otto Hapel a même eu raison des éléments en y construisant un port de plaisance pour y ancrer, entre autres, son superbe yacht (de 52 m de long !). Les travaux furent pharaoniques, l'investissement total du chantier Frégate Island Private s'étant élevé, dit-on, à plus de 40 millions de dollars. Ce fut en effet un chantier d'envergure, trois bonnes années ayant été nécessaires pour que prenne forme, avec des travailleurs sud-africains, le *kolossal* projet d'Otto Hapel, qui a non seulement reboisé l'île (60 000 arbres y ont été plantés) mais l'a aussi civilisée, en y créant des petites routes bitumées et en y développant l'agriculture. Les fameux blocs de roche granitique seychelloise servent aujourd'hui d'écrin aux villas qui se succèdent à distance sur cette corniche panoramique, chacune d'elles permettant de s'octroyer quelques rochers en toute intimité. Ce refuge de 17 villas a fermé ses portes en février 2022 pour une rénovation qui va s'étendre *a priori* jusqu'au milieu de l'année 2025. Ce sanctuaire promet de rester exclusif et préservé et ce sont 18 villas beaucoup plus grandes qui vont se fondre à nouveau dans la nature. Habillées de verre, de pierre et de bois clair, elles seront à la pointe en matière d'économie d'énergie, notamment grâce au développement de l'énergie solaire. Le chantier, qui promet d'être très respectueux de la nature, va donc durer plus de deux ans et devrait livrer un nouveau site d'exception sur la carte des paradis de l'archipel.

## BIRD ★★★

Une île pour solitaires ? Avec quelques milliers de voisins sur 1 km², pas vraiment… Pluvier argenté, colombine zébrée, frégate, fou à pieds rouges, puffin fouquet, phaéton à bec jaune, tournepierre, hérons verts, noddi marianne, paille-en-queue et autres sternes en tout genre : ces voisins-là ne seront jamais accusés de tapage nocturne. La corallienne Bird mérite bien son nom, surtout de mai à septembre, quand 2 millions de sternes la colonisent pour y nicher. Pourtant, l'île où les oiseaux sont rois reste officiellement nommée « île aux Vaches », l'abondance sur ses rivages de vaches marines (en fait des dugongs) ayant justifié cette première appellation, apparue en 1756. Quinze ans plus tard, les Anglais la rebaptisèrent Bird Island, à cause des « oiseaux innombrables » dont il sera alors fait mention dans un rapport du maître du croiseur *Eagle*. En 1787, le Français Malavois, quant à lui, fera allusion à la « rareté des arbres pour le bois » et à « une seule mare d'eau fraîche au mauvais goût ». Un autre bateau français, *Hirondelle*, fera naufrage sur un récif voisin en 1808, avec 180 corsaires à bord, les survivants ayant vécu vingt-deux jours sur l'île avant de faire voile vers Mahé, sur un radeau. Suite au passage d'un autre bateau, l'histoire a encore retenu la présence, en 1882, de deux habitants qui salaient le poisson et les oiseaux, mais on n'en sait pas plus. Les déjections des volatiles donnèrent lieu de 1895 à 1905 à un important commerce de guano : 17 000 t de cet engrais seront ainsi exportées durant cette décennie, qui fit de Bird une île très vivante, avec près d'une centaine de travailleurs. On sait aussi que dans les années 1930, les terres de Bird furent utilisées pour la culture du coton, de la noix de coco et de la papaye.

© ALEKSEI ALEKHIN/SHUTTERSTOCK.COM

*Couple de sternes blanches à Bird Island.*

*Bird.*



Autant d'activités qui contribuèrent à décimer la population des sternes filugineuses, un recensement faisant état de 65 000 couples seulement, confinés sur les bancs de sable, à la pointe nord de l'île. Ce déclin s'expliquait non seulement par ce problème d'habitat, mais aussi par le ramassage abusif des œufs, il est vrai, si fameux. Au début du siècle, on récoltait ainsi quelque 40 000 caisses de 1 000 œufs chacune pendant la saison de ponte. On comprend dès lors que l'île a été en partie défrichée afin de faciliter la récupération lucrative de ces œufs. Toujours moins boisée que la plupart des autres îles coralliennes, Bird n'en a pas moins partiellement retrouvé sa végétation : filaos, cocotiers et papayers.
Ancrée à une petite centaine de kilomètres de Mahé, cette terre privée de 1 500 m de long sur 600 m de large, la plus septentrionale de l'archipel, se trouve située à la limite nord du plateau sous-marin, connu sous le nom de banc des Seychelles. À quelques milles, le récif de corail s'arrête soudain face à un abysse d'environ 2 km, propice à la pêche hauturière. Une barrière d'ailleurs propice au snorkeling qu'aime tant la clientèle, venue d'abord là pour y côtoyer des oiseaux, si peu farouches qu'ils vous font vite comprendre que vous êtes chez eux, et non l'inverse. Mais l'idole de l'île reste Sa Majesté Esméralda, la tortue la plus connue des Seychelles, l'une des plus lourdes (304 kg) et des plus âgées de la planète (environ 200 ans). Une vraie vedette, cette tortue… mâle et toujours prête à poser ! Sur la plage, on trouve des hawksbills, tortues marines ayant élu Bird comme lieu de reproduction privilégié, d'octobre à février. On peut les voir fréquemment, pendant la journée, sur ce sable où elles aiment pondre. Elles aussi ont trouvé là un lieu parfait pour perpétuer l'espèce. L'histoire ne dit pas si, l'absence de télé aidant, certains hôtes des chalets voisins profitent volontiers des longues soirées pour les imiter… Le lodge propose en tout cas quelques activités sportives. Cette île grandeur nature ravira les amateurs de pureté.
Quatre fois par semaine, une demi-heure de vol suffit au petit bimoteur d'Air Seychelles pour relier Mahé à la piste herbue de cette île de 70 ha, haut lieu du tourisme nature.

## BIRD ISLAND SEYCHELLES €€€

✆ +248 4 224 925
www.birdislandseychelles.com
*En self-catering, 465 € le chalet pour 2, 667 € pour 4, 910 € pour 6. Hors vols Mahé-Bird-Mahé à 350 € par personne.*

Ici, ni piscine, ni télévision, pas même de clim ! Ici le vrai luxe, c'est la nature. Les 24 chalets de Bird n'offrent qu'un confort relativement sommaire. Ventilés, spacieux et dotés d'une moustiquaire, ces chalets ont quand même une vaste terrasse ouverte sur un jardin tropical et sur une plage. La cuisine ? Les chalets sont équipés pour vous mettre aux fourneaux et un petit supermarché vous permettra de faire vos emplettes, essentiellement avec des produits *made in Bird*. Le soir, si vous n'avez pas le courage, possibilité de réserver au restaurant de l'île.

## DENIS ★★

Denis fut découverte en 1773 par le commandant de la flûte royale *L'Étoile*, qui s'était aventurée au large de Praslin. Dans son journal de bord, Denis de Trobiant soulignait la générosité de cette terre : « La côte nous a paru fertile en corail d'un beau rouge. Elle est fort poissonneuse et l'île généralement couverte de tortues de terre et de mer, de vaches marines et d'oiseaux dont plusieurs espèces inconnues à ceux de nous qui avons fait des campagnes rares.
Ces oiseaux étaient si peu accoutumés à voir des hommes que nous en avons pris une très grande quantité dans les arbres et que nous en avons tué autant que nous en avons voulu avec des bâtons. » Aussitôt découverte, aussitôt annexée ! M. de Trobriant planta donc là le mât symbolique portant le pavillon aux armes du roi et enterra, dit-on, une bouteille dans le sable comme autre marque de souveraineté. Ce fut aussi lui qui lui donna pour nom… son prénom ! Plus tard d'ailleurs, il immortalisera cette fois son nom, en baptisant îles Trobriand celles aujourd'hui également connues sous le nom d'îles Kiriwina, au large de l'actuelle Papouasie-Nouvelle-Guinée.

**L'empire des cocotiers.** D'abord française, ensuite anglaise, Denis fut d'abord, quel que soit le drapeau en berne, l'empire des cocotiers, n'étant guère habitée que par les travailleurs nécessaires à la récolte des noix : quelque quatre-vingt mille par mois à la belle époque du coprah, devenu une matière première d'exportation majeure pour les Seychelles dans les années 1850. La puissante famille Temooljee exploita entre autres cette cocoteraie de 1930 à 1949. La Seychelles Coconut Estate lui succéda, jusqu'à ce que la chute des cours mondiaux du coprah sonne le glas de cette culture et, du même coup, de l'exploitation de ce fief du coco. Denis redevint ainsi une île sauvage, plus ou moins oubliée, puisque ancrée à 95 km au nord de Mahé, à proximité du tombant où s'arrête le fameux banc des Seychelles. Cette île présente une forme en boomerang, de quelque 1 800 m dans sa plus grande longueur et 1 300 m dans sa plus grande largeur.
Sur cette île de carte postale, un industriel français de la pâte à papier, Pierre Burkhardt, jeta son dévolu en 1976, conquis par ces 157 ha de vert voguant dans le bleu. Ce fut ainsi que Denis devint bientôt un éden à la mode. Peu après la construction de la piste d'atterrissage, les premiers hôtes arrivèrent là pour y fêter Noël 1977. Le bouche-à-oreille fonctionna…
Aux douze pavillons aux toits de palmes s'ajoutèrent bientôt douze autres, le Tout-Paris s'étant vite fait un devoir de séjourner chez Jean Minchelli (au Château de Feuilles, à Praslin) et chez ce généreux Tonton Pierre qui avait l'invitation facile. De Romy Schneider à Pierre Perret et de Yannick Noah à Eddy Mitchell en passant par Jean-Michel Jarre et Catherine Deneuve, nombre de célébrités foulèrent dans les années 1980 ces autres Champs-Élysées.
Un enchanteur « ailleurs » que les patrons de Mason's Travel ont racheté en 1996 à Tonton Pierre. Heureuse succession !
Deux ans de travaux auront été nécessaires pour que tous les anciens bungalows soient remplacés par de beaux « cottages » recouverts de pin.

**La Denis de l'intérieur** est aussi propice à d'exquises balades, trois chemins la traversant du nord au sud, reliés entre eux par quelques allées, celle d'Église Chinois étant la plus majestueuse avec ses filaos deux fois centenaires et ses énormes badamiers, dont les feuilles suivent les quatre saisons (fait rare dans la végétation tropicale) : une allée de conte de fées ! De la Muraille Bon Dieu à Bilimbi et de Bois Blanc à Pointe l'Est, en passant par la Vanille d'Olivia et l'antique cimetière, on doit prendre le temps de s'égarer (jamais longtemps !) dans cette nature protectrice aux multiples tonalités de vert.
Au-delà de la piste, seule cicatrice de cette sylve tropicale, on tombe sur ce qu'il est convenu d'appeler le Vieux Village, où vit la majorité de la centaine d'habitants de l'île, gérée par les Mason, qui viennent régulièrement se ressourcer dans leur grande maison, voisine du gros banyan et du potager. Juste à côté, le vieux calorifère abandonné doit être remis en service afin de produire de l'huile de coco. À quelques pas, place à l'élevage, fort concluant, les Mason souhaitant faire de Denis une île autosuffisante… et exportatrice : ferme biologique (légumes, fruits, viande), mais aussi panneaux solaires (depuis 2018), pour un développement vert et durable. Dévolu aux travailleurs de l'île, le Vieux Village a aussi sa station de désalinisation, sa boutique et quelques « antiquités », du hangar à coprah (de 1896) au célèbre vieux phare à charpente métallique, dernier spécimen de sa génération. Le phare est fort utile pour les bateaux qui croisent au large dans l'obscurité. On est là sur la route la plus classique pour Mahé par le nord et l'est, ce phare rappelant l'existence de rives dangereuses qui causèrent jadis la perte de maints bateaux. Classé monument national, il est aujourd'hui l'un des plus vieux de l'archipel et reste accessible au promeneur prêt à affronter ses 104 marches.

*Denis.*



**Une cure tropicale de bien-vivre.** À Denis, c'est la belle vie pour les dix mille sternes qui dorment sur l'île et pour le paille-en-queue qui y a fait son retour. Deux oiseaux endémiques, le petit merle des îles et le toc-toc, y ont même été réintroduits. Et toujours des moustiques, en fin d'après-midi surtout. Il vaut mieux alors s'asseoir dans les sièges en bois plantés dans le sable, à pointe Ouest, juste au-delà du bar, pour s'y griser du « bye, bye » du soleil. La scène a beau tenir du cliché, c'est tout de même autrement plus beau qu'un crépuscule sur le périphérique… qui plus est avec un cocktail à portée de bouche. Il ne reste alors que deux heures à peine pour profiter de son chalet avant le dîner sous la haute et imposante paillote du restaurant, à la gloire bien sûr des poissons de l'aquarium voisin.

Le chef se montre assez convaincant, autour de beaux produits, du cru ou importés. Le midi, place à un plaisant buffet, aussi diversifié que raffiné, et avec tant de bons desserts créoles que la sieste s'impose. Le samedi, depuis longue date, c'est buffet créole, avec cochon de lait grillé. Voici donc une île parfaite pour une cure de bien-vivre tropical dans une ambiance décontractée. On est là entre gens de bonne compagnie, d'un chic tout juste suggéré, pour se ressourcer dans une nature à l'état pur, avec la mer dans tous ses éclats… C'est d'ailleurs le moment ou jamais d'explorer le monde du silence. Un masque et des palmes suffisent pour vagabonder à fleur de corail (à 30 m du rivage), mais puisque l'occasion se présente, pourquoi ne pas s'initier à une découverte plus profonde, le centre de plongée offrant un large éventail d'excursions sous-marines, en limite du plateau des Seychelles (dont Denis n'est qu'une émergence). À 20 minutes de bateau, les fonds plongent en effet de 40 m à plus de 2 000 m ! Plus de quinze spots attendent donc les plongeurs de tous niveaux : House Reef, Aquarium Reef, White Bank, Boulders, Coral Garden ou Bat Fish, pour ne citer qu'eux, sont la promesse de souvenirs hauts en couleur et de frissons autour notamment des raies manta, tortues, requins gris et requins-tigres, nombreux dans le coin. Une aubaine aussi que ce tombant pour les amateurs de pêche au gros : barracudas, wahoos, dorades et autres bonites pullulent dans ce coin d'océan propice aux coups d'éclat. Pêche ou plongée, planche à voile ou canoë, tennis ou billard, bain de mer ou bain de soleil, balade en forêt ou jogging autour de l'île, il y a toujours là de quoi se faire plaisir, le plus grand luxe étant peut-être de ne rien faire !

## DENIS PRIVATE ISLAND €€€

✆ +248 4 288 963

www.denisisland.com

*De 1 184 € à 2 056 € en pension complète (vol Mahé-Denis-Mahé : 575 € par personne).*

Le lodge compte aujourd'hui 23 cottages, disséminés au milieu des cocotiers et des filaos, en bordure de plage. Ils sont spacieux (90 m²) et aménagés avec goût, meublés en calice du pape. Sous la romantique moustiquaire, le lit prend ses aises. Et pour son bien-être, on peut s'abandonner à un massage en chambre, ou sur sa terrasse, face à la plage. La plage ? Couleur bleu lagon, parfaite pour se la couler douce, comme cette île idyllique dont on peut faire le tour en deux heures, sans quitter le sable, dans lequel viennent pondre çà et là des tortues marines.

## DESROCHES ★★★

Y a-t-il des roches à Desroches ? Pas une seule, mais des cocotiers à volonté ! Vue du ciel, l'île apparaît comme une cocoteraie flottante. La blancheur immaculée de sa ceinture de sable renforce encore l'éclat de cette tache verte sur le bleu de l'océan. On est là, à 3 m au-dessus de la mer, sur une île majuscule, la principale du groupe corallien des Amirantes, à quelque 240 km au sud-ouest de Mahé. Sans doute découvertes par les navigateurs arabes dès le XI$^{e}$ siècle, puis redécouvertes en 1502 par Vasco de Gama, qui leur donna pour nom son titre d'amiral (Ilhas do Amirante), elles sont au nombre de 24, toutes coralliennes, c'est-à-dire plates. Les plus importantes sont, du nord au sud, African Banks, Remire, D'Arros, Desroches, Poivre, Étoile, Boudeuse, Marie-Louise et Desnœufs. Hormis cette dernière, tout à fait chauve et réputée pour ses œufs d'oiseaux, fameux, toutes furent des îles à coprah, leurs autres richesses naturelles (guano, poissons et tortues de mer) ayant aussi été longtemps exploitées. Devenue depuis une vingtaine d'années l'ambassadrice touristique des Amirantes, Desroches tient son nom d'un capitaine de vaisseau qui fit partie de l'expédition de Mahé de La Bourdonnais, avant de devenir le gouverneur français de l'île de France, de 1767 à 1772. Longue de 6 km et large d'un seul, une dizaine de kilomètres de sentiers parcourent pourtant l'île.

Aujourd'hui, le Four Seasons Resort Seychelles, qui a ouvert ses portes en mars 2018, est la seule option pour y poser ses valises.

Desroches offre par ailleurs un spectacle à couper le souffle aux amateurs de plongée. Le bien nommé spot de l'Aquarium, par exemple, ravit les amateurs de snorkeling avec poissons-clowns et poissons-perroquets. Mais pour plus de variétés encore (900 espèces de poissons, près de 115 espèces de coraux), cap sur 14 sites de plongée bouteille où, entre 12 et 32 m, de cirques en canyons et de caves en tunnels, vous croiserez raies manta, raies aigles, tortues, poisson-globe, napoléons, barracudas et toutes sortes de requins comme des requins-tigres, requins à pointe blanche, pointes noires, requins nourrices, requins gris… Des spots mondialement connus, que ce soit l'obscure Big Cave, réservée aux plongeurs avertis avec une descente immédiate à 18 m environ, Airport Reef, le paradis des photographes à la recherche de macrovie avec un mur bordé de beaux coraux mous, le tunnel de Secret Passage qui vous permettra d'observer raies, mérous, poissons soldats, bancs de vivaneau…

### FOUR SEASONS RESORT SEYCHELLES €€€

✆ +248 4 393 000

www.fourseasons.com

*A partir de 1 065 € la nuit la villa pour deux personnes.*

Ce Four Seasons Resort Seychelles récent a ouvert ses portes en mars 2018. Avec ses 4 suites en bord de mer, ses 62 villas privées, mais aussi ses deux restaurants et son bar *lounge*, le luxe et le raffinement sont évidemment au rendez-vous. Parfaitement intégrées dans la nature environnante, les suites offrent un accès direct à la mer et une piscine privée. Un spot unique, parfaitement intégré dans la nature environnante pour profiter des 14 km de plages de l'île.

© ALTRENDO IMAGES/SHUTTERSTOCK.COM

*Desroches.*

## ALPHONSE ★★★★

Un sublime chapelet bleu-blanc-vert que l'on aimerait survoler pendant des heures avant que n'atterrisse le Beechcraft d'IDC, qui relie Mahé à Alphonse en une heure à peine, cinq fois par semaine (tout séjour devant, en principe, compter au moins trois nuits). D'emblée, la sérénité vous saisit. Découverte le 28 janvier 1730 par le chevalier Alphonse de Pontevez, commandant la frégate *Le Lys*, cette petite terre corallienne de forme triangulaire et d'un peu plus de 1 km de long, est l'archétype même de l'île tropicale, cernée de sable blanc et recouverte d'une épaisse cocoteraie.

**Pêche et plongée au programme.** Le village a aussi son quartier indien. Une quarantaine de Malabars végétariens y vivent à leur façon, sitôt le travail terminé. Ces travailleurs, auxquels on doit la construction de l'hôtel, sont désormais employés à l'entretien de l'île et au ramassage des noix de coco. Blue Safari Seychelles, gérant l'île au nom de l'Island Development Company (IDC), doit aussi veiller à la bonne marche des générateurs d'électricité et de l'usine de désalinisation de l'eau de mer. C'est aussi lui qui veille au ravitaillement de l'île, que deux bateaux de marchandise desservent chaque mois, l'un étant destiné à l'hôtel, l'autre aux travailleurs qui peuvent s'approvisionner chaque après-midi à la boutique. Il suffit d'y jeter un œil pour comprendre que la vie à Alphonse ne repose que sur quelques produits essentiels, tels le riz et la SeyBrew. Quel contraste avec la profusion du resort ! Sur cette île du bout du monde où la nature n'offre guère que des poissons, des papayes et des cocos, le mot privilège prend plus de poids encore. L'Occidental actif n'aura qu'à choisir entre le vélo et le bateau à pédales, le canoë ou le tennis, la piscine ou le lagon… Les palmes, le masque et le tuba sont en tout cas fournis par la maison. Mais comment peut-on séjourner à Alphonse sans s'adonner à la pêche ou à la plongée ? Car côté plage, c'est la déception pour qui a connu Desroches ou Denis, le seul bain vraiment divin étant à marée haute celui de Tamatave, à la pointe nord de l'île. Bien que frangée d'un sable engageant au laisser hâler, Alphonse n'est en effet que peu propice à la baignade, faute de fond. On comprend dès lors que la piscine connaisse un certain succès. Direction surtout le centre de plongée qui propose aux plongeurs une dizaine de sites, tout au plus à 20 minutes. Abysse, Oasis et Napoléon Point figurent parmi les plus captivants. Que l'on descende à 6 m ou à 35 m, à chacun son tableau sous-marin ! Du jardin corallien voisin jusqu'aux abords du grand tombant (qui, à 1 km d'Alphonse, plonge à quelque 3 500 m !), le spectacle est assuré, même si le corail a ici aussi pâti du réchauffement de l'après-El Niño, la moitié ayant là survécu, contre 15 % seulement à Mahé. Pour les plongeurs confirmés, pas mal de petites bébêtes : grande carangue ou raie manta, requin gris ou requin-baleine (en novembre et en décembre), visibles à chaque sortie. Il arrive même que surgisse un espadon-voilier. Doté d'un catamaran de 230 CV et d'un matériel récent, l'Alphonse Water Sports (PADI) ne s'adresse toutefois pas qu'aux amateurs de la grande faune océanique. L'aquarium corallien se révèle même parfait pour qui veut s'initier, bouteille au dos, à la découverte du monde du silence.

Parfait aussi pour qui veut taquiner le gros pour la première fois, car côté pêche, l'atoll d'Alphonse vaut le voyage, les meilleures périodes correspondant aux intersaisons, octobre-novembre et avril-mai. Il n'est pas question, en revanche, de venir là de la mi-juin à la mi-septembre, la houle, parfois violente, empêchant certains jours toute sortie à l'extérieur du lagon. Mais lorsque la mer est bonne, il y a de quoi se régaler : marlins, voiliers, thons, barracudas, wahoos, daurades, bonites et autres carangues de belle taille, dans des eaux si poissonneuses qu'on est obligés d'en relâcher. Les lieux de pêche étant situés à moins d'une demi-heure de l'île. Il est aussi possible de pêcher à la palangrotte et, surtout, à la mouche, sur les flats sablonneux de Saint-François. Les amateurs de cette pêche en vogue savent en effet que le lagon de Saint-François, à une demi-heure de bateau d'Alphonse, peut être considéré comme le must de la pêche à la mouche en eaux tropicales à travers le monde. Il n'y a toujours que douze chanceux pêcheurs à la fois pour maintenir l'équilibre du site.

**Excursions.** Toutefois, point n'est forcément besoin d'une canne à pêche pour patauger dans l'éblouissant lagon de Saint-François, des excursions étant proposées pour cette île honorant la mémoire de saint François de Sales. Inhabitée, elle est difficilement accessible, puisqu'un bateau ne peut y aborder. Il faut dès lors marcher un bon quart d'heure dans 30 cm d'eau avant de toucher la terre ferme, que semblent avoir colonisé de gros crabes bleus de mer. C'est une terre encore sauvage, sans le moindre cocotier. Il y a là, certes, quelques filaos, couverts de frégates, mais ce paysage de mangroves et de bosquets rappelle surtout qu'on se rapproche d'Aldabra. On est loin de l'île-cocotier dont l'archétype, tout près de là, s'appelle Bijoutier. Cet îlot tout rond est une pure merveille. Il est accessible d'Alphonse en une vingtaine de minutes, quand la mer le permet (éviter juillet et août). N'étant guère qu'un amas de sable blanc recouvert d'un bouquet de cocotiers et de veloutiers, et d'un gros filao, il est en fait l'îlot des dessins animés, et des films d'aventures. Un quart d'heure suffit pour faire le tour de cette carte postale grandeur nature où il n'y a rien à changer. Même les hérons et les frégates sont là ! Dans un merveilleux décor, prenez le plus beau bain peut-être de votre vie. À noter : pour s'offrir une dernière émotion, vue d'avion, placez-vous à gauche de l'appareil pour le vol du retour.

### ALPHONSE ISLAND SEYCHELLES €€€

✆ +248 4 229 700
www.alphonse-island.com
*Compter 935 € le Beach bungalow (pour 2) et 1 470 € par personne pour une Beach Villa avec une chambre.*

À 20 m de la mer, les 22 Beach Bungalows sur pilotis et leurs terrasses s'ouvrent sur une chambre climatisée. Du luminaire au mobilier, il y a là du raffinement autour du lit king size. La spacieuse salle de bains est de bon standing avec son bain bouillonnant. Si tentant que l'on en oublie la douche extérieure avec vue sur les cocotiers. S'ajoutent Beach Villas (1 chambre) et leurs terrasses (50 m²) avec bain à remous et 1 Beach Retreat (pour 8). Après la piscine, place aux VTT.

## ALDABRA ★★★★

Cet exceptionnel site naturel, bien avant Cousteau (qui fit tourner là le fameux *Monde du silence*), avait fait l'objet de la première pétition officielle signée par des scientifiques (dont Charles Darwin). C'était en 1874. Il s'agissait de défendre une espèce animale menacée, la tortue terrestre. La pétition fut suivie d'effet, tout comme la levée de boucliers des années 1964-1966 se révéla concluante. En tout cas, ce fut une sévère alerte pour la Grande-Bretagne, alors puissance coloniale, qui décida à l'époque de créer le British Indian Ocean Territory pour renforcer sa défense à l'est de Suez. Une île mauricienne (Diego Garcia) et trois îles seychelloises (Desroches, Farquhar et Aldabra) devaient constituer ce territoire militaire. Mais la résistance s'organisa, et les écologistes anglais eurent finalement gain de cause. Seule Diego Garcia fut militarisée et ce fut une station de recherche que l'on inaugura en 1971. Construite par la vénérable Royal Society of London, elle devint vite l'un des pôles scientifiques majeurs de la planète. Aldabra fut intégrée par l'Unesco en 1982 dans sa liste du patrimoine mondial de l'humanité. Aujourd'hui gérée par la Fondation des îles Seychelles, Aldabra est restée une terre pratiquement inviolée par l'homme. Elle constitue le plus grand atoll de corail du monde et les quatre îles qui la composent (Picard, Polymnie, Malabar, Grande Terre) forment un lagon de 35 km de long sur 13 km de large, d'où émergent plusieurs îlots lilliputiens (Moustique, Esprit…). C'est une véritable mer intérieure, qui se vide totalement à marée basse, ne laissant alors apparaître que de curieux champignons coralliens. Avec ses 360 km² de pure nature, Aldabra est le seul endroit au monde (avec les Galápagos) où l'on trouve d'aussi denses colonies de tortues de terre géantes à l'état sauvage. On en a compté 100 000 au dernier recensement.

Si la tortue est indéniablement la tête d'affiche de cet atoll à grand spectacle, elle n'en est pas moins entourée de maints seconds rôles et figurants. On y admire ainsi un bel éventail d'oiseaux : frégates, ibis, pigeons bleus, flamants roses… ou encore le râle d'Aldabra, un oiseau marcheur qui, bien que collé au sol, n'a pas peur de l'homme. Ce dernier se trouve aussi sur Picard, Polymnie et Malabar. À Grande Terre, il est chassé par le chat sauvage. L'énorme crabe de cocotier a aussi trouvé la sécurité, alors qu'il est partout ailleurs traqué pour son onctueuse chair au goût des noix de coco, dont il se nourrit après les avoir ouvertes avec une étonnante dextérité. Ici, il n'est pas question de toucher la moindre pince : sur Aldabra, c'est l'animal qui fait la loi. L'homme n'y est qu'un intrus auquel on demande de se faire petit. Il est vrai que naturalistes et navigateurs exceptés, rares sont les visiteurs qui ont le privilège de poser le pied sur cette réserve. Mais il est possible qu'elle s'ouvre à moyen terme à l'écotourisme, très en vogue, l'île proche d'Assomption, dotée d'une piste d'atterrissage, pouvant servir de tête de pont pour des excursions à Aldabra, située entre 1h et 3h de bateau selon les conditions. Par petits groupes, les écotouristes pourront alors s'extasier sur l'un des sites naturels les plus spectaculaires de la planète.

*Tortue géante d'Aldabra.*

# ORGANISER SON SÉJOUR

À îles paradisiaques, préparation idyllique ! Préparer son voyage sur l'archipel des Seychelles est plutôt très facile. Le niveau de sécurité y est excellent, aucun vaccin obligatoire n'est nécessaire et la langue française est très largement parlée, ce qui facilite grandement les choses. Les formalités sont extrêmement simples également : vous aurez simplement besoin d'un passeport, d'un billet retour et, depuis 2022, d'une autorisation de voyage (Travel Authorization ; 10 € ; demande de dix jours à 12h avant le départ ; confirmation de réservation d'hébergement). Attention, la demande sera exigée à l'enregistrement des bagages. Plusieurs compagnies aériennes desservent la destination (souvent avec une escale), et les tours opérateurs et agences réceptives proposent des séjours pour les familles et les couples, et il y en a pour tous les goûts. Allez, quelques conseils pour organiser votre séjour et hop, embarquez !

# ORGANISER SON SÉJOUR

## ARGENT

La roupie fluctue beaucoup. Son taux est affiché chaque jour dans les banques et les bureaux de change, le cours variant d'une enseigne à l'autre (cours en août 2023 : 1 € = 14,85 SR).
La plupart des banques et des distributeurs se trouvent le long des deux avenues principales de Victoria. Elles sont ouvertes du lundi au vendredi de 8h30 à 14h30 et le samedi de 8h30 à 11h. Les bureaux de change Cash Plus, les plus sérieux du pays, ont pignon sur rue sur les trois îles principales.

## BUDGET / BONS PLANS

Aux Seychelles, il faut prévoir un budget important, celui-ci peut vite gonfler. Il faut compter entre 110 et 160 € pour une chambre double de guesthouse, 180 € à 220 € pour un hôtel de niveau 2 étoiles, 200 € à 320 € pour un 3 étoiles, 350 à 600 € pour un 4 étoiles, et 500 € ou (beaucoup) plus pour un 5 étoiles. Le prix des repas varie de 25 à 40 € pour un repas classique. Évidemment, ici aussi les prix peuvent vite s'envoler… Les food trucks et les take-away se sont développés, et on peut aussi manger sur le pouce pour 4 € à 7 € environ.
À noter : la carte de réductions Sésame, au tarif unique de 19,90 € pour deux mois, à installer sur votre smartphone. Idéale pour alléger le budget de vos vacances, elle permet de bénéficier en illimité de remises allant jusqu'à 50 % dans plus de 700 établissements. Elle est valable à la Réunion, à Maurice, à Rodrigues, à Mayotte et aux Seychelles. Les réductions sont présentes dans tous les domaines : hébergements, restaurants, activités de loisir, ou tout simplement pour vos achats de tous les jours. L'investissement est généralement amorti dès la première dépense. Plus d'infos ✆ 02 62 32 26 26 – www.cartesesame.com (assistance 7j/7 de 8h à 20h).

## PASSEPORT ET VISAS

Pour entrer dans le pays, un passeport en cours de validité est nécessaire, accompagné du billet retour et d'une adresse de séjour. Un visa valable un mois est donné à l'arrivée. Pour y rester plus longtemps, il vous faudra obtenir un permis de séjour.

**Depuis décembre 2022, une autorisation de voyage** (*Travel Authorization*) est requise pour entrer dans le pays. Il faut s'acquitter de 10 € et faire la demande à partir de dix jours avant le départ. Attention, la demande peut mettre jusqu'à douze heures pour être validée et elle sera exigée à l'enregistrement des bagages. Avant d'effectuer cette démarche, pensez à vous munir de votre passeport, d'une photo type « selfie » sur votre téléphone ou votre ordinateur, votre billet d'avion, une confirmation de réservation de chaque hébergement et d'une carte de crédit pour régler. Une fois l'autorisation de voyage reçue, pensez à l'imprimer ou à l'enregistrer sur votre téléphone portable.

## PERMIS DE CONDUIRE

Il vous sera évidemment demandé lors du retrait de votre voiture de location. Attention : autant le répéter, ici on roule à gauche, ancienne colonie anglaise oblige.

## SANTÉ

Il n'y a pas de paludisme aux Seychelles et très peu de risques de maladies tropicales, mais concernant les vaccins, assurez-vous que vous êtes à jour (DT Polio, etc.). Le vaccin contre l'hépatite A est conseillé, ceux contre la typhoïde et l'hépatite B sont recommandés pour un séjour prolongé. Un certificat antiamaril, contre la fièvre jaune, est obligatoire pour entrer sur le territoire si vous arrivez d'Afrique.
Les moustiques sont particulièrement actifs après 17h et, il vaut mieux donc s'en protéger. Le mieux est alors de se couvrir jambes et bras et d'utiliser un répulsif à appliquer sur les zones découvertes pour les sorties, et un insecticide diffusible (nécessite le courant) pour la chambre. Compte tenu du nombre peu élevé de pharmacies, prévoyez le nécessaire, car l'approvisionnement en médicaments est ici problématique (biafine, paracétamol, pilule contre le mal de mer, etc.). Enfin, il vaut mieux boire de l'eau minérale en bouteille.

## SÉCURITÉ

Stress zéro, ou presque. Rares sont sur la planète les pays aussi sûrs que les Seychelles, tant côté nature (aucun animal terrestre dangereux) que sur le plan humain. La délinquance se limite à quelques vols sur les plages. Il vaut mieux dès lors laisser ses objets de valeur dans le coffre-fort de sa chambre et avoir l'œil sur son sac lorsqu'on se baigne.

## DÉCALAGE HORAIRE

Par rapport à la France métropolitaine, les Seychelles comptent + 3 heures en hiver, + 2 heures en été. Il n'existe aucun décalage avec la Réunion.

## LANGUES PARLÉES

Les trois langues nationales des Seychelles sont le créole, l'anglais et le français. Toutefois, le créole est la seule véritable langue de communication interne, occupant une place majeure dans la presse écrite, à la radio et à la télévision. Très usité dans l'administration, le commerce et l'enseignement, l'anglais est appris à l'école comme une seconde langue nationale, alors que le français y est enseigné comme une langue étrangère.

## COMMUNIQUER

Les grands hôtels offrent tous un service Internet inclus dans le prix. Certains petits hôtels et guesthouses proposent aussi de se connecter gratuitement. Le mieux reste de prendre une puce dès l'arrivée à l'aéroport. Le tarif de base est à 199 SR (15 € environ) vous permettra quelques coups de fil locaux et une connexion 4G pour un séjour de 10 jours environ. La carte sera rechargeable dans toutes les petites supérettes du pays.

## ELECTRICITÉ ET MESURES

**Électricité.** Le courant électrique est de 240 volts AC, mais, héritage de la colonisation britannique, les prises anglaises nécessitent un adaptateur, que proposent les grands hôtels. Quant aux autres... Il vaut mieux l'avoir prévu si on veut recharger sa batterie de téléphone ou d'ordinateur. Vous pourrez toutefois trouver des adaptateurs dans certaines boutiques, à Victoria notamment.

**Poids et mesures.** Encore un héritage de l'ère *British* : 8 onces font 227 g, une livre fait 454 g ; pour les liquides, une pinte fait 0,57 l, un gallon 4,55 l. Les températures sont en degrés Fahrenheit : 32 pour 0 °C, 85 pour 30 °C. Les distances sont en miles : un mile représente 1,61 km.

## BAGAGES

Quelle que soit la saison, il est inutile d'emporter une veste ou un lainage, sauf si vous prévoyez de faire des randonnées dans les forêts d'altitude. Un ou deux vêtements légers à manches longues peuvent toutefois être utiles pour vous protéger des moustiques le soir. À la saison des pluies (en théorie, de début décembre à début février), un K-way léger peut toujours servir s'il pleut toute la journée. Dans les grands hôtels, ni veste ni cravate, mais un pantalon léger. Un chapeau et des lunettes de soleil s'imposent aussi et, pour ceux qui aiment crapahuter, des chaussures de marche, voire aussi des sandalettes en plastique pour pouvoir contourner les rochers par la mer. Sans oublier une crème solaire haute protection, le soleil tape fort !

# LES PHRASES CLÉS

Bonjour, je voudrais réserver un billet aller/retour pour...
*Hello, I'd like to book a single/return ticket to...*

J'ai raté mon avion. Je voudrais échanger mon billet s'il vous plaît.
*I missed my plane.I'd like to change my ticket please.*

Mon vol est très en retard. Ma correspondance sera bien assurée ?
*My flight is very delayed. Will I make my connection?*

Mes bagages ont été égarés, à qui dois-je m'adresser ?
*My luggage has been lost, who should I talk to?*

Louez-vous des voitures avec chauffeur ?
*Do you hire cars with a driver?*

Je n'ai presque plus d'essence. Où se trouve la station-service la plus proche ?
*I'm almost out of petrol. Where is the nearest petrol station?*

# S'Y RENDRE

Si quelques croisiéristes font parfois escale au port de Victoria, la capitale seychelloise, c'est par les airs que l'immense majorité débarque sur ces îles de rêve. Plusieurs compagnies proposent la destination. Air France propose plusieurs vols (avec escale) entre Paris et Mahé tout au long de l'année. D'autres compagnies se posent aussi aux Seychelles. Il s'agit notamment d'Etihad Airways (via Abu Dhabi), d'Emirates (via Dubaï), d'Ethiopian Airlines (via Addis-Abeba), de Qatar Airways (via Doha) ou de Kenyan Airways (via Nairobi). À noter, Air France propose aussi quelques vols en partage de codes avec Kenyan (avec escale à Nairobi) ou avec Air Austral (escale à La Réunion). Enfin, un petit conseil futé : essayer de vous mettre au hublot côté droit si vous voulez profiter de la vue sur Mahé et sur le Morne Seychellois lors de l'atterrissage dans le petit aéroport international des Seychelles.



## AIR FRANCE

✆ +33 9 69 39 36 54
wwws.airfrance.fr
*Réservez en ligne ou par téléphone.*

La compagnie française, qui existe depuis 1933, est synonyme de qualité, de service et de confort. Sa flotte est majoritairement constituée d'Airbus âgés d'une dizaine d'années. Pour les Seychelles, Air France propose plusieurs vols entre Paris et Mahé tout au long de l'année, avec correspondance à Amsterdam, Nairobi et Saint-Denis (La Réunion). Il est aussi possible de partir depuis d'autres villes de France (Bordeaux, Lyon, Marseille, Nice, Strasbourg, Toulouse, etc.). Une correspondance, ou un trajet en train, est alors requise.

## ETHIOPIAN AIRLINES

66, avenue des Champs Elysées
**PARIS** (8e)
✆ 08 25 82 61 35
www.ethiopianairlines.com

Ethiopian Airlines propose une liaison par jour de Paris à Mahé, avec une correspondance à Addis Abeba. Le vol part à 21h55 et arrive à Mahé le jour suivant à 14h20. Le personnel de bord est aux petits soins pour les voyageurs, proposant une sélection de plats adaptés selon vos envies, pour les enfants, végétariens, sans gluten, halal... à réserver avant le voyage. La compagnie autorise 23 kg de bagages en soute en classe économique. Il est prudent de réserver à l'avance (très longtemps à l'avance en période des fêtes) et de reconfirmer son vol la veille.

## EMIRATES

✆ 01 57 32 49 99
www.emirates.com

La compagnie émiratie assure notamment la liaison entre la France et les Seychelles, en passant par Dubaï. De Dubaï, un à deux vols par jour rejoignent l'archipel. Vous embarquerez dans un A380 (prévoir une bonne heure d'embarquement) direction Dubaï (en 6h45 environ) et, après escale et emplettes (il y a de quoi faire dans chaque terminal), c'est la plupart du temps dans un Boeing 777 que vous atterrirez à l'aéroport international de Mahé (en 4h30 environ). Au total, le trajet le plus court mettra entre 13h30 et 13h50 entre la France et les Seychelles.

## ETIHAD AIRWAYS

A l'aéroport
**VICTORIA**
✆ +248 4 374 700
*Ouvert du lundi au vendredi de 8h à 16h30.*

La compagnie assure des vols quotidiens de Paris-CDG pour Mahé avec escale à Abu Dhabi. Compter environ 6h35 entre la capitale française et les Émirats arabes Unis et 4h50 entre Abu Dhabi et les Seychelles. C'est Etihad qui assure également le *code share* avec la compagnie nationale Air Seychelles (dont elle détient une part du capital) pour les vols entre Paris et l'aéroport de Mahé. Il faut compter au minimum 13h30 de vol, escale comprise. Une escale où l'on pourra aussi prendre son temps au vu des boutiques et des services proposés à Abu Dhabi.

## L'ASSURANCE VOYAGE, LE MEILLEUR MOYEN POUR PROTÉGER SA SANTÉ À L'ÉTRANGER

**avec le DR CÉDRIC RAMAUT, directeur médical d'Allianz Travel**

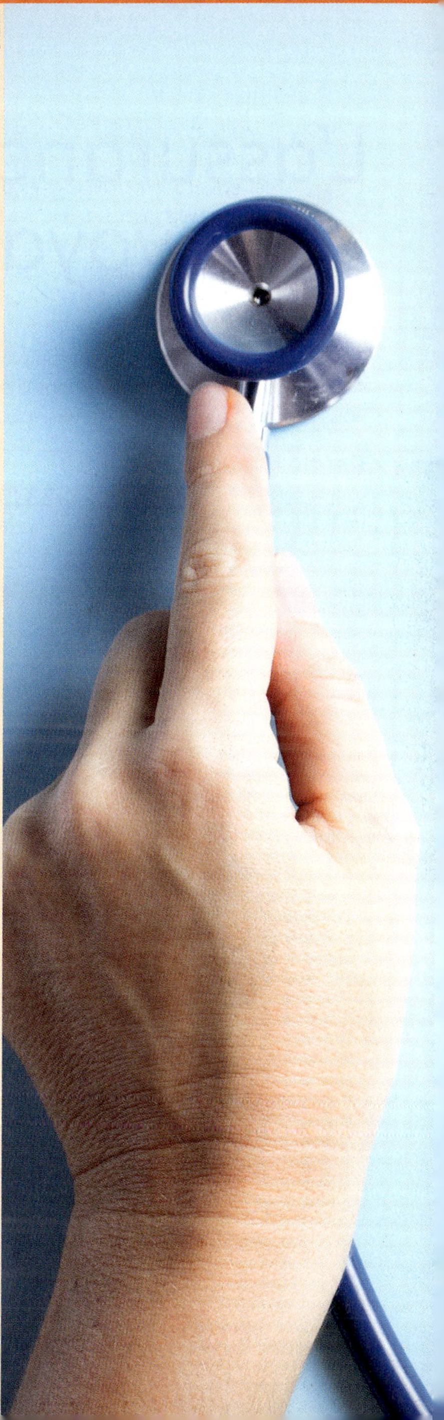
© NEIRFY

***En cas de souci de santé sur place, que faut-il faire ?***

Si l'on se trouve dans une situation urgente (accident grave, morsure d'animaux...), il est conseillé d'appeler les numéros d'urgence locaux. Une fois à l'hôpital, appeler son assisteur pour déclencher les procédures de prise en charge.

***Est-il possible d'entrer en contact avec un professionnel de santé en cas de besoin ?***

Allianz Travel dispose d'un service de téléconsultation médicale accessible en visio qui permet de s'entretenir avec un médecin 24h/24, 7 jours sur 7. La consultation se fait en français et des conseils sont donnés sur les démarches à effectuer. Une ordonnance peut également être délivrée.

***S'agissant des frais médicaux, est-on forcément couvert par son assurance maladie et sa mutuelle à l'étranger ?***

La sécurité sociale fonctionne uniquement dans les pays avec lesquels la France a passé des accords. Il faut pour cela demander sa carte européenne d'assurance maladie (CEAM). La sécurité sociale et la mutuelle couvriront alors les frais médicaux à l'étranger à hauteur de leur propre barème sous certaines conditions. Il est malgré tout conseillé de souscrire une assurance voyage, car la prise en charge des frais ne sera pas la même qu'en France.

***Quel est le meilleur moyen de voir ses frais médicaux pris en charge ?***

Dans les pays hors Europe, il est recommandé de souscrire à un contrat d'assistance avec un bon niveau de couverture des frais médicaux. Il est également important de choisir un assureur disposant d'un important réseau international dans le domaine médical.

***En cas de problème médical, le rapatriement est-il prévu dans le contrat d'assurance ?***

Oui, la majorité des contrats d'assurance voyage prévoit le rapatriement mais il n'est toutefois pas systématique. L'état de santé du patient peut nécessiter une hospitalisation / une immobilisation sur le lieu de séjour. Si le patient peut être traité sur place, l'assisteur l'orientera vers un médecin ou une structure médicale adaptée localement, et ce jusqu'à ce qu'il puisse à nouveau de voyager et rentrer chez lui.

# SÉJOURS ET CIRCUITS

Si certains aiment organiser leur voyage de A à Z, d'autres préfèrent confier la logistique à une agence spécialiste de la destination. On peut alors choisir de partir en groupe, en couple, entre amis, en famille ou pourquoi pas seul, avec un forfait clé en main ou conçu sur mesure avec le voyagiste. Quelques tour-opérateurs français proposent ainsi les Seychelles, avec de nombreuses possibilités : les combinés d'îles, des croisières et autres séjours plongée, des circuits plus tournés vers la randonnée et, évidemment, les inévitables lunes de miel. Autre option : faire appel directement aux agences réceptives, basées aux Seychelles, et toujours très professionnelles. Ces structures connaissent parfaitement le terrain et sont en contact avec tous les acteurs touristiques locaux. Une option de choix pour prévoir un séjour de rêve à la carte. A vous alors de choisir votre combiné d'îles !

## CATLANTE CATAMARANS

36, quai Alphonse Le Gallo
**BOULOGNE-BILLANCOURT**
✆ 01 55 20 90 90
www.catlante-catamarans.com
*Ouvert lundi au dimanche de 9h à 20h.*

Avec plus de 20 ans d'expérience, Catlante propose de partir à la découverte des plus belles îles du monde à bord d'un catamaran lors de croisières d'exception. Des îles Vierges britanniques à la Thaïlande, l'agence vous permettra de partir en croisière. Tout est inclus à bord, même les boissons sur la plupart des destinations. Avec des navires répondant aux normes de sécurité les plus strictes et respect de l'écosystème des îles. Aux Seychelles, vous partirez à la découverte des trois îles phares de l'archipel : Mahé, Praslin et La Digue.

## CLUB FAUNE VOYAGES

50, rue de Passy
**PARIS** (16e)
✆ 01 42 88 31 32
www.club-faune.com
*Ouvert du lundi au vendredi de 9h à 19h.*

Club Faune vous fait découvrir un cocktail d'îles granitiques, coralliennes… ou « éloignées », suivant vos coups de cœur (plongée, écotourisme, ornithologie…) et votre budget. Les hôtels sont de tranquilles « lodges » de mer et vous serez acteur de l'animation locale plutôt que spectateur. A deux pas de la tour Eiffel, l'équipe de spécialistes vous recevra sur rendez-vous dans son Espace Voyage : café ou thé du monde servi dans le salon de l'agence puis projection sur grand écran des îles à découvrir absolument et des différentes possibilités d'hébergement.

## COMPTOIR DES VOYAGES

2-18, rue Saint-Victor - **PARIS** (5e)
✆ 01 53 10 30 15
www.comptoirdesvoyages.fr
*Ouvert du lundi au samedi de 10h à 18h.*
*Egalement des agences à Marseille, Nice, Lyon, Toulouse, Bordeaux et Lille.*

Comptoir des Voyages a comme concept de vendre une destination animée par de vrais spécialistes originaires ou ayant vécu dans le pays. Aux Seychelles, plusieurs offres sont mises en ligne : une croisière à bord d'une goélette (« Larguez les amarres »), un voyage à Mahé et à Praslin (« Tandem d'îles au soleil »), une lune de miel sur quatre îles de rêve (« Quatre îles à deux »), des combinés avec le Kenya et l'Afrique du Sud… Différents types d'hébergement sont sélectionnés tout au long du parcours. L'agence propose également des formules à la carte.

## MAKILA VOYAGES

4, place de Valois
**PARIS** (1er)
✆ 01 42 96 80 00
www.makila.fr
*Ouvert du lundi au vendredi de 9h à 19h (sur rendez-vous uniquement).*

Que signifie Makila ? Eh bien, c'est le nom du bâton traditionnel des bergers basques, autrement dit leur compagnon de route indispensable. Makila Voyages réalise des itinéraires sur mesure et hors sentiers battus. Un voyagiste atypique qui mise sur la grande qualité des prestations offertes à sa clientèle. Vous trouverez donc sur le site Internet plusieurs suggestions d'itinéraire : « L'île de Denis Island, un petit paradis terrestre incomparable » (10 jours), « Voyage d'exception à North Island Lodge aux Seychelles » (10 jours)…

## MELTOUR

103, avenue du Bac
**LA VARENNE-SAINT-HILAIRE**
✆ 01 73 43 43 43
www.meltour.com
*Ouvert du lundi au vendredi de 9h à 19h.*

Ce tour-opérateur, véritable spécialiste du voyage sur mesure depuis 1989, concocte tous les types de voyages vers une quarantaine de pays. Tous guidés en français, les circuits privatifs sur mesure ou les circuits regroupés proposent de découvrir différentes facettes d'un pays. Aux Seychelles, Meltour vous invite à profiter de combinés à la découverte des îles Mahé, La Digue et Praslin. Des séjours qui se déroulent dans des hôtels tout confort, qui permettent de profiter au mieux des activités sur place et de se balader en toute liberté.

## NOMADE AVENTURE

40, rue de la Montagne-Sainte-Geneviève
**PARIS** (5e)
✆ 01 46 33 71 71
www.nomade-aventure.com
*Ouvert du lundi au samedi de 9h30 à 18h30. Circuits sur mesure. Activités.*

Nomade Aventure, comme son nom l'indique doublement, est une agence qui vous change de vos habitudes sédentaires. Avec ses voyages placés sous le thème de la nature, de la culture et de la rencontre, elle vous propulse vers de nouvelles aventures. Vous mettrez à profit les bonnes connaissances des agents sur la région en profitant à la fois de circuits originaux et de spots incontournables. Aux Seychelles, vous aimerez leur « Randonnée seychelloise » de 12 jours. Ou encore leur séjour « Le meilleur des Seychelles en famille ! ».

## ROUTE AUTOUR DU MONDE

34, rue Robert-Giraudineau
**VINCENNES**
✆ 01 43 74 94 42
https://routeautourdumonde.com
*Du mardi au samedi de 10h à 13h et de 14h à 18h.*

Exotic Voyages, à travers son agence spécialisée « La Route des Seychelles », propose une sélection de petites structures hôtelières confortables, authentiques et accessibles aux petits budgets. Séjour en famille, entre amis, voyage de noces, croisières, combiné Mahé-Praslin (mini prix, maxi plaisir)... Une gamme complète pour découvrir les Seychelles. Avec ce tour-opérateur, vous aurez le choix entre Mahé, Praslin, La Digue, mais aussi Bird, Desroches Island, Denis et Silhouette. L'équipe, passionnée par la destination, aura à cœur de partager ses bons plans.

## TERRES DE CHARME

14, place Denfert-Rochereau
**PARIS** (14e)
✆ 01 55 42 74 10
www.terresdecharme.com
*Ouvert du lundi au vendredi de 9h30 à 13h et de 14h à 18h.*

Terres de Charme et Iles du Monde ont fusionné : le premier apporte à cette nouvelle entité ses voyages très étudiés dans leur rythme et leurs enchaînements ; le second, lui, amène une grande connaissance des îles et de la mer, des meilleurs spots de plongée et de pêche et des plus belles plages... Aux Seychelles, une sélection d'hôtels dans différentes îles (« Séjour sur une île privée ») et des croisières (« Escapade à La Digue et à Mahé », « Catamarans & yacht de luxe ») sont proposées, le tout étant combinable de diverses façons.

## TERRES LOINTAINES

21, boulevard des Batignolles - **PARIS** (8e)
✆ 01 75 60 63 50
www.terres-lointaines.com
*Passage à l'agence uniquement sur RDV. Par téléphone du lundi au vendredi de 9h à 19h, le samedi de 10h à 18h.*

Véritable créateur de voyages sur mesure, Terres Lointaines est un spécialiste reconnu du long-courrier sur plus de 30 destinations. Grâce à une sélection rigoureuse de partenaires sur place et un large choix d'hébergements de petite capacité et de charme, Terres Lointaines offre des voyages de qualité et hors des sentiers battus. Le site terres-lointaines.com, illustré par de nombreuses photos, cartes interactives et informations pratiques, commencera à vous faire voyager. Aux Seychelles, on pourra opter pour une croisière ou pour des séjours combinés 3 îles.

## ULTRAMARINA

✆ +33 1 53 68 90 77
www.ultramarina.com
*Centre d'appel accessible du lundi au samedi.*

Ultramarina est un spécialiste de la plongée sous-marine et des séjours sur des îles tropicales peu fréquentées. Plus de trente années d'expérience lui ont permis d'acquérir une excellente connaissance des destinations proposées. Le personnel saura vous conseiller au mieux pour faire de votre voyage un moment inoubliable. Outre le siège social basé à Nantes, Ultramarina possède plusieurs bureaux à Paris, à Lyon, Marseille, mais aussi en Suisse, à Genève. Toutes les informations pratiques sont sur le site Internet. Une référence pour les séjours plongée.

## PROMOVACANCES

✆ 01 55 33 44 44
www.promovacances.com
Promovacances est une agence de voyage en ligne qui propose de nombreux séjours touristiques, des week-ends, ainsi qu'un très large choix de billets d'avion à tarifs négociés sur vols charters et réguliers, des locations, des hôtels à prix réduits. En plus de cette importante offre, n'hésitez pas à guetter en ligne des promotions de dernière minute et les bons plans du jour. Enfin, des informations pratiques sont à consulter en ligne pour préparer votre voyage : santé, formalités, aéroports, voyagistes, compagnies aériennes.

## MASON'S TRAVEL

Revolution Avenue
**VICTORIA**
✆ +248 4 288 888
http://masonstravel.com
*Ouvert du lundi au vendredi de 8h à 16h30 et le samedi de 8h à 12h.*
Fondé en 1972, Mason's Travel est l'un des poids lourds du tourisme local et présent sur les trois îles principales. Il pourra prendre en main l'intégralité de votre séjour sur l'archipel dès votre sortie de l'avion, puisque Mason's a évidemment un bureau à l'aéroport. En plus de proposer de nombreuses excursions sur terre ou sur mer (notamment grâce à ses bateaux) et visites avec des guides toujours très qualifiés, ce réceptif peut également se charger de vous louer un véhicule et d'organiser vos transferts à l'aéroport et/ou à la jetée.

## CONNECT SEYCHELLES

Oliaji S Trade Center
**VICTORIA**
✆ +248 4 22 50 58
www.seychelles-resa.com
Daniella Payet Alis a créé cette agence en ligne, anciennement connue sous le nom de Seychelles Resa. C'est une aubaine pour ceux qui désirent composer et réserver de chez eux leur séjour. Hôtels, villas et appartements y sont référencés, mais on peut aussi réserver billets d'avion ou de bateau, voiture et autres excursions, que l'on ne trouve qu'ici et qui mettent l'accent sur le tourisme durable, les expériences nature, en petits groupes (8 personnes au maximum) et toujours encadrées par des guides locaux bilingues (français et anglais).

## SEYCHELLES-RESERVATIONS

✆ + 248 2 504 599
www.seychelles-reservations.com
Entièrement dédiée aux Seychelles, cette centrale de réservations en ligne propose toutes les prestations dont vous pourrez avoir besoin : réserver en direct les liaisons inter-îles, les vols, les hôtels, les croisières, les excursions, les locations de voitures, les sorties en catamarans, etc. Bref, un maximum de possibilités et de conseils pratiques. Que vous souhaitiez une nuit, une excursion, une seule prestation ou un voyage complet, vous pouvez tout prendre en direct sur cette première centrale de réservation uniquement dédiée aux îles des Seychelles.

## CREOLE TRAVEL SERVICES

Palm Street
**VICTORIA**
✆ +248 4 297 000
www.creoletravelservices.com
*Ouvert du lundi au vendredi de 8h à 16h.*
Creole Travel Service est le pionnier des réceptifs aux Seychelles. C'est une agence réputée qui a su faire ses preuves, notamment dans l'organisation d'excursions. Disposant d'un représentant dans la plupart des hôtels de Mahé et des agences à Praslin et à La Digue, on peut y réserver ses sorties, ses nuitées, etc., à moins qu'on ait construit au préalable son séjour sur mesure. Une excellente adresse qui possède aussi le ferry *Cat Cocos*, des catamarans pour des sorties en mer ou encore le luxueux domaine de l'Orangeraie à La Digue.

## QUOTATRIP

www.quotatrip.com
*Tarifs : devis sur demande en ligne.*
QuotaTrip est une nouvelle plateforme de réservation de voyage en ligne qui met en relation des voyageurs à la recherche d'expériences authentiques et uniques et des agences de voyages locales sélectionnées pour leurs compétences et leur sérieux. Le réseau de QuotaTrip couvre près de 200 destinations dans le monde entier. Le but de ce rapprochement est simple : proposer un séjour entièrement personnalisé aux utilisateurs. QuotaTrip promet ainsi l'assurance d'un voyage serein, sur mesure, sans intermédiaires et sans frais supplémentaires.

# INTERVIEW

© D.R

## LE VOYAGE-SUR-MESURE

### AVEC STEVEN LE CHEVALIER ET MATHIEU VALLY DE QUOTATRIP

***Quel est le concept de l'agence QuotaTrip ?***

Quotatrip est la première plateforme de mise en relation entre voyageurs et agences locales. Grâce à elle, les voyageurs peuvent enfin échanger en direct avec des agences qui sont sur place et concevoir un voyage unique, au meilleur prix et 100% personnalisé.

***Pourquoi voyager avec des agences locales ?***

À l'inverse des agences traditionnelles, les agences locales sont des expertes de la destination choisie. Ce sont aussi les mieux placées pour concevoir des séjours qui sortent des sentiers battus. Elles sont ainsi en mesure de répondre à l'ensemble des envies, le voyageur rentre dans l'univers de l'equi-tourisme = le tourisme sans intermédiaire.

© D.R

***Quels sont les autres avantages pour les voyageurs ?***

Il y a une multitude d'avantages. Cela permet notamment de ne pas voyager comme tout le monde, d'organiser de manière simple et rapide un séjour sur mesure et au meilleur prix. Fini les mauvaises surprises, les voyageurs posent toutes les questions qu'ils souhaitent et bénéficient d'un accompagnement sur mesure, de la conception du projet jusqu'à sa réalisation en toute sécurité car les agences référencées sont sélectionnées et recommandées par les journalistes des guides du Petitfute en toute impartialité.

***Les démarches sont-elle simples à effectuer ?***

Les sites de voyage en ligne font perdre beaucoup de temps aux internautes sans pour autant répondre entièrement à leurs désirs. QuotaTrip propose un formulaire simple et rapide qui permet de décrire les souhaits, les envies et les besoins. L'internaute reçoit aussitôt gratuitement et sans engagement les offres de trois ou quatre agences locales avec qui il peut ensuite échanger afin de personnaliser son projet grâce à la messagerie mise en place.

© D.R

***Quelles sont les destinations proposées ?***

Notre plateforme propose plus de 21 000 projets de voyage sur plus de 100 destinations à travers le monde. De l'Amérique latine en passant par l'Asie et l'Afrique, nos mille agences partenaires sont là pour répondre à vos projets de voyage.

**Décrivez votre projet de voyage. Échangez en direct avec les agences locales et partez au meilleur prix.**

***Plus d'informations*** : *quotatrip.com*

# SE LOGER

L'hôtellerie seychelloise n'est pas la moins chère du monde, c'est le moins que l'on puisse dire. C'est peut-être le prix à payer pour que les flots dévastateurs du tourisme de masse ne déferlent pas sur les plages du pays ! Et le camping est interdit… Pour une nuit dans l'un des quelque quarante grands hôtels, il faut compter 250 € à… beaucoup plus pour une chambre double avec petit déjeuner. Les îles-hôtels comptent en général un hôtel de luxe par île, souvent composé de bungalows luxueux avec vue sur la mer. Et sur les îles principales (Mahé, Praslin, La Digue), l'offre hôtelière se diversifie. Les petits hôtels sont plus abordables (de 100 à 150 € la nuit), mais leur décoration est, pour la majorité, à revoir. On trouve aussi des appartements en self-catering, des guesthouses et de plus en plus de villas à louer, ce qui peut être un bon plan pour les familles ou les groupes d'amis.

## AIRBNB €€

www.airbnb.fr

*Réservations en ligne uniquement, sur l'application mobile ou sur le web.*

Doit-on encore présenter Airbnb, une des plateformes les plus importantes de la location entre particuliers dans le monde ? Vous y trouverez toutes sortes de logements disponibles aux Seychelles, allant de la maison d'hôte au centre de Victoria, idéal pour un séjour en immersion ou un séjour de travail, jusqu'au logement entier à louer en totalité pour un prix hallucinant pour certains, mais qui trouvera preneur ! L'avantage de passer par ce type de plateforme, c'est que votre paiement est sécurisé, vous mettant ainsi à l'abri de mauvaises surprises.

## BOOKING €€

www.booking.com

L'un des meilleurs sites de réservation d'hôtels, mais aussi de chambres d'hôtes ou d'appartements en ligne où les frais d'annulation sont gratuits la plupart du temps suivant certaines conditions. La sélection est fiable et vous pourrez y trouver un large choix d'hébergements avec bon wifi pour télétravailler. Cependant, regardez bien les photos et lisez attentivement les commentaires pour les logements aux petits prix. Cela vous permettra d'éviter les pièges côté tarifs. Les prix peuvent parfois être allèchants, mais le confort moins bon qu'annoncé…

## BEWELCOME €€

www.bewelcome.org

Le système est simple : être hébergé chez l'habitant, partout dans le monde. C'est le site Internet qui se charge de contacter les accueillants et les postulants puis de les mettre en contact, que ce soit en ligne ou dans la vraie vie. Avec leur carte interactive, les profils *des « welcomers »* s'affichent, avec leurs disponibilités. Certains font part de leurs projets de voyage afin de pouvoir trouver des affinités, des opportunités d'action avec les membres du site. Idéal pour un voyage solidaire et plein de belles rencontres !

## HOME EXCHANGE €€

www.homeexchange.fr

*Abonnement annuel 149 €.*

Et si vous échangiez votre maison avec d'autres pour partir en vacances ? HomeExchange est une plateforme d'échange de maisons et d'appartements entre particuliers. L'idée : un site Internet pour échanger son logement (studio, appartement, villa…) moyennant un abonnement annuel à l'agence en ligne, qui se charge de la présentation du bien et de la mise en contact des intéressés. Un excellent moyen de faire des économies pour partir en vacances et réduire ainsi les frais d'hébergement sur place. Le choix est large, avec plus de 450 000 offres dans 159 pays.

# SE DÉPLACER

La voiture reste le moyen le plus pratique de se déplacer à Mahé et à Praslin. Beaucoup d'agences ont pignon sur aéroport en sortant du terminal des arrivées (sur la gauche). Sinon, toutes peuvent vous livrer les voitures dans tous les hôtels ou guesthouses de Mahé ou Praslin. Compter environ 40 € par jour (prix dégressifs selon la durée). Moins pratique, on peut quand même se déplacer en bus (12 SR, peu importe le trajet) sur Mahé et Praslin. Sur La Digue, c'est le vélo qui est roi (environ 150 SR la journée). Quant aux transports inter-îles, les catamarans Cat Cocos relient Mahé à Praslin ou La Digue, alors que ceux de Inter Island Ferry font les liaisons entre Praslin et La Digue. Les petits avions d'Air Seychelles proposent 10 vols par jour entre Mahé et Praslin. Vue spectaculaire du hublot garantie ! Et bien pratique pour prendre son vol du soir à Mahé si on loge à Praslin (le timing étant en général trop juste avec le ferry).



## AIR SEYCHELLES

Air Seychelles Ltd Head Office International Airport
**AMITIÉ**
✆ +248 4 391 000
www.airseychelles.com

Une bonne vingtaine de vols (et cinq de plus le lundi matin très tôt en général) sont programmés chaque jour à destination de Mahé (à un petit quart d'heure environ) et autant dans l'autre sens. Le prix d'appel est de 100 € pour un vol aller. Les réservations sont assurées par les agences d'excursions ou directement avec Air Seychelles (au bureau de Mahé ou sur le site Internet de la compagnie). Une bonne alternative au bateau, surtout si vous logez dans les environs de Grand'Anse ou Amitié à Praslin ou sur la côte est à Mahé.

## CAT COCOS

**VICTORIA**
✆ +248 4 324 843
www.catcocos.com

*Réservation obligatoire. 840 SR l'aller pour Praslin. Pour les moins de 12 ans, 420 SR l'aller.*

Ce *Cat Cocos* de 36 m de long relie les îles de Mahé et Praslin en une bonne heure jusqu'à trois fois par jour selon la saison. Ce catamaran bien connu des Seychellois peut accueillir 350 passagers en tout : 174 sur le pont principal, 142 sur le pont supérieur et 34 dans le Lazio Lounge (classe affaires) avec hôtesse et plateau repas. La compagnie propose également une liaison vers l'île de La Digue. Pour ceux qui auraient le mal de mer, pensez à prendre un siège sur le pont supérieur, ouvert aux quatre vents et à l'air frais.

## ZIL AIR

Aéroport de Mahé - **VICTORIA**
✆ +248 4 375 100 - www.zilair.com

*360 € pour 15 minutes, 720 € les 30 minutes, 1 080 € les 45 minutes, 2 160 € les 90 minutes. Vols à la carte possibles.*

La seule compagnie d'hélicoptères du pays propose des vols panoramiques. Un vol de 15 minutes permet de découvrir la moitié de Mahé et les îles du Parc marin, un vol de 30 minutes permet de faire le tour de l'île, de 45 minutes d'y ajouter le survol des îlots qui l'entourent, un vol d'une heure permet de survoler Praslin et La Digue et, enfin, un vol d'une heure et demi englobe les trois îles. A noter : la compagnie s'est équipée d'un avion quatre places qui relie notamment Mahé et Praslin, Bird Island, Denis et Desroches. Service sur mesure et tarif sur demande.

## SEYCHELLESBOOKINGS.COM

Jetty Flamboyant Avenue - **VICTORIA**
✆ +31 552 020 015
www.seychellesbookings.com

*Mahé-Praslin entre 60 € et 84 € l'aller. Mahé-La Digue (1h45) entre 72 € et 96 €. La Digue-Praslin 14 €.*

Depuis la jetée du port de Victoria, les catamarans à haute vitesse vous proposent jusqu'à trois départs par jour (aller et retour) Mahé-Praslin-La Digue pour un trajet complet en moins de 75 minutes. Des bateaux modernes et confortables de la compagnie Cocos Ferry vous proposent un service bar pour certains. On s'occupe de vos bagages, vous n'avez plus qu'à profiter de la traversée. Les départs depuis Mahé se font généralement à 8h, 10h30 ou 16h30, mais contrôlez le site Internet pour plus d'informations. L'un des meilleurs moyens pour traverser l'île.

## BUS - SPTC

**VICTORIA**

✆ +248 4 325 252

www.sptc.sc

*Compter 12 SR le ticket. Service entre 5h30 et 19h30 environ.*

Quelque 8 millions de passagers sont chaque année transportés par la Seychelles Public Transport Corporation (SPTC). Un vrai service public puisque le prix dérisoire du ticket (à prendre auprès du chauffeur ; pensez à avoir de la monnaie) permet aux Seychellois de se déplacer dans les moindres recoins de Mahé et de Praslin et aux touristes vers tous les hôtels. La fréquence de passage varie selon les lignes : un quart d'heure pour les principales, mais 30 minutes ou 1h pour d'autres. Attention, le dimanche, le service est réduit (un bus sur deux environ).

## AVENTURE CAR HIRE

**BAIE SAINTE-ANNE**

✆ +248 2 526 805

*Compter 45 € la journée de location en manuelle et 50 € la journée en automatique. Remise à partir de 3 jours.*

Aventure Car Hire est une agence de location de voitures présente depuis plusieurs années sur l'île de Praslin et qui a largement prouvé son sérieux. L'accueil de l'équipe est chaleureux et la quinzaine de véhicules disponibles sont en bon état. Une fois la réservation faite, vous pouvez récupérer votre véhicule à la jetée à l'arrivée du ferry ou à l'aéroport en descendant de l'avion. À moins que vous ne préfériez vous la faire livrer directement à l'hôtel. Service de livraison gratuit partout sur l'île et tarifs dégressifs. Assurance au tiers avec franchise.

## NELSON'S CAR HIRE

St Louis PO Box 461

**VICTORIA**

✆ +248 4 266 923

www.nelsonscarhire.sc

*De 40 € à 100 € par jour. Possibilité siège bébé (+5 € sur la durée de location).*

Qu'on se le dise : la famille Barbier, nos toujours fidèles amis de Nelson's Car Hire, propose une toute nouvelle flotte composée uniquement de voitures automatiques très récentes. Avec plus 50 ans d'expérience, l'agence est de toute façon le loueur le plus expérimenté de l'île de Mahé et l'un des principaux des Seychelles. Avec un bureau à l'aéroport, vous pourrez le trouver dès votre descente d'avion. Mais la livraison est également gratuite à la jetée, à Beau Vallon et à Victoria (supplément de 5 € pour le reste de l'île).

## RENT A CAR SEYCHELLES

Quincy

**VICTORIA**

✆ +248 2 643 346

www.rent-a-car-seychelles.net

*À partir de 38 € par jour. Tarif facturé par tranche de 24h. 18 voitures automatiques.*

Diana et son équipe sont sympathiques et très professionnels. Leur récente agence Rent a Car Seychelles propose aussi des prix très compétitifs et une flotte de qualité (SUV, 4 x 4…) pour partir à la découverte de Mahé. Les véhicules peuvent être livrés à l'aéroport, à la jetée ou dans tous les hôtels de l'île. L'agence peut également mettre à disposition un chauffeur pour la journée (en supplément évidemment) et propose d'organiser les transferts de/vers l'aéroport à partir de deux personnes.

## SIXT

Independance Avenue

**BEAU VALLON**

✆ +248 2 510 060

*Ouvert du lundi au samedi 8h à 18h. A partir de 45 € par jour (tarifs dégressifs).*

On trouve plusieurs agences Sixt à Mahé, une à l'aéroport, une à la jetée au départ du catamaran Cat Cocos, ainsi que dans quelques hôtels (Coral Strand, Ephelia). L'agence de Beau Vallon propose plusieurs modèles de véhicules, principalement de la marque sud-coréenne Kia. Et l'éventail est large avec des gammes de berlines et de 4x4 et un véhicule tout-terrain. Comme pour la plupart des loueurs, la livraison du véhicule à votre hôtel est tout à fait possible. À noter que les tarifs sont dégressifs selon la durée de la location.

## TATI'S

**LA PASSE**

✆ + 248 2 629 857

*Ouvert tous les jours de 7h à 18h. Compter 150 SR la journée de location et 500 SR en vélo électrique.*

Ancrée face à la mer et aux belles boutiques de La Passe, l'enseigne Tati's propose pas moins d'une centaine de vélos (classiques ou électriques) disponibles à la location. Ils sont tous en très bon état (et à réparer si besoin pendant le temps de location !) avec leur panier pour balader serviettes de plage, palmes et masque de plongée et, en supplément, siège enfant. Les prix sont évidemment dégressifs en cas de location sur plusieurs jours. Tati's ? Une enseigne que nous vous recommandons pour son sérieux si vous voulez une bécane de choix !

# S'INFORMER

Pour s'informer et organiser au mieux son voyage aux Seychelles (après une lecture attentive du présent guide, bien sûr !) le meilleur moyen est de contacter l'office de tourisme ou de surfer sur son excellent site Internet : https://seychelles.com/home. Vous pouvez contacter aussi les tours-opérateurs que vous trouverez dans le chapitre consacré à la capitale Victoria. Ils vous distilleront des conseils et de nombreuses propositions et, évidemment, vous proposeront de réserver billets de ferrys et excursions sur terre ou sur mer, avant de décoller du sol français. Une fois sur place, n'hésitez pas discuter avec les professionnels du tourisme que vous croiserez (hôteliers, chauffeurs de taxis, restaurateurs...) et même avec les locaux de manière générale. Agréables et amoureux de leurs précieuses îles, ils n'hésiteront pas à vous prodiguer de précieux conseils... et souvent dans la langue de Molière !



## CARNETS DE VOYAGE

36, Boulevard de la Bastille
**PARIS** (12e)
www.us.phoenix-publications.com

Publié par les éditions Phoenix, qui comptent déjà plusieurs revues à leur actif, ce trimestriel est consacré aux voyages avec des focus dédiés à la découverte d'une ville, d'une région, que ce soit en France, en Europe ou dans le monde. *Carnets de Voyage*, un magazine utile pour nous faire découvrir le meilleur d'une destination et nous faciliter le voyage. Pour de grandes ou petites escapades, les rédacteurs nous invitent à entrer dans leurs textes vivants, complétés de conseils pratiques, d'un agenda, de bonnes adresses et de superbes photos.

## FRANCE 24

80, rue Camille Desmoulins
**ISSY-LES-MOULINEAUX**
✆ 01 84 22 84 84
france24.com

Fondée en 2005, cette chaîne de télévision française d'information internationale en continu est accessible par le câble ou par le satellite dans certains bouquets de chaînes des hôtels du pays (canaux en français, en anglais, en arabe et en espagnol). Mais seuls les faits les plus retentissants de l'actualité locale sont traités. Dans les hôtels, vous pourrez aussi parfois trouver les chaînes *TV5 Monde* et *Euronews*. Cette dernière est diffusée en quatorze langues, dont le français, mais aussi en bosno-serbo-croate depuis 2021.

## ECHAPPEES BELLES

8, rue Buffon - **CLERMONT-FERRAND**
✆ 04 73 14 03 00
www.turbulencespresse.fr

*Trimestriel inspiré de l'émission éponyme diffusée sur France 5.*

Le nouveau magazine *Échappées Belles*, inspiré de l'émission éponyme, met en lumière la rencontre et la découverte de l'autre par le voyage. Curiosité, tolérance, partage et respect des autres cultures sont les valeurs clés de ce trimestriel. Avec la participation des animateurs Sophie Jovillard, Ismaël Khelifa et Jérôme Pitorin, *Échappées Belles* fait découvrir de superbes destinations en France et dans le monde, via de nombreuses rubriques dédiées au patrimoine, à l'artisanat, à la gastronomie et à la nature. À retrouver en kiosque et sur www.turbulences-presse.fr

## NATURE SEYCHELLES

www.natureseychelles.org

Nature Seychelles est la plus grande et la plus ancienne ONG environnementale de l'archipel. C'est notamment elle qui gère la réserve de l'île Cousin. Le site Internet de cette association locale, qui fait également de la formation et de l'éducation, vous permettra donc de connaître mieux la faune et la flore de l'archipel seychellois et de comprendre de quelle manière les respecter et les protéger. C'est un site parfait pour les passionnés de l'environnement ! Attention par contre, les pages du site sont uniquement en anglais.

## PETIT FUTÉ MAG

www.petitfute.com

Le *Petit Futé Mag* est le magazine idéal pour vous aider à préparer vos prochains week-ends, vacances, ou tout simplement rêver à votre prochaine destination ! Biannuel, vous le retrouverez dans vos kiosques au printemps et à l'automne. À chaque numéro, des destinations en France et à travers le monde sont mises en valeur sous forme de dossiers thématiques pour valoriser les différents aspects de ladite destination (culturels, gastronomiques, etc.). En prime, un agenda ouvre le mag pour ne rien manquer de l'actu touristique et muséale.

## SEYCHELLES.COM

www.seychelles.com

Le site officiel de l'office de tourisme des Seychelles vous donne toutes les clés pour préparer votre séjour. Infos sur le pays, hébergement, transports, agences de voyages, activités... En anglais, en français, en italien, en allemand ou en portugais. Vous pourrez aussi télécharger l'application de l'office de tourisme dans votre smartphone pour partager vos coups de cœur avec vos amis et votre famille sur les réseaux sociaux, profiter d'une carte interactive pour vous déplacer, d'un convertisseur de devises, et même envoyer des cartes postales numériques !

## RFI

80, rue Camille Desmoulins

**ISSY-LES-MOULINEAUX**

✆ 01 84 22 84 84

www.rfi.fr

RFI (Radio France Internationale) est une radio française d'actualité diffusée mondialement en français et en 13 autres langues*, disponible en direct sur Internet (rfi.fr) et applications connectées. Grâce à l'expertise de ses rédactions basées à Paris et de son réseau de 400 correspondants, RFI propose à ses auditeurs des rendez-vous d'information et des magazines offrant les clés de compréhension du monde.

*anglais, cambodgien, chinois, espagnol, haoussa, kiswahili, mandingue, persan, portugais, roumain, russe, vietnamien.

## SEYCHELLES NATION

www.nation.sc

Voici le site Internet du seul quotidien seychellois, *Nation*, dont les articles sont écrits, selon les rubriques, dans les trois langues officielles du pays (anglais, français, créole). Le journal affiche près de son titre une devise qu'on a déjà lue quelque part : Liberté, Égalité, Fraternité. Ce quotidien d'informations générales, essentiellement composé de dépêches d'agences de presse, fait une large place aux sports et aux annonces légales et publicitaires. On peut aussi y trouver des dossiers de fond, souvent spécifiquement seychellois et bien documentés.

## RMC DÉCOUVERTE

✆ 01 71 19 11 91

www.rmcbfmplay.com

Média d'information thématique, cette chaîne – diffusée en HD – propose un florilège de programmes dédiés à la découverte, et plus particulièrement des documentaires liés aux thématiques suivantes : aventure, animaux, science et technologie, histoire et investigations, automobile et moto, mais également voyages, découverte et art de vivre. C'est une excellente source d'informations pour préparer un séjour, se tenir au courant des événements dans la région et même bien au-delà. Une chaîne dont l'audience, logiquement, augmente régulièrement !

## TV5 MONDE

www.tv5monde.com

La chaîne de télévision internationale francophone diffuse des émissions de ses partenaires nationaux (France Télévisions, RTBF, TSR et CTQC) et ses propres programmes. La grille de TV5 Monde reflète la diversité de la création audiovisuelle francophone : cinéma, fictions, documentaires, jeux, divertissements, musique, jeunesse, sport, spectacles... TV5 Monde est diffusée dans plus de 200 pays et propose 9 chaînes régionalisées et 2 chaînes thématiques. Son audience moyenne hebdomadaire est de 55 millions de téléspectateurs.

# RESTER

Dès que la fin du séjour approche, l'envie de prolonger le plaisir et, pourquoi pas, de se poser quelques mois dans ce paradis tropical de 115 îles titillent quelques vacanciers. Si les possibilités ne sont pas légion dans ce petit archipel, quelques options existent évidemment dans le secteur touristique. Des Français ont d'ailleurs jeté l'ancre depuis de nombreuses années sur ces petits bouts de terre, notamment à Praslin. A Mahé, l'Alliance Française sera certainement l'un de vos premiers interlocuteurs au moment d'entamer les démarches administratives pour envisager un avenir seychellois. Un avenir qui sera évidemment grandement facilité par le fait que de nombreux locaux pratiquent parfaitement la langue de Molière (le Français est la troisième langue officielle du pays). S'il ne faut pas oublier que le niveau de vie est relativement élevé et les possibilités peu nombreuses, l'aventure peut être tentée.



## AEFE

23, place de Catalogne
**PARIS** (14e)
✆ 01 53 69 30 90
www.aefe.fr

Cette agence, sous tutelle du ministère des Affaires étrangères, anime et gère un réseau de près de 500 établissements d'enseignement français à l'étranger, dans près de 140 pays. Des centaines de milliers d'élèves, dont une forte proportion de Français, fréquentent ces établissements. Offres d'emploi à l'international pour les titulaires de la fonction publique et informations sur la politique pédagogique émaillent le site Internet de cet organisme qui soutient également l'association Anciens des lycées français du monde est particulièrement bien fait.

## WEWORK

www.wework.com
*Abonnements mensuels hot desk à 239 ou 395 € TTC.*

Wework est une solution très complète d'espaces de travail pour entreprises et travailleurs indépendants. Ils ont des espaces de *coworking* partout dans le monde. Une fois que vous avez choisi votre formule (bien regarder avant si la ville où l'on se rend possède la formule), vous pouvez télécharger l'application et réserver votre bureau pour la journée. Vous pouvez bien sûr réserver à l'avance. D'autres possibilités existent comme celle d'avoir un bureau privé pour soi ou son équipe. Ce service est uniquement sur demande via le site.

## CLUB TELI

Les Clarets
**SAINT-PIERRE-D'ENTREMONT**
✆ 04 79 85 24 63
www.teli.asso.fr
*Adhésion d'un an : 45 €.*

Le Club Teli est une association d'aide à la mobilité internationale créée voici bientôt 30 ans, forte de 4 000 adhérents en France et dans 65 pays. Si vous souhaitez séjourner à l'étranger, quel que soit votre projet, vous trouverez par le biais de ce club des infos et des offres de stages, de jobs d'été et de travail pour francophones. Si vous avez besoin d'aide pour envoyer des candidatures, le Club peut vous aider à mettre votre CV aux normes du pays où vous souhaitez partir. Pour bénéficier de ces aides et informations, il faut adhérer.

## ACTION CONTRE LA FAIM

102, rue de Paris - **MONTREUIL**
✆ 01 70 84 70 84
www.actioncontrelafaim.org
*Par téléphone de 9h à 13h et de 14h à 18h.*

ONG internationale spécialisée dans la lutte contre la faim dans le monde, active dans les domaines de la nutrition, santé, sécurité alimentaire, de l'eau, de l'assainissement. L'association intervient dans des situations de crise. Le but étant de rendre les populations autonomes d'un point de vue de la nutrition, en apportant une aide concrète et en formant les intervenants locaux qui prendront le relais. Ses missions de volontariat durent de trois mois à un an en Afrique, Asie, Amérique, Europe centrale, dans le Caucase, au Moyen-Orient et dans les Caraïbes.

# INDEX

© HAVESEEN - STOCK.ADOBE.COM
*Petite Anse.*

## EDITION

**Directeurs de collection et auteurs** : Dominique AUZIAS et Jean-Paul LABOURDETTE

**Auteurs** : Baptiste THARREAU, Martin FOUQUET, Romain RISSO, Mathias DESHOURS, Sylvie DEL COTTO, Mathilde LEROY, Corentin LAPALNCHE-TSUTSUI, Priscilla PARARD, Charlotte PAVARD, Aurélie LOUCHARD, Jean Luc PECHINOT, Jean-Paul LABOURDETTE, Dominique AUZIAS et alter

**Directeur Editorial** : Stéphan SZEREMETA

**Rédaction Monde** : Laure CHATAIGNON, Morgane VESLIN, Pierre-Yves SOUCHET, Natalia COLLIER

**Rédaction France** : Briséis TEMPLE-BOYER, Désirée DEBANT, Emilie SAINT-PASTOU, Nicolas WODARCZAK

## FABRICATION

**Maquette et Montage** : Romain AUDREN, Julie BORDES, Delphine PAGANO

**Iconographie et Cartographie** : Anne DIOT, Julien DOUCET

## WEB ET NUMERIQUE

**Directeur Web** : Louis GENEAU de LAMARLIERE

**Technical Project Manager** : Hervé MARION

**Développeurs** : Guillaume BARBET, Adeline CAUX, Bastien MOINET

**Intégrateur Web** : Mickael LATTES, Antoine DION

**Webdesigner** : Caroline LAFFAITEUR

**Responsable Communication Digital WEB** : Alice BARBIER

**Community Traffic Manager** : Shirley NDEMA-KINGUE, Camille LE PROVOST

**Content Manager** : Aliénor de PERIER

## DIRECTION COMMERCIALE

**Directeur commercial** : Guillaume VORBURGER

**Coordinatrice des Régies commerciales** : Manon GUERIN

**Responsable Régies locales** : Michel GRANSEIGNE

**Responsables Développement régie inter** : Jean-Marc FARAGUET, Guillaume LABOUREUR et Camille ESMIEU

**Assistante commerciale Régie internationale** : Leila ANTRI-BOUZAR

**Chefs de Publicité Régie nationale** : Caroline AUBRY, François BRIANCON-MARJOLLET, Perrine DE CARNE MARCEIN, Jonathan TOUTOUX, Fouzia CHAOUI

## DIFFUSION ET PROMOTION

**Directrice des Ventes** : Bénédicte MOULET assistée d'Aissatou DIOP

**Responsable des ventes** : Jean-Pierre GHEZ assisté de Nelly BRION

## ADMINISTRATION

**Président** : Jean-Paul LABOURDETTE

**Directeur général** : Louis AUZIAS

**Directrice des Ressources Humaines** : Dina BOURDEAU assistée de Sandra DOS REIS et Eva BAELEN

**Directrice Administrative et Financière** : Valérie DECOTTIGNIES

**Comptabilité** : Guillaume PETIT, Aminata BAGAYOKO et Adama DIABY

**Recouvrement** : Fabien BONNAN assisté de Sandra BRIJLALL

**Responsable informatique** : Elie NZUZI-LEBA

## PETIT FUTÉ SEYCHELLES

LES NOUVELLES EDITIONS DE L'UNIVERSITE
18, rue des Volontaires - 75015 Paris.
✆ 01 53 69 70 00 - Fax 01 42 73 15 24
Internet : www.petitfute.com
SAS au capital de 1 000 000 € - RC PARIS B 309 769 966
Couverture : Anse Source d'Argent, La Digue © fokke baarssen - Shutterstock.com
Impression : CORLET IMPRIMEUR - 14110 Condé-en-Normandie
Achevé d'imprimer : octobre 2023
Dépôt légal : 21/11/2023
ISBN : 9782305099057

**Pour nous contacter par email, indiquez le nom de famille en minuscule suivi de @petitfute.com**
**Pour le courrier des lecteurs : info@petitfute.com**

**IMPRIMÉ EN FRANCE**